KB202678

누가복음 40일 묵상 ❷

하나님 나라의 길

유요한 목사 성서강해 8

누가복음 40일 묵상 ❷

하나님 나라의 길

The Way to the Kingdom of God: The Cross

2024년 5월 24일 처음 펴냄

지은이 | 유요한
펴낸이 | 김영호
펴낸곳 | 도서출판 동연
등 록 | 제1-1383호(1992년 6월 12일)
주 소 | 서울시 마포구 월드컵로 163-3
전 화 | 02-335-2630
팩 스 | 02-335-2640
이메일 | yh4321@gmail.com
인스타그램 | instagram.com/dongyeon_press

ISBN 979-89-6447-005-3 04230
ISBN 978-89-6447-582-9 04230(유요한 목사 성서 강해 시리즈)

| 누가복음 40일 묵상 ❷ |

유요한 목사 성서강해 8

THE WAY to the Kingdom of God THE CROSS

하나님 나라의 길

유요한 지음

동연

프롤로그

십자가의 길

저에게 사순절(四旬節)은 '영적인 밭갈이의 계절'입니다. 마치 농부가 봄철에 쟁기로 논밭을 갈아엎음으로 한 해의 농사를 시작하듯이, 매년 사순절 40일 특별 새벽기도회(이하 특새)를 통해서 하나님 말씀의 쟁기로 우리의 마음 밭을 갈아엎어 왔기 때문입니다. 멀리서 또는 가까이에서 새벽을 깨우며 달려 나온 성도님들과 함께 말씀을 묵상하며 뜨겁게 기도해 온 그 시간이 한 해 한 해 차곡차곡 쌓여서 지금의 제 모습을 만들어 냈습니다.

물론 40일은 짧은 시간이 아닙니다. 촌음을 아껴가며 매일 같이 새로운 말씀을 준비해야 하는 목회자에게는 말 그대로 죽음의 고통을 맛보아야 하는 기간입니다. 그러나 저는 잘 알고 있습니다. 그것이 목회자 자신의 영적인 성장을 위해서 얼마나 유익한 시간인지, 또한 성도님들에게 얼마나 많은 간증 거리를 안겨 줄지, 그렇게 뿌려진 말씀의 씨앗이 장차 어떤 결실로 나타날지…. 지금까지의 목회를 통해서 수 없이 경험해 온 일이기에 이렇게 매년 사순절을 기대하며 기다리는 것입니다.

성경의 주제들

사순절 특새의 영적인 밭갈이를 통해서 얻게 된 가장 큰 유익은 신구약 성경의 핵심적인 주제들을 발견하게 된 것입니다. 그 첫 번째 주제는 '하나님의 일하심'(God's Working)이었습니다. 이는 '창세기'와 '로마서'와 '요한계시록' 묵상으로 이어졌습니다. '창세기'는 하나님이 시작하신 일에 대한 기록입니다. 인류의 역사를 통해서 계속 이어진 하나님의 일은 역사의 마지막 때에 완성될 것입니다. '로마서'는 지금도 우리의 구원을 위해서 일하고 계시는 하나님을, '요한계시록'은 마침내 그 일을 완성하실 하나님을 증언합니다.

그다음에 발견한 주제는 '하나님의 백성'(The People of God)이었습니다. 이는 '출애굽기'와 '여호수아'와 '사사기' 묵상으로 이어졌습니다. 하나님은 혼자서 일하지 않으시고 당신의 백성을 불러내어 함께 일하십니다. '출애굽기'는 하나님의 백성이 탄생하는 기록입니다. 그러나 출애굽 세대는 약속의 땅으로 들어가지 못하지요. 그 일에 성공한 사람들은 '여호수아'가 이끄는 광야 세대였습니다. 그런데 약속의 땅에 들어간 하나님의 백성은 불행하게도 자신의 정체성을 지키는 일에 실패하고 맙니다. 그것이 '사사기'가 담고 있는 이야기입니다.

구약의 하나님 백성 '이스라엘'이 약속의 땅에서 하나님 백성답게 살아가는 일에 실패하는 모습을 보며 실망하던 즈음에, '하나님의 나라'(The Kingdom of God)라는 새로운 주제를 발견하게 되었습니다. 이스라엘은 비록 실패했을지라도 하나님은 실패하지 않으십니다. 이 세상을 구원하시려는 하나님의 계획은 중단없이 계속 진행되어, 마침내 하나님의 독생자 예수 그리스도가 이 세상에 태어나십니다. 갈릴리에서 선포된 하나님 나라의 복음은 신약의 하나님 백성인 '교회'를 통해서 땅끝까지 전해지게 됩니다. 그 일은 주님이 재림하실 때까지 우리를 통해서 계속 이어질 것입니다.

사복음서 저자 중에서 '누가'(Luke)처럼 이와 같은 '하나님 나라'의 메시지와 복음이 전파되어 가는 동선을 잘 정리해 놓은 사람이 없습니다. 그는 누가문서(누가복음, 사도행전)를 통해서 예수님께서 갈릴리에서 선포한 하나님 나라의 복음이 어떻게 예루살렘과 온 유대와 사마리아를 거쳐서 땅끝으로 퍼져가게 되었는지 그 과정을 차근차근 설명합니다.

'하나님의 나라' 묵상은 창세기로부터 요한계시록까지 모든 성경책을 통해 일관되게 흐르는 메시지의 맥(脈)을 통일하고 완성하는 마침표입니다. 만일 '하나님의 일하심'과 '하나님의 백성'을 묵상하지 않았다면 '하나님의 나라'라는 주제를 발견할 수 있었을까요? 그러지 못했을 것입니다. 지금까지 사순절 특새 묵상의 길을 하나님께서 친히 간섭하시고 이끌어 주셨다고 고백할 수밖에 없는 이유입니다.

복음의 동선

저는 누가복음과 사도행전을 각각 '데오빌로전서'와 '데오빌로후서'라고 부릅니다. 두 책 모두 데오빌로 각하에게 보낸 편지의 형식으로 되어 있기 때문입니다(눅 1:3; 행 1:1). 사도 바울이 그의 동역자였던 디모데에게 보낸 두 개의 편지를 '디모데전서', '디모데후서'라고 부르듯이, 누가복음과 사도행전을 '데오빌로전서'와 '데오빌로후서'로 부르지 못할 이유는 없다고 봅니다. 물론 누가복음의 내용이 '예수님의 행함과 가르침'에 관한 것이어서 복음서로 분류하지만, 누가의 저작 의도를 존중한다면 적어도 두 책을 앞뒤에 배치하여 차례대로 읽게 하는 것이 더 자연스럽습니다.

아무튼 누가는 대단한 혜안을 가진 역사가요 신학자였습니다. 그것은 누가 문서의 전편과 후편의 구조적인 통일성을 살펴보면 잘 알 수 있습니다. 데오빌로전서(누가복음)는 예수님의 탄생에서부터 그의 부활과 승천까지를 다루고 있는 데 비해서 데오빌로후서(사도행전)는 예수님의 승천 이후부터 바울이 로마에 입성할 때까지를 다루고 있습니다. 결국 전편은 예수님의 활동을, 후편은 제자들의 활동을 종합적으로 정리하여 기록한 것입니다.

거기에다 누가는 하나님 나라의 복음이 전해지는 과정과 동선을 지리적인 관점에서 아주 탁월하게 풀어냅니다. 데오빌로전서는 갈릴리에서 선포되기 시작한 복음이 예루살렘까지 전해지는 과정을 기록하고, 데오빌로후서는 그 복음이 예루살렘에서부터 로마까지 전해지는 과정을 기록합니다. 따라서 누가복음을 '예루살렘으로 가는 길'(the road to Jerusalem)이라고 한다면, 사도행전은 '로마로 가는 길'(the road to Rome)이라고 말할 수 있습니다.

오늘날 사람들은 이와 같은 누가의 기록을 당연한 것으로 받아들입니다. 그렇지만 복음의 역사가 그저 '현재진행형'이었던 당시의 상황에서 이렇게 '근원'과 '핵심'을 정확하게 짚어서 시대적으로 구분하고 지리적으로 정리하여 풀어내는 것은 아무나 할 수 있는 일이 아닙니다. 그런 점에서 누가의 업적은 높이 평가되어야 마땅합니다.

데오빌로전서(누가복음)의 내용도 크게 두 부분으로 나누어집니다. 전반부(눅 1:1-9:50)는 메시아로 등장하신 예수님이 갈릴리에서 하나님 나라의 복음을 전하시는 내용을, 후반부(눅 9:51-24:53)는 예수님이 예루살렘으로 올라가셔서 십자가를 지시는 과정을 이야기합니다. 그 역시 복음의 동선을 설명하기 위해서 누가가 의도적으로 구분해 놓은 것입니다.

이 구분에 따라서 지난해에 '하나님 나라의 복음'(The Gospel of the Kingdom of God)이라는 주제로 전반부의 말씀을 묵상했습니다. 올해는 그 뒤를 이어 '하나님 나라의 길'(The Way to the Kingdom of God)이라는 주제로 후반부의 말씀을 묵상하려고 하는 것입니다. 그리고 계속해서 '하나님 나라의 증인'(The Witnesses for the Kingdom of God)과 '하나님 나라의 사명'(The Job for the Kingdom of God)이라는 주제로 데오빌로후서(사도행전) 말씀을 나누어 묵상할 계획입니다.

신국(神國)의 길

"모든 길은 로마로 통한다"(All roads lead to Rome)는 서양 속담이 있습니다. 로마는 초대교회 당시에 세계의 중심이었습니다. 로마제국은 물자의 수송과 군대의 이동을 쉽고 빠르게 하려고 사방팔방으로 길을 잘 뚫어놓았습니다. 그래서 로마제국의 어느 곳에서든 로마로 갈 수 있는 길이 생겨났고, 이것이 속담이 되어 지금 우리에게까지 전해지고 있는 것입니다.

누가가 복음의 동선에 주목하게 된 것은 바로 이 때문입니다. 사도행전은 사도 바울이 죄수의 신분으로 로마에 도착하는 이야기로 끝납니다. 그다음에 사도 바울에게 어떤 일이 있었는지 기록하지 않습니다. 마치 이야기를 하다 갑자기 중단한 것처럼 보입니다. 그렇지만 거기에는 누가의 특별한 의도가 있습니다. 사도 바울이 복음을 들고 로마에 도착했다는 사실이 중요합니다. 왜냐면 이제 본격적으로 땅끝을 향해 나아갈 수 있게 되었다는 뜻이기 때문입니다.

여기에서 한 가지 궁금증이 생깁니다. 만일 하나님 나라의 복음이 로마에 도착하는 게 목표였다면, 갈릴리 사역을 마치고 예수님께서 직접 복음을 들고 로마로 가시는 게 빠르지 않았을까요? 그런데 왜 굳이 예루살렘을 거쳐야 했을까요? 거기서 예수님이 도대체 무슨 일을 해야 하기에 예루살렘으로 가야겠다고 고집하셨을까요?

그러나 오늘도 내일도 그다음 날도, 나는 내 길을 가야 하겠다. 예언자가 예루살렘이 아닌 다른 곳에서는 죽을 수 없기 때문이다(눅 13:33, 새번역).

예수님은 예루살렘에서 십자가에 달려 죽게 된다는 사실을 분명히 알고 계셨습니다. 그러니까 예루살렘으로 가는 길은 예수님에게 '죽음의 길', '죽으러 가는 길'입니다. 그럼에도 예수님은 그것이 '내 길'(my way)이라고 말씀하십니다. 그리고 예루살렘으로 올라가십니다. 하나님 나라의 복음이 땅끝까지 전해지기 위해서는 예수님이 필요합니다. 그 누구도 예수님보다 하나님 나라를 더 잘 설명할 수 없고, 그 누구도 예수님보다 하나님 나라의 능력을 더 잘 보여줄 수 없습니다. 그런데도 굳이 죽으러 올라가시겠다니요!

로마로 가는 길은 '복음의 통로'이지만, 예루살렘으로 가는 길은 '구원의 통로'입니다. 이 세상을 구원하는 다른 길은 없습니다. 하나님의 아들이 십자가에서 죽지 않고서는 하나님 나라로 들어가는 길이 열리지 않습니다. 그 구원의 길이 열려야 하나님 나라의 복음이 진정으로 이 세상을 위한 구원의 '기쁜 소식'이 될 수 있습니다. 그래서 예수님은 십자가의 길을 '내가 갈 길'이라고 선포하신 것입니다.

그렇습니다. '하나님 나라의 길'은 '십자가의 길'입니다. 그것은 예수님에게만 해당하지 않습니다. 주님을 따르는 모든 제자에게 요구되는 길입니다. "누구든지 자기 십자가를 지고 나를 좇지 않는 자도 능히 나의 제자가 되지 못한다"(눅 14:27)라고 말씀하셨습니다. 예수님을 따라서 예루살렘을 향해 올라가던 제자들은 주님의 말씀을 충분히 이해하고 있었을까요? 아니, 주님을 따르겠다고 하는 우리는 이 말씀을 어떻게 이해하고 있나요? 하나님 나라가 이 땅에 임하기 위해서 지금 우리는 과연 어떤 십자가를 지고 있나요?

이제 '하나님 나라의 길' 묵상을 시작합니다. 주님의 고난과 십자가를 묵상하는 진정한 의미의 사순절 특새가 시작되는 것입니다. 이번 묵상을 마치는 날 우리에게 구원의 길이 활짝 열리기를 소원합니다. 우리 모두 자기 몫의 십자가를 담대히 지고 주님을 따르는 제자로 세워지기를 소원합니다. 물론 십자가의 길은 절대로 쉽지 않습니다. 자기 자신을 부인하지 않고서는 끝까지 걸어갈 수 없는 길입니다. 그러나 함께 손잡고 걸어가는 믿음의 동지가 있다면 우리는 즐거운 마음으로 완주할 수 있을 것입니다. 우리 함께 그 길을 걸어 봅시다.

2024년 2월 18일

『하나님 나라의 길』 묵상을 시작하며

그리스도의 종 한강중앙교회 담임목사 유요한

저는 한 지역 교회(a local church)를 섬기는 목회자입니다. 교회 안에서 목회자가 감당해야 할 많은 사역이 있지만, 그중에서 가장 중요한 것은 뭐니 뭐니 해도 '말씀 사역'일 것입니다. 지금까지 그 수를 헤아릴 수 없을 만큼 많은 설교를 해오면서 또한 얼마나 많은 시행착오를 겪어왔는지 모릅니다. 말씀을 묵상하고 설교를 준비하는 일은 언제나 힘에 부치는 압박이었습니다.

그러던 어느 날 설교에 대한 새로운 원칙을 발견하게 되었습니다. 이 원칙은 성경을 대하는 자세와 말씀을 묵상하는 태도를 근본적으로 바꾸어 놓았습니다.

"성경이 말하게 하라!"(Let the Bible Speak!)

그동안 저는 성경을 하나님의 말씀이라 고백하면서도 성경이 직접 말하게 하지는 않았습니다. 오히려 시대적인 상황 속에서 또는 성도들의 현실 속에서 직면하고 있는 여러 가지 문제들에 대한 답을 성경에서 찾으려고 해왔습니다. 설교는 제가 찾은 근사한 답을 전하는 통로였습니다. 그러다 보니 새로운 설교를 만들어 내는 일이 점점 더 힘들어질 수밖에요. 그렇게 성경을 열심히 두리번거린다고 해서 말씀 묵상의 깊이가 더해지는 것도 아니었습니다. 성경 본문은 단지 필요에 따라서 취사선택하는 대상이고, 많은 경우에 미리 정해 놓은 답을 증명하기 위한 수단으로 사용되었기 때문입니다.

그러던 저에게 "성경이 말하게 하라!"는 가르침이 아프게 부딪혀 왔습니다. 그리고 그 앞에 무릎 꿇었습니다. 그렇습니다. 성경의 주인공은 하나님이십니다. 하나님은 지금도 성경을 통해서 우리에게 말씀하고 싶어 하십니다. 하나님이 우리의 목적을 달성하기 위한 수단이 아니듯이, 성경 또한 우리의 필요를 채우는 수단으로 사용하면 안 됩니다. 겸손하게 하나님의 말씀 앞에 서야 합니다. 그리고 그 말씀에 귀를 기울여야 합니다.

따라서 저와 같은 설교자가 해야 할 일은 '성경을 잘 해석하여 전하는 것'이 아니라 '성경이 직접 말하게 하는 것'이어야 합니다. 성도들이 성경 본문에 대한 설교자의 해석을 듣게 할 것이 아니라 성경이 말하려고 하는 메시지를 들을 수 있도록 도와주어야 합니다. 그러기 위해서 우선 성도들이 성경을 충분히 읽게 해야 합니다. 성경 이야기가 어렵게 느껴지지 않도록 해야 합니다. 그러면 하나님이 말씀하십니다. 그 말씀이 삶을 변화시킵니다.

어떻게 성경이 말하게 할 것인가 씨름하던 중에 제 나름대로 한 가지 방법을 터득하게 되었습니다. 그것은 바로 '**성경을 성경으로 풀이하는 것**'입니다. 이는 흔히 알고 있는 것처럼 신약이나 구약의 다른 부분의 말씀을 가져다가 본문에 대한 이해를 높이는 그런 방식이 아닙니다. 오히려 한 본문에 대한 여러 가지 성경의 번역을 직접 읽으면서 비교해 보는 것입니다.

성경 번역 그 자체에 이미 뜻풀이가 담겨 있기 때문에, 그것을 자세히 들여다보는 것만으로도 본문의 메시지를 어느 정도 파악할 수 있습니다. 저는 '개역개정판성경'을 주로 사용하지만, 그 외에도 한글로 번역된 다른 성경들을 반드시 참조합니다. 예전에는 '공동번역'과 '새번역'을 많이 읽었는데, 요즘에는 '메시지성경'을 더 많이 읽고 있습니다.

필요한 경우에는 히브리어나 헬라어 원어 성경을 찾아보기도 하지만, 대부분은 영어 성경을 활용합니다. 제가 주로 활용하는 번역은 NIVNew International Version, KJBKing James Bible, NASBNew American Standard Bible, AMPAmplified Bible, CEVContemporary English Version, ESVEnglish Standard Version 그리고 MSGThe Message 등입니다. 그 외에도 사용 가능한 여러 가지 번역을 참조합니다.

그러다 보니 한 본문을 묵상할 때 저는 최소한 10개 정도의 번역을 읽게 됩니다. 특히 영어 성경은 그 어순이 성경의 원어와 거의 일치하고 있기 때문에 우리말 성경으로는 잘 드러나지 않는 메시지의 강조점을 발견하는 데 큰 도움이 됩니다. 물론 반드시 이렇게 해야 성경의 메시지를 발견할 수 있다고 주장하려는 것은 아닙니다.

저는 말씀을 묵상할 때마다 다음과 같은 원칙에 충실하려고 애써 왔습니다.

1. 성경을 직접 충분히 읽게 하자

성경 본문을 가능한 한 많이 기록해 놓았습니다. 여러분이 따로 성경을 찾으실 필요가 없을 정도입니다. 다른 내용은 그냥 눈으로 읽어가더라도 성경 본문이 나오면 반드시 소리를 내어 읽어 주십시오. 자신의 목소리가 귀에 들리도록 소리 내어 읽으면 그만큼 더 잘 이해가 되고, 또한 은혜가 됩니다.

2. 본문을 잘 이해하게 하자

가능한 한 쉽게 본문의 내용을 이해할 수 있도록 애를 썼습니다. 필요한 부분에서는 영어 성경이나 다른 번역을 인용하기도 했습니다. 혹시라도 성경의 원어인 히브리어나 헬라어 또는 영어가 자주 인용되는 것에 거부감을 느끼는 분들이 있다면, 본문의 의미를 보다 잘 설명하기 위한 저의 선한 의도를 생각하여 널리 양해해 주시기 바랍니다.

3. 목회자의 묵상이 먼저다

목회자가 성도들을 가르치려고만 하면 그 설교는 딱딱한 강의가 되기 쉽습니다. 목회자는 말씀을 가르치는 교사이기 전에 먼저 말씀을 묵상하는 사람이어야 합니다. 본문에 담겨 있는 메시지의 영적인 의미들을 깨닫고 그것을 먼저 자신에게 적용하려고 해야 합니다. 제가 말씀을 묵상하면서 받은 은혜를 성도들과 함께 솔직하게 나누려고 애를 썼습니다.

이것이 말씀을 묵상하는 유일한 방법이라고 말할 수는 없습니다. 단지 이 방법은 제게 주어진 목회의 자리에서 말씀을 붙들고 치열하게 살아온 삶을 통해 얻은 열매입니다. 이 묵상이 누군가에게 하나님의 메시지를 발견하는 통로로 사용되기를 소망합니다.

차 례

제2막 | 구원에 이르는 길 199

제3막 | 십자가를 지는 길 367

누가복음 묵상 ❷-1

예루살렘으로 가는 길

읽을 말씀: 누가복음 9:51-56; 13:33(9:43b-48)

새길 말씀: 그러나 오늘과 내일과 모레는 내가 갈 길을 가야 하리니 선지자가 예루살렘 밖에서는 죽는 법이 없느니라(눅 13:33).

지금 우리는 '하나님의 나라'에 대해서 묵상하고 있습니다. 예수님께서 갈릴리 지역에서 펼쳐가셨던 하나님 나라 운동이 어떻게 예루살렘과 온 유대와 사마리아를 거쳐서 땅끝까지 확장되어 가는지 살펴보려는 것입니다. 누가는 이와 같은 복음의 동선에 특별히 주목하여 누가 문서(누가복음, 사도행전)를 차례대로 기록합니다. 누가복음은 '예루살렘으로 가는 길'(the road to Jerusalem)이고, 사도행전은 '로마로 가는 길'(the road to Rome)입니다.

누가복음의 내용 역시 크게 두 부분으로 나누어집니다. 전반부(눅 1:1-9:50)는 예수님이 갈릴리에서 하나님 나라의 복음을 전하시는 이야기이고, 후반부(눅 9:51-24:53)는 예수님이 예루살렘으로 올라가셔서 십자가를 지시는 이야기입니다. 그 역시 복음의 동선을 염두에 두고 누가가 의도적으로 구분한 것입니다.

이에 따라서 우리는 '하나님 나라의 복음'(The Gospel of the Kingdom of God)이라는 주제로 이미 전반부의 말씀을 묵상했습니다. 그리고 이번에는 '하나님 나라의 길'(The Way to the Kingdom of God)이라는 주제로 후반부의 말씀을 묵상하려고 하는 것입니다. 사도행전 역시 두 부분으로 나누어 각각 '하나님 나라의 증인'(The Witnesses for the Kingdom of God)과 '하나님 나라의 사명'(The Job for the Kingdom of God)이라는 주제로 계속해서 묵상을 이어갈 계획입니다.

'하나님의 나라'는 신구약 성경 전체를 관통하는 핵심 주제입니다. 이 묵상을 통해서 우리는 창세기부터 요한계시록에 이르기까지 모든 성경을 통해서 일관되게 흐르는 하나님의 구원 계획을 확인할 수 있을 것입니다. 또한 우리가 앞서 살펴본 '하나님의 일하심'(God's Working)과 '하나님의 백성'(The People of God) 묵상 시리즈와 더불어 성경이 증언하는 구원사(救援史)의 진짜 삼부작(三部作)을 완성하게 될 것입니다.

예수님의 결심

누가복음 후반부는 예수님께서 갈릴리 사역을 마치고 예루살렘으로 여행하는 이야기(9:51-19:27)와 그곳에서 벌어지는 이런저런 사건들과 예수님의 나머지 행적에 대한 증언(19:28-24:53)으로 구성되어 있습니다. 오늘은 예루살렘을 향해 출발하는 대목부터 살펴보겠습니다.

예수께서 승천하실 기약이 차가매 예루살렘을 향하여 올라가기로 굳게 결심하시고…(눅 9:51).

예수님이 예루살렘을 향하여 올라가려고 하셨던 이유는 '승천하실 기약'이 찼기 때문입니다. '기약'(期約)이란 '정해진 약속'을 의미합니다. NIV성경은 "그때가 다가오고 있어…"(as the time approached)라고 풀이합니다. 자, 그렇다면 여기에서 '정해진 약속'과 '그때'는 구체적으로 무엇을 가리키는 것일까요? 그것은 바로 예수님의 십자가 죽음입니다.

오늘 본문 바로 직전에 예수님은 변화산에서 모세와 엘리야와 더불어 '예루살렘에서 별세하실 것'(눅 9:31)에 대해서 말씀을 나누었습니다. '별세'(別世)는 물론 '죽음'을 의미하지만, 본래는 단순히 이 세상을 '떠나는 것'(his departure, NIV)을 말합니다. 모세도 이 세상을 떠났고, 엘리야도 떠났지요. 그것도 신비스럽게 떠났습니다. 마찬가지로 예수님도 신비스럽게 이 세상을 떠나실 일을 두고 그들과 대화를 나누셨던 것입니다.

따라서 '승천'(昇天)이란 단지 예수님께서 하늘로 올라간 한 사건이 아니라 십자가의 죽음과 부활 그리고 승천으로 이어지는 일련의 과정을 통틀어서 하는 말입니다. 그때가 목전에 다가왔다는 사실을 직감하신 예수님은 십자가 사건이 벌어지게 될 장소인 예루살렘을 향하여 올라가기로 '굳게 결심'하십니다. 메시지성경은 이렇게 풀이합니다.

승천하실 때가 가까워져 오자, 예수께서 마음을 단단히 먹고 용기를 내어 예루살렘을 향해 길을 떠나셨다(눅 9:51, 메시지).

십자가의 길을 걸으려면 용기가 필요합니다. 메시지성경의 표현처럼 마음을 단단히 먹고 용기를 내야(gathered up his courage) 합니다. 이 말씀이 우리에게 큰 위로가 됩니다. 주님이 그러셨다면 우리는 더 말할 것도 없기 때문입니다. 자기를 부인하고 자기 십자가를 지는 것은 누구에게나 어려운 일입니다. 그 앞에서 우리가 주저하고 머뭇거리는 것은 어쩌면 당연한 일인지도 모릅니다. 주님이 마음을 단단히 잡수셔야 했다면 우리도 더더욱 그래야 합니다.

예수님의 결심이 얼마나 확고했는지를 알려주는 이야기가 뒤에 나옵니다. 예루살렘으로 올라가던 길목에서 어떤 바리새인들을 만나게 됩니다. 그들은 예수님을 죽이려는 음모가 예루살렘에서 진행되고 있음을 알려주면서 일단 몸을 피하는 게 좋겠다고 조언합니다. 그러자 주님은 이렇게 대답하셨습니다.

그러나 오늘과 내일과 모레는 내가 갈 길을 가야 하리니 선지자가 예루살렘 밖에서는 죽는 법이 없느니라(눅 13:33).

예수님은 예루살렘에서 죽게 된다는 사실을 이미 알고 계셨습니다. 유월절 하나님의 어린 양이 되기 위해서 이 세상에 태어나셨고, 그 일을 완성하기 위해서 지금 예루살렘으로 올라가고 있는 것입니다. 물론 예수님에게도 죽음에 대한 두려움이 있었습니다. 그래서 죽음의 쓴잔을 마시지 않게 해달라고 마지막 순간까지 간절히 기도하셨지요(눅 22:42). 그러나 결국에는 하나님의 뜻을 따르기로 하셨습니다. 웬만한 결심으로는 십자가의 길, 죽음의 길을 '내가 갈 길'(my way)로 인정하고 받아들일 수 없습니다.

준비되지 않은 제자

그런데 예수님에게 용기가 필요했던 이유는 단지 죽음에 대한 두려움 때문이 아니었습니다. 오히려 주님이 이 세상을 떠나신 후에 남겨질 제자들에 대한 불안함 때문이었습니다. 그들은 주님의 뒤를 이어 하나님 나라 운동을 펼쳐 나갈 사람들입니다. 그렇지만 아직은 충분한 준비가 되지 않았습니다.

얼마 전의 변화산 사건으로 다시 돌아가 볼까요? 예수님의 변화된 모습과 모세와 엘리야가 그 곁에 함께 서 있는 것을 지켜보던 베드로는 그곳에 초막 셋을 짓고 잘 모시겠다고 제안합니다(눅 9:33). 물론 좋은 뜻으로 한 말입니다. 문제는 예수님의 마음을 조금도 헤아리지 못했다는 사실입니다. 예수님은 지금 십자가의 길을 두고 씨름하고 있는데, 베드로는 자기감정에 도취하여 오히려 십자가의 길에 걸림돌이 되고 있었던 것입니다.

그때 갑자기 구름이 몰려와서 그들을 덮어버리고, 구름 속에서 하나님의 음성이 들려왔습니다. "이는 나의 아들 곧 택함을 받은 자니 너희는 그의 말을 들으라"(눅 9:35). 그러자 구름이 걷히면서 예수님의 모습이 드러났습니다. 그때 예수님이 제자들에게 뭐라고 말씀하셨을까요? 아무 말씀도 하지 않으셨습니다. 예수님의 말씀은 변화산에서 내려와서 귀신 들린 아이를 고쳐주신 후에 등장합니다.

[43]… 그들이 다 그 행하시는 모든 일을 놀랍게 여길새 예수께서 제자들에게 이르시되 [44]이 말을 너희 귀에 담아 두라 인자가 장차 사람들의 손에 넘겨지리라 하시되 [45]그들이 이 말씀을 알지 못하니 이는 그들로 깨닫지 못하게 숨

긴 바 되었음이라 또 그들은 이 말씀을 묻기도 두려워하더라(눅 9:43b-45).

이른바 두 번째 '수난 예고'입니다. 간질 귀신 들린 아이를 고쳐주심으로써 예수님의 능력이 하나님의 위대하심을 드러내자, 아마도 제자들의 어깨가 으쓱해졌을 것입니다. 로마제국의 압제에서 그들을 해방할 정치적인 메시아에 대한 기대가 한껏 높아졌을 것입니다. 그러나 그들의 기대와는 다르게 주님은 당신의 죽음에 대해서 재차 예고하셨던 것입니다.

이제 내가 하는 말 하나하나를 마음에 두고 곰곰이 되새겨 보아라. 인자는 사람들의 손에 넘어갈 것이다(눅 9:44, 메시지).

이것은 그냥 농담처럼 하는 말이 아닙니다. 첫 번째 수난 예고(눅 9:22)와 비교하여 짧은 문장이지만 아주 단순하고 명확하게 당신의 죽음을 예고하셨습니다. 하나님께서 변화산에서 "그의 말을 들으라"(Listen to him!)고 말씀하셨던 바로 그 내용입니다. 그러나 제자들은 알아듣지 못했습니다. 처음 들은 말도 아닌데 왜 알아듣지 못했을까요? 이 부분을 메시지성경은 다음과 같이 번역합니다.

제자들은 예수께서 하시는 말씀을 알아듣지 못했다. 마치 예수께서 외국어로 말씀하셔서, 그들이 전혀 감을 잡지 못하는 것 같았다. 당황한 그들은 그 말씀이 무슨 뜻인지 예수께 묻지도 못했다(눅 9:45, 메시지).

예수님이 무슨 어려운 단어를 사용한 것이 아닙니다. 메시지성경의 표현처럼 실제로 '외국어'로 말씀하신 것도 아닙니다. 그런데도 그들은 알아듣지 못했습니다. 그 이유가 무엇일까요? 제자들의 마음에는 다른 생각들로 가득 차 있었기 때문입니다. 그들은 예수님이 정치적인 메시아로 등장하게 될 것을 기대했습니다. 그러니 예수님이 죽어야 한다는 이야기가 귀에 들어올 리가 없겠지요. 이런 제자들을 데리고 어떻게 예루살렘으로 올라가겠습니까?

예수님은 지금 십자가의 길을 생각하고 있지만, 제자들의 관심은 오로지 "누가 크냐?" 하는 문제에 매달려 있습니다(눅 9:46). 예수님께서 섬기고 희생하고 내어주고 죽임을 당하는 메시아에 대해서 아무리 이야기해 주어도, 예수님에 대한 제자들의 기대는 로마의 압제에서 유대를 해방하고 왕 같은 메시아로 군림하게 되는 것이었습니다. 주님이 왕좌에 앉게 되면 그다음 높은 자리에 누가 앉을 것인가가 문제가 되겠지요. 이것이 바로 제자들 사이에서 일어난 "누가 크냐?", "누가 가장 중요한 사람인가?"에 대한 논쟁의 핵심입니다.

이런 제자들을 보면서 예수님은 얼마나 답답하셨을까요? 제자들은 예수님의 십자가를 받아들일 생각이 전혀 없었습니다. 예수님이 떠나신 후에 하나님 나라 운동을 이어갈 준비가 전혀 되지 않았습니다. 그런데도 이들을 데리고 예루살렘으로 올라가야 합니다. 그래서 주님은 용기를 끌어모아 마음을 단단히 먹어야 하셨던 것입니다. 그러지 않고서는 십자가의 길을 걸을 수가 없기 때문입니다.

사마리아인의 마을

이때 예수님의 결심 속에는 제자들을 어떻게든 빨리 준비시켜야 한다는 절박한 마음이 담겨 있었습니다. 따라서 갈릴리를 떠나 예루살렘을 향해 가는 길은 사실상 제자 훈련을 위한 길이었습니다. 예수님이 굳이 사마리아 지방을 통해서 예루살렘으로 가려고 했던 것도 바로 그 때문이었습니다.

> [52]사자들을 앞서 보내시매 그들이 가서 예수를 위하여 준비하려고 사마리아인의 한 마을에 들어갔더니 [53]예수께서 예루살렘을 향하여 가시기 때문에 그들이 받아들이지 아니하는지라(눅 9:52-53).

사마리아를 통과하는 길은 갈릴리에서 예루살렘으로 올라가는 가장 빠른 길이었습니다. 그러나 유대인과 사마리아인의 해묵은 감정싸움 때문에 갈릴리 사람들은 그 길을 꺼렸습니다. 대부분 요단강 동쪽으로 건너가서 돌아가는 우회로를 택했습니다. 그런데 주님은 사마리아 지방을 그대로 지나가려고 하셨고, 한 걸음 더 나아가 심부름꾼을 보내서 아예 사마리아인의 마을에서 묵을 곳을 알아보게 하셨습니다.

여기에는 예수님의 특별한 의도가 있었습니다. 사마리아인에게도 하나님 나라의 복음이 전해져야 하기 때문입니다. 그 일은 장차 제자들에게 주어진 특별한 사명이 될 것입니다.

> 오직 성령이 너희에게 임하시면 너희가 권능을 받고 예루살렘과 온 유대와 사마리아와 땅끝까지 이르러 내 증인이 되리라(행 1:8).

여기에서 '온 유대와 사마리아'는 따로 떨어진 말이 아닙니다.

NIV성경이 이 부분을 “in all Judea and Samaria”라고 정확하게 번역합니다. ‘온’(all)은 유대와 사마리아를 함께 묶어서 수식하는 말입니다. 다시 말해서 ‘유대와 사마리아 모두 안에서’ 증인이 되어야 한다는 뜻입니다.

그렇습니다. 유대와 적대 관계에 있는 사마리아를 동시에 품지 않고서는 땅끝으로 나갈 수 없습니다. 문제는 예수님의 열두 제자가 한결같이 유대인이었다는 사실입니다. 그들에게는 알게 모르게 사마리아인에 대한 편견이 있었습니다. 그 편견을 넘어설 때 하나님의 나라는 이루어집니다. 이 대목에서 유대인과 사마리아인의 적대적인 감정이 어떻게 시작되었는지 알아볼 필요가 있습니다. 그것은 오래전 통일 이스라엘 왕국이 북이스라엘과 남유다로 나누어져서 지내던 시절로 거슬러 올라갑니다.

북이스라엘이 먼저 아시리아에 멸망합니다. 아시리아의 강제 이주 식민정책으로 말미암아 북이스라엘 사람들은 다른 민족과 피가 섞이게 되었습니다. 그들이 후에 사마리아인으로 불리게 된 사람들입니다. 그에 비해서 남유다를 멸망시킨 바벨론은 개개 민족의 고유 전통을 인정하는 유화 정책을 썼습니다. 그래서 바벨론에 포로로 잡혀갔던 유대인도 그들의 순수한 혈통을 유지할 수 있었습니다.

후에 포로 생활을 마치고 고향으로 돌아온 사람들이 예루살렘 성전을 재건하려고 했을 때 사마리아인도 그 일에 동참하기를 원했습니다. 그렇지만 이방인과 피가 섞이고 신앙이 혼합되었다는 이유로 거절합니다. 이에 앙심을 품고 사마리아인은 노골적으로 성전 건축을 방해했습니다. 그 후에 몇 번의 물리적인 충돌을 겪으면서 감정의 골은 더욱 깊어졌고, 예수님 당시에는 서로 상종하지 않는 그런 지경에 이르게 되었던 것입니다.

유대인에게 사마리아인은 혼혈인이요 신앙의 순수성을 잃어버린 짝퉁 이스라엘 사람이었지만, 주님에게는 유대인만큼이나 복음이 필요한 사람이요 구원받아야 할 사람이었습니다. 그래서 굳이 사마리아 지방을 통과하여 예루살렘으로 가려고 했던 것입니다. 그런데 정작 그들은 예수님을 환영하지 않았습니다. 유대인이어서가 아닙니다. 사마리아인들은 오래전부터 예루살렘 성전을 인정해 오지 않았기 때문에(요 4:20) 예수님 일행이 예루살렘으로 여행하고 있다는 사실을 알고서 손님으로 받아주지 않았던 것입니다.

사실 예수님은 이와 같은 그들의 반응을 예견하고 있었습니다. 그렇지만 예수님의 관심은 사마리아인의 적대적인 반응이 아니라 그에 대한 제자들의 반응에 있었습니다. 아니나 다를까 야고보와 요한이 화를 벌컥 내면서 나섭니다.

> [54] **제자 야고보와 요한이 이를 보고 이르되 주여 우리가 불을 명하여 하늘로부터 내려 저들을 멸하라 하기를 원하시나이까** [55] **예수께서 돌아보시며 꾸짖으시고** [56] **함께 다른 마을로 가시니라(눅 9:54-56).**

야고보와 요한은 형제였습니다. 예수님은 그들에게 '보아너게', 즉 '우레의 아들'이라는 별명을 붙여주셨습니다(막 3:17). 그만큼 조그만 일에도 잘 참지 못하고 쉽게 화를 내는 불같은 성격을 가지고 있었습니다. 바로 오늘 본문에서 그들의 성격이 잘 드러납니다. 그들은 몹시 흥분하여 하늘에서 불이 내려와 저들을 태워버리게 하자고 아주 격앙된 어조로 말합니다. 여기에는 "우리가 누구인 줄 알고 감히 그러느냐!" 하는 권위주의적인 생각이 깔려있었던 것으로 보입니다.

제자들 사이에 "누가 크냐?"라는 다툼이 일어났었을 때도 문제의 본질은 예수님을 정치적인 메시아로 생각하기 때문이라고 했습니다. 지금 야고보와 요한의 저주도 그 연장선상에서 이해할 수 있습니다. 이제 예루살렘으로 올라가면 예수님이 천지개벽 사건을 일으키고 마침내 왕으로 등극하시게 될 텐데, 어떻게 감히 그분을 맞아들이지 않느냐는 생각이 있었던 것입니다. 그러면서 마치 자신들이 하늘에서 불을 내릴 능력이 있는 양 떠벌립니다.

예수님은 그들을 돌아보시며 꾸짖으셨습니다. 어떤 사본에는 바로 이때 "인자가 온 것은 사람의 생명을 멸하려 함이 아니라 구원하려 함이다"라고 말씀하신 것으로 기록되어 있습니다. 거절당하는 것은 누구에게나 기분 나쁜 일입니다. 주님도 마찬가지였을 것입니다. 그러나 주님은 사람들의 반응이 아니라 자신의 사명에 초점을 맞추셨습니다. 그렇습니다. 사람들이 거절하거나 영접하거나 우리에게 주어진 사명이 달라져서는 안 됩니다.

제자들은 아직 그 사명을 깨닫지 못하고 있지만, 예수님의 십자가와 부활 사건을 경험한 후에는 달라질 것입니다. 그들의 능력으로는 땅끝은 고사하고 '온 유대와 사마리아'에서도 주님의 증인이 되지 못합니다. 그러나 성령의 권능이 그들에게 임하게 되면, 사마리아를 땅끝으로 품고 그곳에서 하나님 나라의 복음을 전하게 될 것입니다. 이때 예수님의 시선은 장차 사마리아 지방에서 그 일을 하게 될 빌립을 주목하고 계셨는지도 모릅니다(행 8:5).

예루살렘으로 향하여 올라가는 길은 예수님에게 '십자가의 길', '죽음의 길'이었지만, 제자들에게는 '제자가 되는 길', '제자 훈련의 길'이었습니다. '하나님 나라의 길' 40일 묵상을 통해서 우리도 주님의 뒤를 따라서 하나님 나라 운동을 펼쳐가는 제자로 세워지기를 간절히 소원합니다.

묵상 질문: 나는 주님을 따를 준비가 되었는가?

오늘의 기도: 하나님 아버지, 오늘부터 우리는 '하나님 나라의 길' 묵상을 시작합니다. 우리의 발걸음을 선한 길로 인도하셔서 이 묵상이 마치는 날 예수님의 죽음과 부활이 우리를 구원하기 위함임을 분명히 깨닫게 하시고, 땅끝까지 이르러 증인이 되라고 부르시는 주님의 음성에 믿음으로 응답할 수 있게 하옵소서. 그리하여 장차 완성될 하나님의 나라에 빛나는 보석이 되게 하옵소서. 예수님의 이름으로 기도합니다. 아멘.

제 1 막

제자가 되는 길

누가복음 9-14장

누가복음 묵상 ❷-2

하나님 나라에 합당한 사람

읽을 말씀: 누가복음 9:57-62

새길 말씀: 예수께서 이르시되 손에 쟁기를 잡고 뒤를 돌아보는 자는 하나님의 나라에 합당하지 아니하니라 하시니라(눅 9:62).

갈릴리 사역을 마치신 예수님은 '마음을 단단히 먹고 용기를 내어' 예루살렘으로 올라가기 시작했습니다. 그 길 끝에 무엇이 기다리고 있는지 예수님은 잘 알고 계셨습니다. 따라서 예수님에게 그 길은 '십자가의 길', '죽음의 길'이었습니다. 예수님은 그 길을 '내가 갈 길'(my way)이라고 선포합니다. 오직 그 길을 통해서만 하나님 나라에 들어가는 구원의 문이 활짝 열립니다. 그 길을 걷기 위해서 예수님에게도 용기가 필요했습니다. 예수님은 준비가 다 되었습니다. 그래서 예루살렘을 향해 올라가기 시작하셨던 것입니다.

문제는 그를 따르는 제자들입니다. 그들은 예수님의 뒤를 이어 하나님 나라 운동을 펼쳐야 하는 장본인입니다. 그러나 그들은 전혀 준비되지 않았습니다. 두 번씩이나 수난 예고를 하셨건만, 아무도 알아듣지 못했습니다. 오히려 "누가 크냐?"라는 논쟁을 벌일 뿐이었습니다. 정치적인 메시아에 대한 기대가 그렇게 자리다툼을 만들어 냈던 것입니다. 예수님은 그들과 함께 예루살렘으로 올라가면서 그 길을 '제자가 되는 길'로 삼으십니다. 그래서 더더욱 예수님에게 용기가 필요했습니다.

지난 시간에 우리가 살펴본 말씀처럼 예수님이 굳이 사마리아 지방을 통과하려고 했던 이유는 앞으로 제자들이 감당해야 할 사명을 일깨우기 위해서였습니다. 유대와 적대 관계에 있는 사마리아를 동시에 품지 않고서는 땅끝으로 나갈 수 없다는 것을 가르치려고 하셨던 것입니다. 물론 이때 예수님의 의도를 깨닫는 제자는 아무도 없었습니다. 오히려 그들을 푸대접하는 사마리아인에게 흥분한 야고보와 요한 형제는 하늘에서 불을 내려 태워버리자고 말할 정도였습니다. 주님의 제자가 되기에는 아직도 멀었습니다. 그러나 주님은 언젠가 그들이 사마리아를 땅끝으로 품게 될 것을 아셨습니다.

사마리아인 마을에서 쫓겨나듯이 떠나서 다른 마을로 가던 도중에 뜻밖에도 주님의 제자가 되겠다고 나서는 세 사람을 만나게 됩니다. 그러나 예수님은 선뜻 그들을 환영하지 않습니다. 오히려 그들의 용기를 꺾어버리는 듯한 말씀을 하십니다. 이 역시 동행하고 있던 제자들을 염두에 둔 훈련이었습니다. 세 사람과의 대화를 통해서 주님은 그리스도를 따른다는 것이 무엇을 의미하는지, 그것을 위해서 어떤 대가를 치러야 하는지 제자들에게 가르치셨던 것입니다.

물질의 축복

가장 먼저 등장하는 사람은 '한 서기관'이었습니다.

[57]길 가실 때에 어떤 사람이 여짜오되 어디로 가시든지 나는 따르리이다 [58]예수께서 이르시되 여우도 굴이 있고 공중의 새도 집이 있으되 인자는 머리 둘 곳이 없도다 하시고…(눅 9:57-58).

여기에는 그냥 막연히 '어떤 사람'(a man)으로 나오지만, 마태복음의 평행 본문을 읽어보면 분명히 '한 서기관'(a scribe)으로 기록되어 있습니다(마 8:19). NIV성경은 이를 '율법교사'(a teacher of the law)로 번역합니다. 그러니까 유대교에서 율법을 전문적으로 가르치는 종교인이 지금 불쑥 등장하여 "주님이 어디로 가시든지 나는 따르겠습니다"라고 선언하고 있는 것입니다.

예수님 입장에서는 한 사람이 아쉬운데, 자기 발로 와서 따르겠다고 하는 사람을 굳이 거절할 이유가 없습니다. 그러나 이 서기관의 의도는 불분명합니다. 정말 주님을 따를 생각이라면 그냥 조용히 따라가면 될 일입니다. 그런 식으로 많은 사람 앞에서 공개적으로 선언할 필요가 없습니다. 그리고 지금까지 누구든 예수님께서 먼저 제자로 부르셨지, 이 사람처럼 제자가 되겠다고 나선 사람은 아무도 없었습니다.

예수님은 그의 감추어진 속내를 드러내기 위해서 이렇게 말씀하십니다. "여우도 굴이 있고 공중의 새도 집이 있지만, 인자는 머리 둘 곳이 없다." 이게 무슨 뜻일까요? "나를 따라오려면 이 세상에서 집 없는 떠돌이로 살 각오를 해야 해!"라는 뜻입니다. 이 부분에 대한 메시지성경의 풀이가 더 재미있습니다. "너는 고생할 각오가 되어 있느냐? 알다시피, 우리가 묵는 곳은 일류 호텔이 아니다."

예수님은 이 사람의 속내를 훤히 꿰뚫고 계셨습니다. 그래서 일부러 "고생할 각오가 되어 있느냐?"고 물으신 것입니다. 주님이 초대하는 '새로운 종류의 어부'(a new kind of fishermen)는 물질의 풍요를 추구하는 인생이 아닙니다. 예수님은 '경제적인 메시아'가 되려고 이 세상에 오지 않으셨습니다. 물론 마귀는 그렇게 하라고 예수님을 유혹했습니다. 그것이 세상 사람들의 기대를 충족시키는 지름길이라고 꼬드겼습니다. 그러나 예수님은 마귀의 시험에 넘어가지 않으셨습니다. 예수님은 '생명의 떡, 메시아'로 오셨기 때문입니다.

예수님은 우리가 이 세상에서 천년만년 잘 먹고 잘살게 하려고 하늘 영광을 버리고 이 땅에 오신 것이 아닙니다. 오히려 우리에게 영원한 생명과 구원과 하나님 나라의 소망을 주기 위해서 오셨습니다. 우리의 죄를 대속하기 위해서 십자가를 지기 위해 오셨습니다. 그게 우리 주님이 가실 길입니다. 그거 제대로 알고 주님을 따르겠다고 해야지요.

이 서기관은 자신이 호언장담한 것처럼 정말 끝까지 주님을 따랐을까요? 제가 볼 때 처음부터 이 사람은 주님을 따를 생각이 없었습니다. 유대교의 율법 학자가 왜 나사렛 시골 출신의 목수를 따라나서겠습니까? 혹시라도 벼락부자가 되게 해주거나 아니면 높은 자리를 보장해준다면 모르겠지만 말입니다. 자신의 기대에 어긋나는 주님의 말씀을 듣고 그는 즉시 주님을 따르는 일을 포기했을 것이 분명합니다.

아버지 장례

그다음에 예수님은 바로 옆에 있던 다른 사람을 주목하셨습니다. 그리고 그에게 먼저 "나를 따르라" 말씀하셨습니다. 마치 베드로와 안드레 형제를 부르시던 것처럼 말입니다. 그러자 그는 아버지 장례의 핑계를 대면서 물러섭니다.

59 또 다른 사람에게 나를 따르라 하시니 그가 이르되 나로 먼저 가서 내 아버지를 장사하게 허락하옵소서 60 이르시되 죽은 자들로 자기의 죽은 자들을 장사하게 하고 너는 가서 하나님의 나라를 전파하라 하시고…(눅 9:59-60).

"나를 따르라"라는 주님의 말씀에 이 사람은 "먼저 가서 내 아버지를 장사하게 허락해 달라"고 대답합니다. 주님을 따르지 않겠다는 게 아닙니다. 단지 시간이 좀 필요하다는 것입니다. 그 이유도 아버지의 장례를 치르는 일이었습니다. 그 후에는 틀림없이 주님을 따를 테니까, 그때까지 조금만 봐달라는 요청입니다. 충분히 이해할 수 있는 상황입니다. 아주 정당한 이유처럼 보이기도 합니다.

그런데 어찌 된 일인지 주님은 그의 요청을 단호하게 거절하십니다. "죽은 자들로 자기의 죽은 자들을 장사하게 하고 너는 가서 하나님의 나라를 전파하라." 이 부분을 메시지성경은 이렇게 풀이합니다. "중요한 일이 먼저다. 네 본분은 삶이지 죽음이 아니다. 삶은 긴박하다. 하나님 나라를 알려라." 여기에서 "네 본분은 삶이지 죽음이 아니다"(Your business is life, not death)라는 표현이 큰 울림으로 다가옵니다. 그러니까 무엇이 네 삶에서 중요한 일인지 결정하라는 겁니다. 무엇이 네 삶에서 가장 긴박한 우선순위인지 분명하게 선택하라는 요구입니다.

사람들의 상식으로는 아버지 장례를 치르는 것이 가장 먼저 해야 할 일입니다. 그도 그럴 것이 장례가 나면 사람들의 모든 일상이 멈추게 되어 있습니다. 아무리 바쁜 일이 있더라도 당연히 장례부터 치러야 합니다. 그런데 그보다 주님을 따르는 게 먼저라니, 돌아가신 아버지에게 예의를 갖추는 것보다 하나님 나라를 알리는 것이 우선이라니 받아들이기가 쉽지 않습니다.

이 대목에서 우리는 예수님 당시의 유대인 장례 풍습을 이해할 필요가 있습니다. 그러지 않으면 이 말씀을 오해하게 됩니다. 당시에는 누군가 죽으면 당일에 그 시신을 가족 동굴 묘지에 일단 안치했습니다. 그러다가 일 년쯤 지난 후에 그 유해를 수습해서 관에 넣어 동굴 벽에 구멍을 뚫어 보관하는 장례를 치릅니다. 이 사람이 말하는 '장사'(葬事)는 후자를 의미합니다. 아버지 시신은 이미 가족 묘지에 안치된 상태이고, 나머지 절차를 기다리는 중입니다. 그 일을 마무리한 후에 예수님을 따르겠다는 이야기입니다.

그것에 대해서 예수님이 말씀하시는 겁니다. "그 일은 굳이 네가 아니라도 다른 사람들이 얼마든지 할 수 있다. 너는 하나님 나라의 복음을 받아들였으니, 그것을 전파하는 게 더 급한 일 아니겠니?" 주님은 지금 그의 인생에서 가장 중요한 우선순위가 무엇인지 묻고 있는 것입니다. 만일 예수님을 메시아로 믿는다면, 하나님 나라를 가장 귀한 가치로 인정한다면, 그의 나라와 그의 의를 먼저 구하면서 살아야 합니다. 실제로 그는 예수님이 그를 제자로 부르기 전부터 주님을 졸졸 따라다녔습니다. 그런데 인제 와서 아버지 장례를 핑계로 비겁하게 물러서고 있는 것입니다. 그럴 거라면 지금까지는 뭣 하러 예수님을 따라다녔습니까?

이 사람에게는 아버지 장례가 핑곗거리였지만, 사람들은 저마다 주님의 제자가 되지 못하는 아주 다양한 핑곗거리를 가지고 있습니다. 먼저 공부를 해야 하고, 먼저 직장 생활을 해야 하고, 먼저 돈을 벌어야 하고, 먼저 내 건강 챙겨야 하고, 먼저 내 가족 돌봐야 하고, 먼저 부모님 공양해야 하고, 먼저 부모님 장례를 치러야 합니다. 그다음에 별로 할 일이 없어지거든 그때 가서 열심히 신앙생활하면서 주님을 따르는 일을 한번 생각해 보겠다는 것이지요.

그런데 그때 가면 신앙생활에 전념할 수 있게 될까요? 부모님 장례를 치르고 나면 정말 주님을 열심히 따를 수 있을까요? 아닙니다. 손주들 봐주어야지요, 놀러 다녀야지요, 병원에 다녀야지요…. 할 일이 더 많아집니다. 이 사람은 과연 예수님을 따르는 제자가 되었을까요? 저는 그렇게 생각하지 않습니다. 주님의 부르심에 즉시 따르지 않는다면 나중에 따르는 것은 거의 불가능한 일이기 때문입니다.

가족과 작별

마지막 세 번째 사람과의 대화에서도 주님은 즉각적인 복종을 요구하십니다.

> **[61]또 다른 사람이 이르되 주여 내가 주를 따르겠나이다마는 나로 먼저 내 가족을 작별하게 허락하소서 [62]예수께서 이르시되 손에 쟁기를 잡고 뒤를 돌아보는 자는 하나님의 나라에 합당하지 아니하니라 하시니라**(눅 9:61-62).

주님은 이 사람에게 먼저 이야기를 건네지 않으셨습니다. 앞사람이 예수님과 대화하는 것을 보면서 마음의 부담감을 느꼈던 것일까요? 그가 먼저 나서서 가족과 작별 인사를 먼저 하게 해달라고 요청합니다. 그 정도쯤은 얼마든지 허락해 줄 수 있을 듯싶습니다. 이제 헤어지면 언제 다시 만날지 모르는데 말입니다. 그런데 예수님의 대답은 단호합니다. "손에 쟁기를 잡고 뒤를 돌아보는 자는 하나님의 나라에 합당하지 않다!"

예수님의 말씀은 뒤를 돌아보지 말라는 것입니다. 한 번 주님을 따르기 시작했으면 다시는 과거로 돌아가서는 안 됩니다. 그런데 이해득실을 따지는 계산이 많은 사람이 자꾸 뒤를 돌아봅니다. 오늘날 사람들이 예수님을 잘 믿지 못하는 이유는, 아니 예수님을 믿는다고 하면서도 그리스도의 제자가 되지 못하는 가장 큰 이유는 너무 계산이 많아서 그렇습니다. 앞뒤 재고 따지고 하다 보니까 확 덤벼들지 못하는 것입니다.

다른 사람들 시선도 고려해야 하고, 내 체면도 생각해야 하고, 이런저런 생각으로 머리가 복잡해서 은혜의 바다에 푹 빠지지 못하는 것입니다. 그런 사람들 똑똑한 것 같지만 하나님 나라에는 합당하지 못한 사람들입니다. 손에 쟁기를 잡기는 했는데, 자꾸 뒤돌아보는 사람들이 어떻게 힘 있게 주의 일을 해낼 수 있겠습니까?

우물을 파는 직업을 가진 사람이 있었습니다. 이 사람이 얼마나 우물을 잘 파는지 사방으로 소문이 났습니다. 그 비법을 배우기 위해서 사람들이 모여들었습니다. "어떻게 해서 그렇게 우물을 잘 파십니까?" 물어보았더니, 이렇게 대답했습니다. "저는 한 번 파기 시작하면 물이 나올 때까지 계속 팝니다."

정말 그렇습니다. 신앙생활도 마찬가지입니다. 잿기를 잡았으면 앞만 보고 끝까지 가야 합니다. 잿기는 잡았는데 이 사람이 걸리고, 저 사람이 신경 쓰이고, 이것저것 계산하고 정리하고 자꾸 뒤돌아보느라고 제대로 신앙생활하지 못합니다. 그러니 어떻게 신앙의 진보가 나타날 수 있겠습니까. 그러다가 젊은 시절을 다 보내고 어느덧 인생의 마지막에 다다르는 그런 사람들이 얼마나 많은지 모릅니다. 가족과 작별 인사를 나누고 나서 주님을 따르겠다는 것은 그런 핑계 중의 하나입니다.

주님은 분명히 말씀하십니다.

"머뭇거리지 마라. 뒤돌아보지도 마라. 하나님 나라를 내일로 미룰 수는 없다. 오늘 기회를 잡아라"(눅 9:62, 메시지).

기회는 오늘 잡아야 하는 것입니다. 중요한 결정을 내려야 할 때 자꾸 머뭇거리거나 뒤돌아보면서 빠져나갈 구멍을 찾으려고 하는 것은 일종의 습관입니다. 그런 못된 습관이 주님을 따르지 못하게 하고 신앙의 진보를 가로막는 것입니다.

이 사람이 과연 주님을 따르게 되었을까요? 오늘 본문에 등장하는 세 사람과 예수님의 대화를 들으면서 제자들은 주님의 부르심에 따라나섰던 과거를 회상하게 되었을 것입니다. 그들은 주님의 부르심에 즉시 순종했습니다. 배와 그물을 그 자리에 버려두고 주님을 따랐습니다. 그 이유가 무엇일까요? 그들은 어떻게 부르심에 그 즉시 순종할 수 있었을까요? 무엇이 그런 차이를 가져왔던 것일까요?

순종하는 믿음

예수님께서 베드로를 부르시는 장면을 다시 읽어보겠습니다.

[10]… 예수께서 시몬에게 이르시되 무서워하지 말라 이제 후로는 네가 사람을 취하리라 하시니 [11]그들이 배들을 육지에 대고 모든 것을 버려두고 예수를 따르니라(눅 5:10-11).

조금 전에 시몬 베드로는 "깊은 데로 가서 그물을 내려 고기를 잡으라"는 주님의 말씀에 순종하여 그물이 찢어질 정도로 많은 물고기를 잡았습니다. 시몬의 동업자였던 야고보와 요한도 그 놀라운 일을 직접 목격했습니다. 말하자면 평생 처음으로 횡재한 것입니다. 그러나 그들은 '사람의 어부'가 되라는 주님의 초청을 받고 그 즉시 모두 다 버려두고 예수님을 따르기 시작했습니다.

주님의 '부르심'과 그들의 '순종' 사이에 무엇이 있습니까? 아무것도 없습니다. 그 어떤 조건이나 이유나 핑계가 끼어 있지 않습니다. 물질의 축복을 바라는 숨겨진 동기도 없고, 아버지의 장례를 모셔야 한다는 도덕적인 핑계도 없고, 먼저 가족과 작별해야 한다는 감정적인 이유도 없습니다. 가진 것이 없다고, 건강하지 못하다고, 믿음이 부족하다고, 성경을 잘 알지 못한다고, 성령의 은사를 받지 못했다고 하는 그 어떤 이유도 없습니다.

주님이 부르시니 그저 따랐을 뿐입니다. 주님이 말씀하시니 순종의 발걸음을 떼었을 뿐입니다. 그것이 믿음입니다. 주님의 부르심에 즉시 순종하지 않으면 믿음이 생기지 않습니다. 사람들은 거꾸로 생각합니다. 제자들에게 믿음이 있었기에 주님의 부르심에 응답할 수 있었다고 생각합니다. 그러면서 자신의 부족한 믿음을 핑계 삼아 오히려 주님의 말씀에 **당당하게** 불순종하지요. 아주 위험하기 짝이 없는 생각입니다. 갈릴리 어부들은 주님의 부르심에 순종했기에 믿음을 얻게 되었습니다. 아니, 순종이 곧 믿음입니다.

세 사람과의 대화를 들으면서 제자들은 아마도 그들의 올챙이 시절을 떠올리게 되었을 것입니다. 그러면서 아무런 보장이나 약속 없이 무작정 예수님을 따라나섰던 그들의 초심을 되새기게 되었을 것입니다. 그와 비교하여 지금 그들의 마음가짐이 얼마나 달라졌는지, 서로 높은 자리를 차지하겠다고 다투는 그들의 모습이 얼마나 부끄러운지 생각하게 되었을 것입니다. 물론 아직은 충분하지 않습니다. 진정한 제자가 되기 위해서 그들이 넘어야 할 고개가 많이 남았습니다. 그러나 부르심에 즉시 순종하던 첫걸음을 다시 시작하면 됩니다.

주님을 따르는 제자가 된다는 것은 우리에게도 무거운 부담입니다. 반드시 대가를 치러야 합니다. 그 대가는 바로 우리 자신의 편안한 삶입니다. 우리가 가진 모든 소유, 심지어 우리의 생명까지도 그 대가로 치러야 할지 모릅니다. 쉽게 편하게 싸구려만 찾아서 예수 믿으려고 하지 마십시오. 우리의 신앙이 제자리걸음인 이유가 바로 거기에 있습니다. 하나님이 우리에게 주시는 은혜는 '값없이 주시는 은혜'이지, 결코 값싼 '싸구려 은혜'가 아닙니다.

그동안 우리는 주님의 부르심에 어떤 반응을 보여왔습니까? 과거의 선택이 현재 우리의 모습을 만들어왔다는 사실을 솔직하게 인정해야 합니다. 과거는 지나갔습니다. 아무리 후회해도 바꿀 수가 없습니다. 따라서 이제부터가 더 중요합니다. 오늘 주님의 부르심에 단순하게 순종하여 따르기 시작한다면 내일 우리는 '믿음의 사람'이 되어 있을 것입니다. 우리 주님이 그러셨던 것처럼 우리에게 주어진 십자가를 지고 마지막 순간까지 믿음의 길을 걷는 제자가 될 수 있습니다.

묵상 질문: 주님의 부르심에 즉시 순종하지 않는 나의 핑곗거리는 무엇인가?

오늘의 기도: 하나님 아버지, 우리의 믿음 없음을 긍휼히 여겨주옵소서. 주님의 부르심에 순종하는 첫걸음도 떼려고 하지 않으면서 부족한 믿음 탓만 해온 우리의 어리석음을 용서해 주옵소서. 이제부터는 주님이 말씀하시면 온전히 순종하겠습니다. 주님이 따라오라 하시면 두말하지 않고 따라가겠습니다. 우리의 연약한 발걸음을 강한 팔로 붙들어 주셔서 마침내 믿음의 사람으로 우뚝 세워지게 하옵소서. 예수님의 이름으로 기도합니다. 아멘.

누가복음 묵상 ❷ -3

하나님 나라의 선포

읽을 말씀: 누가복음 10:1-24

새길 말씀: 8어느 동네에 들어가든지 너희를 영접하거든 너희 앞에 차려놓는 것을 먹고 9거기 있는 병자들을 고치고 또 말하기를 하나님의 나라가 너희에게 가까이 왔다 하라(눅 10:8-9).

예수님과 제자들은 지금 예루살렘으로 올라가는 중입니다. 어느 사마리아인의 마을에서 푸대접받고 쫓겨났지만, 그렇다고 해서 사마리아 지방을 그냥 지나친 것은 아닙니다. 오히려 예수님은 곳곳에 제자들을 보내어 하나님 나라의 복음을 전하게 하셨습니다. 오늘 우리가 살펴볼 이야기입니다.

70 제자 파송

예수님은 갈릴리 사역 막바지 때 열두 제자를 파송하여 그동안 어깨너머로 배웠던 주님의 사역을 직접 실습하게 했습니다(눅 9:1-6). 이제 갈릴리 사역을 마치시고 예루살렘으로 올라가는 도중에 주님은 더 많은 제자를 전도 실습에 파송하십니다.

[1]그 후에 주께서 따로 칠십 인을 세우사 친히 가시려는 각 동네와 각 지역으로 둘씩 앞서 보내시며 [2]이르시되 추수할 것은 많되 일꾼이 적으니 그러므로 추수하는 주인에게 청하여 추수할 일꾼들을 보내 주소서 하라(눅 10:1-2).

이때 예수님이 파송한 제자는 70명이었습니다. 갈릴리에서는 열두 제자를 둘씩 짝지어서 파송했었는데, 이번에는 그보다 여섯 배가 많은 인원을 보내는 것입니다. 어디에서 갑자기 그렇게 많은 제자가 생겨났을까 궁금해집니다. 지난 시간에 살펴본 세 사람도 혹시 여기에 포함된 것은 아닐까요? 아마 그러지는 않았을 것입니다. 아버지 장례를 핑계 대던 사람에게 예수님은 "죽은 자들로 죽은 자를 장사하게 하고 너는 가서 하나님의 나라를 전파하라"(눅 9:60)고 하셨지요. 바로 전도 실습으로 초대하는 내용입니다. 그러나 그는 결국 주님의 초대에 응답하지 않았습니다.

자, 그렇다면 예수님이 파송한 제자들은 과연 누구일까요? 그들은 갈릴리에서부터 주님을 따라나선 사람들이었습니다. 70명은 아마도 당시에 예수님이 파송할 수 있는 최대한의 인원이었을 것입니다. 그중에는 물론 여자 제자들도 포함되었을 것입니다. 여기에서 우리는 예수님이 펼치시는 하나님 나라 사역은 열두 제자가 독점할 수 있는 특권이 아니라는 사실을 알게 됩니다. 우리 주님은 더 많은 제자가 더 많은 곳으로 가서 하나님 나라의 복음을 전하기를 원하십니다.

예수님은 두 명씩 한 팀으로 묶어 35개 팀을 “주께서 친히 가시려는 각 동네와 각 지역으로 앞서 보내셨다”라고 합니다. 그 모든 장소는 예수님이 직접 가보고 싶으셨던 곳입니다. 여기에는 물론 사마리아 지방 대부분의 마을이 포함되었을 것입니다. 예수님도 사람이신지라 시간과 장소의 제약을 받으실 수밖에 없었습니다. 그 많은 곳을 동시에 방문할 수는 없으셨습니다. 그래서 그를 대신하여 제자들을 파송하셨던 것입니다.

그런데 왜 하필 70명이었을까요? 50명이나 100명이 아니고 왜 굳이 70명을 파송하신 것일까요? 성경에 등장하는 숫자에는 모두 상징적인 의미가 있습니다. ‘12’라는 숫자는 이스라엘의 열두 지파를 의미합니다. 그러니까 각 지파를 대표하는 사람들이라는 의미가 ‘12’라는 숫자에 담겨 있는 것입니다. 그렇다면 ‘70’이라는 숫자는 무엇을 의미할까요?

민수기에 보면 광야에서 모세를 돕기 위해서 선택된 장로들의 숫자가 ‘70’이었습니다(민 11:16-17, 24-25). 또한 예수님 당시 유대인의 최고 의회였던 산헤드린의 숫자도 ‘70’이었습니다. 그러니까 12지파에서 확대된 지도자들의 숫자가 바로 70인 셈입니다. 그러나 그것이 전부는 아닙니다. 창세기에 보면 온 땅에 분산된 노아의 세 아들, 즉 셈, 함, 야벳의 후손들이 모두 70 종족으로 되어 있습니다(창 10:2-31). 이에 근거하여 당시 사람들은 이 세상에 모두 70개의 나라가 있다고 생각했습니다.

이 모두를 종합하여 생각해 볼 때, 지금 우리는 하나님 나라 운동을 펼쳐 나가기 위해서 선택된 지도자 70명을 이 세상의 모든 나라에 선교사로 파송하시는 장면을 보고 있는 것입니다. 물론 이와 같은 일은 예수님의 승천 이후에 실제로 벌어집니다만, 예수님 사역의 방향이 어디를 향하고 있는지 여기에서 미리 맛볼 수 있습니다.

"추수할 것은 많은데 일꾼이 적다"라는 말씀도 마찬가지입니다. 이곳 사마리아 지방만 생각한다면 35개 팀으로 충분할지 모릅니다. 그러나 주님의 시선은 사마리아가 아니라 땅끝을 향하십니다. 그래서 일꾼이 부족하다고 말씀하신 것입니다. 감리교 운동을 시작하신 존 웨슬리 목사님은 "세계는 나의 교구다!"(The world is my parish!)라고 선포했습니다. 그 역시 주님의 말씀에 근거한 것입니다.

전도자의 태도

이때 70명의 제자가 전도자로서 충분히 준비되었을까요? 열두 제자도 아직 충분히 준비되지 못했는데, 그들은 더 말할 것도 없습니다. 그러나 그들도 얼마든지 하나님 나라의 복음을 전할 수 있습니다. 오히려 이와 같은 전도 실습은 제자가 되기 위한 필수적인 훈련 과정입니다. 그러니까 충분히 준비되고 난 후에 실습하는 것이 아니라 현장 실습을 통해서 준비되어 가는 것이지요. 예수님은 그들을 파송하기 전에 전도자로서 갖추어야 할 태도를 일러 주십니다.

> [3]갈지어다 내가 너희를 보냄이 어린 양을 이리 가운데로 보냄과 같도다 [4]전대나 배낭이나 신발을 가지지 말며 길에서 아무에게도 문안하지 말며…(눅 10:3-4).

예수님의 눈에 그들은 마치 '어린 양'처럼 보였습니다. 그래서

“너희는 이리 떼 가운데 있는 어린양들 같다”(메시지)라고 말씀하십니다. 그러면서 그들에게 “전대나 배낭이나 신발을 가지지 말라”라고 하십니다. 사실 아무리 짧은 여행이라도 그 정도는 준비해야 합니다. 그런데 여분의 돈이나 물품을 담는 배낭이나 여분의 신발을 가지지 말라고 하시는 이유가 무엇일까요?

그것은 그들의 필요를 전적으로 하나님의 도우심에 맡기라는 뜻입니다. 사실 우리가 아무리 잘 준비한다고 하더라도, 여호와이레 하나님께서 예비해 주시는 것과는 감히 견줄 수 없습니다. 예수님은 하나님의 나라를 구하는 자에게 필요한 것을 더해주시겠다고 분명히 약속하셨습니다(눅 12:31). 전도자는 그 믿음 가지고 나가서 주님의 일을 해야 합니다. 그렇게 함으로써 그들의 필요를 실제로 채워주시는 하나님을 체험해야 합니다.

또한 “길에서 아무에게도 문안하지 말라”라고 하십니다. 여기에는 설명이 조금 필요합니다. 메시지성경은 “길에서 만나는 모든 사람과 노닥거리거나 잡담하지 말라”(Don't make small talk with everyone you meet along the way)로 풀이합니다. 정말 그렇습니다. 전도자는 세상 모든 사람과 친하게 지내라고 파송되지 않았습니다. 물론 처음 만나는 사람들에게는 경직된 태도보다는 부드러운 사교적인 태도가 도움이 될 것입니다. 그러나 영양가 없는 대화(small talk)에 시간과 에너지를 사용하는 것보다 반드시 전해야 할 말을 시의적절(時宜適切)하게 전하는 지혜와 용기가 필요합니다.

그다음 말씀이 더 중요합니다.

[5]어느 집에 들어가든지 먼저 말하되 이 집이 평안할지어다 하라 [6]만일 평안

을 받을 사람이 거기 있으면 너희의 평안이 그에게 머물 것이요 그렇지 않으면 너희에게로 돌아오리라 [7]그 집에 유하며 주는 것을 먹고 마시라 일꾼이 그 삯을 받는 것이 마땅하니라 이 집에서 저 집으로 옮기지 말라(눅 10:5-7).

어느 집에 들어가게 되면 반드시 '평안'의 인사를 먼저 하라고 하십니다. 우리가 처음 만나는 사람들에게 "안녕하세요?"라고 인사하듯이, 유대인들도 "샬롬!" 하고 인사를 합니다. '샬롬'은 평화가 그 집과 그 사람에게 있기를 비는 인사말입니다. 이것은 물론 예의범절이기도 하지만, 그 인사에 대한 반응을 통해서 그 집에서 머물 수 있을지를 결정하기도 합니다. 그래서 메시지성경은 다음과 같이 풀이합니다.

"그들이 너희의 인사를 받아들이면, 그곳에 머물러도 좋다. 그러나 받아들이지 않거든, 인사를 거두고 나오너라. 억지로 하지 마라"(눅 10:6, 메시지).

그렇습니다. 낯선 전도자를 환영하는 집이라면, 하나님 나라의 복음을 받아들일 가능성이 커집니다. 그러나 사람들을 무조건 경계하고 환영하지 않는 집에서는 억지로 복음을 전하려고 하지 말라는 겁니다. 그래 봐야 아무런 효과가 없습니다. 그것은 마치 지하철에서 졸고 있는 사람에게 "예수 천당, 불신 지옥!"이라고 소리 지르는 것과 같습니다. 그래 봐야 오히려 거부감만 더 생기게 할 뿐입니다.

또한 만일 그 집에 머물게 되었다면, 대접받는 것을 미안하게 생각할 필요가 없습니다. 하나님 나라의 복음을 전하는 것을 미안하게 생각해서는 안 됩니다. 오히려 그들에게 구원의 기쁜 소식을 전하는 가치 있는 일을 하고 있다는 자부심을 품어야 합니다. 그리고 한번 머물 집을 정하면 다른 집에서 더 좋은 잠자리와 음식을 제공하겠다고 제안하더라도 절대로 옮기지 말아야 합니다. 만일 그런 이유로 옮긴다면 그들이야말로 정말 '삯꾼'입니다.

전도자의 사역

전도자가 갖추어야 할 기본적인 자세보다 더 중요한 것이 있습니다. 그것은 바로 전도자가 실제로 해야 할 사역의 내용입니다.

> [8]**어느 동네에 들어가든지 너희를 영접하거든 너희 앞에 차려놓는 것을 먹고** [9]**거기 있는 병자들을 고치고 또 말하기를 하나님의 나라가 너희에게 가까이 왔다 하라**(눅 10:8-9).

앞에서는 '어느 집'에 들어가는 경우였지만, 이번에는 '어느 동네'에 들어가는 경우입니다. 제자들을 영접하는 마을 사람들이 차려놓는 것을 먹으라고 말씀하십니다. 유대인들에게 식사는 단순히 배고픔을 해결하는 수단이 아니었습니다. 식사 예절에 종교적인 의미까지 부여했기 때문에 유대인들은 무엇을 먹어야 하는지 또는 누구와 어떻게 먹어야 하는지 매우 까다롭게 생각해 왔습니다.

이 문제는 초대교회에서도 아주 심각한 이슈였습니다. 특히 불신자들이나 이방인들과 교제할 때 식사 문제는 언제나 큰 걸림돌이 되었습니다. 왜냐면 많은 경우에 우상의 제단에 바쳐진 제물이 시장에 흘러나와 유통되었기 때문입니다. 그래서 사도 바울은 고린도교회에 보낸 편지에서 다음과 같이 권면합니다.

[27]불신자 중 누가 너희를 청할 때에 너희가 가고자 하거든 너희 앞에 차려 놓은 것은 무엇이든지 양심을 위하여 묻지 말고 먹으라 [28]누가 너희에게 이것이 제물이라 말하거든 알게 한 자와 그 양심을 위하여 먹지 말라(고전 10:27-28).

앞부분은 예수님의 가르침과 똑같습니다. 불신자에게 대접받게 되었을 때, 그 음식이 어떤 경로로 만들어졌는지 묻지 말고 먹으라는 것입니다. 그러나 여기에 덧붙여서 바울은 만일 그것이 우상에게 바쳐진 제물이었다는 것을 알게 된다면 먹지 말라고 권면합니다. 중요한 것은 다른 사람의 유익이기 때문입니다. 그것은 모두 예수님의 가르침에서 비롯되었습니다.

그렇습니다. 만일 먹는 것에 지나치게 까다로운 태도는 그를 영접하는 사람들에게 하나님 나라의 복음을 전하는 일에 큰 걸림돌이 될 수 있습니다. 따라서 전도자는 '앞에 차려놓은 것'은 무엇이든지 감사하는 마음으로 맛있게 먹을 수 있어야 합니다.

음식을 먹는 것보다 훨씬 더 중요하고 긴박한 임무가 있습니다. 그것은 바로 그들의 면전에 있는 병자들을 고치고, 또한 하나님의 나라를 선포하는 것입니다. 즉, 치유(healing)와 전도(preaching) 사역입니다. 이 두 가지는 예수님이 늘 해 오셨던 사역이었습니다. 자, 그렇다면 그들을 영접하지 않는 동네에서는 어떻게 해야 할까요?

[10]어느 동네에 들어가든지 너희를 영접하지 아니하거든 그 거리로 나와서 말하되 [11]너희 동네에서 우리 발에 묻은 먼지도 너희에게 떨어버리노라 그러나 하나님의 나라가 가까이 온 줄을 알라 하라(눅 10:10-11).

환영하지 않는 동네에서는 시간을 낭비할 필요가 없습니다. 그 시간에 차라리 다른 동네로 가서 복음을 전하는 것이 더 낫습니다. 그러나 떠나기 전에 반드시 해야 할 일이 있습니다. 그것은 책임의 한계를 공개적으로 밝히는 것입니다. 즉, 제자들은 하나님 나라의 복음을 분명히 선포했지만, 그들이 받아들이지 않았다는 사실을 분명히 해 두라는 것입니다. 메시지성경의 풀이가 더욱 쉽게 다가옵니다.

"어느 성읍에 들어갔는데 너희를 받아들이지 않거든, 거리로 나가서 이렇게 말하여라. '우리가 너희한테서 얻은 것이라고는 우리 발의 먼지뿐이다. 이제 그것마저 돌려주겠다. 너희는 하나님 나라가 바로 너희 문 앞에 있었다는 것을 알고 있느냐?'"(눅 10:10-11, 메시지)

여기에서 "하나님의 나라가 바로 너희 문 앞에 있었다"라는 표현에 주목해야 합니다. 영어 원문으로 읽으면 "God's kingdom was right on your doorstep"이 됩니다. 바로 문 앞의 계단에 하나님의 나라가 있었다는 뜻입니다. 문을 열기만 하면 하나님 나라에 들어갈 수 있었는데, 문을 닫고 있었기 때문에 그 기회를 놓쳐버렸다는 것입니다. 그렇습니다. 아무리 하나님 나라가 가까이에 있었다고 해도 실제로 들어가지 않으면 구원받을 수 없습니다.

사람들이 영접하든지 영접하지 않든지 전도자의 사명은 달라지지 않습니다. 어떤 식으로든 하나님 나라의 복음을 전하기만 하면 됩니다. 전도는 구걸이 아니라 선포하는 것입니다.

제자들의 선교 보고

예수님의 가르침을 받고 파송되었던 제자들이 돌아와서 그동안의 선교활동에 대해서 보고합니다.

칠십 인이 기뻐하며 돌아와 이르되 주여 주의 이름이면 귀신들도 우리에게 항복하더이다(눅 10:17).

그들이 얼마나 오랫동안 전도 여행을 다녀왔는지는 밝히지 않습니다. 단지 그들의 사역이 매우 성공적이었음을 기록합니다. 제자들은 의기양양해서 돌아와서 보고합니다. “주님, 주님의 이름을 대니까, 귀신들까지도 우리에게 복종했습니다!” 귀신을 제어하거나 병을 고치는 권위(authority)와 능력(power)은 주님의 이름으로부터 나옵니다(눅 9:1, 49). 제자들은 주님의 이름의 능력을 믿었고 그 말씀에 전적으로 순종했습니다. 그랬더니 정말 귀신들이 항복하는 놀라운 역사가 나타난 것입니다.

그러나 제자들의 보고에서 한 가지 문제점을 발견하게 됩니다. 그들은 귀신들이 ‘우리에게’ 항복하더라고 보고합니다. 무슨 뜻입니까? 그들이 체험한 주님의 이름의 능력보다 귀신들이 자신에게 복종한다는 사실에 더욱 흥분하고 있는 것입니다. 바로 이것이 많은 전도자가 성공한 이후에 빠지는 함정입니다. 주님의 이름으로 놀라운 역사를 이룬 후에 마치 자신에게 그런 능력이 있는 것처럼 착각하는 겁니다. 그래서 처음에는 ‘사명자’로 출발했다가 나중에는 하나님의 영광을 가로채는 ‘반역자’로 마치는 경우가 얼마나 많은지 모릅니다.

제자들의 보고를 들으면서 예수님은 그 위험에 대해서 인지하셨습니다.

> [18]예수께서 이르시되 사탄이 하늘로부터 번개같이 떨어지는 것을 내가 보았노라 [19]내가 너희에게 뱀과 전갈을 밟으며 원수의 모든 능력을 제어할 권능을 주었으니 너희를 해칠 자가 결코 없으리라(눅 10:18-19).

예수님은 제자들을 보내놓고 아무 일도 하지 않고 쉬지 않으셨습니다. 오히려 그들을 위해 중보 기도 하셨습니다. 그러던 중에 사탄이 하늘로부터 번개같이 떨어지는 것을 보셨습니다. '사탄'은 '모든 악한 세력의 두목'입니다. 제자들이 곳곳에서 예수 그리스도의 이름으로 귀신을 쫓아내고 병을 고칠 때에 사탄의 권세가 하늘로부터 떨어지는 것을 보셨고, 제자들이 틀림없이 성공적인 보고를 가져오게 될 것을 아셨습니다.

그러나 그와 같은 성공은 전적으로 예수님이 주신 권능 때문임을 분명하게 지적하십니다. "내가 너희에게 뱀과 전갈을 밟으며 원수의 모든 능력을 제어할 권능을 주었다." 전도자는 이 사실을 절대로 잊지 말아야 합니다. 그러지 않으면 성공이 실패의 어머니가 될 수도 있습니다. 오늘 말씀의 하이라이트는 바로 20절입니다.

> 그러나 귀신들이 너희에게 항복하는 것으로 기뻐하지 말고 너희 이름이 하늘에 기록된 것으로 기뻐하라 하시니라(눅 10:20).

귀신들이 항복하는 것을 직접 체험하는 것은 정말 놀랍고 기쁜 일입니다. 그러나 그보다 더 중요하고 가치 있는 일은 제자들의 이름이 하늘에 기록되는 것입니다. 주님이 주신 특권, 즉 귀신을 제어하며 병을 고치는 것을 자기의 인기를 얻는 방편으로 사용해서는 안 됩니다. 이 특권의 진짜 가치는 전도자의 이름이 하나님 나라의 시민으로 등록된다는 것입니다. 하나님의 어린양 생명책에 이름이 기록된다는 사실입니다.

메시지성경은 다음과 같이 번역합니다.

"그러나 위대한 승리는 악을 다스리는 너희의 권세에 있지 않고, 너희를 다스리시는 하나님의 권세와 너희와 함께하시는 그분의 임재에 있다. 너희가 하나님을 위해 하는 일이 아니라 하나님께서 너희를 위해 하시는 일, 바로 그것이 너희가 기뻐해야 할 제목이다"(눅 10:20, 메시지).

제자들이 경험한 위대한 승리는 '제자들의 권세'가 아니라 제자들을 다스려 사용하시는 '하나님의 권세'에 있습니다. 따라서 사역자가 정말 자랑스럽게 생각해야 할 것은 "우리가 하나님을 위해 일을 했다!"가 아니라 "하나님께서 우리를 통해서 일을 하셨다!"입니다. 정말 그렇습니다. 제자들의 능력이 아니라 그들을 통로로 사용하신 하나님의 능력이 승리를 가져왔습니다. 바로 그것을 기뻐해야 합니다.

이런 말이 있습니다. "하늘 문을 막는 것은 우리의 교만이요, 하늘 문을 여는 입장권은 우리의 겸손이다." 우리가 지금까지 하나님을 위해서 무언가 이룬 것이 있다면 정말 축하해야 할 일입니다. 그보다 더 축하할 일은 하나님께서 우리를 사용하셨다는 사실입니다. 하나님께 쓰임 받았다는 것으로 기뻐하고 만족하는 사람들을 하나님은 더욱 큰일에 사용하십니다. 우리가 그렇게 쓰임 받는 믿음의 사람이 되기를 간절히 소망합니다.

묵상 질문: 나는 예수 그리스도의 이름이 가진 권위와 능력을 믿고 있는가?

오늘의 기도: 하나님 아버지, 한없이 부족한 우리를 하나님 나라의 복음을 전하는 일에 사용하여 주시니 진심으로 감사합니다. 주님께서 가라고 하는 곳으로 가서 주님께서 하라고 하는 사역을 기쁜 마음으로 순종하여 감당할 수 있게 하옵소서. 작은 성공으로 인해 교만해지지 않게 하시고, 언제나 하나님께 쓰임 받는 것으로만 만족하게 하옵소서. 예수님의 이름으로 기도합니다. 아멘.

누가복음 묵상 ❷-4

영생에 이르는 길

읽을 말씀: 누가복음 10:25-42

재길 말씀: [36]네 생각에는 이 세 사람 중에 누가 강도 만난 자의 이웃이 되겠느냐 [37]이르되 자비를 베푼 자니이다 예수께서 이르시되 가서 너도 이와 같이 하라 하시니라(눅 10:36-37).

지난 시간에 우리는 70명의 제자가 전도 실습 여행에서 돌아와서 하나님 나라의 복음이 선포되는 즐거움을 함께 나누는 장면을 살펴보았습니다. 오늘 본문에는 어느 율법교사가 등장하여 예수님과 대화하는 이야기가 기록되어 있습니다. '선한 사마리아인의 비유'가 이 대화 중에 소개되고 있지요. 여기에서 우리는 '신앙인'과 '종교인'의 관심이 얼마나 다른지 알 수 있습니다.

'신앙인'과 '종교인'을 구분하는 가장 중요한 기준은 '하나님의 은혜'에 대한 감격의 유무입니다. 예수님의 제자들이 '신앙인'의 모습을 보인다면, 당시 유대교의 지도자들은 전형적인 '종교인'의 모습을 보입니다. 예수님의 제자들은 지식인 계층이 아니었습니다. 율법에 관해서는 거의 초보자 수준이었습니다. 그러나 그들은 하나님 나라의 복음이 선포되는 생생한 현장을 목격하면서 하나님의 놀라운 은혜에 감격했습니다.

이와 대조적으로 율법 학자나 바리새인들은 하나님의 말씀인 율법에 대해서 내로라하는 전문가였습니다. 아는 것은 많이 있었지만, 그들에게는 구원의 감격이라든가, 하나님의 능력을 체험하는 기쁨은 없었습니다. 그들의 관심은 오로지 율법에 대한 엄격한 준수와 율법을 지키지 못하는 사람들을 정죄하는 일이었습니다.

율법교사의 질문

오늘 본문에 등장하는 율법교사 역시 예수님에게서 어떤 트집을 잡아 넘어뜨리려고 합니다. 그것이 바로 전형적인 종교인의 모습입니다.

어떤 율법교사가 일어나 예수를 시험하여 이르되 선생님 내가 무엇을 하여야 영생을 얻으리이까(눅 10:25).

'율법교사'를 NIV성경은 'an expert in the law'라고 표현합니다. 즉, '율법의 전문가'라는 뜻입니다. 율법의 전문가가 되려면 얼마나 열심히 성경을 공부해야 할까요? 이런 사람이라면 당연히 대단한 영성과 깊은 신앙심을 갖추고 있으리라 누구나 기대하게 됩니다. 그러나 그는 자신의 전문적인 지식으로 예수님을 시험(test)하려고 했습니다.

예수님의 부족함을 드러내어 자신의 우월함을 증명하려고 했던 것입니다. 말하자면 성경에 대한 전문적인 지식을 자신의 이기심을 만족시키는 도구로 사용하고 있는 것입니다. 그 동기가 물론 불순할뿐더러, 무엇보다 상대를 잘못 골랐습니다. 다른 사람에게는 혹시 통해 왔는지 모릅니다. 그러나 이번에 그가 택한 상대는 하나님의 아들 예수 그리스도입니다.

아무튼 그는 예수님께 '영생'에 대해서 질문합니다. "선생님, 제가 무엇을 해야 영원한 생명을 얻겠습니까?" 앞으로 전개될 대화를 이해하기 위해서 이 질문부터 먼저 잘 이해해야 합니다. 이 질문은 두 가지 요소로 구성되어 있습니다. 그것은 '영생'과 '행함'입니다. 모든 종교는 '영생'(永生), 즉 '영원한 생명'을 추구합니다. 그것은 유한한 인생을 살아가는 인간에게 지극히 자연스러운 일입니다.

문제는 '영생'을 추구하는 방식입니다. 이 율법교사는 "내가 무엇을 행해야 하겠느냐?"라고 묻습니다. 상대방을 시험하려고 질문할 때 대개는 마음속으로 생각해 놓은 답을 가지고 있는 법입니다. 율법교사의 질문 속에는 이미 답이 들어 있습니다. 그것은 바로 '율법 준수'입니다. 이 율법교사는 영생을 얻으려면 어떤 율법을 지켜야 하는지 정해 놓은 답을 가지고 있었습니다. 예수님이 그것을 제대로 아는지 시험하려고 했던 것입니다.

그러나 영생은 이런저런 율법 조항을 지킴으로 획득할 수 있는 자격증이 아닙니다. 예수님은 그의 의도를 파악하시고 다른 질문을 던지십니다.

[26]예수께서 이르시되 율법에 무엇이라 기록되었으며 네가 어떻게 읽느냐 [27]대답하여 이르되 네 마음을 다하며 목숨을 다하며 힘을 다하며 뜻을 다하여 주 너의 하나님을 사랑하고 또한 네 이웃을 네 자신 같이 사랑하라 하였나이다(눅 10:26-27).

주님은 율법교사가 마음속으로 생각하고 있던 정답을 말할 기회를 주십니다. "하나님의 율법에 어떻게 기록되어 있느냐? 너는 그것을 어떻게 해석하느냐?" 아마 이때다 싶었을 것입니다. 기다렸다는 듯이 준비된 답을 줄줄이 풀어놓습니다. 공교롭게도 그의 대답은 예수님이 이미 말씀하신 내용입니다. 마태복음 22장에 보면 바리새인 중 한 사람이 예수님에게 "율법 중에서 가장 큰 계명이 무엇이냐?"라고 물었습니다. 그것에 대해서 신명기와 레위기 말씀을 인용하여 대답하셨지요. 그것이 곧 '하나님 사랑'과 '이웃 사랑'의 두 가지 계명이었던 것입니다.

그러니까 예수님을 시험하기 위해 온 율법교사는 어디선가 예수님의 가르침을 직접 또는 간접으로 들어서 알고 있었던 것으로 보입니다. 그러나 그 뉘앙스는 사뭇 다릅니다. 예수님은 가장 큰 계명, 즉 율법의 핵심적인 정신으로 하나님 사랑과 이웃 사랑의 계명을 말씀하셨지만, 율법교사는 영생을 얻는 수단과 방법으로 같은 말씀을 사용하고 있기 때문입니다. 무엇보다 예수님을 골탕 먹이고 좌절시키는 함정으로 그 말씀을 이용하고 있다는 것이 더욱 큰 문제입니다.

이것이 바로 종교인의 특징입니다. 그들은 하나님의 은혜를 맛보는 즐거움보다는 다른 사람을 정죄하고 판단하는 일에서 즐거움을 찾는 사람들입니다. 자신의 지식이 다른 사람보다 우월하다는 점을 드러내는 것으로 만족을 얻으려고 하는 사람들입니다. 여기까지는 율법교사가 이긴 것처럼 보입니다.

이웃의 정의

그러나 예수님은 논쟁에서 이기는 일에는 전혀 관심이 없으십니다. 영생을 얻는 방법으로 율법교사가 제시한 두 가지 계명에 대한 설명을 듣고 나서 예수님은 다음과 같이 대답하십니다.

> **[28]예수께서 이르시되 네 대답이 옳도다 이를 행하라 그러면 살리라 하시니 [29]그 사람이 자기를 옳게 보이려고 예수께 여짜오되 그러면 내 이웃이 누구니이까(눅 10:28-29).**

율법교사가 질문한 내용과 그가 스스로 제시한 답변 사이의 괴리와 문제점을 잘 알고 계셨으면서도, 예수님은 일단 그를 칭찬하십니다. "잘 대답했다!"(Good answer!) 어차피 그가 인용한 것은 성경에 기록된 말씀입니다. 그 말씀 자체가 틀린 것은 아닙니다. 그리고 그렇게 청산유수처럼 쏟아놓을 정도로 율법에 대해 해박한 지식을 가졌으니 그를 칭찬해 주는 게 나쁜 일이 아닙니다. 그런데 그다음에 주님은 결정적인 한 마디 권면을 덧붙이십니다. "그것을 행하여라. 그러면 네가 살 것이다"(Do it and you'll live. MSG).

율법주의의 한계는 신앙생활의 기쁨과 감격을 제한한다는 것과 구원과 영생의 영적인 문제를 오로지 지식으로 해결할 수 있다고 고집하는 것에 있습니다. 그래서 많이 아는 것 같지만 실제로는 그 말씀대로 살지 않는 이중성을 보입니다. 이 율법교사의 한계를 이미 파악하신 예수님은 그가 자랑스럽게 읊어댄 율법이 이 상황에서 과연 적절한 것인지 아닌지를 따지려고 하지 않고, 단지 알고 있는 그 말씀대로 살아가라고 권면합니다.

바로 이 말씀이 율법교사의 아킬레스건을 건드렸습니다. 그는 알기는 했지만 실제로 행함은 없었던 것입니다. 하나님을 사랑하라는 계명을 알고 있는 것보다 그 말씀대로 실제로 하나님을 사랑하는 것이 더 중요합니다. 이웃을 사랑하는 것도 마찬가지입니다. 그는 자신의 해박한 지식에 예수님이 감탄하기를 기대했지만, 주님은 오히려 "네가 아는 대로 행하라"는 말씀으로 그의 정곡을 찌르셨던 것입니다.

그러자 그는 자기를 옳게 보이려고 되묻습니다. "그러면 내 이웃이 누구입니까?" '자기를 옳게 보이려고…'라고 하지만 사실은 자신의 궁색해진 입장을 벗어나기 위해서였습니다. 그래서 메시지성경은 다음과 같이 풀이합니다.

> **그는 빠져나갈 길을 찾으면서 물었다. "그러면 선생님은 이웃을 어떻게 정의하겠습니까?"(눅 10:29, 메시지)**

아는 말씀대로 살아보라는 주님의 권면에서 빠져나가기 위해서 그는 또다시 자신의 전공 분야인 지식적인 차원의 질문을 던집니다. "이웃을 어떻게 정의하겠습니까?" 이 말에는 '이웃이 누구냐에 따라서 사랑의 적용도 달라질 수 있지 않겠느냐'는 그의 속마음이 담겨 있습니다. 아마도 그는 이방인이나 사마리아인을 이웃의 범주에 포함하지 않았을 것입니다. 이게 당시 유대인들이 일반적으로 가지고 있던 태도였습니다.

그들은 율법에 기록된 '이웃 사랑'에 대한 계명은 너무나 잘 알고 있었습니다. 그러나 실제로는 이런저런 이유를 들어 '이웃 사랑'을 실천하지 않아도 되는 예외 조항을 만들곤 했습니다. 여기에서 우리는 '앎'과 '삶'이 일치하지 않는 종교인의 전형적인 모습을 발견하게 됩니다.

선한 사마리아인의 비유

바로 이 대목에서 주님은 '선한 사마리아인의 비유'를 말씀하셨습니다. 이 비유의 내용을 모르는 사람은 아마 없을 것입니다. 예루살렘에서 여리고로 내려가다가 강도를 만난 한 사람이 있었고, 그 옆으로 세 사람이 지나갑니다. 먼저 한 제사장이 지나가고, 그다음에 한 레위인이 지나갔습니다. 그러나 그들은 죽어가는 사람을 보고도 도울 생각을 하지 않고 똑같이 그냥 '피하여' 지나갔습니다(눅 10:31-32).

그들도 사람인데, 게다가 명색이 하나님을 섬기는 제사장이요 레위인인데, 죽어가는 사람을 보면서 왜 불쌍한 마음이 들지 않았겠습니까? 속으로는 분명히 그렇게 생각했을 것입니다. 그러나 결국은 그냥 모른 척 외면하고 피하여 지나갔습니다. '이웃 사랑'이란 그렇게 불쌍하게 생각하는 게 아닙니다. 아무리 눈물을 흘려도 만일 그를 위해 어떤 행동을 취하지 않는다면 그것은 '값싼 동정(同情)'이지 '진정한 긍휼(矜恤)'이라고 말할 수 없습니다.

이들과 대조적으로 한 사마리아인이 지나가다가 그를 보고 불쌍히 여겨 가까이 가서 기름과 포도주를 그 상처에 붓고 싸매고 숙소로 데리고 가서 돌보아 줍니다(눅 10:33-34). 사마리아인은 유대인에게 멸시의 대상이었습니다. 그러나 그는 어려움을 당한 사람을 보고 그냥 지나치지 않았습니다. 그에게는 불쌍히 여기는 마음이 있었습니다. 그뿐만 아니라 자발적으로 비용을 부담하면서 그를 도와줍니다.

죽어가는 사람을 보고도 그냥 지나친 제사장과 레위인이 '종교인'이라면, 그 사람을 돕기 위해서 자신의 불편함과 손해를 기꺼이 감수하는 사마리아인은 '신앙인'이라고 말할 수 있습니다. 무엇이 그런 차이를 만들었을까 궁금해집니다. 이 대목에서 우리는 '신앙인'과 '종교인'을 구분하는 기준을 다시 상기해야 합니다. 그것은 '하나님의 은혜'에 대한 감격이 '있는 사람'과 '없는 사람'의 차이입니다.

이 사마리아인에게는 틀림없이 하나님의 은혜를 체험한 감격이 있었을 것입니다. 경제적인 어려움에서 구원받은 것이었든지, 아니면 죽을병에서 구원받은 것이었든지, 어떤 식으로든 하나님의 은혜를 체험했을 것입니다. 구원받은 감격이 있는 사람은 과거 자기와 같이 어려운 처지에 있는 사람을 그냥 지나치지 못합니다. 은혜를 거저 받았기 때문에 또한 은혜를 거저 베풀 수 있게 되는 것입니다.

제사장이나 레위인 같은 '종교인'은 받은 은혜가 없어서 베풀 수 있는 은혜도 없었습니다. 용서받지 못했기에 용서하지도 못합니다. 그래서 하나님의 말씀을 실천할 기회를 놓쳐버린 것입니다. 율법교사는 이 비유를 들으면서 과연 어떤 생각을 하고 있었을까요? 그때 예수님이 그에게 한 가지 질문을 던지십니다.

네 생각에는 이 세 사람 중에 누가 강도 만난 자의 이웃이 되겠느냐 이르되

자비를 베푼 자니이다 예수께서 이르시되 가서 너도 이와 같이 하라 하시니라(눅 10:36-37).

이 비유는 율법교사의 질문에 대한 대답으로 말씀하신 것입니다. 그의 질문은 "내 이웃이 누구입니까?"(Who is my neighbor?)였습니다. 그런데 지금 주님은 이렇게 물으십니다. "세 사람 가운데 누가 강도 만난 사람의 이웃이 되었느냐?"(Who became a neighbor to the man?) 율법교사는 이제 빠져나갈 구멍이 없었습니다. 답은 오직 하나였기 때문입니다. "자비를 베푼 사람입니다." 주님은 마지막 일격을 가하십니다. "너도 가서 똑같이 하여라!"(Go and do the same)

율법교사는 이웃의 정의를 물었습니다. 그것은 "아는 대로 행하라"는 주님의 말씀에서 도망가려는 시도였습니다. 그러나 주님은 선한 사마리아인의 비유를 통해서 분명하게 말씀하셨습니다. 이웃은 정의를 내려야 할 대상이나 도움이 필요한 사랑의 대상이 아니라 '사랑하는 주체'라는 사실입니다. 그러니까 이웃이 누구인지 알 때까지 사랑의 행위를 유보하겠다는 얕은 생각을 버리고, 네가 먼저 누군가에게 도움을 주는 참 이웃이 되라고 말씀하신 것입니다.

주님의 말씀에 대해서 이 율법교사는 어떤 반응을 보였을까요? 정말 그의 부족한 생각을 회개하고 선한 사마리아인처럼 누군가를 돕는 그런 사람으로 변화되었을까요? 성경에는 그다음 이야기가 기록되지 않습니다. 그러나 짐작하건대 이 사람은 좋은 쪽으로 변화되지는 않았을 것입니다. 오히려 예수님을 시험하려다가 보기 좋게 실패한 일로 인해 더욱더 마음의 칼을 갈았을 것입니다.

안다고 해서 삶이 바뀌지는 않습니다. 은혜의 체험이 삶을 바꿉니다. 지식이 반드시 행함으로 나타나는 것은 아닙니다. 구원 받은 감격이 있어야 합니다. 말씀에 순종하는 믿음이 있어야 합니다. 그래야 불쌍히 여기는 마음에서 사랑을 베풀고 도움을 주는 진정한 이웃이 될 수 있습니다. 따라서 '지식의 대물림'보다 '은혜의 대물림'이 우리에게 필요합니다. 받은 은혜가 있어야 은혜를 베풀 수 있습니다.

마르다와 마리아

그다음에 마르다, 마리아 자매의 이야기가 이어집니다. 그들에게서도 종교인과 신앙인의 차이가 드러납니다.

> [38]**그들이 길 갈 때에 예수께서 한 마을에 들어가시매 마르다라 이름하는 한 여자가 자기 집으로 영접하더라** [39]**그에게 마리아라 하는 동생이 있어 주의 발치에 앉아 그의 말씀을 듣더니…**(눅 10:38-39).

요한복음은 마르다, 마리아 자매가 모두 나사로의 동생이며 또한 그들의 집이 베다니에 있었다고 기록합니다(요 11:1). 그리고 마리아가 예수님의 발에 향유를 부었던 바로 그 장본인이라고 밝힙니다(요 12:3). 그러나 누가복음에서는 나사로가 등장하지 않습니다. 그들의 집이 베다니였다는 사실도 언급하지 않습니다. 단지 예수님이 대접을 받았다는 이야기만 기록합니다. 아마도 이것은 예수님이 나사로 가족과 인연을 맺게 된 첫 장면으로 보입니다.

아무튼 여기에서 우리는 마르다와 마리아가 서로 얼마나 다른 성격과 태도를 가진 사람이었는지 알게 됩니다. 예수님을 집으로 초대한 사람은 언니 마르다였습니다. 적극적인 성격의 마르다에 비하여 동생 마리아는 주님의 발치에 다소곳이 앉아서 말씀을 경청하는 그런 조용한 성격의 인물로 등장합니다.

마르다는 손님 밥상을 차리기 위하여 분주하게 일하는데 동생은 아무 일도 도와주지 않고 가만히 앉아있으니까 아마 짜증이 났던 모양입니다. 예수님의 말씀을 끊으면서 끼어들어 마리아를 책망해 달라고 요청합니다(40절). 정당한 요구처럼 보입니다. 그러나 주님의 대답은 마르다의 기대와 달랐습니다.

> 41주께서 대답하여 이르시되 마르다야 마르다야 네가 많은 일로 염려하고 근심하나 42몇 가지만 하든지 혹은 한 가지만이라도 족하니라 마리아는 이 좋은 편을 택하였으니 빼앗기지 아니하리라 하시니라(눅 10:41-42).

마르다는 좋은 음식으로 귀한 손님을 대접하려고 분주했지만, 사실 예수님은 큰 잔치를 바라신 것은 아닙니다. 좋은 뜻으로 시작한 활동인데 그것에 너무 몰입하다가 자기의 영혼을 잃어버리는 경우가 얼마나 많은지 모릅니다. 지금 마르다가 그랬습니다. 예수님은 마르다에게 이렇게 말씀하십니다. "네가 지나치게 염려하여 아무것도 아닌 일로 흥분하고 있구나"(메시지).

그러면서 마리아는 '좋은 편'을 선택했다고 그러십니다. 그렇다면 마르다는 '나쁜 편'을 선택했다는 뜻일까요? 물론 그런 뜻이 아닙니다. 다른 사람을 섬기기 위하여 애쓰는 수고와 봉사는 칭찬받아 마땅합니다. 그러나 만일 그것으로 인해 다른 사람을 판단하고 비난하게 되거나 주님의 말씀을 듣는 일을 하지 못하게 되면 안 된다는 뜻입니다.

마르다는 종교인은 아니었습니다. 그러나 종교인이 가지고 있는 태도를 그대로 따라가고 있었습니다. 자신의 섬김을 도우려고 하지 않는다는 이유로 마리아를 비난하는 마르다의 모습은 당시의 종교인이 자신처럼 율법을 준수하지 않는 사람을 함부로 정죄하는 모습과 많이 닮아 있습니다. 만일 주님에게 받은 은혜에 감격하는 마리아의 마음을 조금이라도 헤아리고 있었다면 그렇게 비난하지는 않았을 것입니다. 오직 은혜의 길을 통해서만 영생에 이르게 된다는 진리를 우리는 절대로 잊지 말아야 할 것입니다.

묵상 질문: 나는 누구에게 선한 이웃이 되고 있는가?

오늘의 기도: 하나님 아버지, 우리의 앎이 삶으로 이어지게 하옵소서. 하나님의 말씀을 알면 알수록 그 말씀대로 순종하는 우리의 행함이 더욱 풍성해지게 하옵소서. 어떤 경우에도 함부로 다른 사람을 판단하거나 정죄하는 잘못을 범하지 않게 하시고, 하나님을 믿는 백성으로서 우리가 마땅히 해야 할 일을 기쁜 마음으로 감당하게 하옵소서. 예수님의 이름으로 기도합니다. 아멘.

누가복음 묵상 ❷-5

하나님 나라를 위한 기도

읽을 말씀: 누가복음 11:1-13

새길 말씀: 2예수께서 이르시되 너희는 기도할 때에 이렇게 하라 아버지여 이름이 거룩히 여김을 받으시오며 나라가 임하시오며 3우리에게 날마다 일용할 양식을 주시옵고 4우리가 우리에게 죄지은 모든 사람을 용서하오니 우리 죄도 사하여 주시옵고 우리를 시험에 들게 하지 마시옵소서 하라 (눅 11:2-4).

지금 예수님은 제자들과 함께 갈릴리를 떠나 예루살렘으로 올라가고 계십니다. 이 길은 예수님에게 죽음의 길이었습니다. 이 길 끝에 십자가가 기다리고 있습니다. 그와 동시에 이 길은 장차 주님의 뒤를 이어 하나님 나라 운동을 펼쳐 나갈 제자들이 진정한 제자로 빚어지는 훈련의 길이었습니다. 예수님께서 굳이 사마리아 마을을 통과하려고 하셨던 것이나 70명의 제자를 둘씩 짝지어 전도 실습에 투입하신 것은 모두 제자 훈련을 위한 일이었습니다.

지난 시간에 살펴본 어느 율법교사와의 대화도 실제로는 제자들을 염두에 두신 가르침이었습니다. 다른 사람을 함부로 판단하고 정죄하는 종교인을 닮아갈 것인지, 아니면 하나님의 은혜로 인해 감격하고 감사하는 신앙인으로 살아갈 것인지를 선택하라는 요구였습니다. 참으로 안타까운 것은 하나님의 은혜를 체험한 신앙인으로 출발했다가 결국에는 종교인으로 마치는 사람들이 적지 않다는 사실입니다. 우리가 시험에 들지 않도록 늘 기도해야 하는 이유입니다.

그래서인지 오늘 본문에서 예수님은 제자들에게 '기도'에 대하여 가르치십니다.

예수께서 한 곳에서 기도하시고 마치시매 제자 중 하나가 여짜오되 주여 요한이 자기 제자들에게 기도를 가르친 것과 같이 우리에게도 가르쳐 주옵소서(눅 11:1).

예수님은 사역이 아무리 바빠도 절대로 기도를 빼먹지 않으셨습니다. 누가복음은 예수님의 기도하는 모습을 특별히 강조하여 기록합니다(눅 6:12; 9:18, 28; 22:39). 그것은 제자들에게 큰 도전이 되었을 것이 분명합니다. 그러나 정작 '기도하는 법'을 가르치지는 않으셨습니다. 그러던 어느 날 한 제자가 예수님에게 기도를 가르쳐달라고 요청합니다.

당시에는 유명한 랍비들이 특별한 기도문을 제자들에게 가르치는 것이 관례였습니다. 세례 요한도 제자들에게 기도문을 가르쳤습니다. 그런데 주님은 여태껏 그러지 않으셨던 것입니다. 제자들이 기도를 가르쳐달라고 요청할 때까지 기다리셨던 것일까요? 아니면 이제는 기도에 대한 가르침이 필요할 때가 되었다고 생각하셨던 것일까요?

선언적인 기도

아무튼 이때 이른바 '주기도문'(The Lord's Prayer)을 말씀하십니다. 그런데 주기도문은 제자들을 가르치기 위해서 새롭게 고안해 낸 문장이 아닙니다. 오히려 예수님이 평상시에 늘 기도해 오시던 내용입니다. 그러니까 제자들이 주님의 기도에 동참할 수 있도록 가르쳐주신 것입니다.

[2]예수께서 이르시되 너희는 기도할 때에 이렇게 하라 아버지여 이름이 거룩히 여김을 받으시오며 나라가 임하시오며 [3]우리에게 날마다 일용할 양식을 주시옵고 [4]우리가 우리에게 죄 지은 모든 사람을 용서하오니 우리 죄도 사하여 주시옵고 우리를 시험에 들게 하지 마시옵소서(눅 11:2-4).

여기에서 가장 먼저 눈에 띄는 것은 우리가 익숙하게 알고 있는 마태복음의 주기도문(마 6:9-13)과 비교하여 문장이 아주 짧고 단순하다는 사실입니다. 그러나 핵심적인 내용은 모두 담겨 있습니다. 그런 의미에서 누가복음에 기록된 주기도문이 오히려 원형에 더 가깝다고 말할 수 있습니다. 주기도문은 크게 다섯 가지 내용으로 구분됩니다.

그 첫 번째는 '(하나님의) 이름이 거룩히 여김을 받으시는 것'(Hallowed be Your name)입니다. 이름은 그냥 단순하게 이름이 아닙니다. 그 사람의 성격과 상태와 목적을 포함하는 전(全) 인격을 드러내는 도구입니다. 예수님은 하나님의 거룩한 성품이 온 세상에 알려져 높임을 받으시기를 기도해 오셨습니다. 그것이 하나님의 아들 예수 그리스도께서 이 땅에 오신 가장 중요한 목적이었습니다.

그런데 사람들은 하나님의 이름을 어떻게 취급합니까? 자신의 목적을 이루는 수단으로 생각합니다. 그래서 기도를 자신의 욕심을 채우는 도구로 만들어 버립니다. 그것이 바로 구약의 십계명에 나와 있는 '하나님의 이름을 망령되게 부르는' 죄입니다(출 20:7). 고대 근동 사람들은 신(神)의 이름을 알면 그 신의 능력을 통제할 수 있다고 생각했습니다. 즉, 신의 이름을 주문(呪文)처럼 외우면 자신이 바라던 소원을 성취할 수 있다고 믿었던 것입니다.

모세가 하나님의 이름을 알려달라고 요구했을 때 그것을 단호히 거절하셨던 이유입니다(출 3:13-14). 하나님의 이름을 자신의 목적을 이루기 위한 수단으로 삼게 되면, 결국 하나님을 종으로 부려 먹는 것이나 마찬가지가 됩니다. 그래서 주님은 십계명의 부정적인 문장을 긍정적인 문장으로 바꾸어 '하나님의 이름이 거룩히 여김을 받도록' 기도하라고 가르치셨던 것입니다. 이것이 주님을 따르는 제자들이 첫 번째로 기도해야 할 내용입니다.

두 번째 내용은 첫 번째 내용의 연장선상에 놓여 있습니다. "나라가 임하시오며…"(Your kingdom come). 여기에서 '나라'는 물론 '하나님의 나라'를 의미합니다. 이미 말씀드린 대로 '하나님의 나라'는 장소의 개념이 아니라 통치의 개념입니다. 다시 말해서 하나님께서 왕이 되어 다스리는 나라가 바로 '하나님의 나라'(The kingdom of God)입니다. 그 나라가 '이 땅에 임하기'를 위해서 기도하라는 것입니다.

이 부분 역시 오해하는 사람이 참 많습니다. 그것은 옛날 우리말 성경에 '나라이 임하시오며'로 번역된 탓이 큽니다. 그때 당시의 문법으로는 '이'와 '가'를 구분하지 않고 '주격조사'로 사용할 수 있었습니다. 그렇지만 지금은 완전히 달라졌지요. 따라서 '나라이'가 아니라

'나라가'로 해야 합니다. 그런데 한번 길들인 습관은 바꾸기가 쉽지 않습니다. 지금도 '나라이'로 암송하는 분들이 여전히 많습니다. 문제는 발음이 어색하니까 슬쩍 '나라에'로 바꾼다는 사실입니다. 그렇게 되면 전혀 다른 뉘앙스가 돼버립니다.

예수님이 본래 가르치신 것은 '하나님의 나라가 이 땅에 임하기'를 기도하는 것인데, '나라에'로 하게 되면 '(내가) 하늘나라에 임하기'를 기도하는 것이 되기 때문입니다. 즉, 죽고 난 후에 '좋은 세상'에 가기를 바라는 기도가 되고 마는 것입니다. 우리나라의 기복적이고 내세 지향적인 토속신앙이 주님이 가르치신 기도문을 그렇게 왜곡시켜 온 것입니다. 따라서 이것은 단순히 '주격조사'를 잘못 적용한 오류 정도가 아니라 신앙의 내용을 변질시키는 몹시 나쁜 사례입니다.

주기도문의 가장 핵심적인 내용은 바로 이 두 가지의 선언적인 기도입니다. 주님을 따르는 제자로서 우리는 기도할 때마다 우리의 정체성을 확인해야 합니다. 우리는 하나님의 이름을 높이고 하나님 나라를 구하면서 살아가는 사람임을 선언해야 하는 것입니다.

실천적인 기도

나머지 세 가지의 기도는 하나님 나라가 이 땅에 임하도록 우리가 구체적으로 실천해야 할 사항에 관한 것입니다.

세 번째는 '일용할 양식을 구하는 것'(Give us each day our daily bread)입니다. '일용(日用)할 양식'은 말 그대로 '하루하루 필요한 먹을 것'을 의미합니다. 이 부분을 메시지성경은 "든든한 세 끼 식사로 우리가 살아가게 하소서"(Keep us alive with three square meals)로 번역합니다. 그렇습니다. '세 끼 식사'면 충분합니다. 아무리 돈이 많아도 하루에 '삼십 끼 식사'를 먹을 수는 없습니다. 그런데 사람들의 욕심은 끝이 없어서 '일용할 양식'으로 만족하지 못합니다. 부족함이 없으면서 남들보다 더 많이 소유하려고 합니다. 그래서 이 땅에 싸움과 전쟁과 기근이 그치지 않는 것입니다.

사실 하나님께서 천지를 창조하셨을 때 지구상에 존재하는 모든 사람이 먹을 수 있을 만큼 넉넉한 양식을 허락해 주셨습니다. 그 사실은 지금도 달라지지 않았습니다. 그런데 현실은 어떻습니까? 지구 한편에서는 양식이 너무 많아 썩어져 가는데, 다른 한편에서는 하루에 한 끼 식사도 해결하지 못해 굶어 죽어가는 사람들이 그렇게 많습니다. 그 이유가 무엇일까요? 인간의 탐욕 때문입니다. 필요한 것 이상을 가지려고 하는 탐욕이 그렇게 만들었습니다. 성경은 그것을 '죄'라고 말합니다.

예수님을 믿고 따르는 제자들은 '일용할 양식'을 구하는 사람이어야 합니다. 그런데 정말 그럴까요? 실제로는 일 년 치의 양식이나 평생 먹고도 남을 양식을 구하는 그리스도인이 얼마나 많은지 모릅니다. 복 달라는 기도는 열심히 하는데, 정작 받은 복을 다른 사람들과 함께 나누는 일에는 그토록 인색합니다. 교회의 강단마다 예수 믿으면 잘 먹고 잘산다는 메시지는 넘쳐나는데, "일용할 양식을 구하라!"는 말씀의 선포는 참으로 듣기 힘든 현실입니다.

네 번째 내용도 마찬가지입니다. 예수님은 "우리가 우리에게 죄지은 사람을 용서하오니 우리 죄도 사하여* 달라"(Forgive us our sins, for we also forgive everyone who sins against us)고 기도하라 하셨습니다. 죄는 이기주의(利己主義)에서 비롯됩니다. 사람들은 자기의 이익을 위해서 다른 사람들을 희생시킵니다. 우리가 다른 사람과의 관계에서 서로 상처를 주고 상처를 받는 이유는 바로 이 때문입니다.

죄도 문제이지만, 용서가 더 큰 문제입니다. 죄의 문제를 해결하려면 서로에게 용서가 필요하다는 걸 우리는 잘 압니다. 그렇지만 그게 말처럼 쉽지 않습니다. 용서를 빌기도 어렵고, 용서를 해주기도 어렵습니다. 그런데 주님은 우리가 먼저 용서하고 나서 하나님께 용서를 구해야 한다고 말씀하십니다. 그러면 하나님께 죄를 용서받을 가능성이 희박해집니다. 우리는 서로를 용서할 수 없는 존재이기 때문입니다. 게다가 하나님은 우리가 아직 죄인 되었을 때 십자가의 사랑을 통해서 구원해 주셨다는 말씀과 상충합니다(롬 5:8). 그렇다면 용서를 구하는 기도를 우리는 어떻게 이해해야 할까요?

이 부분을 메시지성경은 "아버지께 용서받은 우리가 다른 사람들을 용서하게 하소서"(Keep us forgiven with you and forgiving others)로 번역합니다. 이 번역이 예수님의 의도를 가장 잘 반영하고 있습니다. 하나님은 우리를 용서하기 위하여 독생자를 내어주셨습니다. 만일 우리가 스스로 용서받을 수 있는 자격을 얻을 때까지 기다리셨다면 우리 중에 그 누구도 용서받지 못했을 것입니다.

그러나 하나님께 용서받은 것으로 끝이 아닙니다. '용서할 줄 모르는 종의 비유'(마 18:23-35)에서 주님이 가르치신 것처럼, 우리가 만일 형제를 용서하지 않으면 하나님으로부터 받은 용서가 없던 것이 되고 맙니다. 따라서 우리는 '하나님께 용서받은 상태가 유지되도록'(Keep us forgiven with you) 기도해야 하고, 동시에 '다른 사람들을 계속해서 용서하도록'(and forgiving others) 기도해야 하는 것입니다.

주기도문의 마지막 내용은 '시험에 들지 않는 것'(And lead us not

into temptation)입니다. 시험은 유혹(temptation)입니다. 앞에서 기도한 네 가지 내용을 뒤집도록 유혹하는 것이 시험입니다. 하나님의 이름을 망령되게 부르게 하는 것, 하나님의 통치를 거부하게 하는 것, 일용할 양식을 구하지 않게 하는 것 그리고 서로 용서하지 못하게 하는 것이 시험입니다. 물론 시험을 당할 수는 있습니다. 유혹에 노출될 수는 있습니다. 그러나 시험에 들지는 말아야 합니다. 그것을 위해서 늘 기도해야 한다고 주님은 가르치십니다.

지금까지 어느 시대나 주님을 따르겠다고 나서는 제자들이 있어 왔습니다. 더러는 '물고기의 어부'(fishers of fish) 인생을 과감하게 내려놓고 '사람의 어부'(fishers of men) 인생을 시작하기도 합니다. 그런데 얼마 지나지 않아 처음의 순수한 열정은 사라지고 세상 사람들과 똑같이 탐욕의 노예가 되어 갑니다. 그게 바로 '시험'에 든 것입니다. 신앙생활의 성공은 물질의 풍요로움이나 소원의 성취로 증명되지 않습니다. 우리 주님처럼 초지일관할 수 있는지를 통해서 증명됩니다.

주기도문은 예배를 닫는 기도가 아닙니다. 빨리 해치우듯이 암송하고 마는 요식 행위로 주기도문을 취급하면 안 됩니다. "너희는 먼저 그의 나라와 그의 의를 구하라"(마 6:33)고 분명히 말씀하셨습니다. 따라서 우리는 주기도문을 예배를 여는 기도로 삼아야 합니다. 하나님 나라를 구하는 주기도문으로 예배를 시작해야 합니다. 그 속에 담긴 내용을 곱씹으며 우리의 신앙생활을 늘 조율해야 합니다. 우리가 누구인지, 우리가 왜 하나님의 부르심을 받았는지 주기도문으로 늘 확인해야 합니다.

아니, 그보다 더 중요한 것은 기도한 대로 살아가는 것입니다. "일용할 양식을 주시옵고…"라고 기도했다면 실제로 욕심부리지 않고 일용할 양식으로 만족하며 살아가야 합니다. 그런 삶의 실천이 따르지 않는다면 하루에 수백 번 주기도문을 암송해 보아야 아무 소용이 없습니다. 자신의 개인적인 삶에 어떤 긍정적인 변화도 나타나지 않을뿐더러 하나님의 나라를 위해 어떤 긍정적인 역할도 기대할 수 없습니다.

이웃을 위한 기도

그다음에 예수님은 하나님 나라를 구하는 소박한 기도의 예화로 이른바 '귀찮게 구는 친구의 비유'(눅 11:5-8)를 말씀하십니다. 그 내용은 이렇습니다. 한밤중에 갑작스럽게 친구가 찾아옵니다. 마침 집에 남은 빵이 없었습니다. 그래서 이웃집으로 가서 문을 두드리며 빵 좀 빌려달라고 합니다. 당시 팔레스타인에서는 문이 닫혀 있으면 두드리지 않는 것이 예의였습니다. 그러나 무례함을 무릅쓰고 문을 두드렸더니 할 수 없이 일어나서 빵을 주었다는 이야기입니다.

자, 그런데 이 이야기가 하나님 나라와 무슨 상관이 있을까요? 대개는 이 비유를 '끈질긴 기도'에 대한 가르침으로 이해합니다. 하나님을 성가시게 해서라도 원하는 걸 얻을 때까지 포기하지 말고 기도하라고 풀이합니다. 정말 그런 뜻일까요? 본문을 다시 읽어보십시오. 이 사람은 자기를 위해서가 아니라 친구의 배고픔을 해결하기 위해서 그렇게 합니다. 게다가 겨우 '빵 세 덩이'입니다. 이게 바로 '일용할 양식'입니다. 이것은 하나님 나라를 구하는 사람의 소박한 기도입니다.

이 비유는 뒤의 이야기(9-13절)로 자연스럽게 이어집니다.

[9]내가 또 너희에게 이르노니 구하라 그러면 너희에게 주실 것이요 찾으라 그러면 찾아낼 것이요 문을 두드리라 그러면 너희에게 열릴 것이니 [10]구하는 이마다 받을 것이요 찾는 이는 찾아낼 것이요 두드리는 이에게는 열릴 것이니라(눅 11:9-10).

이 말씀을 좋아하는 분들이 참 많습니다. 그만큼 또한 많이 오해하는 말씀이기도 합니다. 가장 큰 오해는 기도를 자신이 원하는 걸 얻어내는 수단으로 생각한다는 것입니다. 하나님은 참 좋으신 분이기 때문에 우리가 구하기만 하면 무엇이든지 허락해 주신다고 생각합니다. 그래서 원하는 것을 얻어낼 때까지 끈질기게 간구하는 것을 능력있는 믿음의 기도라고 생각하는 것이지요. 정말 그럴까요?

아닙니다. 한번 생각해 보십시오. 자녀들이 무엇을 달라고 그러면 아버지가 무작정 다 허락해 줍니까? 정말 좋은 아버지는 자녀에게 가장 필요한 것을 가장 좋은 때에 줍니다. 하나님 아버지도 마찬가지입니다. 하나님 아버지께서는 믿음으로 간구하는 우리에게 가장 좋은 것을 주십니다. 그것이 무엇일까요?

너희가 악할지라도 좋은 것을 자식에게 줄 줄 알거든 하물며 너희 하늘 아버지께서 구하는 자에게 성령을 주시지 않겠느냐 하시니라(눅 11:13).

하늘 아버지께서는 구하는 자에게 '성령'을 주신다고 합니다. '성령'이 무엇입니까? '하나님의 영'입니다. '하나님 자신'입니다. 하나님은 우리가 구하는 것을 무조건 다 들어주시지는 않습니다. 그러나 언제나 가장 좋은 것을 주십니다. 그것은 성령, 즉 하나님 자신입니다.

이 대목에서 우리는 예수님이 승천하기 직전에 제자들에게 하신 말씀을 떠올리게 됩니다. "… 예루살렘을 떠나지 말고 내게서 들은 바 네 아버지께서 약속하신 것을 기다리라"(행 1:4). 그 말씀에 따라서 제자들은 한곳에 모여서 열심히 기도했습니다. 그러다가 오순절에 모두 성령의 충만함을 받고 성령이 말하게 하심을 따라 다른 언어들로 말하기를 시작했지요(행 2:4). 그렇다면 '내게서 들은바 아버지께서 약속하신 것'이 무엇입니까? 바로 오늘 본문에서 말씀하신 '성령'입니다.

그렇게 신약의 하나님 백성인 교회가 탄생했고, 그 교회를 통해서 하나님 나라가 땅끝으로 점점 확장되어 나갔던 것입니다. 그렇습니다. 성령이 우리가 받을 수 있는 가장 큰 선물입니다. 하나님 나라를 구하며 하나님 뜻을 구하는 사람에게 하나님은 반드시 '성령'을 부어주십니다. 성령이 임하게 되면 성령의 다스림 속에서 살아가게 됩니다. 성령 충만한 사람은 하나님의 뜻을 이루면서 살게 됩니다. 그것이 진정한 기도의 응답입니다.

따라서 이제부터 우리는 사사로운 이익을 위해서 기도할 것이 아니라 다른 사람의 필요를 위해서 기도하기 시작해야 합니다. 이웃에게 필요한 일용할 양식 '빵 세 덩이'를 마련해주기 위해서 기도해야 합니다. 만일 우리가 그것을 가지고 있다면 즉시 나누면 됩니다. 만일 우리가 가지지 못했다면 하나님께 기도하면 됩니다. 그럴 때 하나님 아버지께서 우리의 기도에 응답하셔서 풍성한 생명을 허락하여 주십니다.

우리가 그렇게 하루하루 사노라면 하나님 나라가 우리를 통해 땅끝으로 점점 확장되어 갈 것입니다. 그리고 주님이 재림하실 때

마침내 하나님 나라가 이 땅에 임하게 될 것입니다. 그때까지 하나님 나라를 위한 우리의 기도는 계속되어야 합니다. 가장 먼저 주기도문으로 기도하고 또한 기도한 대로 살아가야 하는 것입니다.

묵상 질문: 나는 이웃의 일용할 양식을 위하여 기도하고 있는가?

오늘의 기도: 하나님 아버지, 우리는 자신의 필요를 채우기 위해서만 기도해 왔습니다. 하나님의 뜻을 꺾어서라도 우리의 욕심을 채우려고 했습니다. 그러나 오늘 말씀을 통해서 우리가 마땅히 기도해야 할 것은 이웃의 일용할 양식을 채우는 것임을 깨닫게 하시니 감사합니다. 이제부터 사랑이 풍성하신 하나님 아버지를 신뢰하며 마땅히 구할 것을 구하며 또한 이웃과 함께 나누며 살아가게 하옵소서. 예수님의 이름으로 기도합니다. 아멘.

누가복음 묵상 ❷-6

이미 임한 하나님 나라

읽을 말씀: 누가복음 11:14-28

재길 말씀: 그러나 내가 만일 하나님의 손을 힘입어 귀신을 쫓아낸다면 하나님의 나라가 이미 너희에게 임하였느니라(눅 11:20).

지난 시간에는 '하나님 나라를 위한 기도'에 대해서 살펴보았습니다. 그중에서 특히 '일용할 양식'에 대한 기도가 우리 자신이 아니라 가난한 이웃을 위한 기도라는 사실이 새롭게 다가왔습니다. 주님의 제자 훈련은 책상에 가만히 앉아서 배우는 방식이 아닙니다. 제자 공동체가 매일 경험하는 여러 가지 실제적인 일들을 통해서 이루어집니다. 심지어 예수님을 시험하거나 대적하기 위하여 온 사람들과의 대화를 통해서도 주님은 제자들을 가르치셨습니다.

예수와 바알세불

오늘 본문에는 예수님이 귀신을 쫓아내시는 사건이 기록되어 있습니다. 그 일은 단지 불치의 병을 기적적으로 고치는 치유의 사건으로 끝나지 않고, 어떻게든 예수님의 사역을 깎아내리고 방해하려고 하는 사람들과의 논쟁으로 이어집니다. 그 일을 통해 예수님은 제자들에게 아주 중요한 교훈을 가르치십니다.

[14]예수께서 한 말 못하게 하는 귀신을 쫓아내시니 귀신이 나가매 말 못하는 사람이 말하는지라 무리들이 놀랍게 여겼으나 [15]그 중에 더러는 말하기를 그가 귀신의 왕 바알세불을 힘입어 귀신을 쫓아낸다 하고…(눅 11:14-15).

여기에 보니까 예수님께서 '말 못 하게 하는 귀신'(a demon that was mute)을 쫓아내셨다고 합니다. 귀신을 쫓아내는 이야기는 예수님에게 새삼스러운 일이 아닙니다. 복음서 곳곳에서 찾아볼 수 있는 아주 흔한 이야기입니다. 그동안 이 사람이 말하지 못했던 원인은 바로 귀신이었습니다. 악한 영이 말하지 못하게 했습니다. 그 원인이 제거되고 나니까 그는 곧바로 말할 수 있게 되었던 것입니다.

현대인들은 이런 이야기를 미신이라고 생각하여 좀처럼 믿으려고 하지 않습니다. 물론 교회 안에도 미신적인 잘못된 신앙이 들어와 있는 것이 사실입니다. 감기에 걸려도 감기 귀신 때문이라고 생각한다면 그것은 미신입니다. 그런 태도를 우리는 분명히 경계해야 합니다. 그러나 이 세상에 악한 영이 존재한다는 사실을 부인할 수는 없습니다. 예수님 자신도 사탄에게 시험을 받으셨고(눅 4:1-13), 가버나움에서 귀신 들린 사람을 고치심으로 갈릴리 사역을 시작하셨습니다(눅 4:31-37). 귀신의 존재를 믿지 않는다고 하더라도 그동안 말 못 하던 사람이 갑자기 입이 열려 말하게 되었다면 누구든지 놀라지 않을 수가 없을 것입니다.

실제로 "무리가 놀랍게 여겼다"(the crowd was amazed)라고 합니다. 많은 사람이 이 일을 보고 깜짝 놀란 것입니다. 그러나 모두가 그러지는 않았습니다. 그중에 어떤 사람들은 예수님이 "귀신의 왕 바알세불을 힘입어 귀신을 쫓아낸다"라고 하면서 빈정거렸습니다. 마가복음은 이 사람들을 예루살렘으로부터 온 '서기관들'이라고 하고(막 3:22), 마태복음은 '바리새인'이라고 합니다(마 12:24). 그러니까 당시의 유대교 지도자들이 이 놀라운 사건을 직접 목격하고도 어떻게든 그것의 의미를 축소하려고 했던 것입니다.

'바알세불'(Beel-zebul)은 '파리들의 왕'(the Lord of the Flies)이라는 뜻으로, 본래 이방 민족이었던 에그론(Ekron) 사람들의 수호신 '바알세붑'(Beel-zebub)에서 유래합니다(왕하 1:2). 유대인들은 이것의 발음을 약간 바꾸어 '바알세불'이라 발음했는데, 여기에는 모독적인 변음(變音)의 의도가 있었습니다. 그런데 유대교 지도자들은 이것을 예수님에게 적용했던 것입니다. 예수님이 이방인의 귀신에 씌어서 그 힘으로 '귀신을 내쫓는 쇼'를 한다는 식으로 소문을 퍼뜨렸던 것입니다. 자, 그들에게 예수님은 뭐라고 대답하셨을까요?

> [17]예수께서 그들의 생각을 아시고 이르시되 스스로 분쟁하는 나라마다 황폐하여지며 스스로 분쟁하는 집은 무너지느니라 [18]너희 말이 내가 바알세불을 힘입어 귀신을 쫓아낸다 하니 만일 사탄이 스스로 분쟁하면 그의 나라가 어

떻게 서겠느냐(눅 11:17-18).

악의적인 소문을 잠재우려면 소문을 전달하는 사람이 아니라 소문을 만들어 낸 사람과 직접 대면해야 합니다. 예수님은 악의적인 소문을 낸 장본인들의 생각을 아시고 그들의 주장에 대해서 적극적으로 반박하셨습니다. 그들의 주장은 "예수가 귀신의 왕을 힘입어 귀신을 쫓아낸다"라는 것입니다. 그러나 만일 귀신이 귀신을 쫓아낸다면 같은 편끼리 싸운다는 뜻인데, 그것은 논리적으로 맞지 않습니다. '하나님'이 '귀신'을 쫓아낸다면 말이 되지만, '귀신'이 '귀신'을 쫓아낸다는 것은 말이 되지 않습니다.

이 부분을 메시지성경은 이렇게 풀이합니다.

"장기간 내전을 벌이는 나라는 황폐해진다. 늘 싸움질 하는 가정은 무너지게 마련이다. 사탄이 사탄을 없애면, 어느 사탄이 남아나겠느냐?"(눅 11:17, 메시지)

정말 그렇습니다. 늘 싸움질하는 가정은 무너지게 마련입니다. 악령이 악령을 쫓아내는 것이 아니라 성령이 악령을 쫓아내는 것입니다. 유대교 지도자들이 만들어 낸 악의적인 소문은 이미 그 자체에 논리적인 모순을 가지고 있습니다. 거짓으로 진실을 덮으려고 하면 언제나 그렇게 무리수를 두게 되는 법입니다. 그런데 사람들은 어리석게도 그런 거짓말에 참 잘 속아 넘어갑니다. 그리고 그것을 무슨 대단한 진실이나 되는 양 다른 사람에게 마구 옮깁니다. 그래서 거짓말이 꼬리에 꼬리를 물고 증폭되어 가는 것입니다.

하나님 나라의 현재성

예수님은 바로 이 대목에서 '귀신 축출(逐出)'이 하나님 나라와 어떤 연관성이 있는지 분명하게 드러내어 선포하십니다.

> [19]내가 바알세불을 힘입어 귀신을 쫓아내면 너희 아들들은 누구를 힘입어 쫓아내느냐 그러므로 그들이 너희 재판관이 되리라 [20]그러나 내가 만일 하나님의 손을 힘입어 귀신을 쫓아낸다면 하나님의 나라가 이미 너희에게 임하였느니라(눅 11:19-20).

여기에서 우리는 당시 유대교에도 귀신을 쫓아내는 일을 하는 사람들이 있었다는 사실을 알게 됩니다. '너희 아들들'은 유대인 퇴마사(exorcists)를 가리킵니다. 사도행전 19장에 보면 '돌아다니며 마술하는 어떤 유대인들'이 에베소에 등장하는데(행 19:13), 바로 이들이 그런 일을 하는 사람들로 보입니다. 만일 유대인 퇴마사가 귀신을 쫓아낸다면 그것은 하나님의 능력이지 귀신의 능력이 아닌 것처럼, 예수님이 귀신을 쫓아내는 것도 마찬가지입니다.

그다음 말씀이 중요합니다. "내가 만일 하나님의 손을 힘입어 귀신을 쫓아낸다면 하나님의 나라가 이미 너희에게 임하였느니라." NIV성경은 이렇게 풀이합니다. "But if I drive out demons by the finger of God, then the kingdom of God has come upon you." 여기에서 'by the finger of God', 즉 '하나님의 손가락으로' 귀신을 쫓아낸다는 표현이 아주 재미있습니다. 정말 그렇습니다. 귀신을 쫓아내는 일은 하나님께 "식은 죽 먹기"입니다.

만일 예수님이 그와 같은 하나님의 능력을 드러낸다면 하나님 나라가 이미 임한 것입니다! 이것은 하나님 나라의 '현재성'을 선포하는 아주 중요한 말씀입니다. 하나님 나라는 죽고 난 다음에 가는 내세(來世)가 아닙니다. 하나님 나라는 이 세상에 임하는 하나님의 통치를 의미합니다. 물론 그 나라는 주님의 재림(再臨)과 더불어 완성될 것입니다. 그러나 그 선봉으로 오신 예수님의 초림(初臨)으로 인해 하나님 나라는 이미 시작된 것입니다. 이것을 가리켜서 'already, but not yet'(이미, 그러나 아직)이라는 말로 설명했지요.

주기도문에서 예수님은 '나라가 임하기'를 기도하라고 가르치셨습니다(눅 11:2). "죽어서 천당 가게 해 달라!"가 아니라 "하나님의 나라가 이 땅에 임하게 해 달라!"고 기도하라는 것입니다. 하나님의 다스림이 일어나는 곳이 바로 하나님 나라입니다. 하나님의 다스림이 일어나면 놀라운 변화가 나타납니다. 귀신이 쫓겨나고, 질병이 고쳐지고, 삶의 목표와 태도와 가치관이 달라집니다. 예수님의 오심으로 이미 그 나라가 시작된 것입니다.

영적인 전쟁

예수님은 "바알세불의 힘을 입어 귀신을 쫓아낸다"고 비난하는 유대교 지도자들에 대하여 계속해서 반론을 펼칩니다.

[21]강한 자가 무장을 하고 자기 집을 지킬 때에는 그 소유가 안전하되 [22]더 강한 자가 와서 그를 굴복시킬 때에는 그가 믿던 무장을 빼앗고 그의 재물을 나누느니라(눅 11:21-22).

강한 사람이 완전 무장을 하고 성을 지키고 서 있다면, 그 성안에 있는 모든 재산은 안전하게 보존될 것입니다. 그러나 만일 그보다 더 강한 사람이 더 강한 무기를 들고 쳐들어온다면 어떻게 될까요? 성은 함락되고 그 안에 있던 재산은 몽땅 빼앗기고 말 것입니다.

여기에서 '강한 자'는 '사탄' 또는 귀신의 왕 '바알세불'을 가리킵니다. 사탄의 왕국은 사탄이 무장하고 지키고 있습니다. 그렇다면 '더 강한 자'는 누구일까요? 그렇습니다. 예수님이십니다. 하나님의 아들 예수 그리스도는 사탄보다 더 강하신 분입니다. 그렇기에 사탄의 왕국에 들어가 얼마든지 귀신을 쫓아내실 수 있습니다. 악으로 악을 이길 수는 없습니다. 오직 선으로 악을 이길 수 있습니다. 마찬가지로 사탄의 능력으로 사탄의 왕국을 정복할 수 없습니다. 오직 하나님의 능력으로만 사탄의 왕국을 무너뜨릴 수 있는 것입니다.

자, 그렇다면 귀신이 쫓겨난다는 것은 무슨 뜻입니까? 하나님이 다스리는 나라가 임했다는 뜻입니다. 지금까지는 말하지 못하게 하는 귀신이 그 사람의 주인 노릇을 하고 있었습니다. 그러나 사탄의 왕국은 하나님 나라에 의해서 공격당하고 점령당하고 말았습니다. 귀신이 쫓겨난 것이 바로 그 증거입니다. 그런데 이와 같은 싸움은 눈에 보이는 육체적인 전쟁이 아니라 눈에 보이지 않는 영적인 전쟁입니다.

지금도 저와 여러분을 두고 사탄과 하나님께서 보이지 않는 영적인 전쟁을 치르고 있다는 것을 아십니까? 만일 사탄이 이긴다면 우리는 죄와 죽음의 종살이를 하게 될 것이고, 만일 하나님이 이긴다면 우리는 죄와 죽음에서 해방되어 구원받게 되는 것입니다. 그런데 그 전쟁의 승패는 우리에게 달려 있습니다. 우리가 하나님의 다스림을 받아들인다면 우리에게 하나님 나라가 임하고 사탄의 왕국은 무너지게 됩니다.

그러나 우리가 하나님의 다스림을 거부한다면 우리는 계속해서 사탄의 지배를 받게 되는 것입니다.

그것을 예수님은 이렇게 표현하십니다.

나와 함께하지 아니하는 자는 나를 반대하는 자요 나와 함께 모으지 아니하는 자는 헤치는 자니라(눅 11:23).

예수님과 함께하지 않는 사람은 예수님을 반대하는 자입니다. 다시 말해서 예수님을 그리스도로 믿고 따르지 않는 사람은 예수님을 대적하는 사탄의 편에 서 있는 사람입니다. 주님과 함께하든지 아니면 주님을 반대하든지 둘 중의 하나입니다. 그 중간에 적당히 서 있을 수 있는 회색지대란 이 세상에 없습니다. 그래서 이 부분을 메시지성경은 다음과 같이 번역합니다.

"이것은 전쟁이며, 중립지대는 없다. 내 편이 아니라면, 너희는 내 적이다. 돕지 않으면 방해하는 것이다"(눅 11:23, **메시지**).

그렇습니다. 전쟁에서는 중립지대란 없습니다. 아군 아니면 적군입니다. 영적인 전쟁에서는 더더욱 그렇습니다. 선과 악이 싸운다면 어느 편에 설 것인지 분명한 태도를 보여야 합니다. 이단 사상이나 세력들과의 영적인 싸움에서 어정쩡하게 서 있을 수는 없습니다. 진리의 편에 서든지, 아니면 이단에 동조하든지 둘 중의 하나입니다.

자, 그렇다면 유대교 지도자들은 지금 누구 편에 서 있는 것일까요? 그들 스스로는 하나님을 잘 섬긴다고 생각합니다. 다른 사람보다 율법을 더 열심히 지키기 때문에 스스로 믿음이 좋다고 생각합니다. 그러나 실제로는 하나님을 대적하고 있습니다. 그래서 예수님이 펼쳐 가는 하나님 나라의 운동을 방해하고 있는 것입니다. 만일 그들이 하나님 편이었다면 예수님의 사역을 도왔을 것입니다.

'하나님 나라'와 '사탄의 왕국'은 동시에 존재할 수 없습니다. 그것은 마치 빛과 어둠 같아서 빛이 들어오면 어둠은 사라지고, 빛이 사라지면 그 자리에 어둠이 대신 들어오게 되어 있습니다. 우리는 예수님을 영접함으로써 빛의 자녀가 되었습니다. 빛의 자녀라는 정체성이 분명하다면 어떤 경우에도 사탄의 세력과는 적당히 타협할 수 없습니다. 그래야 하나님의 나라가 이 땅에 온전히 임하게 되는 것입니다.

빈집의 위험

귀신이 쫓겨났다고 해서 영적인 전쟁이 완전히 끝난 것은 아닙니다. 빈집을 채워두지 않으면 귀신에게 다시 점령당하고 맙니다.

> [24]더러운 귀신이 사람에게서 나갔을 때에 물 없는 곳으로 다니며 쉬기를 구하되 얻지 못하고 이에 이르되 내가 나온 내 집으로 돌아가리라 하고 [25]가서 보니 그 집이 청소되고 수리되었거늘 [26]이에 가서 저보다 더 악한 귀신 일곱을 데리고 들어가서 거하니 그 사람의 나중 형편이 전보다 더 심하게 되느니라(눅 11:24-26).

"더러운 귀신이 사람에게서 나갔다"라고 하는 것은 조금 전에 귀신을 축출한 사건을 염두에 두고 하신 말씀입니다. 주님은 분명히 귀신을 쫓아내셨지만, 그것으로 모든 문제가 해결되지는 않습니다. 귀신은 언제나 잠시 떠나서 기회를 엿보는 아주 끈질긴 존재이기 때문입니다(눅 4:13). 만일 그 영혼을 그냥 빈 상태로 내버려 둔다면, 그것은 귀신을 다시 초청하는 것이나 마찬가지입니다.

당시 사람들은 악령이 인간의 육체를 떠나면 황폐한 곳에서 방황한다고 믿었습니다. 그리고 늘 어디에선가 쉴 곳을 찾는다고 생각했습니다. 그러나 귀신이 쉴 수 있는 곳은 사람의 영혼밖에 없습니다. 그것도 이전에 머물렀던 적이 있는 옛집이 가장 좋은 곳입니다. 그래서 돌아가 보았더니 그 집이 청소되고 수리되었는데 그냥 비어있더라는 것입니다. 귀신은 한번 쫓겨난 아픈 경험이 있었기에 이번에는 혼자 들어가지 않습니다. '더 악한 귀신 일곱'을 데리고 들어갑니다. 그러면 그 형편이 어떻게 될까요?

이 말씀을 통해서 주님은 제자들에게 아주 중요한 교훈을 가르치십니다. 우선 사람의 영혼은 결코 비워두면 안 된다는 사실입니다. 무엇인가로 채워져 있어야 합니다. 악한 생각, 악한 버릇, 악한 행동을 깨끗이 청산했다고 하더라도 만일 좋은 생각, 좋은 버릇, 좋은 행동으로 채우지 않으면 아주 위험한 상태입니다. 영혼은 공백의 상태로 남아 있지 않기 때문입니다. 그래서 사도 바울은 에베소서 5장에서 이렇게 말했습니다.

> [17]**그러므로 어리석은 자가 되지 말고 오직 주의 뜻이 무엇인가 이해하라** [18]**술 취하지 말라 이는 방탕한 것이니 오직 성령으로 충만함을 받으라**(엡 5:17-18).

술을 끊었다고 그것으로 전부가 아닙니다. 성령으로 충만하게 채워져야 합니다. '성령의 충만'이란 우리의 영혼과 삶 속에 성령이 다스리지 않는 부분이 없는 상태를 의미합니다. 비어있는 부분이 없도록 찬송과 감사와 기도로 늘 채워야 합니다. 그런데 우리의 입술에 여전히 불평하는 버릇이 남아 있고, 우리의 마음에 조금이라도 교만이 남아 있다면 우리가 또다시 과거의 삶으로 돌아가는 것은 단지 시간문제일 뿐입니다.

그렇기에 우리는 "하지 말라!"는 부정적인 명령에만 머물러 있으면 안 됩니다. "술 취하지 말라!"는 명령은 그 영혼을 청소하기 위해서 꼭 필요한 것입니다. 그러나 그것만으로는 우리의 영혼이 건강하게 유지되지 못합니다. 그다음에 "이제 무엇을 할 것이냐?"라는 긍정적인 질문이 반드시 뒤따라야 합니다. "오직 성령으로 충만함을 받으라!"

아름다운 꽃밭을 만들려면 잡초를 그냥 내버려 두면 안 됩니다. 자꾸 뽑아주어야 합니다. 그보다 더 중요한 것은 빈자리에 꽃을 심어서 잡초가 자랄 공간을 주지 않는 것입니다. 잘못된 생각을 거부하는 일에만 힘쓰다 보면, 오히려 우리의 생각이 거기에 더욱 집중하게 됩니다. 나쁜 생각을 피하는 길은 좋은 생각으로 채우는 것입니다. 나쁜 일을 하지 않음으로써 선해지는 게 아니라 우리의 삶을 아름다운 것으로 채움으로써 선해지는 것입니다.

그렇기에 우리는 주님의 다스림을 온전히 받아들여야 합니다. 집이 아무리 깨끗하게 청소가 되었어도 그 집을 다스릴 주인이 없다면 다른 것이 계속해서 그 자리를 넘보게 되어 있습니다. 성 아우구스티누스(St. Augustinus)의 말처럼 우리의 영혼이 "하나님 안에서 안식을 발견할 때까지" 우리는 진정한 마음의 평안을 얻을 수 없는 것입니다.

우리가 만일 참다운 주(主)를 찾지 못한다면 그를 대신할 우상을 찾게 되어 있습니다. 이스라엘 백성을 보십시오. 모세가 십계명을 받기 위해 시내 산으로 올라갔을 때 산 밑에 있던 백성들은 무엇을 했습니까? 금송아지 우상을 만들었습니다. 그들은 여호와 하나님의 놀라운 이적을 수없이 경험한 사람들입니다. 그러나 지도자 모세가 그들의 눈에 보이지 않자, 그 빈 자리를 채우기 위해서 그들은 우상을 만들고 그 앞에 절을 했던 것입니다.

이것은 모든 세대의 하나님 백성에게서 언제나 발견되는 일입니다. 하나님의 통치를 온전히 받아들이지 않으면 그 빈 자리에 반드시 우상이 들어옵니다. 오늘날 사이비 종교집단이 교회를 쉽게 넘볼 수 있는 것은 하나님의 통치가 충분하지 않기 때문입니다. 교회 안에 인간적인 방법과 세상의 논리와 이기적인 욕심들이 자리 잡고 있기 때문입니다. 하나님 나라가 온전히 임하면 사탄의 왕국은 무너지게 되어 있습니다. 그러나 하나님의 통치가 느슨해지면 그 틈 사이로 어둠의 세력이 밀고 들어오는 것입니다.

따라서 우리가 죄 사함을 받고 깨끗하게 되는 게 전부가 아닙니다. 성령의 충만함을 위해서 우리는 기도해야 합니다. 회개에만 머물러 있지 말고 복음을 믿고 하나님 나라를 받아들여야 합니다. "내가 그리스도와 함께 십자가에 못 박혔나니 그런즉 이제는 내가 산 것이 아니요 오직 내 안에 그리스도께서 사신 것이라"(갈 2:20)라는 바울의 고백처럼 예수 그리스도가 내 삶의 진정한 주인이 되시도록 우리는 기도해야 하는 것입니다.

묵상 질문: 나의 삶에 하나님의 다스림이 온전히 이루어졌는가?

오늘의 기도: 하나님 아버지, 예수님을 이 땅에 보내 주셔서 우리의 삶에 하나님 나라가 시작되게 하심을 감사합니다. 이제부터 어떤 일이 있더라도 하나님의 자녀라는 우리의 정체성을 잃어버리지 않도록 붙들어 주시고, 우리의 영혼에 어둠의 세력이 다시 틈타지 않도록 늘 깨어 기도하게 하옵소서. 예수님의 이름으로 기도합니다. 아멘.

누가복음 묵상 ❷-7

메시아의 표적

읽을 말씀: 누가복음 11:29-36

새길 말씀: [29]무리가 모였을 때에 예수께서 말씀하시되 이 세대는 악한 세대라 표적을 구하되 요나의 표적 밖에는 보일 표적이 없나니 [30]요나가 니느웨 사람들에게 표적이 됨과 같이 인자도 이 세대에 그러하리라(눅 11:29-30).

오늘 우리가 묵상할 말씀은 '표적'에 대한 예수님의 가르침입니다. 이것은 사실 '바알세불' 논쟁이 벌어질 때 사람들이 예수님을 시험하기 위하여 던진 질문에 대한 대답입니다. 그 질문을 다시 한번 읽어보겠습니다.

> [15]… 그 중에 더러는 말하기를 그가 귀신의 왕 바알세불을 힘입어 귀신을 쫓아낸다 하고 [16]또 더러는 예수를 시험하여 하늘로부터 오는 표적을 구하니…(눅 11:16).

'표적'(表蹟)이란 '겉으로 드러나는 자취'라는 뜻입니다. 사람들이 예수님에게 하늘로부터 오는 표적을 요구했습니다. 그것은 예수님이 하늘로부터 왔다는, 즉 하나님의 아들이요 메시아라고 하는 것을 증명하라는 요구였습니다. 그래서 메시지성경은 이 부분을 다음과 같이 번역합니다.

또 어떤 사람은 미심쩍은 태도를 보이면서도, 그분이 굉장한 기적으로 자신을 입증해 주기를 바라며 서성댔다(눅 11:16, 메시지).

우리는 가말리엘의 증언을 통해서 '드다'(Theudas)라는 사람이 자칭 메시아로 등장하여 4백 명의 추종자를 모은 적이 있었다는 사실을 알게 됩니다(행 5:36). 그때 드다는 자신이 메시아라는 사실을 증명하기 위해서 사람들을 요단강에 모으고 마치 여호수아처럼 강물을 갈라서 길을 만들겠다고 호언장담했다가 보기 좋게 실패했습니다. 표적을 보여주려고 하다가 오히려 그 일을 통해서 자신이 메시아가 아니라는 사실이 들통나고 말았지요. 사람들은 지금 그런 식의 표적을 예수님에게 요구하고 있는 것입니다.

앞에서 예수님은 말하지 못하게 하는 귀신을 쫓아내셨습니다. 그것으로 이미 메시아라는 사실이 증명되었습니다. 그런데 무슨 표적이 더 필요하다는 것일까요? 사람들은 그렇습니다. 하나의 표적을 보여주면 다른 표적을 요구합니다. 예수님이 공생애를 시작하기 전에 '초인적인 메시아'가 되라는 마귀의 시험을 통해서 이미 확인한 일이었습니다(눅 4:9-12). 따라서 예수님은 그 질문에 얼마든지 대답할 수 있었지만, 지난 시간에는 귀신이 쫓겨나는 사건과 하나님 나라의 도래를 설명하는 일에 집중하느라 표적에 대해서 구체적으로 답변하지 않으셨습니다. 그러나 이 문제는 어떤 식으로든 반드시 짚고 넘어가야 합니다.

요나의 표적

표적을 보이라고 요구하는 사람들에게 예수님은 이렇게 대답하십니다.

> [29]**무리가 모였을 때에 예수께서 말씀하시되 이 세대는 악한 세대라 표적을 구하되 요나의 표적 밖에는 보일 표적이 없나니** [30]**요나가 니느웨 사람들에게 표적이 됨과 같이 인자도 이 세대에 그러하리라**(눅 11:29-30).

예수님은 우선 이 세대를 '악한 세대'(a wicked generation)라고 정의합니다. 사실 지금까지 악하지 않았던 세대는 하나도 없었습니다. 앞으로도 역시 그럴 것입니다. 그러나 예수님이 악한 세대라고 말씀하는 이유는 그들이 예수님이 어떤 분인지 알아보지 못했기 때문입니다. 유유상종(類類相從)이라는 말이 있습니다. 같은 무리는 서로를 알아보고 함께 어울리는 법입니다. 그들이 만일 예수님이 누구인지 알았다면 그들은 하나님의 자녀가 되었을 것입니다. 그러나 알아보지 못했기에 악한 세대입니다.

게다가 그들은 도리어 예수님을 대적했습니다. 표적을 구하는 것도 예수님을 시험하려는 의도였습니다. 그들에게 과연 어떤 표적을 보여주어야 할까요? 어떻게 예수님이 메시아임을 증명할 수 있을까요?

예수님은 말씀하십니다. 그들에게 보일 표적은 '요나의 표적'밖에 없다고 말입니다. 마태복음은 '요나의 표적'을 요나가 밤낮 사흘 동안 큰 물고기 배 속에 있었던 사건으로 설명합니다(마 12:40). 십자가 죽음과 부활 사건을 통해서 예수님의 메시아 되심이 증명될 것이라고 설명합니다.

그러나 누가복음의 설명은 조금 다릅니다. '요나의 표적'이란 니느웨 사람들에게 요나 자신이 표적이었다는 뜻입니다(Jonah was a sign to the Ninevites, NIV). 요나가 니느웨에 나타났다는 것, 그래서 하나님의 말씀을 선포했다는 것 자체가 표적이라는 겁니다. 마찬가지로 이 세대에는 예수님 자신이 표적이라고 말씀하십니다(so also will the Son of Man be to this generation, NIV). 예수님이 팔레스타인에 나타나셨다는 것, 하나님 나라의 메시지를 선포하셨다는 것 자체가 표적이라는 겁니다.

그렇습니다. 예수님이 요단강물을 가르거나 성전 꼭대기에서 안전하게 떨어지는 묘기를 보여주는 것이 표적이 아닙니다. 예수님이 바로 표적 그 자체인데, 그것을 알아보지 못하는 사람들이 오히려 문제이지요. 이 부분을 메시지성경은 다음과 같이 표현합니다.

"이 시대의 풍조가 다 잘못되었다. 사람마다 증거를 찾고 있으나 엉뚱한 증거를 찾고 있다. 너희는 너희의 호기심을 만족시켜 주고, 기적에 대한 너희의 욕망을 채워줄 무언가를 찾고 있다. 그러나 너희가 얻게 될 유일한 증거는, 요나가 니느웨 사람들에게 준 증거뿐이다. 그것은 전혀 증거처럼 보이지 않는다. 인자와 이 시대는 요나와 니느웨 같다"(눅 11:29-30, 메시지).

표적이 없어서 믿지 못하는 것이 아니라 믿음이 없어서 보고도 믿지 못하는 것입니다. 믿음이 없는 사람들은 어떤 표적을 보여주어도 그것으로 만족하지 못합니다. 자기들이 원하는 새로운 표적을 계속 요구할 것입니다. 따라서 그들에게 보여줄 다른 표적은 없습니다. 요나가 보여준 표적으로 충분합니다.

요나가 니느웨에서 한 일이 무엇입니까? 그는 하나님의 임박한 심판을 예언했습니다. 그리고 그 말씀으로 인해 니느웨 사람들은 회개했고 결국 구원을 얻었습니다. 그것이 바로 '요나의 표적'입니다.

요나의 전도

놀라운 이적을 보여주면 사람들이 과연 예수님을 메시아로 믿게 될까요? 아닙니다. "믿음은 들음에서 나며 들음은 그리스도의 말씀으로 말미암는다"(롬 10:17)고 했습니다. 예수님이 전하는 하나님 나라의 복음을 믿지 않는 사람에게는 어떤 이적을 보여준다고 해도 결국 예수님을 믿지 않습니다.

> [31]심판 때에 남방 여왕이 일어나 이 세대 사람을 정죄하리니 이는 그가 솔로몬의 지혜로운 말을 들으려고 땅 끝에서 왔음이거니와 솔로몬보다 더 큰 이가 여기 있으며 [32]심판 때에 니느웨 사람들이 일어나 이 세대 사람을 정죄하리니 이는 그들이 요나의 전도를 듣고 회개하였음이거니와 요나보다 더 큰 이가 여기 있느니라(눅 11:31-32).

여기에서 '남방 여왕'은 '스바의 여왕'을 뜻합니다(왕상 10:1-13). 그는 솔로몬의 지혜를 확인하기 위하여 금은보화를 가지고 멀리에서부터 예루살렘까지 찾아왔지요. 솔로몬의 지혜가 아무리 뛰어나다고 하더라도 하나님의 아들 예수 그리스도의 지혜를 따라올 수는 없습니다. '솔로몬보다 더 큰 분'의 말씀을 들으면서 깨닫지 못하고 엉뚱한 증거를 구하는 이 세대 사람들은 마지막 심판 때에 '남방 여왕'이 그들을 정죄한다고 해도 할 말이 없을 것입니다.

마찬가지로 니느웨 사람들이 지금 이 세대의 사람들보다 훨씬 더 낫다고 예수님은 말씀하십니다. 왜일까요? 그들은 적어도 요나가 선포한 말씀을 듣고 회개하였기 때문입니다. 우리가 잘 아는 대로 요나는 즐거운 마음으로 니느웨에 가지 않았습니다. 그는 요리조리 피하다가 마지못해서 갔습니다. 심판에 대한 예언도 그저 건성으로 전했을 뿐입니다. 니느웨는 걸어서 '사흘 길'이나 되는 큰 도성입니다. 그런데 요나는 겨우 '하루 동안' 다니면서 예언했습니다(욘 3:4).

그런데도 니느웨 사람들은 요나의 예언을 듣고 왕으로부터 시작하여 모든 백성에게 이르기까지 남녀노소는 물론이고, 심지어는 '사람이든지 짐승이든지 다 굵은 베옷을 입고'(욘 3:8) 회개했습니다. 그것을 보시고 하나님은 니느웨를 심판하려던 계획을 취소하셨지요. 그 니느웨 사람들이 마지막 때에 '이 세대' 사람들을 정죄한다고 해도 할 말이 없을 것입니다. 그들은 겨우 요나의 말을 듣고 회개했지만, 이 세대 사람들은 요나와는 감히 비교할 수 없는 하나님의 아들 예수 그리스도의 말씀을 직접 듣고도 회개하지 않았기 때문입니다.

여기에서 우리는 "특권에는 반드시 책임이 따른다"라는 신앙적인 교훈을 생각하게 됩니다. 예수님과 동시대를 살면서 하나님의 아들 예수님에게 직접 복음을 들을 수 있었다는 것은 정말 대단한 특권입니다. 그러나 그들은 그 기회와 특권을 가지고도 예수님의 말씀을 새겨듣지 않고 오히려 그를 거절했습니다. 특권이 크기 때문에 그에 대한 책임 또한 더욱 엄중한 것입니다.

우리가 성경을 가지고 있다는 것도 따지고 보면 엄청난 특권입니다. 지금처럼 하나님 말씀을 읽고 배울 기회를 가진 세대는 역사상 없었습니다. 기독교의 역사를 살펴보면 성경을 번역했다고 죽임당하고, 성경을 인쇄했다고 화형당하기도 했습니다. 지금도 지구상에는 성경을 가지고 있다는 이유로 숙청되는 사람들이 존재합니다. 그런데 성경을 몇 권씩이나 가지고 있으면서 제대로 읽지도 않고 말씀대로 살지도 않는다면 어떻게 될까요? 하나님께서 그 책임을 물으실 때 뭐라고 변명할 수 있을까요?

예배하는 일 역시 마찬가지입니다. 우리가 이렇게 예배할 수 있게 된 것은 믿음의 선배들이 많은 대가를 치르고 얻어낸 특권입니다. 그 특권에도 책임이 따릅니다. 예수님 당시의 유대인들처럼 만일 우리가 우리에게 주어진 신앙생활의 특권을 소홀히 여기거나 거부한다면 그것에 대한 하나님의 정죄를 면할 길이 없게 될 것입니다.

그런데 사람들은 자신이 이미 가지고 있는 특권을 잘 사용하기보다는 더 많은 특권을 가지려고 합니다. 자신에게 있는 믿음을 사용하기보다는 더 큰 믿음을 달라고 그럽니다(눅 17:5). 표적을 구하는 것도 역시 마찬가지입니다. 더 큰 표적을 보여주면 그때는 확실하게 믿겠다고 그러지요. 그래서 예수님에게 초인간적인 메시아가 되라고 요구하는 것입니다. 그러나 요나의 표적으로 충분합니다. 이미 선포된 하나님의 말씀으로 충분합니다. 그들에게 정말 필요한 것은 '새로운 표적'이 아니라 하나님의 말씀에 순종하는 '새로운 태도'입니다.

등불의 비유

바로 이 대목에서 예수님은 '등불의 비유'를 말씀하십니다. 이 비유는 누가복음 8장에서 이미 말씀하신 것입니다. 예수님은 '등불의 비유'를 즐겨 사용하셨습니다. 같은 예화라도 서로 다른 주제의 설교에 잘 어울리는 그런 이야기이기 때문입니다. 지금 예수님은 표적을 구하는 사람들에게 예수님이 바로 표적이라는 사실을 상기시키기 위해서 '등불의 비유'를 다시 사용하십니다. 먼저 누가복음 8장의 말씀을 다시 한번 읽어보겠습니다.

누구든지 등불을 켜서 그릇으로 덮거나 평상 아래에 두지 아니하고 등경 위에 두나니 이는 들어가는 자들로 그 빛을 보게 하려 함이라(눅 8:16).

여기에서 '등불'은 예수님이 선포하신 하나님 나라의 메시지를 상징합니다. 등불을 켜서 그릇으로 덮어 두거나 침대 밑에 두는 사람은 없습니다. 오히려 높이 매달아 두어서 사람들의 길을 밝힙니다. 마찬가지로 예수님의 가르침을 깨닫지 못하는 사람들이 있다고 해서 그것 때문에 말씀 전하는 것을 덮어두거나 유보할 수는 없는 일입니다. 그 빛을 보고 '들어가는 자들'이 있기 때문입니다. 여기까지가 본래 '등불의 비유'입니다.

그러나 여기에 다른 메시지가 덧붙여짐으로써 새로운 강조점을 가지게 되었지요.

[17]숨은 것이 장차 드러나지 아니할 것이 없고 감추인 것이 장차 알려지고 나

타나지 않을 것이 없느니라 [18]그러므로 너희가 어떻게 들을까 스스로 삼가라 누구든지 있는 자는 받겠고 없는 자는 그 있는 줄로 아는 것까지도 빼앗기리라 하시니라(눅 8:17-18).

등불을 높이 매달아 두듯이 하나님 나라의 메시지를 선포하지만, 모든 사람이 그것을 받아들이는 것은 아닙니다. 어떤 사람들은 그것을 감추려고 합니다. 그러나 하나님 나라의 메시지는 아무리 감춘다고 하더라도 결국에는 모든 사람에게 밝히 드러나게 될 것입니다. 따라서 처음부터 주님의 말씀을 잘 들어야 합니다. 말씀을 영접하면 더욱 풍성해지지만, 거절하면 가진 것조차도 다 잃어버리게 될 것이기 때문입니다. 이 메시지를 위해서 '등불의 비유'는 아주 적절한 도입 부분이 되었습니다.

그런데 똑같은 '등불의 비유'가 오늘 본문에서는 표적을 구하는 사람에게 주시는 메시지로 사용되고 있습니다.

누구든지 등불을 켜서 움 속에나 말 아래에 두지 아니하고 등경 위에 두나니 이는 들어가는 자로 그 빛을 보게 하려 함이라(눅 11:33).

앞에서 읽은 누가복음 8장 말씀과 거의 똑같습니다. 다른 것이 있다면 '그릇'이나 '평상'을 '움'이나 '말'로 표현하고 있다는 것입니다. '움'은 땅을 파고 위를 거적 따위로 덮어 놓은 '움막'을 의미합니다. 그리고 '말'은 '됫박'을 가리킵니다. 용어는 다르지만 말하고자 하는 뜻은 같습니다. 등불은 감추지 않고 드러낸다는 것입니다. 그런데 그 뒤에 더해진 말씀으로 인해서 이 등불의 비유는 새로운 메시지를 드러내는 도구가 되었습니다.

[34]네 몸의 등불은 눈이라 네 눈이 성하면 온 몸이 밝을 것이요 만일 나쁘면 네 몸도 어두우리라 [35]그러므로 네 속에 있는 빛이 어둡지 아니한가 보라 [36]네 온 몸이 밝아 조금도 어두운 데가 없으면 등불의 빛이 너를 비출 때와 같이 온전히 밝으리라 하시니라(눅 11:34-36).

흔히 '눈은 마음의 창'이라고 합니다. 그와 비슷하게 예수님은 '눈은 몸의 등불'이라고 말씀하십니다. 우리는 눈에 들어오는 빛으로 밝음과 어두움을 판단합니다. 만일 눈이 나쁘거나 시력을 잃게 된다면 빛을 빛으로 인지하지 못하기 때문에 어둠 속에서 살게 될 것입니다. 마찬가지로 생명의 빛은 영혼에 달려 있습니다. 영혼이 건강하다면 생명 전체가 빛나게 될 것이요, 영혼이 병들어 있다면 생명 전부가 어두워집니다. 그러므로 우리 영혼의 등불이 언제나 밝히 켜져 있어야 한다는 말씀입니다.

이 부분을 메시지성경으로 읽으면 그 의미가 더욱 분명해집니다.

"등불을 켜서 서랍 속에 숨겨 두는 사람은 아무도 없다. 등불은 단 위에 둔다. 그래야 방에 들어오는 사람들이 그 빛 덕분에 자신이 어디로 가는지 보고 다닐 수 있다. 네 눈은 네 온몸을 밝혀 주는 등불이다. 네가 경이와 믿음으로 눈을 크게 뜨고 살면, 네 몸은 빛으로 가득해진다. 네가 탐욕과 불신으로 곁눈질하고 살면, 네 몸은 음습한 지하실이 된다. 네 몸이 곰팡내 나고 어둠침침하게 되지 않으려면, 눈을 뜨고 살면서 네 등불이 계속 타오르게 하여라. 빛이 가장 잘 드는 네 방처럼, 네 삶에도 늘 빛이 잘 들게 하여라"(눅

11:33-36, 메시지).

그렇습니다. 우리 영혼의 눈이 교만과 탐욕과 편견과 불신으로 가려졌기 때문에 우리는 '음습한 지하실'에서 어두컴컴한 인생을 살게 되는 것입니다. 그렇게 되면 죄를 죄로 인식하는 판단력도 잃어버립니다. 육신을 병들게 하는 음식을 먹으면서도 심각하게 생각하지 않게 됩니다. 몸에 곰팡내가 나도 그것을 불쾌하게 받아들이지 않습니다. 그렇다면 그 인생의 마지막이 어떻게 되겠습니까?

예나 지금이나 인간을 타락하게 하려고 사탄이 즐겨 사용하는 전략은 시각적인 유혹입니다. 에덴동산에서 최초의 인간들을 유혹하기 위하여 사탄은 선악과를 '보암직하게' 만들었습니다. 지금도 사탄은 우리에게 '보암직한' 것들을 보여줌으로써 우리의 시선을 빼앗으려고 합니다. 거기에 시선을 빼앗기는 순간 우리의 눈은 어두워지게 되는 것입니다. 지금 예수님에게 새로운 표적을 요구하는 사람들은 바로 이와 같은 사탄의 전략에 속아 넘어간 사람들입니다.

우리에게 필요한 것은 새로운 표적이 아닙니다. 예수님을 표적으로 받아들이는 믿음입니다. 예수님이 선포하신 하나님 나라의 복음으로 인해 우리가 '경이와 믿음으로' 눈을 크게 뜨고 살게 되면(if you live wide-eyed in wonder and belief) 우리의 몸은 빛으로 가득한 인생이 됩니다(your body fills up with light). 따라서 우리의 눈에 항상 하나님의 말씀으로 채워져야 합니다. 예배할 때마다 하나님의 보좌를 바라보아야 합니다. 믿음의 선한 경주를 마친 선배들을 보아야 합니다. 그리고 무엇보다도 우리는 예수님을 바라보아야 합니다.

히브리서 기자는 이렇게 말했습니다.

[1]이러므로 우리에게 구름 같이 둘러싼 허다한 증인들이 있으니 모든 무거운 것과 얽매이기 쉬운 죄를 벗어버리고 인내로써 우리 앞에 당한 경주를 하며 [2]믿음의 주요 또 온전하게 하시는 이인 예수를 바라보자 그는 그 앞에 있는 기쁨을 위하여 십자가를 참으사 부끄러움을 개의치 아니하시더니 하나님 보좌 우편에 앉으셨느니라(히 12:1-2).

우리가 바라보아야 할 분은 예수님이십니다. 예수님은 우리가 참여한 이 신앙생활의 경주를 시작하고 완주하신 분이십니다. 주님이 어떻게 하셨는지 잘 보고 배워야 합니다. 예수 그리스도의 등불이 우리 눈앞에서 계속 타오르게 해야 합니다. 우리의 눈에 예수님이 보인다면 우리의 인생은 빛이 잘 들어오는 방과 같게 될 것입니다. 그러나 예수님이 우리의 눈에서 사라진다면 그때부터 정말 큰 문제입니다.

베드로를 보십시오. 그는 물 위로 걸어오시는 주님을 향해서 물 위를 걸어갔습니다(마 14:22-33). 주님을 바라보고 갈 때는 아무 문제가 없었습니다. 얼마든지 물 위를 걸을 수 있었습니다. 그러나 주님에게서 시선을 떼는 순간 베드로에게 두려움이 몰려왔고 결국 물속으로 빠져들지 않았습니까? 주님을 바라본다고 해서 풍랑이 없어지는 것은 아닙니다. 그러나 그 거친 풍랑은 베드로가 물 위를 걷는 데 전혀 방해가 되지 않았습니다. 환경이 문제가 되지 않습니다. 우리의 눈이 주님을 향한다면 말입니다.

따라서 우리는 물 위를 걷는 표적을 구할 게 아니라 이 세상에 진정한 표적으로 오신 예수님에게 우리의 시선을 고정해야 합니다. 이미 우리에게 주신 말씀의 등불을 켜서 높이 두어야 합니다. 그

등불이 우리의 눈앞에서 계속 타오르게 해야 합니다. 곁눈질하면 어둠의 세력이 밀려와서 우리를 덮칩니다. 예수님을 향해 눈을 떼지 마십시오. 예수님이 바로 우리가 구해야 할 진정한 표적입니다.

묵상 질문: 나는 예수님 이외의 새로운 표적을 구하지는 않는가?

오늘의 기도: 하나님 아버지, 오늘 말씀 묵상을 통해서 우리에게 필요한 것은 예수님을 진정한 표적으로 받아들이는 믿음이라는 사실을 깨닫게 하시니 감사합니다. 이제부터 우리의 눈이 언제나 예수님을 향해 고정되게 하시고, 새로운 표적을 요구하게 하는 사탄의 속임수에 절대로 넘어가지 않게 우리를 도와주옵소서. 예수님의 이름으로 기도합니다. 아멘.

누가복음 묵상 ❷ -8

종교인에 대한 책망

읽을 말씀: 누가복음 11:37-52

재길 말씀: 45한 율법교사가 예수께 대답하여 이르되 선생님 이렇게 말씀하시니 우리까지 모욕하심이니이다 46이르시되 화 있을진저 또 너희 율법교사여 지기 어려운 짐을 사람에게 지우고 너희는 한 손가락도 이 짐에 대지 않는도다(눅 11:45-46).

예수님은 바리새인이나 율법교사, 서기관들과 같은 유대교 지도자들에 대해서 매우 비판적인 생각을 가지고 계셨습니다. 그들이 가르친 것이 잘못되었기 때문이 아니었습니다. 오히려 그들의 말과 행동이 달랐기 때문입니다. 마태복음 23장에서 우리는 당시 종교인들에 대한 예수님의 생각을 엿볼 수 있습니다.

2서기관들과 바리새인들이 모세의 자리에 앉았으니 3그러므로 무엇이든지 그들이 말하는 바는 행하고 지키되 그들이 하는 행위는 본받지 말라 그들은

말만 하고 행하지 아니하며…(마 23:2-3).

여기에서 '모세의 자리에 앉았다'라는 말은 그들이 모세가 가르쳐 준 율법에 대해서 전문가라는 뜻입니다. 메시지성경은 '율법에 관해서라면 유능한 교사들'(competent teachers in God's Law)이라고 합니다. 예수님은 서기관들(the scribes)과 바리새인들(the Pharisees)이 율법에 대해서 전문가들이라는 사실을 부인하지 않습니다. 따라서 그들의 가르침을 따르는 것은 결코 잘못된 일이 아닙니다.

문제는 그들의 '행위'입니다. 예수님은 그들이 하는 행위는 "본받지 말라"고 분명히 말씀하십니다. 왜 그럴까요? 그들이 말은 참 잘하지만, 그 말대로 살지는 않았기 때문입니다. 오히려 율법에 대한 전문적인 지식을 자신의 기득권을 유지하거나 자신의 의로움을 드러내는 데 사용했습니다. 그것은 하나님의 말씀을 맡은 전문가가 취해야 할 행동이 아닙니다. 그래서 주님은 그들을 신랄하게 비판하신 것입니다.

정결 의식 논쟁

오늘 본문에서도 예수님은 종교인들에 대해서 아주 매섭게 책망하십니다. 이 이야기는 한 바리새인이 예수님을 점심 식사 자리에 초대한 일로 시작되었습니다.

[37]예수께서 말씀하실 때에 한 바리새인이 자기와 함께 점심 잡수시기를 청하므로 들어가 앉으셨더니 [38]잡수시기 전에 손 씻지 아니하심을 그 바리새인이 보고 이상히 여기는지라(눅 11:37-38).

예수님은 바리새인들에 대해서 비판적인 생각을 가지고 계셨지만, 그들을 상종하지 못할 원수처럼 대하신 것은 아닙니다. 바리새인 중에도 예수님을 긍정적으로 생각하여 식사 자리에 초대하고 싶어 하던 사람들이 있었습니다. 예수님 역시 그들의 초대를 단 한 번도 거절하지 않으셨습니다. 오늘 본문에 등장하는 이 바리새인은 예수님이 귀신을 쫓아내시는 장면을 직접 목격했던 것 같습니다. 그리고 바알세불 논쟁에서 당당하게 답변하는 예수님의 모습에 깊이 감동했던 것으로 보입니다. 그래서 예수님을 식사 자리에 초대했던 것이지요.

자, 문제는 식사하기 전에 예수님이 손을 씻지 않으셨다는 사실입니다. 손을 씻는 것은 물론 위생적인 좋은 습관입니다. 그러나 당시 종교인은 그것을 정결 의식의 관례로 생각했습니다. 그때 사용되는 물의 양은 겨우 달걀 두 개 정도의 분량이었습니다. 그것을 두 손으로 받아 먼저 손끝에서 손목까지 적시고 각 손바닥으로 주먹을 닦아 냅니다. 그리고 두 손목에 물을 조금 더 부어 손끝으로 흘러내리게 하는 것이 전부입니다. 물론 씻지 않는 것보다는 깨끗하겠지만, 그 정도로 손을 깨끗하게 씻었다고 말할 수는 없습니다.

그런데 예수님은 그마저도 하지 않고 곧바로 식사를 시작하셨던 것이지요. 너무나 시장했기 때문에 그만 정결 의식을 깜빡하셨던 것일까요? 아니면 식사 자리로 초대한 바리새인이 어떤 반응을 보일지 시험해 보려고 일부러 그러셨던 것일까요? 그도 아니라면 식전에 손을 씻는 것을 평소에도 그다지 중요하게 여기지 않으셨던 것일까요? 무엇이 되었든지 손님을 초대한 집주인은 예수님의 행위를 아주 심각한 문제로 받아들였습니다.

오늘 본문에는 "이상히 여겼다"라고 하지만, 그냥 고개를 갸우뚱하는 정도가 아니었습니다. NIV성경은 '깜짝 놀랐다'(he was surprised)고 번역합니다. 메시지성경에는 한 걸음 더 나아가서 '충격을 받았다'(he was shocked)고 표현합니다. 예수님이 손을 씻지 않고 식사하는 모습을 무례한 행동으로 생각했던 모양입니다. 그래서 기분이 언짢아진 것이지요. 그런 분위기를 감지하시고 예수님은 이렇게 말씀하셨습니다.

> **[39]주께서 이르시되 너희 바리새인은 지금 잔과 대접의 겉은 깨끗이 하나 너희 속에는 탐욕과 악독이 가득하도다 [40]어리석은 자들아 겉을 만드신 이가 속도 만들지 아니하셨느냐 [41]그러나 그 안에 있는 것으로 구제하라 그리하면 모든 것이 너희에게 깨끗하리라(눅 11:39-41).**

'너희 바리새인'(you Pharisees)이라는 말로 미루어서 다른 바리새인도 그 자리에 있었다는 사실을 알 수 있습니다. 예수님은 이참에 정결 의식에 목매달고 있는 그들의 허위의식을 폭로하기로 하셨습니다. 그래서 그들을 가리켜서 '겉은 열심히 닦지만 속은 닦지 않은 그릇'과 같다고 선언하십니다. 사실 식사 전에 손을 씻지 않는다고 그 사람이 갑자기 죄인 되는 것은 아닙니다. 마음속에 더러운 '탐욕과 악독'이 있어야 죄인입니다. 그런데 물 몇 방울로 손을 씻는다고 마음속의 죄가 깨끗하게 씻기나요?

예수님은 그런 종교적인 행위보다 마음의 동기를 더욱 중요하게 여기시는 분입니다. 예수님이 보실 때 정결 의식의 규례를 지키지 않았다는 것보다 다른 사람에 대해서 쉽게 정죄하고 판단하고 죄인 취급하는 그런 태도가 오히려 더 심각한 죄입니다. 바리새인을 비롯한 당시의 종교인들은 한결같이 이런 태도를 보이고 있었습니다. 자기들은 율법을 잘 지키기 때문에 의인이고, 그렇지 못한 사람들은 모두 죄인이라고 판단했던 것입니다.

어떤 사람이 죄인인지는 하나님이 판단하실 문제입니다. 그런데 종교인들은 마치 자기가 하나님이나 된 것처럼 함부로 다른 사람을 판단했던 것입니다. 주님은 그들을 가리켜서 '어리석다'고 선언합니다. "어리석은 자들아, 겉을 만드신 이가 속도 만들지 아니하셨느냐?" 그렇습니다. 겉을 만드신 분이 겉을 판단할 수 있고, 속을 만드신 분이 속을 판단할 수 있습니다. 겉모습만 보고 속사람을 판단할 수 있나요? 단지 손을 씻지 않았기 때문에 죄인이라고 정죄할 수 있나요?

바리새인에 대한 고발

예수님은 내친김에 '저주 형식'을 빌려 그들의 이중성을 아주 신랄하게 고발합니다.

화 있을진저 너희 바리새인이여 너희가 박하와 운향과 모든 채소의 십일조는 드리되 공의와 하나님께 대한 사랑은 버리는도다 그러나 이것도 행하고 저것도 버리지 말아야 할지니라(눅 11:42).

예수님은 바리새인의 말과 행동이 다른 모습을 비판하셨지만, 그들의 율법 준수에 대한 열정을 비난하지는 않았습니다. 바리새인들은 율법을 곧이곧대로 지키는 열심을 가지고 있었습니다. 십일조도 마찬가지였습니다. 십일조란 소득의 십분의 일을 하나님께 드리는 것입니다. 구약의 율법은 토지 모든 소산의 십분의 일을 하나님께

바칠 것을 요구합니다(레 27:30). 온전한 십일조를 하나님께 드린다는 것은 말처럼 쉬운 일이 아닙니다.

그러나 바리새인은 율법에 따라서 모든 수입의 십일조를 철저하게 드렸습니다. 심지어 텃밭에서 기르는 박하(mint)나 운향(rue) 같은 채소의 십일조까지 드릴 정도였습니다. 메시지성경의 표현처럼 그들은 "꼼꼼히 장부를 적어 가며 동전 하나에까지 십일조를 내는" 사람이었습니다. 그렇지만 정작 그들은 십일조를 왜 바쳐야 하는지 그 이유와 정신을 알지 못했습니다.

십일조의 정신이 무엇입니까? '공의'와 '하나님께 대한 사랑'입니다. 우리말로는 '하나님께 대한 사랑'이라고 되어 있지만, 본래는 '하나님의 사랑'입니다. 다시 말해서 하나님의 공의(justice)를 드러내고 하나님의 사랑(the love of God)을 드러내기 위해서 바치는 것이 십일조입니다. 그래서 하나님은 십일조를 반드시 특정한 사람들을 위해서 사용해야 한다고 정해 놓으셨습니다.

셋째 해 곧 십일조를 드리는 해에 네 모든 소산의 십일조 내기를 마친 후에 그것을 레위인과 객과 고아와 과부에게 주어 네 성읍 안에서 먹고 배부르게 하라(신 26:12).

여기에서 '레위인'은 땅을 기업으로 분배받지 못한 사람들입니다. 오로지 하나님께 헌신하기 위하여 구별된 사람들입니다. '객'(the foreigner)은 외국인 노동자들입니다. '고아와 과부'는 사회에서 가장 소외된 경제적인 약자들입니다. 십일조는 반드시 이런 사람들을 위하여 사용해야 합니다. 그런데 바리새인들은 십일조 내는 일에는 열심이었지만, 십일조를 요구하는 하나님의 뜻에는 둔감했습니다. 그들은 약자들에 대한 공의와 사랑을 위해서가 아니라 자신의 의를 드러내려는 이기적인 동기로 십일조에 열중했던 것입니다.

오늘날 십일조 헌금의 폐기를 주장하는 사람들이 교회 안에 더러 있습니다. 십일조는 구약 시대 율법주의의 고리타분한 유물이라는 이유에서입니다. 그런 분들은 예수님의 가르침을 잘 새겨들어야 합니다. "이것도 행하고 저것도 버리지 말아야 할지니라." 무슨 뜻입니까? 십일조는 하나님의 백성으로서 우리가 마땅히 지켜야 할 의무입니다. 신약 시대가 되었다고 폐기해도 되는 율법이 아닙니다. 그러나 십일조만 강조하면 안 됩니다. 그와 함께 공의와 사랑의 정신도 지켜나가야 합니다.

바리새인에 대한 예수님의 고발은 계속 이어집니다.

화 있을진저 너희 바리새인이여 너희가 회당의 높은 자리와 시장에서 문안 받는 것을 기뻐하는도다(눅 11:43).

이 부분을 메시지성경은 다음과 같이 번역합니다.

"너희 바리새인들아! 사기꾼들아! 너희는 도무지 구제불능이구나! 너희는 교회 식사 때 상석에 앉는 것을 좋아하고, 사람들의 화려한 칭찬에 우쭐하는 것을 좋아한다"(눅 11:43, 메시지).

다른 사람에게 칭찬받고 높임 받는 것을 싫어할 사람은 아무도 없습니다. 그리고 다른 사람에게 존경받는 것 자체를 나쁜 일이라고 말할 수도 없습니다. 문제는 그런 것을 '좋아한다'는 사실입니다. 바리새인들은 윗자리에 앉는 것을 좋아했습니다. 그래서 그들은 어떤 자리에 앉느냐는 문제로 늘 신경을 곤두세우곤 했습니다. 또한 칭찬받는 것을 좋아했기 때문에 그들은 늘 사람들 앞에 나서려고 했습니다. 그들이 율법 준수에 열심을 냈던 것은 사람들에게 인정받기 위해서였습니다.

율법교사에 대한 고발

예수님의 계속된 고발에 대해서 한 율법교사가 나서서 반론을 제기합니다. 그러다가 오히려 예수님으로부터 쓴소리를 듣게 됩니다.

> [45]한 **율법교사가 예수께 대답하여 이르되 선생님 이렇게 말씀하시니 우리까지 모욕하심이니이다** [46]**이르시되 화 있을진저 또 너희 율법교사여 지기 어려운 짐을 사람에게 지우고 너희는** 한 **손가락도 이 짐에 대지 않는도다**(눅 11:45-46).

'율법교사'(the experts in the law)는 율법을 가르치는 전문가입니다. 바리새인에 대한 예수님의 고발을 '우리', 즉 '율법교사'에 대한 모욕으로 받아들이는 것만 보아도 바리새인이나 율법교사나 다 한통속이라는 사실을 알 수 있습니다. 제가 이들을 묶어서 '종교인'이라고 표현하는 이유입니다. 예수님은 율법교사의 반론을 오히려 그들에 대한 고발의 기회로 삼습니다.

"너희 종교학자들아! 너희는 사람들에게 온갖 규칙과 규정의 짐을 잔뜩 지게 해서 그야말로 등골이 휘어지게 하면서, 도와주려고 손가락 하나 까딱하지 않는다"(메시지). 율법의 전문가는 다른 사람에게는 의무를 지우면서 자신은 그것을 회피할 길을 아는 사람이라는 뜻입니다. 마치 법에 대한 전문적인 지식을 이용하여 법망을 요리조리 피해가는 오늘날의 법조인들처럼 말입니다.

그러나 율법학자는 사실 율법에 대해서 잘 알지 못하는 사람들입니다. 하나님이 모세를 통해서 율법을 주신 것은 하나님 백성답게 살아갈 기준을 가르쳐주기 위해서였습니다. 사회적인 약자들에게 안식을 주기 위해서 제정한 안식일 규례처럼 모든 율법의 정신은 '사랑'과 '자유'였습니다. 그런데 율법학자는 그것을 사람들을 꼼짝달싹 못하게 만들어 버리는 방식으로 해석했습니다. 물론 자기들은 빠져나갈 구멍을 다 만들어 놓고 말입니다. 그것에 대해서 예수님은 신랄하게 비판하셨던 것입니다.

[47]화 있을진저 너희는 선지자들의 무덤을 만드는도다 그들을 죽인 자도 너희 조상들이로다 [48]이와 같이 그들은 죽이고 너희는 무덤을 만드니 너희가 너희 조상의 행한 일에 증인이 되어 옳게 여기는도다(눅 11:47-48).

"예언자(선지자)의 무덤을 만든다"라는 말은 순교한 예언자를 기념하기 위하여 무덤을 쌓는다는 뜻입니다. 그러나 그 예언자를 살해한 사람들은 바로 율법교사의 조상이었습니다. 무슨 말씀입니까? 말로는 순교한 예언자를 높인다고 그러지만, 실제로 그들은 살아 있는 예언자를 만나면 늘 죽여왔습니다. 그것이 그들의 전통이었습니다. 왜냐면 예언자는 그들의 형식주의적인 신앙 태도에 대해서 늘 비판적이었기 때문입니다.

이것은 예수님의 죽음과 제자들에 대한 박해를 예고하는 말씀으로 이어집니다.

[49]그러므로 하나님의 지혜가 일렀으되 내가 선지자와 사도들을 그들에게 보내리니 그중에서 더러는 죽이며 또 박해하리라 하였느니라 [50]창세 이후로 흘린 모든 선지자의 피를 이 세대가 담당하되 [51]곧 아벨의 피로부터 제단과 성전 사이에서 죽임을 당한 사가랴의 피까지 하리라 내가 너희에게 이르노니 과연 이 세대가 담당하리라(눅 11:49-51).

예언자(prophets)는 구약 시대에 하나님의 보내심을 받은 사람입니다. 그들은 하나님의 율법을 맡은 자들에 의해서 죽임과 박해를 받아왔습니다. 그렇다면 사도들(apostles)은 누구를 가리킬까요? 예수님의 뒤를 이어 하나님 나라의 운동을 펼쳐 나갈 제자들입니다. 당시 유대교 지도자들은 가장 먼저 예수님을 십자가에 죽일 것입니다. 그리고 그를 따르는 제자들을 박해할 것입니다. 그 책임이 바로 이 세대의 종교인에게 있다는 사실을 말씀하신 것입니다.

화 있을진저 너희 율법교사여 너희가 지식의 열쇠를 가져가서 너희도 들어가지 않고 또 들어가고자 하는 자도 막았느니라 하시니라(눅 11:52).

이에 대한 메시지성경의 풀이가 더욱 실감이 납니다.

"너희 종교학자들아! 너희는 도무지 구제 불능이구나! 너희는 지식의 열쇠

를 가지고 있지만, 문을 열지 않고 오히려 잠가 버렸다. 너희 자신도 들어가려 하지 않고 다른 사람도 들어가지 못하게 한다"(눅 11:52, 메시지).

성경은 이해하기 힘든 신비의 책이 아닙니다. 누구나 이해할 수 있게 기록된 생명의 말씀입니다. 그런데 당시의 종교학자들은 성경을 쉽게 풀이하지는 않고 오히려 사람들이 알아듣지 못하게 만들었습니다. 그래서 성경은 보통 사람들이 이해하기 힘든 수수께끼 같은 책이 되어버렸습니다. 성경을 왜곡하여 해석함으로써 자기들도 그 뜻을 깨닫지 못하고, 다른 사람들에게도 그 진리를 보지 못하게 한 것입니다.

이런 일들은 지금도 여전히 반복되고 있습니다. 성경을 잘못 해석함으로써 거짓된 이단 사조에 빠지게 하는 일들이 얼마나 많이 일어나고 있습니까? 성경 공부를 한다고 하면서 실제로는 마약과 같은 죽음의 교리에 중독시킵니다. 그래서 자신도 하나님 나라에 들어가지 못할 뿐만 아니라 다른 사람들도 들어가지 못하게 만듭니다. 물론 여기에는 그동안 하나님의 말씀을 제대로 가르치지 못했던 교회 지도자에게 큰 책임이 있습니다.

오늘 본문에 등장하는 예수님의 모습은 평상시와는 아주 다릅니다. 마음 깊은 곳을 날카롭게 찌르는 예수님의 음성과 종교인의 이중성을 책망하는 서슬 퍼런 모습은 마치 역사의 종말에 이 세상을 심판하기 위하여 오시는 주님을 보는 것 같습니다. 이와 같은 예수님의 모습을 가까이에서 지켜보던 제자들은 과연 어떤 생각을 했을까요? 이 역시 제자 훈련의 일부분이었음을 우리는 기억해야 합니다.

제자들은 적어도 두 가지 교훈을 깨달았어야 합니다. 예수님은 그의 제자들이 당시 종교인들이 빠져 있던 함정에 똑같이 빠지게 되는 일을 걱정하셨습니다. 남들에게 보이기 위해서, 남들에게 인정받기 위해서 또는 남들보다 높아지기 위해서 경건을 이익의 재료로 삼는 위험성을 깨닫고 그 유혹을 확실하게 물리쳐야 할 것을 가르치셨습니다. 그러나 안타깝게도 예수님의 걱정이 현실이 되고 말았습니다. 그 함정에 빠진 사람들로 인해 오늘날 교회가 세상 사람들에게 손가락질받고 있으니 말입니다. 그러나 그것 역시 다른 사람들이 문제가 아닙니다. 먼저 우리 자신부터 돌아보아야 합니다.

또한 예수님은 그의 제자들이 하나님 나라 운동을 위해서 부름을 받았다는 사실을 깨닫기를 원하셨습니다. 이제 예루살렘으로 올라가면 예수님은 당시 유대교 지도자들에 의해서 십자가에 죽게 될 것입니다. 그리고 예수님을 따르는 제자들 역시 박해를 받게 될 것입니다. 그러나 그것은 하나님이 다스리는 나라가 이 땅에 이루어지기 위해서 반드시 감수해야 하는 일이며, 그들을 보내신 하나님께서 마침내 그 일을 이루실 것을 깨달아야 합니다.

예수님은 물론 그 모든 일의 과정과 결과를 알고 계셨지만, 제자들이 확신을 갖기까지는 시간이 조금 더 필요할 것입니다. 그때까지 예수님의 제자 훈련은 계속될 것입니다.

묵상 질문: 지금 나의 신앙생활을 보시고 주님은 책망하실까, 아니면 칭찬하실까?

오늘의 기도: 하나님 아버지, 우리는 유대교 종교인들이 빠진 함정에 빠지지 않게 하옵소서. 하나님의 말씀을 맡은 자로서 주어진 책임을 잘 감당하게 하셔서 많은 사람을 하나님의 나라로 인도하게 하옵소서. 그로 인

해 때로 우리가 고난을 받는다고 하더라도 최후의 승리를 믿으며 포기하지 않고 끝까지 믿음의 길을 걸어가게 하옵소서. 예수님의 이름으로 기도합니다. 아멘.

누가복음 묵상 ❷-9

마땅히 두려워할 자

읽을 말씀: 누가복음 11:53-12:12

새길 말씀: [8]내가 또한 너희에게 말하노니 누구든지 사람 앞에서 나를 시인하면 인자도 하나님의 사자들 앞에서 그를 시인할 것이요 [9]사람 앞에서 나를 부인하는 자는 하나님의 사자들 앞에서 부인을 당하리라(눅 12:8-9).

지난 시간에는 예수님이 종교인들의 허위의식을 고발하는 이야기를 살펴보았습니다. 제삼자로서 제자들은 예수님의 책망을 들으면서 속 시원하게 생각했을지 모릅니다. 그러나 책망을 듣는 당사자들은 과연 어땠을까요? 예수님의 말씀을 겸허하게 받아들이고 회개하게 되었을까요? 물론 아니었습니다. 그것은 사실 우리도 마찬가지입니다. 우리가 아무리 잘못했다고 하더라도 누군가에게 책망을 듣는 것은 결코 기분 좋은 일이 아닙니다. 그럴 때 일단은 방어적인 태도를 보이게 되고 조만간 상대방을 공격하게 될 것입니다.

예수님의 책망을 들은 유대교 지도자들은 어떤 반응을 보였을까요?

[53]거기서 나오실 때에 서기관과 바리새인들이 거세게 달려들어 여러 가지 일을 따져 묻고 [54]그 입에서 나오는 말을 책잡고자 하여 노리고 있더라(눅 11:53-54).

아니나 다를까 그들은 격분하여 예수님에게 달려들어 거칠게 항의했습니다. 그리고 '그 입에서 나오는 말을 책잡으려고' 노렸습니다. 평소에 아무리 논리정연하게 말하던 사람이라도 감정이 격해지면 말의 실수가 생기게 마련입니다. 서기관과 바리새인들은 그것을 노리고 예수님에게 거세게 달려들었던 것입니다. 그러나 예수님은 그들의 책략에 넘어가지 않으셨습니다. 더 이상 그들과 대화하지 않고 그냥 그 자리를 떠나셨습니다. 확신 있게 선포해야 할 때와 말없이 떠나야 할 때를 분간할 줄 아는 지혜가 필요합니다.

바리새인의 누룩

오늘 본문은 바로 그다음에 일어난 이야기입니다.

그동안에 무리 수만 명이 모여 서로 밟힐 만큼 되었더니 예수께서 먼저 제자들에게 말씀하여 이르시되 바리새인들의 누룩 곧 외식을 주의하라(눅 12:1).

예수님은 조금 전까지 한 바리새인의 집 안에 머무셨습니다. 그러는 동안 집 밖에 사람들이 모여들었습니다. 얼마나 많은 무리가 모였는지 '서로 밟힐 만큼 되었다'고 합니다. 왜 이렇게 많은 사람이 모였을까 궁금해집니다. 아마도 예수님과 종교인들 사이의 벌어진 논쟁적인 상황이 사람들의 관심을 증폭시켰기 때문일 것입니다. 여기에는 예수님의 비판에 동조하는 사람들도 있었을 것이고, 아니면 종교인들 편을 드는 사람들 또는 이도 저도 아닌 구경꾼들도 있었을 것입니다.

그런데 예수님은 그 많은 무리를 보지 않으시고 가장 '먼저' 제자들을 주목하여 말씀하십니다. 종교인들을 책망할 때도, 사람들이 모여들었을 때도 예수님의 관심은 오직 제자 훈련에 있었습니다. 예수님의 첫 말씀은 "바리새인들의 누룩을 주의하라"는 것이었습니다. 누룩은 적은 양으로 많은 변화를 일으킵니다. 예수님은 소수의 바리새인이 끼치고 있는 가장 악한 영향, 즉 '외식'을 조심하라고 말씀하십니다. '외식'(外飾)이란 '겉을 포장하는 것'입니다. 영어로는 'hypocrisy'(위선, 僞善)라고 합니다. 이 역시 내용물과 전혀 다른 겉치레를 의미합니다.

예수님은 왜 '외식'을 주의해야 한다고 하셨을까요? 왜냐면 겉치레는 사람들에게 보여주려는 동기에서 비롯되기 때문입니다. 사람들은 물론 겉모습으로 다른 사람을 판단합니다. 그래서 적당한 겉치레만으로도 충분히 사람들에게 인정받거나 존경받을 수 있습니다. 그러나 하나님을 섬기는 사람, 하나님 앞에 정직하게 사는 사람은 그렇게 할 수 없습니다. 왜냐면 하나님은 중심을 보시는 분이기 때문입니다. 아무리 그럴듯하게 포장해도 하나님을 속일 수는 없습니다.

바리새인들의 형식주의는 신앙의 본질을 흐리게 만듭니다. 마음이 하나님을 향하지 않고 사람을 향하도록 합니다. 하나님의 평가보다 사람들의 평가에 더 신경 쓰게 만듭니다. 그런 마음으로 신앙생활하면, 그것은 결국 하나님을 향한 신앙의 표현이 아니라 사람들에게 인정받으려는 얄팍한 상술로 전락하고 맙니다. 바리새인의 누룩은 어느 시대나 막강한 영향력을 끼쳐왔습니다. 주님을 따르는 제자가 되려면 이 유혹을 반드시 물리쳐야 합니다.

계속해서 예수님은 '외식'의 한계를 자세하게 설명하십니다.

[2]감추인 것이 드러나지 않을 것이 없고 숨긴 것이 알려지지 않을 것이 없나니 [3]이러므로 너희가 어두운 데서 말한 모든 것이 광명한 데서 들리고 너희가 골방에서 귀에 대고 말한 것이 지붕 위에서 전파되리라(눅 12:2-3).

외식(外飾)은 겉을 그럴듯하게 포장하는 것이라고 했습니다. 뒤집어서 말하면 속의 내용을 포장으로 감추려는 시도입니다. 그러나 그런다고 해서 감추어지지 않습니다. 결국은 다 드러나게 되어 있습니다. 어두운 데서 말한 것이 밝은 데서 들리게 되고, 골방에서 조용히 말한 것이 지붕 위에서 확성기로 전파됩니다. 세상 돌아가는 이치를 보아도 그것은 분명한 사실입니다. 하물며 모든 일에 공의로우신 하나님께는 더더욱 확실한 일입니다.

이 말씀을 메시지성경은 다음과 같이 풀이합니다.

"너희는 자신의 참 자아를 영원히 감춰 둘 수 없다. 머잖아 본 모습이 드러나게 되어 있다. 너희는 종교의 가면 뒤에 영원히 숨을 수 없다. 머잖아 가면이 벗겨지고 진짜 얼굴이 드러날 것이다. 너희가 은밀한 데서는 이렇게 속삭이고, 사람들 앞에서는 그와 정반대로 전할 수 없다. 너희가 속삭이며 한 말을 온 동네에 대고 다시 말할 날이 올 것이다"(눅 12:2-3, 메시지).

그렇습니다. 종교의 가면(a religious mask) 뒤에 숨으면 안 됩니다. 종교가 가면이 되지 않도록 해야 합니다. 신앙생활이 자신의 진짜 모습을 감추는 수단이 되지 않도록 해야 합니다. 오히려 말씀의 거울에 자기 모습을 비추어 보고, 솔직하게 있는 그대로를 직시하여 회개하며 하나님 앞에 정직하게 살아가는 기회로 삼아야 합니다. 한번 거짓말하기 시작하면 계속 거짓말하게 됩니다. 한번 감추기 시작하면 계속 감추어야 합니다. 그러나 그렇게 영원히 자신을 감춰 둘 수 없습니다. 머잖아 본 모습이 드러나기 때문입니다.

하나님 경외

종교인을 향하여 거침없이 직설적으로 선포하는 예수님의 모습을 보면서, 제자들은 한편으로는 속 시원하게 생각하면서도 다른 한편으로는 어디에서 그런 용기가 나왔을까 궁금하게 생각했을 것입니다. 그들의 궁금증에 대해서 예수님은 대답하십니다.

> [4]**내가 내 친구 너희에게 말하노니 몸을 죽이고 그 후에는 능히 더 못하는 자들을 두려워하지 말라** [5]**마땅히 두려워할 자를 내가 너희에게 보이리니 곧 죽인 후에 또한 지옥에 던져 넣는 권세 있는 그를 두려워하라 내가 참으로 너희에게 이르노니 그를 두려워하라**(눅 12:4-5).

여기에서 예수님은 그의 제자들을 가리켜서 '내 친구'(my friends)라고 부르십니다. 예수님이 제자들을 향해 친구라고 부른 곳은 공관복음서에서는 여기가 유일합니다. 그러나 요한복음에서는 '친구'라는 말을 자주 사용하셨습니다. 이 호칭에는 아주 특별한 의미가 담겨 있습니다.

[13]사람이 친구를 위하여 자기 목숨을 버리면 이보다 더 큰 사랑이 없나니 [14]너희는 내가 명하는 대로 행하면 곧 나의 친구라 [15]이제부터는 너희를 종이라 하지 아니하리니 종은 주인이 하는 것을 알지 못함이라 너희를 친구라 하였노니 내가 내 아버지께 들은 것을 다 너희에게 알게 하였음이라(요 15:13-15).

예수님에게 '친구'란 생명을 함께하는 자로서 서로 감추는 비밀이 없는 사이입니다. 예수님은 제자들을 친구로 인정하셨습니다. 그렇기에 하나님 아버지께 들은 것을 감추지 않고 다 말씀하셨습니다. 여기에서 우리는 예수님이 아주 특별하고 중요한 메시지를 말씀하실 때, 특별히 하나님 아버지께 들은 것을 가르쳐주실 때 '친구'라는 단어를 사용하신다는 사실을 알 수 있습니다.

자, 그렇다면 오늘 본문에서 예수님이 말씀하시는 아주 특별하고 중요한 메시지는 무엇일까요? 그것은 당시 종교인들의 협박이나 박해를 두려워하지 말라는 것입니다. 왜냐면 그들은 기껏해야 몸을 죽일 수 있을 뿐이기 때문입니다. 제자들이 정말 두려워해야 할 분이 있는데, 그분은 몸을 죽인 후에 또한 지옥에 던져 넣는 권세를 가지고 있는 하나님이십니다.

그런데 보통 사람들은 권력자를 두려워합니다. 그들이 자기 목숨을 좌지우지할 수 있다고 생각하기 때문입니다. 정말 그럴까요? 그들이 할 수 있는 일이란 기껏해야 우리 육신을 죽이는 것입니다. 육신의 죽음보다 더 무서운 것은 영혼의 심판입니다. 그것은 오로지 하나님만 하실 수 있습니다. 따라서 우리가 진정으로 하나님을 두려워한다면, 다시 말해서 우리가 하나님을 경외(敬畏)한다면 사람들을 두려워하지 않게 됩니다. 그 반대도 진리입니다. 만일 우리가 사람들을 두려워한다면, 그것은 하나님을 경외하지 않는다는 이야기입니다.

이 부분에 대한 메시지성경의 풀이입니다.

"… 종교 불량배들이 허세를 부리며 위협한다고 해서 침묵하거나 진실함을 잃어서는 안 된다. 물론 그들이 너희를 죽일 수는 있겠지만, 그 후에 너희를 어찌할 수 있겠느냐? 그들이 너희 존재의 중심인 너희 영혼에 할 수 있는 일이란 아무것도 없다. 너희는 너희 삶 전체—몸과 영혼—를 그 손에 붙잡고 계시는 하나님만 두려워하면 된다"(눅 12:4-5, 메시지).

종교인을 가리켜서 '종교 불량배들'(religious bullies)이라고 표현한 것이 참 재미있습니다. '불량배'는 자신이 가진 힘으로 약자를 괴롭히는 사람입니다. 따라서 종교의 권력을 이용하여 바른말 하는 사람들을 괴롭히고 박해하는 자들은 '종교 불량배들'입니다. 그들이 괴롭힌다고 침묵한다면 하나님을 경외하는 사람이라고 말할 수 없습니다. 우리의 삶 전체를 붙잡고 계시는 하나님을 정말 경외한다면, 종교 불량배들의 허세나 위협에 굴복하면 안 됩니다. 예수님이 종교인들 앞에서 그렇게 당당할 수 있었던 것도 바로 이 때문이었습니다.

6 참새 다섯 마리가 두 앗사리온에 팔리는 것이 아니냐 그러나 하나님 앞에는 그 하나도 잊어버리시는 바 되지 아니하는도다 7 너희에게는 심지어 머리털까지도 다 세신 바 되었나니 두려워하지 말라 너희는 많은 참새보다 더 귀하니라(눅 12:6-7).

우리가 종교 불량배들의 협박에 굴복하거나 두려워하지 말아야 할 또 다른 이유는 하나님께서 우리를 너무나 귀히 여기신다는 사실입니다. 우리가 하나님께 얼마나 귀한 존재인지를 설명하기 위하여 '참새 다섯 마리'의 예를 들어 말씀하십니다. 여기에는 '참새 다섯 마리'가 '두 앗사리온'에 팔린다고 하지만, 마태복음에는 '참새 두 마리'가 '한 앗사리온'에 팔리는 것으로 되어 있습니다(마 10:29). 그러니까 정확하게 계산하면, 두 앗사리온에 살 수 있는 참새는 본래 네 마리입니다. 한 마리는 덤으로 끼워준 것입니다.

여기에서 우리는 매우 중요한 메시지를 발견합니다. 예수님이 "하나님 앞에는 그 하나도 잊어버리시는 바 되지 않는다"라고 말씀했을 때의 '그 하나'는 다섯 마리중의 하나가 아니라 그중에서도 바로 덤으로 끼워준 참새 한 마리를 가리키는 말이기 때문입니다. 세상 사람들에게는 덤으로 여겨지는 그런 참새 한 마리의 목숨도 하나님은 결코 잊어버리는 법이 없으십니다.

그렇다면 사람들은 과연 어떻겠습니까? 예수님이 기꺼이 목숨을 버릴 정도로 사랑하는 친구들을 하나님께서 얼마나 소중하게 여기실까요? 하나님을 경외하는 자들의 생명을 하찮은 것으로 취급하시겠습니까? 하나님은 심지어 우리의 '머리털까지도' 헤아리시는 분입니다. 그만큼 관심 있게 지켜보고 계십니다. 따라서 우리가 만일 하나님을 신뢰하고 의지한다면, 우리를 괴롭히는 불량배들의 협박에 겁먹는 일은 없을 것입니다.

주님을 시인하기

지금까지 제자들에게 해오신 말씀은 사람 앞에서 "주님을 시인하라"는 이 말씀을 하기 위한 기초 작업이었습니다.

8내가 또한 너희에게 말하노니 누구든지 사람 앞에서 나를 시인하면 인자도 하나님의 사자들 앞에서 그를 시인할 것이요 9사람 앞에서 나를 부인하는 자는 하나님의 사자들 앞에서 부인을 당하리라(눅 12:8-9).

'사람 앞에서 주를 시인하는 것'을 다른 말로 '신앙고백'이라고 합니다. '신앙고백'은 공개적인 자리에서 해야 합니다. 아무도 모르게 혼자서 조용히 신앙생활하는 것은 엄밀한 의미에서 제대로 된 신앙생활이 아닙니다. 그것은 '비밀 세례'가 없는 이유와 같습니다. 세례 예식은 반드시 공적인 자리에서 거행되어야 합니다. 사적인 자리에서, 즉 목사님과 단둘이서 세례 예식을 거행했다면 그것은 원천적으로 무효입니다. 왜냐면 세례는 신앙고백이 있어야 주어지며, 또한 신앙은 회중 앞에서 고백 되어야 하기 때문입니다.

사람들을 두려워하면 공개적인 자리에서 신앙고백을 할 수 없습니다. 그러나 마땅히 두려워해야 할 분, 즉 하나님을 경외한다면 우리는 그 누구 앞에서도 우리의 신앙을 당당히 고백할 수 있습니다. 주님은 분명히 말씀하십니다. 사람 앞에서 주를 시인하면 주님도 하나님의 사자들 앞에서 그를 시인할 테지만, 사람 앞에서 부인하면 주님도 부인할 것이라고 말입니다. 어떤 사람에게는 이 말씀이 조금 야속하게 들릴지 모릅니다. 그렇지만 여기에서 우리는 신앙고백과 관련해서는 결코 타협할 수 없다는 주님의 강한 의지를 깨달아야 합니다.

이 말씀을 묵상하면서 문득 베드로가 떠올랐습니다. 베드로는 분명히 예수님을 모른다고 했습니다. 그것도 세 번씩이나 부인했습니다. 이 말씀을 그대로 적용한다면 예수님 또한 베드로를 모른다고 하셔야 마땅합니다. 그런데 주님은 베드로를 포기하지 않으시고 그에게 다시 기회를 주셨습니다. 자, 그렇다면 이 말씀을 우리는 어떻게 이해해야 할까요? 그 답이 10절에 나옵니다.

누구든지 말로 인자를 거역하면 사하심을 받으려니와 성령을 모독하는 자는 사하심을 받지 못하리라(눅 12:10).

여기에서 예수님은 '말로 인자를 거역하는 것'과 '성령을 모독하는 것'을 구분하십니다. 그 의미를 메시지성경은 이렇게 풀이합니다.

"너희가 오해나 무지로 인해 인자를 비방하면, 그것은 그냥 넘어갈 수 있다. 그러나 성령을 겨냥해 고의로 하나님을 공격하면, 그것은 그냥 넘어갈 수 없다"(눅 12:10, **메시지**).

사람들이 예수님에 대하여 얼마든지 나쁜 말을 할 수 있다는 것을 주님은 인정하고 계십니다. 예수님을 오해하거나 잘 알지 못하면 그럴 수 있다는 것입니다. 그리고 그것은 얼마든지 용서받을 수 있습니다. 그러나 '성령을 모독하는 것'은 전혀 다른 이야기입니다. 그것은 '고의로 하나님을 공격하는 것'이기 때문입니다. 분명히 하나님께서 하시는 일인 줄 알면서도 고의로 그것을 방해하거나 악의적으로

훼손하려고 한다면, 그 죄에 대해서는 엄중한 책임을 묻겠다고 말씀하십니다.

베드로의 경우는 전자입니다. 그는 아직 예수 그리스도를 잘 알지 못했습니다. 물론 '주는 그리스도요 살아계신 하나님의 아들'이라고 고백하기는 했지만, 제대로 알고 고백한 것은 아니었습니다. "제 코가 석 자"라고 당장 자신의 목숨을 구하려는 다급한 생각에 주님을 모른다고 부인했을 뿐입니다.

그러나 유대교 지도자들은 다릅니다. 그들은 예수님의 말씀이 백번 옳다는 것을 잘 압니다. 하나님의 역사가 아니면 그 누구도 귀신을 쫓아낼 수 없다는 사실도 잘 압니다. 그러나 그들은 악의적으로 예수님을 훼방하고 대적하려고 했습니다. 그것은 고의로 하나님을 공격하는 엄청난 죄입니다. 그것에 대해서 하나님은 그냥 적당히 넘어가지 않으실 것입니다.

> **[11]사람이 너희를 회당이나 위정자나 권세 있는 자 앞에 끌고 가거든 어떻게 무엇으로 대답하여 무엇으로 말할까 염려하지 말라 [12]마땅히 할 말을 성령이 곧 그 때에 너희에게 가르치시리라 하시니라**(눅 12:11-12).

바로 이것이 앞에서 말한 '사람 앞에서 주님을 시인해야 할 경우'입니다. '회당이나 위정자나 권세 있는 자'는 당시의 공권력을 가리킵니다. 그들에게 끌려가 재판을 받게 될 때 무슨 말로 주님을 시인할 것인지 염려하지 말라고 하십니다. 왜냐면 성령님이 마땅히 할 말을 가르쳐주실 것이기 때문입니다.

여기에서 핵심어는 '성령'입니다. 주님은 장차 제자들이 새로운 사람으로 거듭나서 하나님 나라 운동을 펼쳐 나갈 것을 내다보고 계십니다. 실제로 오순절 다락방에 성령이 임하고 난 후에 제자들은 완전히 다른 모습으로 역사의 현장에 등장합니다. 특히 베드로의 변화가 크게 두드러집니다. 베드로는 비겁하게 예수님을 모른다고 부인했던 장본인이었습니다. 그러나 성령강림 이후에 그는 공회 앞에서서 담대히 하나님 나라의 복음을 전파하였습니다. 무엇이 베드로를 그렇게 바꾸었습니까? 바로 '성령'입니다.

> **[7]사도들을 가운데 세우고 묻되 너희가 무슨 권세와 누구의 이름으로 이 일을 행하였느냐 [8]이에 베드로가 성령이 충만하여 이르되 백성의 관리들과 장로들아…(행 4:7-8).**

베드로는 본래 '학문 없는 범인'이었습니다(행 4:13). 그런데 어떻게 하루아침에 이런 '능변가'가 되었을까요? 성령이 충만하였기 때문입니다. 예수님이 말씀하신 대로 성령님이 마땅히 할 말을 가르쳐주셨기 때문입니다. 스데반 집사님도 마찬가지였습니다. 결국 능력 있는 신앙생활은 성령의 충만함으로부터 옵니다. 우리의 의지나 결심에는 한계가 있습니다. 성령의 도우심이 있어야 우리도 하나님 나라의 복음을 담대히 전할 수 있게 되는 것입니다.

묵상 질문: 내가 가장 두려워하는 사람은 누구인가?

오늘의 기도: 하나님 아버지, 우리는 세상 사람들의 시선을 두려워하지 않게 하옵소서. 우리가 마땅히 두려워해야 할 분은 오직 하나님 한 분밖에

없습니다. 우리가 진심으로 하나님을 경외하게 된다면, 다른 어떤 것도 두려워하지 않게 될 것을 확실히 믿습니다. 우리에게 성령을 부어주셔서 사람 앞에서 당당히 주님을 시인할 수 있게 하옵소서. 예수님의 이름으로 기도합니다. 아멘.

누가복음 묵상 ❷ -10

하나님 나라를 구하는 삶

읽을 말씀: 누가복음 12:13-34

재길 말씀: [29]너희는 무엇을 먹을까 무엇을 마실까 하여 구하지 말며 근심하지도 말라 [30]이 모든 것은 세상 백성들이 구하는 것이라 너희 아버지께서는 이런 것이 너희에게 있어야 할 것을 아시느니라 [31]다만 너희는 그의 나라를 구하라 그리하면 이런 것들을 너희에게 더하시리라(눅 2:29-31).

한동안 우리는 예수님과 유대교 종교인들 사이에서 벌어지는 치열한 공방전을 살펴보았습니다. 어느 바리새인의 집에 식사 초대를 받은 자리에서 예수님이 손을 씻지 않은 일로 인해 시작된 논쟁은, 매우 강한 어조로 그들의 허위의식을 질타하는 예수님의 책망으로 이어졌고, 자칫하면 무력 충돌이 벌어질 뻔했습니다. 이것은 우리에게 익숙하지 않은 예수님의 과격한 모습이었지만, 그 후에 제자들을 주목하여 가르치신 말씀을 통해 그 역시 제자 훈련에 필요한 과정이었다는 사실을 알게 되었습니다.

예수님은 그의 제자들이 바리새인의 누룩, 곧 '외식'에 물들지 않기를 원하셨습니다. 또한 정치권력이나 종교 권력에 겁먹지 말고 오직 하나님만을 두려워하며 경외하기를 원하셨습니다. 그래서 사람들이 그들을 회당이나 재판관 앞으로 끌고 가더라도 무엇을 어떻게 말해야 할지 걱정하지 말라고 말씀하신 것입니다. 왜냐면 성령께서 그 상황에 꼭 맞는 말을 그들의 입술에 부어주실 것이기 때문입니다.

이때 제자들은 주님의 말씀을 충분히 이해했을까요? 물론 그러지 못했습니다. 그러나 그들은 "사람 앞에서 주를 시인한다"라는 말이 무엇을 의미하는지 깨달을 때가 조만간 올 것입니다.

재산 분배 논쟁

오늘 본문에는 새로운 주제가 등장합니다. 그것은 '재물에 대한 바른 태도'입니다.

[13]무리 중에 한 사람이 이르되 선생님 내 형을 명하여 유산을 나와 나누게 하소서 하니 [14]이르시되 이 사람아 누가 나를 너희의 재판장이나 물건 나누는 자로 세웠느냐 하시고…(눅 12:13-14).

두 형제가 아버지의 유산을 놓고 논쟁을 벌이고 있었습니다. 율법에 따르면 장자는 아버지의 땅을 갖고 거기에다가 아버지의 모든 재산의 두 몫을 상속받게 됩니다(신 21:17). 그리고 그 나머지를 다른 아들들에게 나누어 주게 되어 있습니다. 이런 규정에도 불구하고 장자는 장자대로, 동생은 동생대로 더 많이 가지려고 싸웠습니다.

예나 지금이나 흔하게 목격하는 일입니다. 그러다가 동생이 예수님에게 유산 논쟁의 중재를 부탁했던 것입니다.

놀랍게도 예수님은 그 부탁을 단호하게 거절하십니다. 그러면서 "누가 나를 너희의 재판장이나 물건 나누는 자로 세웠느냐?"고 반문하십니다. 이러한 예수님의 냉정한 태도는 우리의 마음을 불편하게 만듭니다. 어떤 문제이든지 예수님에게 가져오기만 하면 모두 다 해결해 주실 것이라 믿었던 당사자에게는 충격적일 수밖에 없습니다.

그런데 예수님은 왜 재산 분배 논쟁의 중재자가 되기를 거절하셨을까 궁금해집니다. 그다음 구절에 설명이 나옵니다.

그들에게 이르시되 삼가 모든 탐심을 물리치라 사람의 생명이 그 소유의 넉넉한 데 있지 아니하니라 하시고…(눅 12:15).

예수님은 '탐욕'(貪慾) 또는 '탐심'(貪心, greed)이 재산 분쟁의 근본적인 원인이라는 점을 지적하십니다. 사실 법이 정한 대로 재산을 분배하고 그것에 모두 수긍하여 따르면 분쟁이 생길 이유가 하나도 없습니다. 그런데 사람들이 어디 그런가요? 어떤 이유를 붙여서라도 서로 더 많이 가지려고 하지요. 그래서 다툼이 생겨나는 것입니다. 이것은 남겨진 유산의 많고 적음과는 아무런 상관이 없습니다.

남보다 더 많이 가지려고 하는 탐심의 문제가 해결되지 않는 한, 이번에 재산 분배의 문제를 해결했다고 달라질 게 없습니다. 그다음에는 또 다른 문제로 싸우게 될 것이기 때문입니다. 이와 같은 소유욕은 인류가 지금까지 경험해 온 모든 사회악의 직간접인 원인으로 작용하고 있습니다. 예수님은 유산 논쟁의 중재를 거절하면서 동시에 인간의 소유욕을 해결하는 방법을 가르쳐주십니다.

예수님의 해결책은 아주 간단명료합니다. "삼가 모든 탐심을 물리치라!" 아울러 그 이유도 제시합니다. "사람의 생명이 그 소유의 넉넉한 데 있지 않기 때문이다." 메시지성경은 "소유가 너희의 삶을 규정해주지 않는다"로 풀이합니다. "Life is not defined by what you have, even when you have a lot"(MSG). 그렇습니다. 아무리 많이 가져도 그 소유가 우리의 삶을 가치 있게 만들지는 않습니다.

그런데 사람들은 그렇게 생각하려고 하지 않습니다. 오히려 소유가 존재를 증명한다고 확신합니다. 거기에서부터 모든 탐심의 문제가 생겨나는 것입니다. 남들보다 더 많이 가지면 정말 더 위대한 사람이 될까요? 아닙니다. 오히려 더 많이 가지려고 욕심부리다가 더 크게 망할 뿐입니다. "욕심이 잉태한즉 죄를 낳고 죄가 장성한즉 사망을 낳느니라"(약 1:15). 욕심은 인간을 죄와 사망으로 이끌어 가는 뿌리입니다.

오늘 본문에 등장하는 동생은 제아무리 발버둥 친다고 하더라도 형보다 더 많이 상속받을 수는 없습니다. 법이 그렇게 되어 있기 때문입니다. 본래 받을 수 있는 유산보다 어떻게든 조금 더 많이 받아내면 행복하게 될까요? 아닙니다. 그로 인해 형제 관계는 깨질 수밖에 없습니다. 형제를 원수로 만들면서까지 더 많이 가져야 할 필요가 있을까요? 이 역시 제자들을 염두에 둔 가르침입니다.

어리석은 부자

주님을 따르는 제자들은 소유(having)가 아니라 존재(being)를 더욱 소중하게 여겨야 합니다. 그 진리를 설명하기 위하여 예수님은 '어리석은 부자의 비유'를 말씀하십니다.

[16]또 비유로 그들에게 말하여 이르시되 한 부자가 그 밭에 소출이 풍성하매 [17]심중에 생각하여 이르되 내가 곡식 쌓아 둘 곳이 없으니 어찌할까…(눅 12:16-17).

한 부자가 있었습니다. 그는 농사를 짓기 전에 이미 부자였습니다. 그런데 그 해 농사가 풍년이 들어 소출을 풍성하게 거두게 되었습니다. 문제는 새롭게 거둔 그 많은 곡식을 쌓아 둘 곳이 없었다는 사실입니다. 그 이야기는 기존의 곡식 창고는 이미 가득 채워져 있었다는 뜻입니다. 그러니까 '원래 부자'가 '더 큰 부자'가 된 것이지요.

만일 우리가 이 사람이었다면 어떻게 했을까요? 가장 먼저 하나님께 십일조를 드리고, 이웃을 초청해서 큰 잔치를 벌이고, 힘겹게 살아가는 이웃에게 곡식을 나누어 주어야 하겠다 생각하지 않았을까요? 그러나 이 부자의 생각은 달랐습니다.

[18]또 이르되 내가 이렇게 하리라 내 곳간을 헐고 더 크게 짓고 내 모든 곡식과 물건을 거기 쌓아 두리라 [19]또 내가 내 영혼에게 이르되 영혼아 여러 해 쓸 물건을 많이 쌓아 두었으니 평안히 쉬고 먹고 마시고 즐거워하자 하리라…(눅 12:18-19).

이 부자의 말에서 눈에 띄는 특징은 바로 'I sentence'입니다. 처음부터 끝까지 '내가' 또는 '내 것'으로 도배되어 있습니다. 내 소출,

내 곳간, 내 모든 곡식, 내 물건, 내 영혼…. 이 사람에게는 하나님이나 다른 사람을 생각하는 마음이 조금도 없습니다. 그저 자기만 생각하고, 자기의 노후를 위해서 쌓아 둘 생각만 합니다. 이처럼 '자기중심성'으로 똘똘 뭉쳐 있는 이 부자가 바로 소유가 존재를 증명한다고 확신하는 대표적인 인물입니다.

그런데 하나님은 이 부자를 가리켜서 '어리석은 자'라고 선언하십니다.

> **[20]하나님은 이르시되 어리석은 자여 오늘 밤에 네 영혼을 도로 찾으리니 그러면 네 준비한 것이 누구의 것이 되겠느냐 하셨으니 [21]자기를 위하여 재물을 쌓아 두고 하나님께 대하여 부요하지 못한 자가 이와 같으니라**(눅 12:20-21).

그가 아무리 많은 재물을 쌓아놓았다고 하더라도, 그가 아무리 미래를 위한 거창한 계획을 세워놓았다고 하더라도 그 속에는 하나님의 계획이 포함되어 있지 않았습니다. 하나님의 계획은 놀랍게도 '오늘 밤'에 그의 생명을 거두어 가시는 것이었습니다. 그것도 모르고 이런저런 꿈에 부풀어 있으니 어리석다는 소리를 들을 수밖에요.

예수님의 결론 말씀을 우리는 곱씹어 묵상해야 합니다. "자기를 위하여 재물을 쌓아 두고 하나님께 대하여 부요하지 못한 자가 이와 같으니라." 메시지성경은 이렇게 풀이합니다. "너희의 창고를 하나님이 아니라 너희의 자아로 채우면 바로 이렇게 된다!"(That's what happens when you fill your barn with Self and not with God, MSG) 그런데 문제는 직접 실패를 경험하기 전까지 사람들은 그렇게 생각하지 않는다는 사실입니다. 그래서 주어진 시간을 다 허비하고 결국 망하는 인생으로 끝나고 마는 것입니다.

염려하지 말라

부자는 그렇다손 치더라도 경제적인 문제로 늘 쪼들리면서 사는 소시민들은 과연 어떨까요? 그들은 자신의 인생에 하나님을 포함하면서 살아갈까요? 반드시 그런 것은 아닙니다.

[22]또 제자들에게 이르시되 그러므로 내가 너희에게 이르노니 너희 목숨을 위하여 무엇을 먹을까 몸을 위하여 무엇을 입을까 염려하지 말라 [23]목숨이 음식보다 중하고 몸이 의복보다 중하니라(눅 12:22-23).

염려할 일이 하나도 없는 사람은 이 세상에 없습니다. 대개는 먹고사는 문제로 염려합니다. 무엇을 먹을까, 무엇을 입을까로 염려합니다. 제자들도 마찬가지입니다. 그들이 '물고기의 어부' 인생을 내려놓고 '사람의 어부' 인생을 살아보려고 주님을 따르기 시작했지만, 먹고사는 문제에서 자유로워진 것은 아닙니다. 무얼 먹을 것인가, 어디서 잘 것인가, 무얼 입을 것인가 하는 경제적인 문제와 매일 씨름해야 합니다.

그런데 예수님은 그들에게 "염려하지 말라"고 하십니다. 염려를 극복하는 길은 사실 그리 어렵지 않습니다. 주님의 말씀처럼 단순하게 염려하지 않으면 됩니다. 그러면 사람들은 나도 모르는 사이에 염려가 생기는 걸 어떻게 하느냐고 반문할지 모릅니다. 그래서 예수님은 염려하지 말아야 하는 이유에 대한 몇 가지 설명을 덧붙이십니다.

첫 번째 이유는 '목숨이 음식보다 중하고 몸이 의복보다 중하기' 때문입니다. 이 부분을 NIV성경은 "Life is more than food, and body more than clothes"라고 번역합니다. 어려운 말은 아니지만, 그 의미를 설명하기는 쉽지 않습니다. 메시지성경은 다음과 같이 풀이합니다. "너희 내면의 삶은 배 속에 넣는 음식이 전부가 아니며, 너희의 겉모습도 몸에 걸치는 옷이 전부가 아니다."

'목숨'(life)이 '내면적인 삶'을 가리킨다면, '몸'(body)은 내면적인 삶을 감싸고 있는 '겉모습'입니다. 배 속에 넣는 음식의 수준이 그 사람의 내면적인 삶의 수준을 나타내는 것은 아닙니다. 몸에 걸치는 옷도 마찬가지입니다. 아무리 옷이 날개라고 하지만 좋은 옷을 입었다고 갑자기 그 사람의 신분이 상승하지 않습니다. 그런데 사람들은 그렇게 생각합니다. 더 좋은 음식을 먹기 위해서 또는 더 좋은 옷을 입으려고 애를 씁니다. 그래서 염려하게 된다는 것입니다.

그 염려가 얼마나 어리석은 것인지 주님은 '까마귀'의 예를 들어 설명합니다.

까마귀를 생각하라 심지도 아니하고 거두지도 아니하며 골방도 없고 창고도 없으되 하나님이 기르시나니 너희는 새보다 얼마나 더 귀하냐(눅 12:24).

마태복음은 '까마귀' 대신에 '공중의 새'라고 표현합니다(마 6:26). '까마귀'가 되었든, '공중에 날아다니는 새'가 되었든 그들이 어떻게 살아가는지 신경 쓰는 사람은 이 세상에 하나도 없습니다. 굶어 죽든지 어디에서 잠을 자든지 별로 관심 두지 않습니다. 그러나 그들은 생존하고 있습니다! 누가 그들을 돌볼까요? 하나님께서 그들을 기르십니다! 그렇다면 우리 인간은 더 말할 것도 없습니다.

여기에서 우리는 아주 중요한 메시지를 발견합니다. '염려'는 바로 '불신앙'에서 나온다는 사실입니다. 염려는 믿음의 결핍 증세입니다. 하나님의 돌보심을 신뢰하지 못하기 때문에 염려하게 된다는 것입니다. 우리가 하나님께 얼마나 고귀하고 중요한 존재인지 아는 사람은 어떤 상황을 만나더라도 절대로 염려하지 않습니다. 하나님이 사랑으로 우리를 돌보실 것을 확신하기 때문입니다.

우리가 염려하지 말아야 하는 두 번째 실제적인 이유가 있습니다. 염려는 백해무익(百害無益)한 것이기 때문입니다.

[25] 또 너희 중에 누가 염려함으로 그 키를 한 자라도 더할 수 있느냐 [26] 그런즉 가장 작은 일도 하지 못하면서 어찌 다른 일들을 염려하느냐(눅 12:25-26).

우리 주변에 외모와 생김새로 인해 열등감을 느끼는 분이 생각보다 참 많습니다. 물론 키가 작다는 것을 큰 핸디캡으로 생각할 수도 있습니다. 문제는 염려한다고 그 문제가 해결되지 않는다는 사실입니다. 다른 것들도 마찬가지입니다. 요즈음은 성형수술이 보편화되어 있지만, 성형수술로 만족할 만한 결과를 얻는 경우는 극히 드뭅니다. 그래서 한번 손을 대기 시작하면 계속 손을 대야 하는 중독증에 빠진다고 하지 않습니까?

염려는 백해무익(百害無益)합니다. 염려가 습관화되면 늘 불안하고 초조하고 쫓기면서 살아가게 됩니다. 따라서 내가 할 수 없는 일에 대해서 염려하는 것처럼 어리석은 일은 없습니다. 이번에는

'백합화'의 예를 들어 설명하십니다.

[27]백합화를 생각하여 보라 실도 만들지 않고 짜지도 아니하느니라 그러나 내가 너희에게 말하노니 솔로몬의 모든 영광으로도 입은 것이 이 꽃 하나만큼 훌륭하지 못하였느니라 [28]오늘 있다가 내일 아궁이에 던져지는 들풀도 하나님이 이렇게 입히시거든 하물며 너희일까보냐 믿음이 작은 자들아(눅 12:27-28).

우리말 '백합화'로 번역된 헬라어 '크리나'(krina)는 사실 우리가 알고 있는 흰색의 '백합'(lilies)이 아니라 '들꽃'(wild flowers)을 가리키는 말입니다. 뒤에 나오는 '오늘 있다가 내일 아궁이에 던져지는 들풀'이 바로 '크리나'입니다. 아무도 들풀을 눈여겨보지 않습니다. 들풀의 생명은 그리 길지도 않습니다. 오늘은 여기에 있지만 내일은 가축의 먹잇감이 될지도 모르고, 불쏘시개가 되어 아궁이에 던져질지도 모릅니다. 그것이 들풀의 운명입니다.

그러나 분명한 사실은 하늘에 날아다니는 새들처럼 그 들풀도 하나님께서 입히시고 돌보시고 기르신다는 것입니다. 그래서 들풀은 생명이 있는 동안 자기 몫의 아름다움을 활짝 꽃피워 내는 것입니다. 그렇다면 사람은 더 말할 것도 없지요. 하늘에 날아다니는 새들보다, 들에서 자라나는 풀보다 사람이 훨씬 더 귀한 존재입니다. 그러니 하나님의 돌보심을 믿고, 자기에게 주어진 인생의 아름다움을 꽃피우기만 하면 되는 것입니다.

문제는 사람들이 그러지 못한다는 사실입니다. 늘 염려하고 늘 초조해합니다. 남들보다 더 가지지 못해서 불안해하고, 남들이 누리는 것을 누리지 못해서 불만입니다. 그래서 자기 몫의 인생을 살지 못하고, 늘 다른 사람처럼 되고 싶어 하고, 다른 사람처럼 살고 싶어서 안달입니다. 매사가 그런 식이니 어떻게 인생의 아름다운 꽃을 피워낼 수 있겠습니까? 예수님은 그 이유를 이렇게 말씀하십니다. "믿음이 작은 자들아!" 그렇습니다. 결국 믿음의 문제입니다.

하나님의 나라

오늘 본문은 어느 형제의 '재산 분배' 논쟁으로 시작하여 '어리석은 부자' 이야기를 거쳐서 "염려하지 말라"는 말씀까지 다다랐습니다. 모두 돈 문제, 먹고사는 문제와 관련된 내용입니다. 바로 이 대목에서 예수님은 주님을 따르는 제자들의 정체성과 관련하여 가장 중요한 메시지를 선포하십니다.

> [29]**너희는 무엇을 먹을까 무엇을 마실까 하여 구하지 말며 근심하지도 말라** [30]**이 모든 것은 세상 백성들이 구하는 것이라 너희 아버지께서는 이런 것이 너희에게 있어야 할 것을 아시느니라**(눅 12:29-30).

여기에서 '너희'는 주님의 '제자들'을 가리킵니다. 장차 그들을 통해서 신약의 하나님 백성인 교회가 만들어질 것입니다. 이는 '세상 백성들'(all the nations of the world)과 대조되는 말입니다. 주님을 따르는 제자들은 모든 면에서 세상 백성과 확실하게 구분되어야 합니다. 기도할 때도 무엇을 먹을까, 무엇을 마실까의 문제로 구하지 말아야 합니다. 왜냐면 그것은 하나님을 알지 못하는 '세상 백성'이나 구하는 일이기 때문입니다. 자, 그렇다면 제자들은 무엇을 구해야 할까요?

> [31]**다만 너희는 그의 나라를 구하라 그리하면 이런 것들을 너희에게 더하시리라** [32]**적은 무리여 무서워 말라 너희 아버지께서는 그 나라를 너희에게 주시기를 기뻐하시느니라**(눅 12:31-32).

'그의 나라', 즉 '하나님이 다스리시는 나라'를 구해야 합니다. 그것은 주기도문의 "나라가 임하시오며…"와 똑같습니다. 그러니까 개인적인 소원이나 필요를 채워달라고 기도할 것이 아니라 가장 먼저 하나님의 다스림을 온전히 받아들일 수 있도록 기도하라는 것입니다. 하나님의 다스림을 온전히 받아들인다면 세상 사람들처럼 그렇게 염려하면서 살지 않을 것입니다. 왜냐면 하나님은 우리의 필요를 아시고 모두 채워주시는 분이기 때문입니다.

물론 우리에게는 돈이 필요합니다. 그래야 의식주의 문제를 해결할 수 있습니다. 그러나 우리 인생의 주인은 '돈'이 아니라 '하나님'이십니다. 하나님과의 관계가 제대로 세워지면, 의식주 문제는 그냥 덤으로 해결됩니다. 그런데 가장 먼저 하나님의 나라를 찾아야 할 제자들이 먹고사는 문제를 먼저 구하면서 삽니다. 그러면 어떻게 될까요? 그들은 세상 사람들과 다를 바가 없어집니다. 그들은 결국 하나님 나라와 상관없이 살아가게 됩니다.

우리는 꼭 기억해야 합니다. 하나님 아버지는 우리에게 그의 나라를 주시기를 기뻐하신다는 사실을…. 하나님은 우리가 하나님 나라의 주인공이 되기를 원하십니다. 그래서 '물고기의 어부'로 살던 우리를 '사람의 어부'로 불러내신 것입니다. 따라서 우리가 가장 먼저 구해야 할 것은 '돈'이 아니라 '하나님 나라'입니다. 그러면 나머지는 모두 하나님께서 채워주십니다.

묵상 질문: 나는 하나님의 나라를 가장 먼저 구하고 있는가?

오늘의 기도: 하나님 아버지, 우리에게 돈이 있어야 하지만 돈의 노예가 되지는 않게 하옵소서. 오히려 하나님 나라를 위해서 기꺼이 돈을 사용할 줄 아는 돈의 주인이 되게 하옵소서. 우리의 인생 창고에 오직 하나님과 하나님의 나라를 채우며 살게 하시고, 그리하여 마침내 하나님이 완성하실 그 나라에 주인공이 되는 복을 누리게 하옵소서. 예수님의 이름으로 기도합니다. 아멘.

누가복음 묵상 ❷-11

재림을 기다리는 삶

읽을 말씀: 누가복음 12:35-59

새길 말씀: [38]주인이 혹 이경에나 혹 삼경에 이르러서도 종들이 그같이 하고 있는 것을 보면 그 종들은 복이 있으리로다 [39]너희도 아는 바니 집 주인이 만일 도둑이 어느 때에 이를 줄 알았더라면 그 집을 뚫지 못하게 하였으리라 [40]그러므로 너희도 준비하고 있으라 생각하지 않은 때에 인자가 오리라 하시니라(눅 12:38-40).

예수님은 지금 제자들과 함께 예루살렘으로 올라가는 중입니다. 그곳에는 십자가 사건이 주님을 기다리고 있습니다. 그 후에는 제자들이 주님의 뒤를 이어 하나님 나라 운동을 펼쳐가야 합니다. 그러나 그러기에는 아직 충분히 준비되지 못했습니다. 배워야 할 것이 너무 많이 남았습니다. 예수님은 예루살렘으로 올라가는 길에서 벌어지는 모든 상황을 통해서 제자들을 훈련하기로 하십니다.

지금까지의 가르침을 통해서 제자들은 하나님 나라 운동을 방해하는 안팎의 방해물이 있다는 사실을 알게 되었습니다. 외부적으로는 정치권력이나 종교 권력이 그들을 핍박하고 가로막을 것입니다. 그러나 어떤 상황에서도 주님을 시인하는 믿음이 있다면 얼마든지 극복할 수 있습니다. 내부적으로는 재물에 대한 탐욕이나 생활에 대한 염려가 그들의 발목을 잡을 것입니다. 그러나 가장 먼저 하나님 나라를 구하기만 하면 그 또한 해결할 수 있습니다. 하나님께서 모든 필요를 채워주실 것이기 때문입니다.

그다음에 제자들이 배워야 할 게 있습니다. 그것은 주님의 재림입니다. 지금은 예수님이 제자들과 함께 있지만, 이제 조만간 떠나셔야 합니다. 그때 제자들은 예수님의 빈자리를 어떻게 받아들이고 이해해야 할까요? 그들은 과연 주님이 다시 오실 때까지 믿음을 지키면서 하나님 나라 운동을 계속 펼쳐갈 수 있을까요? 아직 십자가의 비밀도 깨닫지 못하는 제자들에게 어떻게 마지막 때의 비밀을 가르칠 수 있을까요?

기다리는 종들

그것이 바로 예수님께서 비유를 즐겨 사용하신 이유입니다. 우선 '기다리는 종들의 비유'에 대해서 살펴보겠습니다.

> [35]**허리에 띠를 띠고 등불을 켜고 서 있으라** [36]**너희는 마치 그 주인이 혼인집에서 돌아와 문을 두드리면 곧 열어 주려고 기다리는 사람과 같이 되라**(눅 12:35-36).

"허리에 띠를 띠고 서 있으라"는 것은 만반의 준비를 갖추고 있으라는 뜻입니다(출 12:11). 왜 그렇게 준비되어 있어야 합니까? 조만간 주인이 혼인집에서 돌아와 문을 두드릴 것이기 때문입니다. 여기에서 '혼인집'은 '하나님 나라'를, '주인'은 '예수님'을 각각 의미합니다. 제자들은 아직 알지 못하지만, 앞으로 예수님은 죽음에서 부활하여 승천하셨다가 다시 오실 것입니다. 즉, 주님의 재림을 이렇게 비유로 설명하는 것입니다.

주님이 재림하실 때 오직 깨어 있는 사람들만 주님을 영접할 수 있습니다. 그리고 영접하는 사람들은 하나님 나라에 들어갈 수 있습니다. 그런데 오늘 본문은 우리의 상상을 훌쩍 뛰어넘는 하나님의 놀라운 은혜에 대해서 증언합니다.

주인이 와서 깨어 있는 것을 보면 그 종들은 복이 있으리로다 내가 진실로 너희에게 이르노니 주인이 띠를 띠고 그 종들을 자리에 앉히고 나아와 수종들리라(눅 12:37).

메시지성경의 표현이 더 실감이 납니다.

주인이 왔을 때 깨어서 일하고 있는 종들은 복되다! 주인이 앞치마를 두르고 그들을 식탁에 앉게 해서, 식사를 대접하며 그들과 결혼잔치를 함께할 것이다(눅 12:37, 메시지).

이런 일은 이 세상에서 감히 상상할 수도 없습니다. 종이 아무리 충성스럽게 자기 할 일을 잘했다고 해도 주인이 앞치마를 두르고 그 종의 밥상을 차려서 대접하는 일은 벌어지지 않습니다. 오히려 종이 밭일을 마치고 돌아와서 주인의 밥상을 차리는 것이 정상입니다(눅 17:7-8). 그러나 하나님의 나라는 다릅니다. 하나님은 종들을 대접하는 그런 분이십니다. 마치 마지막 만찬을 나누시던 자리에서 예수님이 제자들의 발을 씻으셨던 것처럼 그렇게 하나님은 먼저 종들을 섬기고 대접하십니다.

그것이 은혜입니다. 분에 넘치도록 황송한 대접을 해주시는 것이 바로 하나님의 은혜입니다. 제자들이 무엇을 한다고 하나님께서 그렇게 해주신단 말입니까? 그들은 단지 주님이 다시 오실 때까지 깨어서 기다리는 것밖에 없습니다. 사실 그것은 당연히 해야 할 일입니다. 그런데 그 당연한 일을 당연하게 생각하지 않으시고 귀하게 여겨 은혜를 베풀어 주시는 분이 바로 하나님이십니다. 문제는 깨어서 기다리는 것이 말처럼 쉽지 않다는 사실입니다.

> **[38]주인이 혹 이경이나 혹 삼경에 이르러서도 종들이 그같이 하고 있는 것을 보면 그 종들은 복이 있으리로다 [39]너희도 아는 바니 집 주인이 만일 도둑이 어느 때에 이를 줄 알았더라면 그 집을 뚫지 못하게 하였으리라 [40]그러므로 너희도 준비하고 있으라 생각하지 않은 때에 인자가 오리라 하시니라**(눅 12:38-40).

유대인들은 저녁 6시부터 새벽 6시까지의 시간을 삼등분하는데, '이경'은 밤 10시부터 새벽 2시까지를, '삼경'은 새벽 2시부터 6시까지를 말합니다. 당시 유대인들은 한낮의 뜨거운 더위를 피해서 조금 선선해지는 저녁 시간에 이동하곤 하였습니다. 단거리 여행은 초저녁

이면 목적지에 도착할 수 있지만, 장거리 여행에는 긴 시간이 걸립니다. 그래서 이경이나 삼경에 도착하게 되는 것이지요.

언제 도착할지도 모르는 주인을 마냥 기다리는 것은 쉽지 않은 일입니다. 그러나 주인이 도착했을 때 그렇게 깨어서 기다리는 종들은 복이 있습니다. 그때는 마치 도둑이 오는 것과 똑같습니다. 시간을 예고한 후에 오는 도둑은 없습니다. 주님의 재림도 마찬가지입니다. 분명히 오신다는 것은 예고되어 있지만, 그 정확한 시간은 아무도 모릅니다. 그래서 항상 준비하고 있어야 하는 것입니다.

진실한 청지기

예수님의 말씀을 가만히 듣고 있던 베드로가 갑자기 흥미로운 질문을 던집니다.

베드로가 여짜오되 주께서 이 비유를 우리에게 하십이니이까 모든 사람에게 하십이니이까(눅 12:41).

이 말씀은 분명히 '제자들에게' 하신 것입니다(눅 12:22). 그런데도 베드로는 누구에게 말씀하시는지 묻습니다. 그는 왜 이런 질문을 하게 되었을까요? '주님의 재림'은 제자들이 난생처음으로 듣는 말씀이었기 때문입니다. 그들은 주님의 죽음과 부활과 승천으로 이어지는 일련의 사건들을 아직 체험하기 전입니다. 그런데 무작정 "깨어 있어 준비하라"고 하시니, 그 말씀이 무슨 뜻인지 또한 그들과 무슨 상관이 있는지 궁금하지 않겠습니까?

베드로의 질문에 대해서 예수님은 이렇게 대답하십니다.

주께서 이르시되 지혜 있고 진실한 청지기가 되어 주인에게 그 집 종들을 맡아 때를 따라 양식을 나누어 줄 자가 누구냐(눅 12:42).

"누가 지혜 있고 진실한 청지기인가?"라는 질문은 "너희가 그 청지기가 되지 않는다면 누가 과연 그런 청지기가 될 것인가?"라는 의미입니다. 즉, "이 비유는 물론 너희들 들으라고 말한 것이야!"라는 대답입니다. 예수님은 제자들이 '지혜 있고 진실한 청지기'가 되기를 기대하십니다. '청지기'는 기본적으로 종입니다. 그러나 그냥 보통 종이 아닙니다. 주인의 신뢰를 받아 집안의 살림을 책임지는 종입니다. 이런 사람을 가리켜서 영어로 매니저(a manager)라고 하지요.

매니저는 주인의 뜻을 잘 헤아리고 있어야 합니다. 그것을 본문은 '지혜 있는'(wise)이라고 표현합니다. 또한 주인이 보든지 보지 않든지 주어진 일을 충성스럽게 감당해야 합니다. 그것을 '진실한'(faithful)으로 표현합니다. 그런데 한 집안의 청지기가 하는 구체적인 일이 무엇일까요? 본문은 "그 집 종들을 맡아 때를 따라 양식을 나누어 주어야 한다"라고 설명합니다. 이것은 '기다리는 종들의 비유'에서 "허리에 띠를 띠고 등불을 켜고 서 있으라"(눅 12:35)는 말씀의 구체적인 내용입니다.

그렇습니다. 주님의 재림을 기다린다는 것은 아무 일도 하지 않고 그냥 막연하게 기다리는 것이 아닙니다. 일꾼들에게 필요한 양식을 제때 잘 먹여야 합니다. 그것이 예수님의 제자들이 늘 깨어 있어서 주님의 재림을 준비하는 구체적인 일입니다. 언제까지 그 일을 해야 할까요? 물론 주님이 재림하실 때까지입니다. 또는 개인적인 종말이 올 때까지입니다.

> [43]주인이 이를 때에 그 종이 그렇게 하는 것을 보면 그 종은 복이 있으리로다 [44]내가 참으로 너희에게 이르노니 주인이 그 모든 소유를 그에게 맡기리라(눅 12:43-44).

주인이 갑자기 왔을 때 주어진 책임을 다하고 있는 종을 본다면 어떻게 할까요? 틀림없이 그 종을 칭찬할 것입니다. 그런데 주님은 단순히 '칭찬' 정도가 아니라 주인의 모든 소유를 그에게 맡길 것이라 말씀하십니다. 그 '주인'이 누구입니까? 하나님이십니다. 그러니까 하나님의 모든 소유를 그 종에게 맡기겠다는 겁니다. 작은 일에 충성한 자에게 큰일을 맡기시는 것입니다. 이보다 더 큰 상급이 어디에 있겠습니까?

진실하지 못한 청지기

그러나 모든 청지기가 지혜 있고 진실한 것은 아닙니다. 그 반대로 미련하고 진실하지 못한 청지기도 있을 것입니다. 그들은 과연 어떻게 될까요?

> [45]만일 그 종이 마음에 생각하기를 주인이 더디 오리라 하여 남녀 종들을 때리며 먹고 마시고 취하게 되면 [46]생각하지 않은 날 알지 못하는 시각에 그 종의 주인이 이르러 엄히 때리고 신실하지 아니한 자의 받는 벌에 처하리

니…(눅 12:45-46).

미련하고 진실하지 못한 종은 일단 주인이 더디 올 것으로 판단합니다. 그래서 일꾼들을 학대하고 친구들을 불러 모아 파티를 벌이고 술에 취합니다. 아마도 주인이 오기 전에 잘 수습해 놓기만 하면 괜찮을 것으로 생각했겠지요. 문제는 주인이 언제 올지 모른다는 사실입니다. 생각하지 않은 날, 알지 못하는 시각에 주인이 들이닥치면 그 종은 큰코다치게 되는 것입니다. 메시지성경의 풀이가 아주 재미있습니다.

… 생각지도 못한 때에 주인이 돌아와서, 그를 호되게 매질하고 부엌으로 돌려보내 감자껍질을 벗기게 할 것이다(눅 12:46, 메시지).

한때는 자기 밑에 여러 종을 두고 부리던 매니저가 부엌에서 감자껍질을 벗기는 신세가 되었으니 그 얼마나 창피한 일입니까?

[47]주인의 뜻을 알고도 준비하지 아니하고 그 뜻대로 행하지 아니한 종은 많이 맞을 것이요 [48]알지 못하고 맞을 일을 행한 종은 적게 맞으리라 무릇 많이 받은 자에게는 많이 요구할 것이요 많이 맡은 자에게는 많이 달라 할 것이니라(눅 12:47-48).

베드로는 "이 비유를 누구에게 말씀하셨느냐?"고 물었고, 예수님은 '제자들에게' 하신 말씀임을 분명하게 밝히셨습니다. 그러면서 '많이 받은 자에게 많이 요구할 것'이라고 하십니다. 이 또한 제자들을 겨냥한 말씀입니다. 지금까지 예수님은 제자들에게 하나님 나라의 비밀을 자세하게 풀어 가르치셨습니다. 하나님의 아들 예수 그리스도를 통해서 그렇게 직접 하나님의 말씀을 배운다는 것은 정말 큰 특권이 아닐 수 없습니다.

그러나 특권은 책임을 동반합니다. 배워서 알기 때문에 더 많은 책임이 요구되는 것입니다. 하나님의 뜻을 알고도 행하지 아니한 종은 그렇지 못한 종들보다 많이 맞을 것입니다. 물론 이 말씀은 '지옥 불에 떨어지는 심판'을 의미하는 것은 아닙니다. 오히려 "엄격한 심판의 기준이 적용된다"라는 뜻일 것입니다. 그래서 이 부분을 메시지성경은 다음과 같이 풀이합니다.

"… 선물이 크면 책임도 그만큼 큰 법이다. 더 큰 선물에는 더 큰 책임이 따른다"(눅 12:48b, 메시지).

Great gifts mean great reponsibilities; greater gifts, greater responsibilities! 그렇습니다. 더 큰 선물을 받았다면 더 큰 책임이 따르는 것입니다. 사도 바울도 '맡은 자들에게 구할 것은 충성'이라고 했습니다(고전 4:2). 다른 사람보다 더 많은 은혜를 받았다면 그만큼 그것을 잘 사용해야 할 더 큰 책임이 따르게 되는 것입니다.

예수님의 답답함

주님이 재림하기 위해서는 먼저 제자들을 떠나는 일부터 벌어져야 합니다. 제자들이 그것을 알아차렸을까요? 그러지 못했을 것입니다.

아직 감을 잡고 있지 못하고 있는 제자들에게 예수님은 더더욱 이해하지 못할 수수께끼 같은 말씀을 하십니다.

> [49]**내가 불을 땅에 던지러 왔노니 이 불이 이미 붙었으면 내가 무엇을 원하리요** [50]**나는 받을 세례가 있으니 그것이 이루어지기까지 나의 답답함이 어떠하겠느냐**(눅 12:49-50).

예수님은 '불'을 던지기 위해서 오셨다고 그럽니다. 그런데 아직은 이 불이 활활 타오르고 있지는 않습니다. 이 불이 무엇을 의미할까요? 이것은 마치 수수께끼 풀이 같습니다. 예수님은 그에 대한 설명으로 또 다른 수수께끼를 말씀하십니다. '주님이 받을 세례'가 있는데 그것이 이루어지지 않아 답답하다는 것입니다. 여기에서 우리는 한 가지 실마리를 찾게 됩니다.

세베대의 아들 야고보와 요한이 비밀리에 예수님을 찾아와서 자리를 청탁했을 때, 그들에게 이렇게 물으셨습니다. "내가 받는 세례를 너희가 받을 수 있겠느냐?"(막 10:38) 여기에서 주님이 받는 세례는 십자가의 고난과 죽음을 의미합니다. 물론 당시 야고보와 요한은 아무것도 모르고 무조건 "받을 수 있습니다"라고 대답했지만, 만일 그 의미를 알았더라면 감히 그렇게 말하지 못했을 것입니다.

아무튼 예수님이 지피려는 불과 예수님이 받을 세례, 즉 십자가 사건이 어떤 상관관계가 있다는 사실을 우리는 알 수 있습니다. 예수님이 지피려는 불은 십자가 사건으로부터 본격적으로 활활 불타오르게 될 것입니다. 그런데 주님의 마음에 답답함이 있는 것은 그와 같은 십자가의 고난과 죽음에 대한 두려움 때문이 아니었습니다. 주님의 간절한 소원이 이루어질 때까지 진행되어야 할 과정이 있기에 그것을 기다려야 하는 답답함이 있다는 것입니다.

그렇습니다. 하나님의 일은 하루아침에 갑자기 일어나지 않습니다. 모든 일에는 과정과 절차가 있는 법입니다. 하나님의 뜻이 다 이루어질 때까지 간절히 원하는 마음을 잃어버리지 않으면서 끝까지 인내하며 참아내기란 절대로 쉽지 않습니다. 그래서 답답함이 있지만, 결국에는 하나님의 뜻이 이루어지고 활활 불타오르게 될 것입니다. 그런데 그 불은 제자들이 전혀 예상하지 않았던 일들을 일으켜 낼 것이라 말씀하십니다.

> [51]**내가 세상에 화평을 주려고 온 줄로 아느냐 내가 너희에게 이르노니 아니라 도리어 분쟁하게 하려 함이로라** [52]**이 후부터 한 집에 다섯 사람이 있어 분쟁하되 셋이 둘과, 둘이 셋과 하리니** [53]**아버지가 아들과, 아들이 아버지와, 어머니가 딸과, 딸이 어머니와, 시어머니와 며느리가, 며느리가 시어머니와 분쟁하리라 하시니라**(눅 12:51-53).

마태복음은 '분쟁' 정도가 아니라 아예 '칼을 주러 왔다'고 기록합니다(마 10:34). 이 말씀은 우리를 매우 당혹스럽게 만듭니다. 평화의 왕으로 오시는 메시아에 대한 우리의 기대와 정면으로 충돌하기 때문입니다. 예수님은 한 집 식구가 둘과 셋으로 분열하고 대립하고 서로 분쟁할 것을 예고하십니다. 식구끼리 이렇게 분쟁하면 그 집안은 결국 망하게 됩니다. 그렇다면 예수님은 집안을 망하게 하려고 불을 던지는 것일까요?

아닙니다. 그것은 마치 하나님께서 빛을 창조하심으로 밤과 낮을 나누셨던 것과 같습니다. 빛은 어둠과 서로 충돌하게 되어 있습니다. 그런다고 빛을 창조하지 않을 수는 없습니다. 빛이 없이는 혼돈의 세상에 질서를 잡아나갈 수 없기 때문입니다. 비진리가 지배하는 세상에 진리가 들어오면 반드시 충돌이 일어나게 되어 있습니다. 그러나 그 충돌은 진리를 드러내기 위해서 불가피한 과정입니다.

마찬가지로 예수님이 던지는 하나님 나라 복음의 불은 분쟁을 일으킵니다. 복음의 빛으로 인하여 밤과 낮이 나누어집니다. 빛의 자녀들과 어둠의 자녀들이 구분됩니다. 그리고 두 그룹 사이의 충돌이 일어납니다. 그 충돌이 두렵다고 비진리와 어둠을 그냥 덮어두고 모른 척할 수는 없는 일입니다. 그것이야말로 정말 망하는 지름길입니다. 망하지 않으려면 오히려 그것을 드러냄으로써 진리가 비진리를 치유하게 하고, 빛이 어둠을 물리치게 하고, 생명이 죽음을 극복하게 해야 합니다.

예수님이 주시는 평화는 기존의 세상 질서를 무너뜨리는 아픔의 과정을 통과해야 얻을 수 있습니다. 그래서 메시지성경은 이렇게 풀이합니다.

> **"나는 모든 것을 바꾸고 모든 것을 제대로 뒤집으려고 왔다. 이 일을 이루기를 내가 얼마나 기다렸던가! 너희는 내가 모든 것을 순탄하고 무난하게 만들려고 온 줄 아느냐? 아니다. 나는 분열과 대립을 일으키러 왔다!"(눅 12:50-51, 메시지)**

예수님은 이 세상에 불을 던지러 오셨습니다. 그 불이 처음에는 우리의 마음에 갈등을 일으키고 가족들 사이에 대립을 만들어 낼 것입니다. 그러나 결국에는 그 불이 진리를 드러내고 생명의 역사를 일으킵니다. 그리하여 하나님의 다스림을 온전히 받아들이는 개인과 가정은 결국 하나님의 나라가 이루어지는 복을 누리게 되는 것입니다.

그 모든 일을 완성하기 위해 예수님은 먼저 죽음의 세례를 받아야 합니다. 십자가에서 처형당해야 합니다. 그리고 부활하고 승천해야 합니다. 주님이 계시지 않는 동안 제자들은 하나님 나라 운동을 펼쳐가야 합니다. 모두 지혜롭고 진실한 청지기가 되어 주님이 맡기신 일을 끝까지 잘 감당하면 참 좋겠지만, 과연 그럴 수 있을까요? 십자가의 비밀도 채 깨닫지 못하고 있는데, 이 세상을 구원하려는 하나님의 원대한 계획을 어떻게 다 이해할 수 있겠습니까?

그래서 예수님의 마음에 답답함이 있는 것입니다. 아무리 열심히 가르쳐주어도 깨닫지 못하는 제자들에게 답답함이 있는 것입니다. 그러나 언젠가 그때가 올 것입니다. 제자들이 성령의 능력을 힘입어서 땅끝까지 이르러 주님의 증인이 되는 때가 반드시 올 것입니다. 그때까지 주님은 한 걸음 한 걸음 예루살렘을 향해서 올라가면 됩니다. 하루하루 하나님이 맡기신 일을 감당하면 됩니다. 기회가 주어지는 대로 마땅히 가르칠 것을 가르치면 됩니다. 실제로 주님은 그렇게 하셨습니다. 우리도 그렇게 하면 됩니다.

묵상 질문: 나는 주님의 재림을 기다리는 지혜롭고 진실한 청지기인가?

오늘의 기도: 하나님 아버지, 우리는 주님의 재림을 기다립니다. 기다리되 마땅히 해야 할 일을 하면서 기다리게 하옵소서. 우리에게 맡겨주신 하나님 나라의 복음을 전하면서 기다리게 하옵소서. 하나님 나라가 언

제 완성될지 몰라 때로 의구심과 답답함이 우리에게 생기지만, 주님의 약속을 믿고 끝까지 믿음의 발걸음을 옮기게 하옵소서. 예수님의 이름으로 기도합니다. 아멘.

누가복음 묵상 ❷-12

포도원에 심은 무화과나무

읽을 말씀: 누가복음 13:1-21

재길 말씀: [6]이에 비유로 말씀하시되 한 사람이 포도원에 무화과나무를 심은 것이 있더니 와서 그 열매를 구하였으나 얻지 못한지라 [7]포도원지기에게 이르되 내가 삼 년을 와서 이 무화과나무에서 열매를 구하되 얻지 못하니 찍어버리라. 어찌 땅만 버리게 하겠느냐 [8]대답하여 이르되 주인이여 금년에도 그대로 두소서 내가 두루 파고 거름을 주리니 [9]이 후에 만일 열매가 열면 좋거니와 그렇지 않으면 찍어버리소서 하였다 하시니라 (눅 13:6-9).

지난 시간에 우리는 재림에 대한 주님의 가르침을 살펴보았습니다. 예수님의 시선은 십자가를 넘어서 부활과 승천과 재림을 향하고 있습니다. 그러나 제자들은 예루살렘에서 벌어질 십자가 사건의 의미조차 아직 깨닫지 못하는 현실입니다. 그것을 보면서 예수님은 답답함을 토로하십니다. 그러나 이내 마음을 추스르고 제자 훈련을 이어가십니다. 제자들이 지금은 이해하지 못하지만, 언젠가 모두 이해하게 될 때가 올 것을 확신하셨기 때문입니다.

우리가 묵상하지는 않았지만, 누가복음 12장 마지막 부분에서 예수님은 "시대를 분별하라"고 말씀하셨습니다(눅 12:54-59). 개인적인 종말이든 우주적인 종말이든 그 끝이 가까워지면 틀림없이 여러 가지 징조가 나타나게 되어 있는데, 그것을 잘 분별하라는 것입니다. 마땅히 해야 할 일을 할 수 있을 때 해야 부끄러움을 당하지 않게 된다고 하셨습니다.

판단 vs. 회개

그런데 이런 말씀을 하실 때 공교롭게도 예루살렘에서 벌어진 비극적인 사건을 전해주는 사람들이 있었습니다.

그때 마침 두어 사람이 와서 빌라도가 어떤 갈릴리 사람들의 피를 그들의 제물에 섞은 일로 예수께 아뢰니…(눅 13:1).

"갈릴리 사람들의 피를 제물에 섞었다"라는 말에서 우리는 이 사건이 예루살렘 성전에서 벌어졌다는 사실을 알게 됩니다. 성전에서 예배를 드리던 갈릴리 사람들이 빌라도 총독에 의해서 죽임을 당했고, 그로 인해 그들의 피가 제단 제물의 피에 섞였다는 것입니다.

전승에 따르면, 빌라도가 총독으로 부임한 후에 예루살렘의 심각한 급수난을 해결하기 위해 수도 건설을 구상합니다. 그리고 그 공사 자금을 조달하기 위해 성전의 돈을 사용할 것을 제안했습니다. 그러자 유대인들은 그것에 대하여 몹시 격분하였고, 갈릴리 사람들이 주동하여 민중 봉기를 일으켰다고 합니다.

아무리 총독이라고 하더라도 예루살렘 성전에 함부로 진입할 수 없었습니다. 그래서 빌라도는 민간인으로 변장한 군사들을 보내서 무리를 해산하려 하였습니다. 그러다가 성난 군중들과 큰 마찰이 생겨났고, 급기야 몇몇 갈릴리 사람들이 죽임을 당하면서 그 피가 제물에까지 뿌려지게 된 것이지요. 이 일로 인해서 헤롯과 빌라도가 서로 원수처럼 지내게 되었는지도 모릅니다(눅 23:12).

그러나 이 비극적인 소식을 전하는 사람들은 객관적인 사실만을 이야기하지 않고 거기에 그들이 가진 편견을 덧붙입니다. 하나님께 드리는 제물이 피가 섞였다는 것은 그들의 죽음이 죗값으로 치러진 게 아니겠느냐는 것입니다. 예수님은 그들의 잘못된 편견을 바로잡으십니다.

> **[2]대답하여 이르시되 너희는 이 갈릴리 사람들이 이같이 해 받으므로 다른 모든 갈릴리 사람보다 죄가 더 있는 줄 아느냐 [3]너희에게 이르노니 아니라 너희도 만일 회개하지 아니하면 다 이와 같이 망하리라(눅 13:2-3).**

유대인들은 언제나 죄와 고난을 결부시켜 생각해왔습니다(욥 4:7; 요 9:2). 그러나 예수님은 그런 사고방식에 동의하지 않으셨습니다. 비극적인 죽음을 맞이한 갈릴리 사람들이 다른 사람보다 죄를 더 많이 지었다고 말할 수 없다는 것입니다. 오히려 그 비극은 살아있는 사람들에게 주시는 경고라고 보아야 합니다. 따라서 자기 자신을 돌이켜보아 회개할 것이 있다면 빨리 회개하는 기회로 삼아야 한다는 것입니다.

예수님은 실로암 망대가 무너져 18명이 희생된 또 다른 사건을 언급하며 같은 메시지를 선포하십니다(눅 13:4-5). 그들의 죄가 다른 예루살렘 사람들보다 크기 때문에 그렇게 죽임을 당한 것이 아닙니다. 그런 식으로 다른 사람들을 정죄하고 판단하는 것은 비극을 대하는 올바른 태도가 아닙니다. 오히려 그 비극을 자기 자신에게 적용해야 합니다. 나에게도 얼마든지 일어날 수 있다는 사실을 인정하고 빨리 회개해야 합니다.

그렇습니다. 그 사람들이 무슨 죄로 그런 일을 당해야 했는지를 판단하는 것은 우리가 해야 할 일이 아닙니다. 우리가 할 일은 슬픔을 당한 사람들을 위로하면서, 동시에 우리 자신을 돌이켜보면서 회개하는 것입니다. 우리도 그렇게 하나님 앞에 황망히 불려 갈 수 있으니 그 전에 빨리 회개하고 회개에 합당한 열매를 맺으며 살아야 합니다.

무화과나무 비유

다른 사람을 함부로 판단하는 못된 버릇은 유대인들이 가지고 있는 잘못된 선민의식의 뿌리에서 자라난 열매입니다. 그것을 바로잡기 위하여 예수님은 이른바 '열매 맺지 못하는 무화과나무 비유'를 말씀하십니다.

이에 비유로 말씀하시되 한 사람이 포도원에 무화과나무를 심은 것이 있더니 와서 그 열매를 구하였으나 얻지 못한지라(눅 13:6).

여기에서 우리는 “포도원에 무화과나무를 심었다”라는 말씀을 주목해야 합니다. 무화과나무는 포도원에 심을 만큼 가치가 있는 나무가 아닙니다. 여기저기 아무 데서나 아무렇게 자라는 나무입니다. 무화과나무를 영어로 ‘fig tree’라고 하는데, 이 ‘fig’라는 말은 ‘하찮은 것’, ‘시시한 것’을 의미합니다. 그런 시시한 나무를 특별히 포도원에 심은 것입니다. 무화과나무의 처지에서 생각해 보면 정말 놀라운 은혜가 아닐 수 없습니다.

때가 되어 주인은 무화과나무에서 열매를 따려고 했습니다. 무화과나무에서 주인이 기대한 열매는 무엇이었을까요? 물론 무화과입니다. 포도가 아닙니다. 그런데 열매를 얻을 수가 없었습니다. 이때 주인이 어떤 반응을 보였을까요?

포도원지기에게 이르되 내가 삼 년을 와서 이 무화과나무에서 열매를 구하되 얻지 못하니 찍어버리라 어찌 땅만 버리게 하겠느냐(눅 13:7).

무화과나무는 아무 데서나 자라도 열매를 잘 맺는 나무입니다. 그런데 이 나무는 특별히 포도원에서 자라났습니다. 그것도 한 해, 두 해도 아니고 삼 년이나 지났습니다. 그쯤 되면 열매를 맺어야 합니다. 삼 년 된 나무에서 열매를 기대하는 것은 결코 지나친 요구가 아닙니다. 그런데도 열매를 얻을 수가 없었던 것입니다. 포도원 주인이 실망하고 분노하는 것은 지극히 당연한 일입니다.

주인은 당장에 그 무화과나무를 찍어버리라고 명령합니다. 열매를 맺지도 못하면서 포도원의 금싸라기 땅을 차지할 이유가 없습니다. 무화과나무는 주인의 분노에 변명할 여지가 없습니다. 만일 이때 포도원 지기가 적극적으로 변호하며 나서지 않았다면, 무화과나무는 불쏘시개감이 되고 말았을 것입니다.

[8]대답하여 이르되 주인이여 금년에도 그대로 두소서 내가 두루 파고 거름을 주리니 [9]이 후에 만일 열매를 열면 좋거니와 그렇지 않으면 찍어버리소서…(눅 13:8-9).

비유는 이렇게 갑작스럽게 끝납니다. 짧지만 긴 여운이 남는 이야기입니다. 여기에서 무화과나무는 이스라엘을 가리킵니다. 그리고 포도원은 약속의 땅을 의미합니다. 하나님께서 이스라엘을 당신의 백성으로 선택하셔서 약속의 땅에 살게 하신 것은 하나님의 특별한 은혜입니다. 그것은 마치 포도원에 심은 무화과나무 같습니다. 그들은 하나님의 특별한 사랑과 관심으로 선택받은 민족이었습니다.

그러나 특권은 반드시 의무를 동반합니다. 그들은 하나님의 기대를 충족시킬 의무가 있었습니다. 하나님께서 그들에게 기대하신 것은 다른 특별한 열매가 아닙니다. 그저 무화과를 맺으면 됩니다. 그 열매는 무화과나무가 유일하게 다른 사람들을 유익하게 할 수 있는 일입니다. 그런데 그 열매가 없어서 하나님의 분노를 사게 되었던 것입니다.

수백 년간 포도원에 뿌리를 내리고 살아왔다고 해서 무화과나무가 갑자기 포도나무로 바뀌는 것은 아닙니다. 이스라엘이 아무리 오랫동안 약속의 땅에서 살아왔다고 하더라도 하나님의 은혜를 당연히 받아 누릴 자격이 생기는 것은 아닙니다. 하물며 다른 사람이나 다른 민족을 함부로 판단할 자격이 생기는 것도 아닙니다. 그들은 특별한 배려와 사랑으로 하나님께서 포도원에 심어주신 무화과나무일 뿐입니다.

무화과나무로서 그들이 맺어야 할 열매는 '판단'이나 '정죄'가 아니라 '배려'와 '이해'입니다. 그런데 이스라엘은 선민(選民)이라는 자부심에 도취하여 자신의 정체성을 망각했습니다. 본래 무화과나무였다는 사실을 잊어버린 것입니다. 그래서 마치 처음부터 무엇이나 된 듯이 너무나 쉽게 다른 사람을 비난하고 정죄하려고 덤벼듭니다. 다른 사람이 당한 비극적인 죽음을 자신의 삶을 돌이켜보고 회개하는 기회로 삼기보다는 오히려 함부로 죄인으로 판단하려고 하는 것도 바로 그 때문입니다.

그러나 예수님은 그렇게 함부로 판단하는 사람들을 똑같이 판단하려고 하지 않으십니다. 이 비유에 등장하는 포도원 지기처럼 그들에게 다시 한번 기회를 달라고 하나님 아버지께 간구하십니다. "일 년만 더 관심을 기울여 보겠습니다. 제가 그 둘레를 파고 거름을 주겠습니다. 내년에는 열매를 맺을지도 모릅니다. 그렇지 않거든, 그때 찍어 버리십시오"(메시지). 지금 예수님이 펼치시는 하나님 나라 운동은 바로 이스라엘의 본래 사명을 회복하려는 시도였습니다. 이 세상을 구원하는 통로로 하나님이 선택하셨던 이스라엘을 아직은 포기할 수 없었던 것입니다.

겨자씨 비유

그다음에 갈릴리 사역 이후에 한동안 잠잠하던 안식일 논쟁이 또다시 벌어집니다(눅 13:10-17). 예수님의 하나님 나라 운동은 아무런 저항 없이 진행되지 않았습니다. 예수님을 좋아하고 따르던 무리도 많았지만, 예수님을 미워하고 대적하던 무리는 더 많았습니다. 그러나 저항이 있음에도 불구하고 하나님 나라는 언제나 확장되어 갑니다. 예수님은 이와 같은 하나님 나라의 속성을 두 가지 비유로 설명하십니다. 먼저 '겨자씨 비유'입니다.

> [18]그러므로 예수께서 이르시되 하나님의 나라가 무엇과 같을까 내가 무엇으로 비교할까 [19]마치 사람이 자기 채소밭에 갖다 심은 겨자씨 한 알 같으니 자라 나무가 되어 공중의 새들이 그 가지에 깃들였느니라(눅 13:18-19).

'겨자씨 비유'에서 강조하고 있는 하나님 나라의 속성은 '대조'와 '성장'입니다. 하나님의 나라는 시작할 때는 겨자씨 한 알 같이 작지만, 빠르게 성장하여 마침내는 공중의 새들이 보금자리를 틀 정도가 큰 나무처럼 된다는 것입니다. 여기에서 우선 "겨자씨를 채소밭에 갖다 심었다"라는 말씀이 우리의 눈에 띕니다. "무화과나무를 포도원에 심었다"라는 앞의 비유와 비슷합니다.

그런데 겨자는 채소가 아니라 나무입니다. 그 씨가 아무리 작더라도 채소와는 비교할 수 없는 종자입니다. 그런데 씨만 보면 잘 구별할 수 없습니다. 그래서 다른 채소들과 함께 채소밭에 심어진 것입니다. 여기에는 '그 작은 씨가 자라봐야 얼마나 크겠어?' 하는 선입관이 작용하고 있습니다. 그렇지만 결과는 어떻습니까? 큰 나무가 되어 공중의 새들이 그 안에 둥지 틀만큼 성장하게 됩니다.

이 비유의 핵심어는 바로 '공중의 새들'(the birds of the air)입니다. 하나님 나라가 왜 크게 자라게 될까요? 그 그늘에 공중의 새들이 깃들이게 하기 위해서입니다. 에스겔 선지자의 예언에 등장하는 '각종 새'와 다르지 않습니다(겔 17:23). 이는 모두 이방 민족을 가리키는 말입니다. 하나님의 꿈은 단지 이스라엘이 회복되어 부강한 나라가 되는 게 아닙니다. 오히려 이스라엘을 통해서 이 땅의 모든 열방을 품는 하나님 나라가 세워지는 것입니다.

바로 그 일을 하라고 하나님께서 일찍이 구약의 하나님 백성 '이스라엘'을 선택하셨습니다. 열방을 구원하기 위한 통로로 그들을 사용하려고 하셨던 것입니다. 그러나 이스라엘의 역사는 하나님의 기대와 전혀 다른 방향으로 흘러갔습니다. 그들은 약속의 땅에 들어온 후에 줄곧 우상숭배의 유혹에 넘어갔고, 하나님 백성의 정체성과 본분을 상실하고 말았습니다.

그래서 그들의 죄에 대한 책임을 물어 하나님은 북이스라엘과 남유다를 모두 심판하셨지요. 그러나 하나님의 백성을 완전히 망하게 하지는 않으셨습니다. 그들을 다시 회복시켜 본래 하나님이 품으셨던 꿈을 이루게 하셨습니다. 에스겔에게 주신 말씀이 바로 그것입니다. 문제는 그들이 포로 생활에서 회복된 이후에도 여전히 하나님의 꿈을 깨닫지 못하고 특권 주위와 편협한 선민사상에 빠져 살았다는 사실입니다. 그래서 하나님은 마침내 예수 그리스도를 보내셔서 하나님 나라의 복음을 선포하게 하셨던 것입니다.

누룩의 비유

그다음 '누룩의 비유' 역시 하나님 나라가 어떻게 성장해 가는지를 보여줍니다. 다른 점은 '겨자씨 비유'가 밖으로 보이게 자라나는 하나님 나라를 이야기하는 데 비해 '누룩의 비유'는 안으로 보이지 않게 자라나는 하나님 나라를 이야기하고 있다는 사실입니다.

[20]또 이르시되 내가 하나님의 나라를 무엇을 비교할까 [21]마치 여자가 가루 서 말 속에 갖다 넣어 전부 부풀게 한 누룩과 같으니라 하셨더라(눅 13:20-21).

유대인 가정에서 자라난 사람은 빵을 부풀게 하는 누룩의 이야기에 아주 익숙합니다. 전날의 빵 반죽에서 한 부분을 떼어서 새로운 빵을 반죽할 때 섞어 둡니다. 그러면 얼마 지나지 않아서 반죽 전체에 누룩이 침투하여 숙성시키고 부풀게 하지요. 예수님의 하나님 나라 운동은 마치 작은 빵 반죽과 같습니다. 그러나 결국에는 전체에 선한 영향력을 끼쳐 하나님 나라를 이루게 됩니다.

이 비유에서 우리는 몇 가지 메시지를 발견할 수 있습니다. 우선 하나님의 나라는 가장 작은 데서 시작된다는 사실입니다. 누룩은 작지만 떡 반죽 전체의 성질을 변화시킵니다. 하나님의 나라도 마찬가지입니다. 하나님의 나라는 언제나 한 사람으로부터 시작됩니다.

또한 누룩의 발효 작용은 눈으로 볼 수 없는 내부에서 일어납니다. 하나님 나라 역시 마찬가지입니다. 겉으로는 잘 보이지 않아도 지금 내부에서 변화가 일어나는 중입니다. 기다리고 있으면 마침내 엄청나게 달라진 결과를 볼 수 있게 되는 것입니다. 그래서 메시지성경은 이렇게 풀이합니다.

하나님 나라는 여자가 빵 세 덩이를 만들려고 반죽에 넣는 누룩과 같다. 기다리고 있으면 반죽이 부푼다(눅 13:21, 메시지).

누룩은 떡 반죽 속으로 들어가야 효력을 발휘합니다. 그 효력은 금방 나타나지 않지만, 기다리고 있으면 반죽이 부푸는 것을 볼 수 있습니다. 사람도 안에서부터 변화가 일어나야지 밖에서 강제로 변화시킬 수 없습니다. 말씀의 누룩이 속으로 들어가야 새사람으로 변화되는 것입니다.

또한 누룩의 보이지 않는 변화는 떡 반죽이 부풀어 오름으로써 드러납니다. 데살로니가 사람들이 그리스도인을 법정에 고소하면서 '천하를 어지럽게 하던 사람들'(행 17:6)이라고 비난했습니다. 세상을 뒤집어엎는 사람들이라는 뜻입니다. 그들이 무엇으로 세상을 뒤집어 엎었습니까? 무력으로 그렇게 할 수 없습니다. 이 세상을 뒤집어엎는 가장 혁명적인 방법은 복음의 영향력을 통해서 사람을 완전히 변화시키는 것입니다.

예수님의 하나님 나라 운동을 보십시오. 그 운동은 로마제국의 가장 변두리였던 팔레스타인에서, 그중에서도 팔레스타인의 가장 변두리였던 갈릴리 지방에서 겨우 몇몇 사람으로 시작되었습니다. 예수님이 십자가에서 죽임을 당했을 때 그나마 몇 안 되는 제자들마저 모두 흩어지고 말았습니다. 그러나 예수님의 부활과 성령의 강림을 체험하면서 그들은 죽음을 두려워하지 않는 사람으로 변화되었습니다. 그들은 순교를 두려워하지 않고 담대하게 나가서 예수 그리스도의 복음을 전했습니다.

그렇게 해서 예루살렘에 신약의 하나님 백성 '교회'가 세워졌고, 땅끝까지 이르러 복음을 증언하는 일에 헌신하는 사람들이 생겨났습니다. 지난 2천 년의 교회 역사를 통해서 숫자를 헤아릴 수 없는 많은 믿음의 공동체가 지구 곳곳에 세워졌습니다. 그뿐만이 아닙니다.

복음으로 인해 사회의 시스템과 역사의 흐름이 바뀌었습니다. 지금도 복음으로 변화된 수많은 사람이 사회 구석구석에서 선한 영향력을 행사하며 좋은 의미로 세상을 뒤집어엎고 있습니다.

물론 좋은 누룩의 이미지만 있는 것은 아닙니다. 교회 안에도 과거 유대인들처럼 판단과 정죄의 함정에 빠진 사람들이 적지 않습니다. 말과 행동이 일치하지 않는 외식의 이중성으로 인해 나쁜 누룩을 퍼지게 하고, 세상 사람에게 손가락질받는 그리스도인들도 있습니다. 그러다가 하나님 나라의 운동력을 상실하고 열매 맺지 못하는 무화과나무가 되어 마침내 버림받게 될까 두렵습니다.

따라서 어떤 일이 있더라도 우리가 누구인지, 우리의 사명이 무엇인지 절대로 잊어버리지 말아야 합니다. 우리는 포도원에 심어진 무화과나무요 채소밭에 심어진 겨자입니다. 우리는 이 땅에 하나님의 나라를 이루어 가는 통로로 부름을 받은 신약의 하나님 백성입니다. 주님이 다시 오실 그때까지 우리에게 맡겨진 사명을 잘 감당하는 믿음의 공동체가 되기를 간절히 소망합니다.

묵상 질문: 나는 선한 영향을 끼치는가, 아니면 악한 영향을 받고 있는가?

오늘의 기도: 하나님 아버지, 무화과나무처럼 시시한 인생을 살아가던 우리를 특별히 사랑하셔서 하나님 나라의 포도원에 심어주신 은혜를 진심으로 감사합니다. 우리를 향한 하나님의 기대가 무엇인지 분명히 깨닫게 하시고, 주님이 다시 오실 때까지 우리에게 주어진 자리에서 맡겨진 사명을 잘 감당하게 하옵소서. 비록 화려하지는 않더라도 끝까지 선한 영향력을 끼치며 살게 하옵소서. 예수님의 이름으로 기도합니다. 아멘.

누가복음 묵상 ❷ -13

메시아가 가야 할 길

읽을 말씀: 누가복음 13:22-35

재길 말씀: [31]곧 그 때에 어떤 바리새인들이 나아와서 이르되 나가서 여기를 떠나소서 헤롯이 당신을 죽이고자 하나이다 [32]이르시되 너희는 가서 저 여우에게 이르되 오늘과 내일은 내가 귀신을 쫓아내며 병을 고치다가 제 삼일에는 완전하여지리라 하라 [33]그러나 오늘과 내일과 모레는 내가 갈 길을 가야 하리니 선지자가 예루살렘 밖에서는 죽는 법이 없느니라(눅 13:31-33).

누가복음은 크게 두 부분으로 나누어집니다. 전반부(눅 1:1-9:50)는 예수님이 갈릴리에서 하나님 나라의 복음을 전하시는 이야기이고, 후반부(눅 9:51-24:53)는 예수님이 예루살렘으로 올라가셔서 십자가를 지시는 이야기입니다. 이는 하나님 나라의 복음이 땅끝으로 전해지는 동선(動線)을 염두에 두고 누가가 의도적으로 구분한 것입니다.

후반부의 말씀도 크게 세 부분으로 나눌 수 있는데, 그중에서 지금 우리는 제1막 '제자가 되는 길'을 살펴보고 있습니다. 예루살렘으로 올라가는 길은 예수님에게는 '십자가의 길'이었지만 제자들에게는 '제자 훈련의 길'이었습니다. 주님의 뒤를 이어 하나님 나라 운동을 펼쳐 나갈 진정한 제자로 빚어지는 과정이었습니다. 예수님은 예루살렘으로 여행하면서 겪는 모든 상황을 제자 훈련의 기회로 삼으셨습니다.

좁은 문으로

오늘 본문은 예수님이 왜 예루살렘으로 올라가려고 하는지 그 이유를 잘 설명합니다.

> [22]예수께서 각 성 각 마을로 다니사 가르치시며 예루살렘으로 여행하시더니 [23]어떤 사람이 여짜오되 주여 구원을 받는 자가 적으니이까 그들에게 이르시되 [24]좁은 문으로 들어가기를 힘쓰라 내가 너희에게 이르노니 들어가기를 구하여도 못하는 자가 많으리라(눅 13:22-24).

예수님은 예루살렘으로 곧장 올라가지 않으시고 여러 마을을 방문하셨습니다. 가능한 한 많은 사람을 만나서 하나님 나라의 복음을 선포하기 위해서였습니다. 그러나 최종 목적지는 물론 예루살렘입니다. 거기에는 십자가가 기다리고 있습니다. 그것을 잘 아시기에 예수님은 시간을 아껴서 '각 성 각 마을'(through the towns and villages)을 방문하려고 그토록 애를 쓰셨던 것입니다.

그러던 중에 어떤 사람에게서 뜬금없는 질문을 받게 되었습니다. "구원받을 사람이 적습니까?"라는 내용입니다. 이에 대해서 예수님은

"좁은 문으로 들어가기를 힘쓰라. 들어가려고 해도 들어가지 못하는 사람이 많을 것이다"라고 대답하십니다. 얼핏 들으면 "물론 구원받을 사람은 적다"라고 대답하시는 것처럼 보입니다. 그러나 사실은 '질문'에 대한 답변이 아니라 '질문자'의 태도를 지적하시는 말씀입니다. 그것을 어떻게 알 수 있을까요?

이 사람은 구원받을 사람의 숫자를 물었습니다. 그런데 "많으냐?"라고 묻지 않고 "적으냐?"라고 묻습니다. 왜 그랬을까요? 이 사람은 당연히 소수(小數)가 구원받을 것으로 생각했습니다. 그리고 그 속에 자기가 들어 있는 줄로 확신했습니다. 이 질문을 한 사람은 틀림없이 선민사상이 투철한 유대인이었을 것입니다. 따라서 구원받을 사람 속에 자신이 포함되어 있다는 것을 예수님의 말씀을 통해서 확인하고 싶었던 것입니다.

그래서 예수님은 그에게 좁은 문으로 들어가기를 힘쓰라고 말씀하신 것입니다. '좁은 문'이란 편한 길이나 지름길을 포기하는 문입니다. 구원의 좁은 문을 들어가려면 자기 부인(否認)이 필요합니다. 아무리 오래전에 선택받은 민족이라고 하더라도 좁은 문을 통과하는 과정에서 열외가 될 수는 없습니다. 이에 대한 메시지성경의 풀이가 아주 적절합니다.

"많고 적고는 너희가 상관할 일이 아니다. 너희는 하나님과 함께하는 삶에 전념하여라. 생명, 곧 하나님께 이르는 길은 정신을 바짝 차려야만 갈 수 있는 힘든 길이다. 너희 가운데는 평생 그 근처를 맴돌았다는 이유만으로 하나님의 구원 잔치에 앉을 줄로 생각할 사람이 많이 있다"(눅 13:24, 메시지).

정말 그렇습니다. 구원받을 사람의 숫자가 많은지 적은지는 우리가 상관할 일이 아닙니다. 다른 사람이 또는 이방인이 구원받을 수 있을지에 대한 궁금증도 마찬가지입니다. 구원은 하나님이 결정하실 일입니다. 우리가 할 일은 '하나님과 함께하는 삶에 전념하는 것'(Put your mind on your life with God, MSG)입니다. 정신을 바짝 차려야만 하나님께 이를 수 있습니다. 그래서 좁은 문입니다.

학자가 되려면 노는 시간을 줄이고 열심히 공부해야 합니다. 운동선수가 되려면 식단을 조절하며 장기간 훈련을 받아야 합니다. 예술가가 되기 위해서는 오랜 세월 거듭 반복되는 단조로운 실습을 견뎌내야 합니다. 하물며 구원받는다는 건 더 말할 것도 없습니다. 부모가 신앙생활 열심히 했다고 자녀들이 자동으로 구원받게 되는 게 아닙니다. 유대인 혈통을 가지고 태어났다고 해서 하나님 나라에 들어갈 입장권이 주어지는 게 아닙니다.

"너희 가운데는 평생 그 근처를 맴돌았다는 이유만으로 하나님의 구원 잔치에 앉을 줄로 생각하는 사람이 많다." 교회 몇 번 다녔다고, 또는 주변에 예수 믿는 사람이 많다고 하나님 나라에 들어가는 것은 아니지요. 더욱이 구원받을 사람의 숫자놀음에 신경 쓸 시간이 없습니다. 기회가 지나가기 전에 하나님과 함께하는 삶에 전념해야 합니다. 구원은 그렇게 만만하게 취급할 문제가 아닙니다.

문이 닫히면

아무리 좁은 문이라고 하더라도, 열려있기만 하다면 어떻게든 들어갈 수 있습니다. 그러나 문제는 구원의 문이 언제까지나 그렇게 마냥 열려있지 않다는 사실입니다.

> [25]**집 주인이 일어나 문을 한 번 닫은 후에 너희가 밖에 서서 문을 두드리며 주여 열어 주소서 하면 그가 대답하여 이르되 나는 너희가 어디에서 온 자인지 알지 못하노라 하리니** [26]**그때에 너희가 말하되 우리는 주 앞에서 먹고 마셨으며 주는 또한 우리를 길거리에서 가르치셨나이다 하나** [27]**그가 너희에게 말하여 이르되 나는 너희가 어디에서 왔는지 알지 못하노라 행악하는 모든 자들아 나를 떠나가라 하리라**(눅 13:25-27).

구원의 문이 닫힐 때가 반드시 옵니다. 한번 닫히면 그 문을 열 사람은 없습니다. 아무리 문을 두드리며 열어달라고 사정해도 다시는 열리지 않습니다. 이때 문밖에 있는 사람들은 집주인을 잘 안다고 주장할 것입니다. "우리는 주 앞에서 먹고 마셨으며 주는 또한 우리를 길거리에서 가르치셨나이다." 아니, 예수님과 함께 먹고 마신 사람이 어디 한두 명이겠습니까? 예수님이 길거리에서 가르친 사람이 또한 얼마나 많습니까? 그런데 그들은 그 자리에 있었다는 이유로 주님을 잘 안다고 강변하는 것입니다.

예수님은 그들을 전혀 모르겠다고 대답하십니다. "나는 너희가 어디에서 왔는지 알지 못한다!" 메시지성경의 풀이가 재미있습니다.

> **"… 미안하지만, 너희는 내 손님 명단에 없다. … 너희는 안다고 하지만, 그것은 아는 것이 아니다. 너희는 나에 대해 조금도 모른다"**(눅 13:25-27, 메시지).

생각해 보십시오. 어렸을 적에 옆집에 살았다고 그 사람을 과연 잘 안다고 말할 수 있을까요? 나중에 그 사람이 유명 인사가 되었을 때, 마치 잘 알고 지낸 사이인 것처럼 떠벌인다면 그 얼마나 우스꽝스러운 일입니까? 어렸을 적에 성탄절 행사에 몇 번 참석했다고 해서 예수님을 잘 아는 게 아닙니다. 예수님을 자기의 삶에 모시지 않았다면 전혀 아는 것이 아닙니다. 유대인 혈통을 가진 부모에게서 태어난다고 약속의 후손이 되는 것이 아닙니다.

우리는 물론 하나님의 은혜로 구원을 받습니다. 그러나 구원은 아무에게나 공짜로 주어지지 않습니다. 구원은 예수님을 그리스도로 영접하여 믿는 사람에게만 주어지는 하나님의 선물입니다. 구원은 하나님과 바른 관계를 회복하여 살아가는 사람만 맛볼 수 있는 하나님의 은혜입니다. 그렇게 구원받은 사람은 자기를 부인하고 주님을 따르는 믿음의 길을 걷습니다. 좁은 문으로 들어가지 않으면서 구원받기를 기대해서는 안 됩니다.

은혜에서 소외된 자

몇 대째 신앙생활하는 집안이라는 걸 은근히 자랑하는 사람이 있습니다. 심지어 '모태 신앙'이 무슨 훈장이라도 되는 듯이 내세우기도 합니다. 그러나 정말 그럴까요?

너희가 아브라함과 이삭과 야곱과 모든 선지자는 하나님 나라에 있고 오직 너희는 밖에 쫓겨난 것을 볼 때에 거기서 슬피 울며 이를 갈리라(눅 13:28).

아브라함은 믿음의 길을 출발한 믿음의 조상이었고, 이삭과 야곱은 그 믿음의 대를 이어온 약속의 자녀들이었습니다. 그들은 물론 하나님 나라에 들어갑니다. 그들이 선택받은 민족(選民)이었기 때문이 아니라 하나님을 믿었기 때문입니다. 모든 선지자도 역시 하나님 나라에 들어갑니다. 그들은 온갖 박해와 생명의 위협에도 불구하고 오직 하나님의 말씀을 전했던 믿음의 사람이었기 때문입니다.

그렇다면 아브라함의 후손들은 모두 하나님 나라에 들어가게 될까요? 유명한 선지자들을 조상으로 둔 후손들은 당연히 하나님 나라에 자리가 예약되어 있을까요? 아닙니다. 하나님 나라는 오직 믿음으로 하나님의 은혜를 받아들인 사람에게만 허락됩니다. 자신의 신앙고백과 믿음의 실천적인 삶 없이 단지 기독교 집안에서 태어나서 자랐다는 배경만으로 들어갈 수 없습니다.

메시지성경의 풀이에서 우리는 한 가지 흥미로운 단어를 발견합니다.

그때 너희는 은혜에서 소외된 자가 되어 바깥 추운 데 있을 것이다. 너희는 아브라함과 이삭과 야곱과 모든 예언자들이 하나님 나라로 행진해 들어가는 것을 볼 것이다(눅 13:28, 메시지).

여기에서 '은혜에서 소외된 자'(strangers to grace)라는 표현이 눈에 뜨입니다. 하나님의 은혜는 이 세상 모든 사람을 품고도 남습니다. 하나님은 그 누구도 은혜에서 소외하지 않으십니다. 그러나 그처럼 넓은 하나님의 사랑과 은혜에도 불구하고 하나님 나라에 들어가지 못하는 사람들이 있습니다. 하나님이 그들을 배제하신 것이 아니라 그들이 스스로 소외되었기 때문입니다. '은혜에서 소외된 자'는 과연 누구를 가리키는 것일까요?

잘못된 선민사상에 빠진 유대인들입니다. 그들은 온 인류를 구원하시려는 하나님의 은혜를 도무지 이해할 수 없었습니다. 특별하게 선택된 소수(小數)만 구원받아야 하는데, 누구나 구원받을 수 있다고 하니 그것을 어떻게 받아들일 수 있겠습니까? 그래서 "그놈들이 가는 천국이라면 차라리 가지 않겠다"라고 하면서 스스로 은혜에서 소외된 자가 되었던 것입니다.

그들은 하나님 나라 밖에서 추위에 벌벌 떨면서 하나님 나라로 춤추며 행진해 들어가는 사람들을 구경하게 될 것입니다. 그중에는 자기네 조상들뿐만 아니라 이방인들도 있다는 사실을 알게 될 것입니다.

[29]사람들이 동서남북으로부터 와서 하나님의 나라 잔치에 참여하리니 [30]보라 나중 된 자로서 먼저 될 자도 있고 먼저 된 자로서 나중 될 자도 있느니라 하시더라(눅 13:29-30).

'동서남북으로부터 온 사람들'은 '세계 열방에서부터 온 모든 민족'을 가리킵니다. 그들도 하나님 나라의 잔치에 당당히 참여하고 있는 것입니다. 이와 같은 주님의 말씀이 실제로 이루어지는 생생한 장면을 우리는 요한계시록에서 읽을 수 있습니다(계 7:9-10). '아무도 능히 셀 수 없는 큰 무리가' 각 나라와 족속과 백성과 방언에서 나오는 장엄한 장면입니다. 그들은 모두 보좌 앞과 어린 양 앞에서 "구원하심이 보좌에 앉으신 우리 하나님과 어린 양에게 있도다" 하면서 찬양합니다.

이것이 바로 하나님께서 태초부터 품어오시던 인류 구원의 꿈이 성취되는 대목입니다. 그런데 정작 선민이라는 자부심을 내세우던 유대인은 이러한 하나님 나라의 잔치에 들어가지 못하는 것입니다. 그들이 바로 '은혜에서 소외된 자들'입니다. 편협한 선민사상으로 인해 하나님의 마음을 받아들이지 못하고 결국 구원의 길에서 스스로 소외된 것입니다.

위대한 반전

오늘 말씀의 결론은 "나중 된 자로서 먼저 될 자도 있고, 먼저 된 자로서 나중 될 자도 있다"라는 말씀입니다. 메시지성경은 이렇게 풀이합니다.

> **"이것은 위대한 반전이다. 맨 뒤에 서 있던 사람이 앞으로 오고, 먼저였던 사람이 결국 나중 될 것이다"(눅 13:30, 메시지).**

'맨 뒤에 서 있던 사람'(the last in line)은 하나님 나라의 복음을 가장 마지막에 받아들이게 된 자들, 즉 이방인들을 가리킵니다. 그리고 '먼저였던 사람'(the so-called first)은 가장 먼저 하나님의 선택을 받았던 유대인들을 가리킵니다. 유대인들에게 먼저 구원받을 기회가 주어졌습니다. 그런데 그들 중에는 나중에 믿게 된 사람들이 들어가는 하나님 나라에 들어가지 못할 사람도 있습니다. 그것이 바로 '위대한 반전'(the Great Reversal)입니다.

여기에서 우리가 놓치지 말아야 할 말씀이 있습니다. 그것은 '될 자도 있다'라는 가정(假定)입니다. 메시지성경은 "결국 그렇게 될 것이다"라고 번역하고 있지만, 본래는 "반드시 그렇게 될 것이다"가 아닙니다. 꼴찌가 첫째 '될 수도 있고' 첫째가 꼴찌 '될 수도 있다'입니다. 그런데 왜 이렇게 똑같은 말을 반대로 바꾸어 가며 반복하는 것일까요? 왜냐면 유대인과 이방인 모두에게 좁은 문으로 들어가도록 권면하기 위해서입니다.

"꼴찌가 첫째가 될 수도 있다"라는 말씀은 이방인에게 하시는 말씀입니다. 하나님을 늦게 믿기 시작했다고 하더라도 얼마든지 하나님의 나라 잔치에 참여할 수 있다는 격려입니다. 동시에 "첫째가 꼴찌가 될 수도 있다"라는 말씀은 유대인에게 하시는 말씀입니다. 하나님을 먼저 믿기 시작했다고 마음 놓고 있지 말라는 것입니다. 하나님 나라에 들어가는 것은 당연하게 주어지는 권리가 아니기 때문입니다.

하나님은 이방인을 붙잡기 위하여 유대인을 포기하지 않으십니다. 그 반대도 마찬가지입니다. 하나님의 은혜는 온 인류에게 구원의 기회를 주십니다. 스스로 소외되지만 않는다면 누구나 구원받을 수 있습니다. 하나님의 뜻은 결국 첫째도 꼴찌도, 먼저 된 자도 나중 된 자도 모두 하나님 나라에 들어가는 것입니다. 그러나 유대인이나 이방인 중에서 하나님의 은혜에 스스로 소외된 자들이 있습니다. 그들은 하나님 나라에 들어가지 못합니다.

어쨌든 나는 간다

이 말씀을 하던 바로 그때, 어떤 바리새인들이 등장하여 예수님을 해치려는 음모가 진행되고 있음을 알려줍니다.

곧 그 때에 어떤 바리새인들이 나아와서 이르되 나가서 여기를 떠나소서 헤롯이 당신을 죽이고자 하나이다(눅 13:31).

여기에 등장하는 '헤롯'은 갈릴리와 베레아 지방을 다스리던 분봉왕 '헤롯 안디바'(Herod Antipas)를 말합니다. 그는 세례 요한을 처형한 장본인이었습니다. 그런데 그가 이번에는 예수님을 죽이려고 한다는 소식이 들려온 것입니다. 왜 하필 지금 예수님을 죽이려고 했는지, 또한 그 구체적인 음모가 무엇인지 우리는 알 수 없습니다. 그러나 이 소식을 전해준 사람들은 놀랍게도 '어떤 바리새인들'이었습니다.

바리새인들은 대부분 예수님에 대해서 적대적이었습니다. 그리고 예수님도 바리새인들의 외식에 대해서 강하게 비판하셨습니다. 그런데 왜 이들은 예수님에게 미리 위험을 알려주었을까요? 이들은 바리새인이었지만 예수님을 몰래 흠모하던 사람들이었을까요? 그래서 예수님의 안위를 걱정했던 것일까요? 예수님이 그들에게 대답하시는 말씀으로 미루어 보아, 그들은 오히려 예수님을 훼방하기 위하여 보냄을 받은 사람들이라는 사실을 알게 됩니다.

[32]이르시되 너희는 가서 저 여우에게 이르되 오늘과 내일은 내가 귀신을 쫓아내며 병을 고치다가 제삼 일에는 완전하여지리라 하라 [33]그러나 오늘과 내일과 모레는 내가 갈 길을 가야 하리니 선지자가 예루살렘 밖에서는 죽는 법이 없느니라(눅 13:32-33).

여기에서 '여우'는 '헤롯'이거나 '헤롯을 빙자하여 예수님을 협박하려는 세력'을 가리킵니다. 그러니까 그들은 교활하게도 몇몇 바리새인들을 보내서 헤롯의 음모를 넌지시 알려주는 방식으로 예수님을 겁주려고 했던 것입니다. 예수님은 이미 그 배후를 알고 계셨습니다. 그래서 "너희를 보낸 자들에게 가서 이렇게 대답하라"라고 하면서 "오늘과 내일은 귀신을 쫓아내며 병을 고치다가 제삼 일에는 완전하여질 것이다"라고 말씀하십니다.

NIV성경은 이를 "세 번째 날에는 내 목표에 다다르게 될 것이다"(on the third day I will reach my goal)로 번역합니다. 메시지성경 역시 "사흘째에는 일을 마무리할 것이다"(the third day I'm wrapping things up)로 풀이합니다. '사흘'을 굳이 문자적으로 해석할 필요는 없습니다. 단지 예수님이 예루살렘에 입성하여 십자가의 길을 가심으로써 사명을 완성할 날이 그리 멀지 않았다는 뜻입니다. 그러니 주님이 그들의 위협에 장단 맞추면서 낭비할 시간이 없다는 것이지요.

"그러나 오늘과 내일과 모레는 내가 갈 길을 가야 한다"(In any case, I must press on today and tomorrow and the next day. NIV). 주님의 결심과 의지가 분명하게 드러나는 말씀입니다. 누가 앞길을 방해하든지, 누가 어떤 음모를 꾸미든지 상관하지 않고 이 세상을 구원할 메시아로서 마땅히 가야 할 길을 가겠다는 선언입니다. 예수님의 사명이 무엇입니까? 그것은 바로 십자가의 대속적인 죽음입니다. 그것이 메시아가 가야 할 길입니다.

예수님은 한 걸음 더 나아가서 "선지자가 예루살렘 밖에서는 죽는 법이 없다"라고 선언하십니다. 예수님은 십자가의 죽음을 기정사실로 받아들이고 계셨습니다. 바로 그 이유로 지금 예루살렘으로 올라가고 계시는 것입니다. 십자가에 달려 죽기 위해 올라가고 있는데, '헤롯의 음모'가 무슨 위협이 되겠습니까? 예수님은 오히려 자신의 사명을 더욱 확신하게 되셨습니다. 만일 이번에 예루살렘에서 죽지 못하게 된다면 그것이야말로 크게 잘못된 일이지요.

이와 같은 예수님의 결심이 제자들에게 있다면 그들은 전혀 다른 인생을 살게 될 것입니다. 사람들의 평가나 시선이 그들의 삶을 지배하지 못할 것입니다. 그들의 길을 가로막는 세상의 협박에 대해서 "그래도 어쨌든 나는 간다!"라고 당당히 선언할 것입니다. 물론 지금은 예수님의 결심을 알지 못하고 그 모습을 흉내 내지도 못합니다. 그러나 언젠가 그들도 '생명보다 귀한 사명'(행 20:24)에 붙들려서 살게 될 것입니다. 그렇게 하나님 나라 운동은 점점 땅끝으로 확장되어 나갈 것입니다.

묵상 질문: 나는 지금 하나님과 함께하는 삶에 전념하고 있는가?

오늘의 기도: 하나님 아버지, 우리가 하나님의 은혜에서 스스로 소외하는 어리석은 자가 되지 않게 하옵소서. 주님을 따르기로 한번 마음을 확정했다면, 어떤 일이 있더라도 우리의 결심이 달라지지 않게 하옵소서. 우리 주님이 그러셨던 것처럼 끝까지 우리에게 주어진 길을 걸어가게 하옵소서. 예수님의 이름으로 기도합니다. 아멘.

누가복음 묵상 ❷ -14

제자가 져야 할 십자가

읽을 말씀: 누가복음 14:1-35

새길 말씀: [25]수많은 무리가 함께 갈새 예수께서 돌이키사 이르시되 [26]무릇 내게 오는 자가 자기 부모와 처자와 형제와 자매와 더욱이 자기 목숨까지 미워하지 아니하면 능히 내 제자가 되지 못하고 [27]누구든지 자기 십자가를 지고 나를 따르지 않는 자도 능히 내 제자가 되지 못하리라(눅 14:25-27).

지난 시간에 우리는 어떤 바리새인들이 예수님을 찾아와서 예루살렘에서 진행되는 음모를 미리 알려주는 이야기를 살펴보았습니다. 겉으로는 예수님을 걱정하는 것처럼 보였지만, 실제로는 하나님 나라 운동을 포기하게 하려는 고차원적인 술수였다는 사실을 알게 되었습니다. 그것은 오히려 예수님의 사명과 결심을 더욱 단단하게 했습니다. "어쨌든 나는 나의 길을 간다!" 바리새인들의 작전은 보기 좋게 실패하고 말았습니다.

그러나 그들은 절대로 포기하지 않습니다. 이번에는 한 바리새인 지도자가 안식일에 예수님을 자기 집으로 초대합니다(눅 14:1). 그 자리에 '수종병'을 앓던 사람(a man suffering from abnormal swelling of his body, NIV)을 데려다 놓고 예수님이 안식일 법을 위반하는지 시험합니다. 예수님은 그들의 의도를 잘 알면서도 그 사람을 당당히 고쳐줍니다. 그리고 오히려 그 자리에서 담대하게 하나님 나라의 복음을 전하십니다. 그 이야기가 24절까지 계속되는데, 이를 가리켜서 우리는 '식탁 담화'라고 부릅니다.

오늘 우리가 살펴보려고 하는 본문은 '식탁 담화'의 마지막 부분으로, 이른바 '큰 잔치 비유'로 알려진 말씀입니다. 이 비유를 말씀하시기 직전에 예수님은 자기를 초대한 바리새인 지도자에게 앞으로 잔치를 베풀거든 갚을 능력 있는 사람을 청하지 말고 차라리 갚을 능력이 없는 그런 불쌍한 사람들을 초대하라고 권면하셨습니다. 그래야 의인들의 부활 때 갚음을 받을 것이라고 말씀하셨습니다(눅 14:13-14).

먼저 초대받은 사람들

그 말씀을 듣고 어떤 사람이 불쑥 이렇게 말합니다.

> **함께 먹는 사람 중의 하나가 이 말을 듣고 이르되 무릇 하나님의 나라에서 떡을 먹는 자는 복되도다 하니…(눅 14:15).**

이 사람은 바리새인 지도자의 집에 자기가 특별히 초대받았다는 사실을 매우 영광스럽게 생각했던 모양입니다. 그래서 그 자리에 앉은 사람들이 결국에는 하나님 나라의 잔치 자리에 들어가서 떡을 먹게 되지 않겠느냐고 말을 뗀 것입니다. 그는 예수님이 지금까지 하신 말씀을 제대로 이해하지 못했습니다. 그저 자기 생각나는 대로 아무 말이나 했을 뿐입니다. 그러자 예수님은 어떤 사람이 과연 하나님 나라의 잔치 자리에 참여할 수 있는지 '큰 잔치의 비유'를 통해 설명하십니다.

> [16]**이르시되 어떤 사람이 큰 잔치를 베풀고 많은 사람을 청하였더니** [17]**잔치할 시각에 그 청하였던 자들에게 종을 보내어 이르되 오소서 모든 것이 준비되었나이다 하매…**(눅 14:16-17).

어떤 사람이 '큰 잔치' 날짜를 정해 놓고 사람들에게 초청장을 보냈습니다. '큰 잔치'(a great banquet)에 '많은 사람'(many guests)을 초청할 정도라면 그 '어떤 사람'은 그냥 '보통 사람'은 아닐 것입니다. 대단한 지위의 실력자였을 것이 분명합니다. 초청받은 사람 중에 그 초청을 거절한 사람이 하나도 없었던 이유입니다. 그러나 정작 잔치할 날짜가 다가와서 참석 여부를 다시 확인하자, 이번에는 모두 말을 바꿉니다.

> [18]**다 일치하게 사양하여** 한 **사람은 이르되 나는 밭을 샀으매 아무래도 나가 보아야 하겠으니 청컨대 나를 양해하도록 하라 하고** [19]**또** 한 **사람은 이르되 나는 소 다섯 겨리를 샀으매 시험하러 가니 청컨대 나를 양해하도록 하라 하고** [20]**또** 한 **사람은 이르되 나는 장가들었으니 그러므로 가지 못하겠노라 하는지라**(눅 14:18-20).

그들이 참석하지 못하는 이유가 그럴듯합니다. 한 사람은 방금 밭을 사서 나가 보아야 하겠다고 합니다. 한 사람은 소 다섯 겨리, 즉 소 열 마리를 샀는데, 그것을 시험해 보아야 하겠다고 합니다. 한 사람은 갓 결혼해서 참석할 수 없다고 그럽니다. 여기에는 세 사람의 이유가 소개되고 있지만, 큰 잔치에 참여하기로 했던 사람이 '다 일치하게' 사양했습니다. 그리고 그들 모두 그럴듯한 변명거리를 가지고 있었습니다.

종이 돌아와 주인에게 그대로 고하니 이에 집주인이 노하여 그 종에게 이르되 빨리 시내의 거리와 골목으로 나가서 가난한 자들과 몸 불편한 자들과 맹인들과 저는 자들을 데려 오라 하니라(눅 14:21).

종의 보고를 듣고 집주인은 몹시 화를 냅니다. 여기에서 '집주인'은 물론 하나님을 가리킵니다. 그렇다면 집주인이 준비한 '큰 잔치'는 무엇을 가리킬까요? 그것은 바로 '하나님 나라의 잔치'입니다. 하나님 나라의 잔치에 참석하지 않는 사람들에게 하나님께서 몹시 격분하고 계시는 것입니다. 그 이유가 무엇일까요? 단지 약속을 번복했기 때문이 아닙니다.

하나님은 '질투하는 하나님'이십니다(출 20:5). 하나님 백성이 하나님보다 더 사랑하는 것이 있어서는 안 됩니다. 하나님의 초대보다 더 중요하게 생각하는 것이 있으면 안 됩니다. 예수님도 이렇게 말씀하셨지요. "오직 너희는 그의 나라를 구하라"(눅 12:31). 하나님 나라는 우리 삶의 최우선 순위가 되어야 합니다. 그런데 하나님보다 앞세우는 것이 있고, 하나님 나라보다 더 중요하게 생각하는 것이 있어서 하나님의 초대를 거절한다면 그는 더 이상 하나님의 백성이 아닙니다.

그러고 보면 잔치의 초대에 응하지 않은 사람들이 내세운 이유는 사실 정당한 변명거리가 아닙니다. 그들은 잔치가 벌어질 날짜를 이미 알고 있었습니다. 그 잔치에 가겠다고 이미 약속했습니다. 게다가 밭을 사거나 소를 사거나 장가를 드는 것은 즉흥적으로 결정할 일이 아닙니다. 그런데도 그들은 약속된 잔치가 벌어지는 날에 굳이 밭을 사고 소를 사고 장가들었던 것입니다. 그러면서 하나님의 초대를 2순위, 3순위로 밀어냈던 것입니다.

지금 주님은 유대교 지도자들을 겨냥하여 이 말씀을 하십니다. 특권의식과 우월감에 젖어서 하나님의 아들 예수 그리스도를 우습게 생각하고 그를 통해서 새로운 하나님과의 관계로 들어가기를 거부하던 바리새인들을 향해서 말씀하고 계십니다. 하나님 나라의 잔치와 이 세상의 잔치 가운데 하나를 선택하라고 말입니다. 우리도 마찬가지입니다. 우리가 만일 하나님 나라의 잔치를 놓쳐버린다면, 그것은 우리가 초대받지 못해서가 아닙니다. 오히려 우리가 다른 것을 선택했기 때문입니다.

나중에 초대받은 사람들

먼저 초대받은 사람들이 약속을 지키지 않는다고 해도 그 잔치는 절대로 취소되지 않습니다. 빈자리를 다른 사람들로 채우면 그만입니다. 주인은 시내의 거리와 골목으로 나가서 사람들을 데려오라고 합니다. 그들은 '가난한 자들과 몸 불편한 자들과 시각 장애인들과 저는 자들'이었습니다. 그런데 이 사람들이 누구입니까? 앞에서 바리새인 지도자에게 차라리 이런 사람들을 초대하라고 말씀하셨던 바로 그 사람들입니다(눅 14:13).

아무튼 그 종은 주인의 명령대로 시내의 거리와 골목으로 나가서 사람들을 모아왔습니다. 그러나 그들로는 아직 충분히 채워지지 않았습니다. 여전히 빈자리가 많이 남아 있었습니다. 주인이 또다시 명령합니다.

> **[23]주인이 종에게 이르되 길과 산울타리 가로 나가서 사람을 강권하여 데려다가 내 집을 채우라 [24]내가 너희에게 말하노니 전에 청하였던 그 사람들은 하나도 내 잔치를 맛보지 못하리라 하였다 하시니라(눅 14:23-24).**

여기에서 '전에 청하였던 그 사람들'은 다른 민족보다 먼저 선택함을 받고 하나님의 부르심을 받은 이스라엘 백성입니다. 사실 하나님이 이스라엘을 먼저 선택한 이유는 그들을 통해 모든 민족을 구원하기 위해서였습니다. 그런데 잘못된 선민의식에 사로잡혀 하나님의 큰 뜻을 헤아리지 못했습니다. 그래서 하나님께서 독생자를 이 땅에 보내셨을 때, 그들은 예수님을 거부하고 받아들이지 않았던 것입니다. 특히 그 일에 유대교 지도자들이 앞장섰지요.

그래서 하나님은 처음에 초청하지 않았던 사람들을 직접 초청하기 시작했습니다. '시내의 거리와 골목'(the streets and alleys of the town)이 '예루살렘'을 가리킨다면, '길과 산울타리'(the roads and country lanes)는 '온 유대와 사마리아'를 가리킨다고 할 수 있습니다. 그다음에는 물론 로마로 가는 길을 거쳐서 '땅끝'으로 나아가게 되겠지요. 그러니까 '예루살렘과 온 유대와 사마리아와 땅끝까지 이르러' 모든 사람을 하나님 나라로 초대할 것입니다. 그래서 하나님 나라의 잔치 자리에 청함 받지 않은 사람들은 이 세상에 한 사람도 없게 될 것입니다.

이것이 바로 하나님 나라의 복음입니다. 누구든지 예수님을 믿기만 하면 구원받을 수 있고, 누구든지 하나님 나라의 초대에 응하기만 하면 들어올 수 있게 된 것입니다. 바리새인들은 예수님의 말씀을 듣고 이를 갈았지만, 그것은 그들의 잘못된 특권의식 때문이지 결코 하나님 나라의 복음이 잘못되었기 때문이 아닙니다. 이 부분을 메시지 성경은 다음과 같이 풀이합니다.

> **"주인이 말했다. '그렇다면 길거리로 가서, 아무나 만나는 대로 데려 오너라. 나는 내 집이 가득 차기를 원한다! 내가 너희에게 말한다. 처음에 초대받은 사람들 가운데는, 아무도 내 저녁 파티에서 먹지 못할 것이다'"(눅 14:23-24, 메시지).**

하나님은 큰 잔치 자리가 가득 차기를 원하십니다. 빈자리로 남겨두기를 기뻐하지 않으십니다. 누가 그 빈자리를 채워야 합니까? 주인은 지금 누구에게 명령하십니까? 그렇습니다. 종입니다. 먼저 믿게 된 우리입니다. 우리 교회에 빈자리가 그리 많지 않다고 하더라도, 하나님 나라에는 아직 빈자리가 많습니다. 하나님 나라는 이 지구상에 살고 있는 모든 사람이 들어가도 충분할 만큼 큽니다. 하나님은 그 집이 가득 차기를 원하시는 것입니다.

제자가 되는 길

예수님이 식탁 담화를 마치고 바리새인 지도자의 집에서 나오셨을 때 '수많은 무리'(large crowds)가 기다리고 있었습니다. 그들은 주님과 동행하여 움직이기 시작했습니다. 그런데 그들이 주님을 이렇게 따라다니는 이유가 무엇일까요? 그것은 지금 예수님이 '메시아 왕국'(the Messianic Kingdom)을 다스리는 왕이 되기 위해서 예루살렘으로 올라가는 줄 알았기 때문입니다. 주님은 그들에게 '제자가 되는 길', 즉 '제자도'(弟子道)에 대해서 가르치십니다.

[25]수많은 무리가 함께 갈새 예수께서 돌이키사 이르시되 [26]무릇 내게 오는 자가 자기 부모와 처자와 형제와 자매와 더욱이 자기 목숨까지 미워하지 아니하면 능히 내 제자가 되지 못하고…(눅 14:25-26).

예수님은 결코 가족관계를 무시하지 않으셨습니다. 어린이를 축복하셨고, 하나님을 아버지라고 부르게 하셨고, 십자가에 달리셨을 때 어머니 마리아를 사랑하는 제자 요한에게 부탁하셨습니다. 그렇다면 자기 부모와 처자와 형제와 자매를 미워하지 않으면 제자가 되지 못한다는 말씀은 무슨 뜻일까요? 이 말씀은 예수님을 따를 것인지, 아니면 가족을 돌볼 것인지 양자택일해야 하는 특수한 상황을 가정한 이야기입니다.

예수님 자신도 그러셨습니다. 공생애를 시작하기 전까지는 아버지를 대신하여 가족을 돌보는 일에 최선을 다하셨습니다. 그러나 때가 되자 과감히 가족을 돌보는 일을 내려놓고 하나님 나라의 운동을 시작하셨습니다. 후에 가족들이 예수님을 찾아왔을 때도 "내 어머니와 내 동생들은 곧 하나님의 말씀을 듣고 행하는 이 사람들이라"(눅 8:21)라고 선포하셨습니다. 예수님이 정말 가족들을 미워하셨나요? 아닙니다. 하나님의 뜻을 이루는 일과 가족을 돌보는 일 사이에서 어느 하나를 선택해야 할 때, 주님은 전자를 선택하는 결단을 보이신 것입니다.

제자들도 그런 선택의 갈림길에 설 때가 반드시 있습니다. 그때 우선순위가 분명해야 합니다. 만일 가족을 포기하고 주님을 선택한다면 그는 주님의 제자가 되겠지만, 그 반대로 주님을 따르는 일을 포기하고 가족을 선택한다면 그는 주님의 제자가 될 수 없습니다. 베드로는 모든 것을 내려놓고 주님을 따르는 일을 선택했지만, 아버지 장례를 핑곗거리로 삼던 사람은 그러지 못했습니다. 그런 선택을 가리켜서 예수님은 '자기 십자가'라고 표현하십니다.

누구든지 자기 십자가를 지고 나를 따르지 않는 자도 능히 내 제자가 되지 못하리라(눅 14:27).

'자기 십자가'를 져야 한다는 말씀은 예수님처럼 십자가에 달려서 죽어야 한다는 뜻이 아닙니다. 바로 앞에서 예수님이 뭐라고 그러셨습니까? 제자가 되기 위해서 가족관계를 포기해야 한다고 그랬습니다. '자기 십자가'는 단순하게 고통스러운 일을 의미하지 않습니다. 오히려 주님을 섬기기 위해서 우리가 희생하는 어떤 것을 의미합니다.

예를 들어서 경제적으로 어렵게 사는 것이나 태어날 때부터 어떤 장애를 가지고 살아가는 것은 '자기 십자가'라고 말할 수 없습니다.

그러나 만일 주님을 사랑하기 때문에 우리가 포기하고 희생하는 것이 있다면 그것이 바로 '자기 십자가'입니다. 주님을 사랑하기에 편안한 삶을 포기했다면 그것이 '자기 십자가'입니다. 주님을 섬기다가 박해를 받아 신체적인 장애를 갖게 되었다면 그것이 '자기 십자가'입니다. 가족관계도 마찬가지입니다. 주님께 온전히 헌신하기 위하여 가족관계를 내려놓았다면 그것이 바로 '자기 십자가'를 지는 것입니다.

그런데 이 말씀을 받아들이기가 쉽지 않습니다. 한 집안의 가장으로서 가족을 돌보지 않는 것을 어떻게 '자기 십자가'를 지는 영웅적인 신앙의 행동이라고 말할 수 있을까요? 그것은 오히려 무책임한 일이 아닐까요? 거듭 말씀드리지만 이런 일은 평상시에 벌어지지 않습니다. 그러나 결정적인 순간에 만일 우리가 이런 상황에 놓인다면 과연 어떤 선택을 할 것인지 우선순위를 분명히 해두라는 말씀입니다.

그리고 내가 돌보지 않는다고 해도 하나님께서 돌보십니다. 그것이 하나님의 약속입니다. 내가 하나님 나라를 선택하면 하나님은 나와 내 가족들에게 필요한 것을 채워주십니다. 한번 생각해 보십시오. 내가 가족들을 책임지고 돌본다고 해서 그들의 모든 필요를 채워줄 수 있습니까? 하나님께서 직접 돌보실 때 오히려 부족함이 없게 되는 것입니다.

제자 됨의 대가

참된 제자가 되기 위하여 치러야 하는 대가가 있습니다. 그것을 설명하기 위하여 예수님은 당시에 널리 알려진 역사적인 사실을 배경으로 한 짧은 비유 두 가지를 말씀합니다.

하나는 철저한 계산과 준비 없이 무작정 건축을 시작했다가 기초만 쌓고 도중에 중단하는 이야기입니다(눅 14:28-30). 헤롯 대왕이 주전 19년에 예루살렘 성전 건축을 착공합니다. 그것은 예수님 당시까지 무려 46년간 진행되었지만, 미완성인 상태였습니다(요 2:20). 주님의 제자가 되려면 치러야 할 대가가 무엇인지 잘 알고 있어야 합니다. 그렇지 않고 무턱대고 따르다가는 도중에 포기하기 십상입니다.

다른 하나는 군사력을 비교하여 승산이 없다고 생각된다면 빨리 화친하는 것이 더 지혜롭다는 이야기입니다(눅 14:31-32). 갈릴리 분봉 왕이었던 헤롯 안디바는 헤로디아와 결혼하기 위하여 그의 첫 번째 왕비였던 아람 왕 아레다스의 딸과 이혼합니다. 그로 인해 헤롯은 아람과 전쟁을 치러야 했고, 그 결과 헤롯은 치명적인 상처를 입었습니다. 만일 헤롯이 그와 같은 전쟁이 일어날 것을 예상했더라면, 정욕에 사로잡혀 잘못된 선택을 하지는 않았을 것입니다.

주님의 제자가 되는 것도 마찬가지입니다. 주님의 제자에게는 온전한 헌신이 요구됩니다. 가족관계를 내려놓는 것은 약과입니다. 자신의 생명까지도 내려놓아야 할지 모릅니다. 자기 목숨까지 미워하지 않으면 주님의 제자가 될 수 없다고 그러셨습니다(눅 14:26). 그런 결과에 대해서 심사숙고하지 않고 무턱대고 제자가 되겠다고 나서는 것처럼 어리석은 일은 없습니다. 이러한 두 가지 비유의 결론 말씀이 33절에 기록되어 있습니다.

이와 같이 너희 중의 누구든지 자기의 모든 소유를 버리지 아니하면 능히 내 제자가 되지 못하리라(눅 14:33).

여기에서 '모든 소유'는 단지 '재산'이 아니라 '그가 가진 모든 것'(everything he has)을 가리킵니다. 여기에는 돈과 명예와 가족과 자신의 생명까지 다 포함되어 있습니다. 그것을 포기하지(give up) 않는다면 주님의 제자가 될 수 없다는 말씀입니다. 메시지성경은 다음과 같이 풀이합니다.

간단히 말하겠다. 계획이든 사람이든, 너희에게 가장 소중한 것과 기꺼이 작별할 각오가 없으면, 너희는 내 제자가 될 수 없다(눅 14:33, 메시지).

그렇습니다. 주님의 제자가 되려면 지금까지 내가 가장 소중하게 여겼던 것과 기꺼이 작별할 각오가 되어 있어야 합니다. 그러지 않고 주님을 따른다면 반드시 후회하게 되거나 낙오하게 됩니다. 대가를 치를 생각 없이 제자가 된 사람을 가리켜서 예수님은 '맛을 잃은 소금'이라고 말씀하십니다.

[34] **소금이 좋은 것이나 소금도 만일 그 맛을 잃으면 무엇으로 짜게 하리요** [35] **땅에도, 거름에도 쓸 데 없어 내버리느니라 들을 귀가 있는 자는 들을지어다 하시니라**(눅 14:34-35).

소금이 맛을 잃게 되는 경우는 과연 어떤 것일까요? 가장 설득력 있는 설명은 소금 속에 불순물이 섞여 들어가는 경우입니다. 세상의 욕심과 이기적인 욕망을 신앙이라는 이름으로 포장하는 그리스도인이 바로 '맛을 잃은 소금'입니다. 물론 그들 나름대로 열심히 신앙생활을 합니다. 그렇지만 그들의 궁극적인 목표는 '하나님의 뜻'을 이루는 것이 아니라 '자기의 뜻'을 이루는 것입니다. 그런 사람은 결코 주님의 제자가 될 수 없을 뿐만 아니라 결국에는 하나님 나라의 잔치에 참여할 수 없습니다.

'목표'는 이루었는데 '목적'을 잃어버린 사람이 되지 말아야 하겠습니다. 우리의 진정한 목적은 오직 '하나님의 뜻' 안에서만 발견될 수 있습니다. '하나님 나라' 안에서만 찾을 수 있습니다. 주님의 제자는 어떤 대가를 치르더라도 오로지 자신을 부르신 주님의 목적에 충성하는 사람입니다.

묵상 질문: 내가 지금 지고 있는 '자기 십자가'는 무엇인가?

오늘의 기도: 하나님 아버지, 한 없이 부족하고 연약한 우리를 제자로 불러주시고, 또한 하나님 나라의 잔치에 초대해 주시니 감사합니다. 어떤 일이 있더라도 그 잔치 자리에 반드시 참여할 수 있게 하옵소서. 어떤 대가를 치르더라도 주님의 제자가 되어 따르는 일을 포기하지 않게 하옵소서. 주님이 부르시는 마지막 순간까지 오로지 주님의 목적에 충성하는 사람이 되게 하옵소서. 예수님의 이름으로 기도합니다. 아멘.

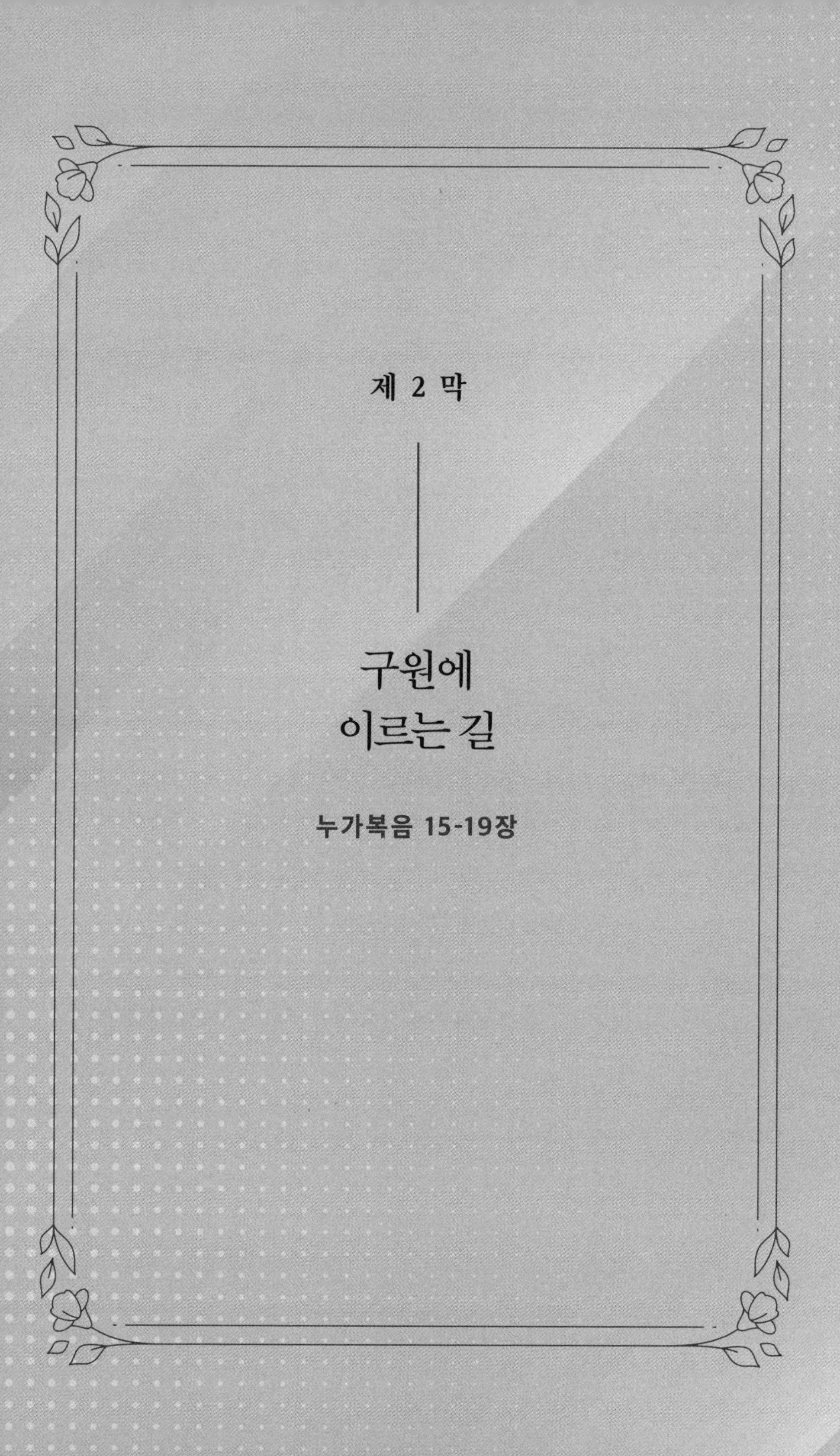

제 2 막

구원에 이르는 길

누가복음 15-19장

누가복음 묵상 ❷-15

잃었다가 찾은 것들

읽을 말씀: 누가복음 15:1-10

새길 말씀: 내가 너희에게 이르노니 이와 같이 죄인 한 사람이 회개하면 하늘에서는 회개할 것 없는 의인 아흔아홉으로 말미암아 기뻐하는 것보다 더하리라(눅 15:7).

지금 우리는 '하나님 나라의 길'이라는 주제로 누가복음의 후반부(눅 9:51-24:53)를 묵상하고 있습니다. 이 부분은 갈릴리 사역을 마치신 예수님이 예루살렘으로 올라가서 십자가를 지시는 과정을 다루고 있습니다. 크게 세 묶음으로 나누어서 살펴보고 있는데, 지금까지 묵상해 온 것은 제1막 '제자가 되는 길'(9-14장)이었습니다. 주님의 뒤를 이어 하나님 나라 운동을 펼쳐갈 제자를 훈련하는 일에 집중하는 이야기입니다.

오늘부터는 제2막 '구원에 이르는 길'(15-19장) 묵상을 시작합니다. 여기에는 세상을 구원하시려는 하나님의 마음이 어떤 것인지, 과연 어떤 사람이 구원에 이르게 되는지, 또한 하나님 나라의 도래와 구원이 어떤 상관관계가 있는지를 설명하는 내용입니다. 누가복음 15장에 기록된 세 가지 비유는 잃어버린 영혼을 구원하기 위해 애쓰시는 하나님의 진솔한 마음을 잘 설명합니다. 그 모든 이야기를 시작하는 도입 부분입니다.

> [1]모든 세리와 죄인들이 말씀을 들으러 가까이 나아오니 [2]바리새인과 서기관들이 수군거려 이르되 이 사람이 죄인을 영접하고 음식을 같이 먹는다 하더라(눅 15:1-2).

지난 시간에 묵상한 말씀에서 예수님은 제자가 되는 길, 즉 제자도(弟子道)에 대해서 가르치셨습니다(눅 14:25-35). 주님의 제자가 되려면 가진 것을 모두 내려놓는 대가를 치를 각오가 되어 있어야 한다는 것이 말씀의 요지였습니다. 이는 주님을 따르도록 격려하는 말씀이 아니라 그 반대로 주님을 따라오지 못하도록 만류하는 말씀처럼 보입니다. 그런데도 '모든 세리와 죄인들'이 예수님의 말씀을 들으러 가까이 나아온 것입니다.

이들은 당시 유대 사회에서 무시당하고 천대받던 사람들이었습니다. 그러나 그들은 제자가 되는 것이 힘들다고 만류해도 더욱 가까이 나아왔습니다. 왜냐면 예수님은 '세리와 죄인의 친구'(눅 7:34)였기 때문입니다. 바리새인이나 서기관 같은 당시 종교인들은 그런 죄인들과 어울리는 것을 아주 싫어했습니다. 아니나 다를까 그들은 예수님이 세리들과 함께 음식을 나누는 것을 보고 "이 사람이 죄인을 영접하고 음식을 같이 먹는다"라고 하면서 뒤에서 맹비난했습니다.

잃은 양 한 마리

그들의 비난에 대응하여 예수님은 누가복음 15장의 비유들을 말씀하신 것입니다. 그중에서 첫 번째 비유가 바로 '잃은 양을 찾은 목자 비유'입니다.

예수께서 그들에게 이 비유로 이르시되 너희 중에 어떤 사람이 양 백 마리가 있는데 그중의 하나를 잃으면 아흔아홉 마리를 들에 두고 그 잃은 것을 찾아 내기까지 찾아다니지 아니하겠느냐(눅 15:3).

양은 공격 무기도 방어 무기도 없는 가장 약한 동물입니다. 그런 양이 생존하려면 목자의 존재가 필수적입니다. 목자의 돌봄이나 보호 없이는 단 하루도 생존할 수 없습니다. 그런데 양이 그만 길을 잃어버렸습니다. 그 이야기는 목자의 돌봄이 미치지 못하는 곳으로 떨어져 나갔다는 뜻입니다. 목자가 양을 돌보는 일을 소홀히 했기 때문일까요? 그렇지 않을 것입니다. 아마도 목자가 앞장서서 인도하는 대로 순종하여 따라가지 않고 호기심에 여기저기 기웃거리다가 그만 일행을 놓쳐버렸을 것입니다.

여기에서 '잃은 양'은 당시 종교인들에게 손가락질 받던 '세리와 죄인들'을 상징합니다. 그들이 악한 길에 빠져서 살아가게 된 것은 물론 그들 자신의 선택이요 책임입니다. 아무리 그렇다고 해도 그들을 함부로 정죄하면 안 됩니다. 그것은 마치 길 잃은 양에 대해서 다른 양들이 비난하며 정죄하는 것과 똑같습니다. 길 잃은 양을 책망할 수 있는 분은 오직 참 목자이신 하나님이십니다. 그런데 하나님은 그렇게 하지 않으십니다. 그분은 '선한 목자'이기에 결코 잃은 양을 정죄하거나 책망하거나 외면하지 않으십니다. 오히려 그 양을 구원하기 위해 직접 찾아 나섭니다.

이러한 목자의 행동을 비효율적이라고 생각할지 모릅니다. 잃은 양 하나를 찾기 위하여 나머지 아흔아홉 마리의 양을 '들에 두고' 갔기 때문입니다. 사람들의 계산법으로는 한 마리보다 아흔아홉 마리가 훨씬 더 가치가 있습니다. 한 마리를 잃어버려도 나머지 아흔아홉 마리를 잘 보호하는 것이 더 경제적입니다. 그러나 하나님의 계산법은 다릅니다. 하나님은 아흔아홉 마리가 남아 있으니 한 마리쯤 잃어버려도 괜찮다고 생각하지 않으십니다. 왜냐면 하나님의 눈에는 백 마리의 양이 하나 같이 다 귀한 존재이기 때문입니다.

그것은 마치 자녀를 잃어버린 부모의 마음과 같습니다. 다른 자녀들이 남아 있다고 잃어버린 아이를 찾지 않을 부모가 이 세상에 어디 있겠습니까? 하나님은 당신이 기르는 양들을 도매금으로 취급하지 않으십니다. 모든 양 하나하나가 목자에게는 소중합니다. 선한 목자는 그 양들의 이름을 각각 알고 있습니다. 아무리 그들이 부족하고 연약하고 고집불통이고 때로 제멋대로 행동하는 어리석은 양이라고 하더라도 한 마리도 그냥 포기할 수 없습니다. 그만큼 모든 양이 목자에게 소중하기 때문입니다.

그래서 목자는 잃은 양을 찾기 위해서 최선을 다합니다. 본문은 이러한 목자의 심정을 "찾아내기까지 찾아다닌다"라는 말로 표현합니다. 한두 번 찾아보려고 시도했으니, 그것으로 충분하다고 생각하지 않습니다. 찾을 때까지 찾아다닙니다. 그게 바로 선한 목자의 마음입니다. 만일 이런 마음이 하나님께 없었다면 당신의 독생자 예수 그리스도를 이 땅에 보내지 않으셨을 것입니다. 그냥 율법에 정해 놓은 대로 처리하면 그뿐입니다. 그런다고 누가 뭐라고 하겠습니까?

그러나 하나님은 그렇게 하지 않으십니다. 찾을 때까지 찾으시고, 독생자를 십자가에 내어주시기까지 용서하며 사랑하시는 것입니다. 그리고 찾았을 때 잔치를 벌입니다.

[4]또 찾아낸즉 즐거워 어깨에 메고 [5]집에 와서 그 벗과 이웃을 불러 모으고 말하되 나와 함께 즐기자 나의 잃은 양을 찾아내었노라 하리라(눅 15:4-5).

잃은 양을 찾게 되었을 때 목자의 마음이 얼마나 기뻤던지 그 양을 '어깨에 메고' 덩실덩실 춤을 추며 돌아옵니다. 그리고 '친구들과 이웃을 불러' 잔치를 베풀면서 "나와 함께 즐거워하자"라고 합니다. 아니, 양 한 마리가 무슨 가치가 있다고 그렇게 많은 돈을 들여서 잔치를 벌인단 말인지 잘 이해가 되지 않습니다. 그러나 하나님에게는 지극히 자연스러운 일입니다. 하나님은 이 세상을 그처럼 사랑하시는 것입니다.

하나님의 기쁨

그런데 어떤 분은 아흔아홉 마리를 들에 팽개치고 한 마리를 찾으러 떠난 목자의 행동을 아주 못마땅하게 생각합니다. 마치 자신이 그 아흔아홉 마리 속에 포함된 것처럼 생각해서 무언가 손해 보았다고 느낍니다. 제멋대로 나간 그 양 한 마리를 찾겠다고 어떻게 우리를 들에 내버려 두고 그렇게 훌쩍 떠날 수 있느냐고 불평합니다.

그러나 기억해야 합니다. 우리는 본래 길을 잃은 한 마리의 양입니다. 아흔아홉 마리도 과거에 모두 잃었다가 다시 찾은 양들입니다. 지금은 우리가 구원받은 하나님의 자녀가 되었지만, 과거에는 모두 죄인이었습니다. 우리가 아직 죄인 되었을 때 하나님은 우리를 구원하셨습니다. 만일 목자가 잃은 양 한 마리를 찾아 나서지 않는다면, 나머지 아흔아홉 마리도 존재할 수 없는 것입니다.

> **내가 너희에게 이르노니 이와 같이 죄인 한 사람이 회개하면 하늘에서는 회개할 것이 없는 의인 아흔아홉으로 말미암아 기뻐하는 것보다 더하리라**(눅 15:7).

이 비유에서 '잃은 양 한 마리'가 세리와 죄인들을 가리킨다면, '아흔아홉 마리의 양들'은 누구를 가리킬까요? 당시의 종교인들을 가리킵니다. 그런데 어찌 된 일인지, 예수님은 아흔아홉 마리의 양들을 가리켜서 '회개할 것이 없는 의인'이라고 말씀하십니다. 그들은 정말 흠이 없는 완벽한 의인일까요? 그런 뜻은 아닙니다. 이런 경우에 잘 어울리는 표현이 바로 '자칭 의인'입니다. 그들은 자신을 의인이라고 생각합니다. 그래서 세리를 죄인이라고 판단하는 것입니다.

하나님은 '자칭 의인' 때문에 기뻐하지 않으십니다. 오히려 회개하고 돌아오는 죄인 한 사람으로 인해 크게 기뻐하십니다. 이 부분을 메시지성경은 다음과 같이 풀이합니다.

> **"내가 분명히 말한다. 구원이 필요하지 않은 아흔아홉 명의 선한 사람보다, 구원받은 죄인 한 사람의 생명으로 인해 천국에는 더 큰 기쁨이 있다"**(눅

15:7, 메시지).

이 세상에 구원이 필요하지 않은 사람은 하나도 없습니다. 지금은 구원받은 자가 되었을지라도, 과거에는 모두 하나님의 용서와 구원이 필요한 죄인이었습니다. 그렇다면 죄인 한 사람이 회개하고 돌아와 새로운 생명을 누리게 되었을 때 하나님 나라에서는 환호성이 울리고 큰 잔치가 벌어진다는 사실을 알아야 합니다. 과거에 내가 회개하고 하나님께 돌아와 구원받았을 때 그러셨듯이, 지금 다른 사람이 구원받을 때도 하나님은 크게 기뻐하십니다. 이러한 하나님의 마음을 조금이라도 헤아린다면 우리는 다른 사람을 함부로 정죄하거나 스스로 의인인 척 거들먹거리지는 않을 것입니다.

잃은 동전 하나

누가복음 15장에 기록된 두 번째 비유는 '잃은 드라크마를 찾은 여인 비유'입니다.

어떤 여자가 열 드라크마가 있는데 하나를 잃으면 등불을 켜고 집을 쓸며 찾아내기까지 부지런히 찾지 아니하겠느냐(눅 15:8).

'드라크마'(a drachma)는 그리스 은화로서 신약성경 중에 오직 여기에만 등장합니다. 이와 비슷한 로마의 화폐는 '데나리온'(a denarius)이었습니다. 예수님이 왜 '데나리온'이 아니라 '드라크마'를 비유에 등장시키는지 그 이유가 궁금합니다. 그 궁금증을 마음에 담아두고 일단 비유의 내용을 먼저 살펴보겠습니다. 어떤 여자가 열 드라크마를 가지고 있었습니다. 그런데 어쩌다가 그만 드라크마 하나를 잃어버렸습니다. 그러자 이 여인은 등불을 켜고 집을 샅샅이 뒤지면서 그 동전을 부지런히 찾는다는 것입니다.

유대인의 집은 창문이 없거나 있더라도 아주 작아서 한낮에도 방 안이 어둡습니다. 그래서 무엇을 찾으려면 반드시 등불을 켜야만 했습니다. 또한 팔레스타인 농가는 진흙으로 다진 방에 마른 갈대를 폈는데, 그런 방에서 작은 동전을 찾는다는 건 거의 불가능한 일입니다. 그런데도 포기하지 않고 빗자루로 집을 샅샅이 쓸면서 '찾아내기까지' 그 동전을 찾습니다. 과연 드라크마 한 개가 얼마나 가치 있기에 그런 수고를 마다하지 않았을까요?

드라크마는 데나리온과 마찬가지로 노동자의 하루 품삯 정도입니다. 그래보아야 빵 세 덩이를 살 수 있을 정도의 가치입니다. 그 은전을 잃어버렸다고 그렇게 야단법석을 떨 필요가 있을까 싶습니다. 물론 아무리 작은 액수라고 하더라도 돈은 돈입니다. 한 푼이라도 아끼고 절약하는 습관을 지닌 주부였다면 한 드라크마를 찾기 위해서 얼마든지 그런 수고를 할 수도 있을 겁니다. 그러나 여기에는 알뜰함의 이유보다 더욱 로맨틱한 이유가 있습니다.

팔레스타인 여인들은 드라크마 은전 열 개를 은줄에 꿰어서 묶은 머리 장식으로 자신이 결혼한 여인이라는 사실을 나타냈습니다. 왜 하필 드라크마였을까요? 그것은 데나리온보다 구하기가 어려웠기 때문입니다. 말하자면 희소성의 가치가 있었던 것입니다. 그래서 어쩌다 드라크마 동전을 만나면 따로 보관해 두었습니다. 그런 방식으로 열 개를 모으려면 제법 많은 세월이 필요했을 것입니다. 그래서 빚쟁이도 그것만큼은 가져가지 못했다고 합니다.

자, 그렇게 생각해 보면 이 여인이 잃어버린 동전을 왜 그렇게 필사적으로 찾으려고 했는지 충분히 이해할 수 있습니다. 한 드라크마는 화폐로서의 가치보다 그것이 열 개로 묶였을 때 결혼을 상징하는 의미가 더욱 컸던 것입니다. 한 개가 빠진 나머지 아홉 개로는 아무런 가치가 없습니다. 한 개가 포함되어야 나머지 아홉 개 드라크마의 가치가 생겨나는 것입니다. 그래서 그것을 찾아내기까지 부지런히 찾았던 것입니다.

하나님 나라 잔치

이 잃어버린 드라크마는 잃어버린 양과 마찬가지로 소외당하고 무시당하던 세리와 죄인들을 상징합니다. 그들을 가볍게 생각하여 함부로 취급해서는 안 됩니다. 왜냐면 그들이 들어와야 한 묶음이 완성될 수 있기 때문입니다. 그 잃은 동전을 찾았을 때 왜 잔치를 베풀 만큼 기뻐했는지 우리는 이해해야 합니다.

또 찾아낸즉 벗과 이웃을 불러 모으고 말하되 나와 함께 즐기자 잃은 드라크마를 찾아내었노라 하리라(눅 15:9).

단지 경제적인 손익만을 계산해 본다면 이것은 도무지 이해할 수 없는 일입니다. 드라크마 은화 하나를 찾았다고 친구들과 이웃을 불러 잔치를 베푼다면, 차라리 잃은 돈을 찾지 않는 편이 훨씬 더 경제적입니다. 그러나 이것은 경제적인 손익으로 따질 수 없는 가치가 있습니다. 여기에서 중요한 것은 '잃은 것을 찾아낸 기쁨'입니다. 그 드라크마 하나가 다른 사람에게는 아무런 의미가 없는 것일지라도 이 여인에게는 이 세상의 그 어떤 것보다 가장 소중한 보물입니다.

하나님께도 마찬가지입니다. 잃어버린 한 영혼이 돌아와야 구원받은 다른 아홉의 영혼들과 어울려서 함께 만드는 하나님의 나라가 완성될 수 있습니다. 그러니까 한 영혼을 잃어버리면 마치 다른 모든 영혼을 잃어버린 것처럼 안타깝게 생각할 수 있어야 하는 것입니다. 이와 같은 하나님의 마음은 한 영혼이 구원받았을 때 하나님 나라에서 벌이는 잔치로 표현됩니다.

> **내가 너희에게 이르노니 이와 같이 죄인 한 사람이 회개하면 하나님의 사자들 앞에 기쁨이 되느니라(눅 15:10).**

"하나님의 사자들 앞에 기쁨이 된다"를 NIV성경은 "there is rejoicing in the presence of the angels of God"라고 번역합니다. 이것은 하나님의 보좌 주변에서 천사들이 하나님을 옹위하고 있는 모습을 상상해 보면 됩니다. 지상에서 한 죄인이 회개하고 돌아오면 그 일로 인해 하늘에서는 하나님과 천사들이 기쁨의 잔치를 벌인다는 것입니다. 메시지성경은 다음과 같이 풀이합니다.

> **"내가 분명히 말한다. 잃어버린 한 영혼이 하나님께 돌아오면, 그때마다 하나님의 천사들이 바로 그와 같이 파티를 벌이며 축하한다"(눅 15:10, 메시지).**

그렇습니다. 한 영혼이 하나님께 돌아오면 하나님 나라에서는 성대한 파티가 벌어집니다. 그것이 하나님의 마음이요 기쁨입니다. 우리에게도 이런 마음이 있어야 하지 않겠습니까? 한 영혼은 그냥 하나(one)가 아닙니다. 한 영혼이 회개하고 하나님께 돌아왔을 때 그냥 '플러스 원'(plus one) 정도가 아닙니다. 그것은 나머지 아홉의 인생을 의미 있고 가치 있게 하는 정말 대단한 일입니다.

우리 교회에 새가족이 들어올 때마다 우리는 그런 마음을 품고 대해야 합니다. 그 한 영혼으로 인해 우리 교회 전체의 위상이 달라지고, 품격이 달라지고, 가치가 달라질 수 있기 때문입니다. 그 한 영혼으로 인해 하나님께서는 하나님 나라에서 천사들과 더불어 성대한 파티를 벌이며 축하하시는데, 왜 우리는 그렇게 하지 못하는 것일까요? 한 영혼의 가치를 알지 못하기 때문입니다.

'잃은 양을 찾은 목자 비유'도 마찬가지입니다. 잃은 양 한 마리는 그냥 '백분의 일' 가치가 아닙니다. 그 한 마리가 없으면 나머지 아흔아홉 마리가 완성될 수 없습니다. 잃은 양 한 마리를 찾아서 제자리에 돌려놓아야만 온전해집니다. 그래서 목자는 그 한 마리를 찾기까지 찾아 나섰던 것입니다.

이 세상을 구원하시려는 하나님의 마음을 이보다 더 잘 설명할 수는 없을 것입니다. 하나님은 잃은 양 한 마리, 작은 동전 하나같은 사람도 외면하거나 버리지 않으시는 분입니다. 세리와 죄인들이 아무리 사람들에게 손가락질받을 만한 나쁜 일을 했다고 하더라도, 그들 또한 회개하고 돌아오면 얼마든지 하나님 나라의 백성이 될 수 있는 것입니다. '그 사람은 절대로 안 돼!' 하고 마음을 닫아버리면 그것이야말로 정말 안 되는 일입니다. 그 사람도 얼마든지 하나님의 자녀가 될 수 있습니다. 아니, 하나님의 자녀가 되어야 합니다. 그래야 우리가 온전해질 수 있습니다.

잃은 양 한 마리를 외면하지 않으시고 찾도록 찾아다니는 목자의 심정이 곧 하나님의 마음입니다. 잃은 드라크마 하나를 포기하지 않고 찾을 때까지 찾는 여인의 심정이 곧 하나님의 마음입니다. 그러한 하나님의 마음 때문에 우리가 구원받아 하나님의 백성이 되었다는 사실을 절대로 잊어버리지 말아야 합니다. 하나님 나라는 구원받은 죄인 한 사람으로 인해 매일 잔치가 벌어지는 곳입니다. 우리가 속한 믿음의 공동체가 그와 같은 하나님 나라가 되기를 간절히 소망합니다.

묵상 질문: 나도 한때 잃은 양이었다는 사실을 인정하는가?

오늘의 기도: 하나님 아버지, 우리도 과거에 길을 잃어버린 한 마리의 양이었고, 제 자리를 놓쳐버린 하나의 드라크마였다는 사실을 잊지 않게 하옵소서. 한 죄인이 구원받을 때 하나님 나라에서 축하 잔치를 벌이시는 하나님처럼 우리도 그렇게 진심으로 기뻐하며 환영할 수 있게 하옵소서. 그리하여 우리 교회에 하나님의 나라가 이루어지게 하옵소서. 예수님의 이름으로 기도합니다. 아멘.

누가복음 묵상 ❷ -16

잃었다가 찾은 아들

읽을 말씀: 누가복음 15:11-32

새길 말씀: [31]아버지가 이르되 얘 너는 항상 나와 함께 있으니 내 것이 다 네 것이로되 [32]이 네 동생은 죽었다가 살아났으며 내가 잃었다가 얻었기로 우리가 즐거워하고 기뻐하는 것이 마땅하다 하니라(눅 15:31-32).

지금 우리는 누가복음 15장에 기록된 세 가지 비유를 살펴보고 있습니다. 지난 시간에는 '잃은 양을 찾은 목자'와 '잃은 드라크마를 찾은 여인'의 비유를 묵상했습니다. '잃은 양'과 '잃은 드라크마'는 모두 하나님에게서 멀리 떠난 사람, 즉 죄인을 상징합니다. '잃어버린 자'(the lost)를 하나님이 얼마나 간절히 찾고 계시는지, 또한 죄인 한 사람이 회개하고 돌아올 때 하나님이 얼마나 기뻐하시는지 잘 설명합니다.

그것이 바로 이 세상을 구원하려고 하시는 하나님의 간절한 마음입니다. 잃어버린 자를 찾도록 찾으시는 하나님의 마음이 당신의 독생자를 아낌없이 내어주셨습니다. 오늘은 세 번째 비유인 '잃은 아들을 찾은 아버지'의 비유를 묵상하려고 합니다. 이 비유는 앞의 두 비유보다 더욱 직설적으로 하나님 아버지의 마음을 드러냅니다.

집을 떠난 아들

이 비유를 '탕자의 비유'라고 알고 있는 사람이 많지만, 내용을 주의 깊게 살펴보면 그렇게 말할 수 없다는 사실을 알게 됩니다.

> **[11]또 이르시되 어떤 사람에게 두 아들이 있는데 [12]그 둘째가 아버지에게 말하되 아버지여 재산 중에서 내게 돌아올 분깃을 내게 주소서 하는지라 아버지가 그 살림을 각각 나눠 주었더니**…(눅 15:11-12).

이 비유의 주인공은 집을 나간 둘째나 집에 남아 있던 맏이가 아닙니다. 앞에서 우리가 묵상한 두 비유에서도 주인공은 '잃은 양'이나 '잃은 드라크마'가 아니라 그것을 찾도록 찾은 '목자'와 '여인'이었습니다. 마찬가지로 이 이야기의 주인공은 두 아들이 아니라 그들을 한없이 기다리고 끝까지 품어주는 아버지입니다. 따라서 이 비유는 '잃은 아들을 찾은 아버지 비유'라고 해야 합니다.

이야기는 이렇게 시작됩니다. 한 아버지에게 두 아들이 있었습니다. 어느 날 둘째가 아버지에게 미리 유산을 분배해달라고 요구합니다. 물론 아버지가 생전에 자녀에게 재산을 분배해 줄 수는 있었습니다. 그러나 아버지가 아직 멀쩡히 살아있는데 자기 몫을 먼저 요구한다는 것은 불효자식이나 하는 짓입니다. 아버지가 일구어 온 재산을 마치 자기가 가져야 할 당연한 '자기 몫'이라고 주장하는 것이기 때문입니다.

그런데도 아버지는 아들이 원하는 대로 해줍니다. "그 살림을 각각 나누어 주었다"라는 말에서 이때 둘째에게뿐만 아니라 맏이에게도 유산을 나누어 주었다는 사실을 알게 됩니다. 율법에 따르면 장자는 '두 몫'을 차지하게 되어 있습니다(신 21:17). 따라서 이런 경우에 맏이는 아버지 재산의 3분의 2를, 둘째는 3분의 1을 상속받았을 것입니다.

그 후 며칠이 안 되어 둘째 아들이 재물을 다 모아 가지고 먼 나라에 가 거기서 허랑방탕하여 그 재산을 낭비하더니…(눅 15:13).

재산을 상속해 주었다고 하더라도 아버지가 살아있는 동안에는 여전히 아버지의 감독을 받아야 했습니다. 상속받은 자녀가 자기 마음대로 그것을 처분할 수 없었던 것입니다. 그런데 얼마 지나지 않아 둘째는 미리 계획한 대로 '재물을 다 모아서' 먼 나라로 떠납니다. 그리고 거기에서 허랑방탕하다가 결국 그 재산을 다 날려 버리고 말았습니다.

뒷부분에 보면 형이 동생을 비난하면서 모든 재산을 "창녀들과 함께 삼켜버렸다"라고 주장합니다(눅 15:30). 그러나 그것은 확인된 사실이 아닙니다. 오히려 사업에 투자했다가 실패했을 수도 있고, 아니면 도박으로 탕진했을 수도 있습니다. 무엇이 되었든지 간에 둘째의 가장 큰 실수는 아버지 없이 제 마음대로 인생을 살아보려고 했다는 사실입니다. 그러다가 그 많은 재산과 함께 자신의 인생을 낭비하게(waste) 된 것입니다.

그다음에는 당연히 고생하면서 지내는 이야기가 나오겠지요.

[14]다 없앤 후 그 나라에 크게 흉년이 들어 그가 비로소 궁핍한지라 [15]가서 그 나라 백성 중 한 사람에게 붙여 사니 그가 그를 들로 보내어 돼지를 치게 하였는데 [16]그가 돼지 먹는 쥐엄 열매로 배를 채우고자 하되 주는 자가 없는지라(눅 15:14-16).

마침 그 나라에 심한 기근이 들었고, 그는 아주 구차한 형편이 되었습니다. 돈 떨어지면 친구도 떨어지는 법입니다. 더군다나 타국에서 무일푼이 된 그를 돕겠다는 사람은 하나도 없었습니다. 결국 그는 들판으로 나가 돼지를 치는 일을 하게 되었습니다. 돼지를 치는 직업은 유대인이 가장 멸시하는 것이었습니다. 그러나 어떻게든 먹고 살아야 하겠기에 그는 자존심도 내려놓고 그런 일이라도 하게 되었던 것입니다.

심지어는 돼지가 먹는 '쥐엄 열매'라도 먹으려고 했지만, 아무도 주는 자가 없었다고 합니다. '쥐엄 열매'(pods)는 콩과 식물의 열매로서 주로 돼지와 같은 가축의 사료로 쓰이거나 당시에 가난한 사람들의 음식으로 쓰이기도 했습니다. 아버지에게 물려받은 유산으로 떵떵거리며 살던 때가 불과 얼마 전이었습니다. 그러나 지금은 인간으로서 최소한의 존엄성도 유지하지 못하는 그런 형편이 되었습니다. 더 이상 내려갈 데가 없는 밑바닥에 주저앉게 된 것입니다.

그제야 둘째 아들은 정신을 차리게 됩니다.

[17]이에 스스로 돌이켜 이르되 내 아버지에게는 양식이 풍족한 품꾼이 얼마나 많은가 나는 여기서 주려 죽는구나 [18]내가 일어나 아버지께 가서 이르기를 아버지 내가 하늘과 아버지께 죄를 지었사오니 [19]지금부터는 아버지의 아들이라 일컬음을 감당하지 못하겠나이다 나를 품꾼의 하나로 보소서 하리라

하고…(눅 15:17-19).

'이에 스스로 돌이켜'가 바로 이 이야기의 전환점입니다. 이 부분을 NIV성경은 'when he came to his senses'라고 표현합니다. '제정신이 돌아왔을 때'라는 뜻입니다. 그렇다면 그동안은 제정신이 아니었다는 것입니다. 제정신이 아니었기에 아버지에게 유산을 내놓으라고 요구했고, 제정신이 아니었기에 그 유산을 모두 정리해서 타국으로 갔고, 제정신이 아니었기에 흥청망청 지내다가 재산을 낭비했고, 제정신이 아니었기에 돼지나 먹는 쥐엄 열매를 먹으며 지냈던 것입니다. 그러다가 이제 문득 제정신을 차리게 되었던 것이지요.

그러고 나니까 가장 먼저 아버지 생각이 났습니다. 품꾼이라도 좋으니까 아버지 집으로 돌아가야겠다고 마음먹게 되었습니다. 아버지 집에서 자신이 얼마나 행복했었는지를 비로소 깨닫게 되었습니다. 집에 있었을 때는 하루라도 빨리 아버지를 떠나서 독립하는 것이 행복인 줄 알았는데, 그게 얼마나 어리석은 판단이었는지 비로소 알게 된 것입니다.

하나님 아버지의 집으로 돌아갈 생각을 하는 그 순간이 바로 인생의 전환점입니다. 아무리 멀리 왔다고 하더라도, 아무리 많은 죄를 지었다고 하더라도 일단 돌아가기로 마음먹은 바로 그때부터 구원은 시작됩니다. 여기에서 우리가 기억해야 할 것은 '강제적인 참회'란 있을 수 없다는 사실입니다. 회개는 타인에 의하여 억지로 하는 것이 아니라 '스스로 돌이키는 것'입니다. 그렇게 제정신을 차리면 구원과 회복의 길은 언제든지 열립니다.

기다리는 아버지

둘째 아들은 아버지의 집으로 돌아가면서 더 이상 아들이라는 자격을 주장하지 않기로 결심합니다. '품꾼의 하나'로 여겨주어도 분에 넘치는 은혜요 감사할 일로 생각하겠다는 것입니다. 예전과 비교하면 180도 완전히 달라진 모습입니다. 그는 아들의 자격과 권리를 앞세워 아버지에게 유산을 넘겨달라고 당당히 요구했습니다. 그런데 이제는 아들이라 불릴 자격이 없음을 인정하고 '품꾼'으로 여겨달라고 빌게 되었으니 말입니다.

그렇습니다. 은혜를 은혜로 알 때만 진정한 감사가 생겨납니다. 무엇이든 당연하게 생각하고 자신의 권리를 주장하기 시작하면 감사가 아니라 원망이 생겨납니다. 이 아들은 예전에 자신이 누리던 삶이 당연한 게 아니라는 사실을 이제야 알게 된 것입니다. 그러나 지금이라도 늦지 않았습니다. 그가 돌이키기로 한 것은 정말 잘한 일입니다. 왜냐면 아버지가 그를 기다리고 있었기 때문입니다.

이에 일어나 아버지께 돌아가니라 아직도 거리가 먼데 아버지가 그를 보고 측은히 여겨 달려가 목을 안고 입을 맞추니…(눅 15:20).

아들이 돌아오는 것을 아버지가 먼저 발견합니다. 그리고 '아직도 거리가 먼데' 맨발로 달려가 목을 안고 입을 맞춥니다. 여기에서 우리는 아들이 용서를 구하기도 전에 먼저 용서하는 아버지의 모습을 봅니다. 그리고 언제부터 아들을 용서했을까 궁금해집니다. 그 아들이 집을 떠났을 때부터 용서하셨는지도 모릅니다. 그 아들이 돌이키기로 한 것이 잘한 일이라고 말한 이유가 여기에 있습니다. 만일 돌이키지 않았더라면 이미 용서하고 기다리시는 아버지의 마음을 확인할 수 없었을 것이기 때문입니다.

그렇습니다. 우리의 회개는 하나님의 용서를 얻어내는 수단이 아니라 하나님의 용서를 확인하는 통로입니다. 하나님 아버지께 나아오는 자만이 우리가 죄인이었을 때에 이미 우리를 용서하고 계시는 하나님의 사랑을 확인할 수 있습니다(롬 5:8). 그러나 끝까지 돌이키지 않는 사람은 하나님의 용서를 맛보는 대신 스스로 심판의 자리에 서게 되는 것입니다.

[21]아들이 이르되 아버지 내가 하늘과 아버지께 죄를 지었사오니 지금부터는 아버지의 아들이라 일컬음을 감당하지 못하겠나이다 하나 [22]아버지는 종들에게 이르되 제일 좋은 옷을 내어다가 입히고 손에 가락지를 끼우고 발에 신을 신기라 [23]그리고 살진 송아지를 끌어다가 잡으라 우리가 먹고 즐기자 [24]이 내 아들은 죽었다가 다시 살아났으며 내가 잃었다가 다시 얻었노라 하니 그들이 즐거워하더라(눅 15:21-24).

아버지는 돌아온 아들의 손에 가락지를 끼우고 발에 새로운 신발을 신깁니다. 이것은 아들의 자격을 회복하는 행동입니다. 그리고 이번에도 잔치가 벌어집니다. 죄인 하나가 회개하고 돌아왔을 때 하나님 나라에서는 특별한 잔치가 벌어진다고 했습니다. 하나님의 기쁨은 이렇게 표현됩니다. "이 내 아들은 죽었다가 다시 살아났다." 하나님의 사랑에서 떠나는 자는 '죽은 사람'입니다. 하나님의 사랑 안에서 다시 발견되는 자는 '산 사람'입니다. 그래서 하나님이 그렇게 기뻐하시는 것입니다.

여기에서 우리는 하나님 아버지의 진정한 용서와 사랑이 무엇인지를 알게 됩니다. 용서를 구하기 전에 이미 용서하는 것이 진정한 용서입니다. 회개하고 돌아온 사람들을 그냥 따뜻하게 안아주고 잔치를 베푸는 것이 진정한 사랑입니다. 까다로운 조건을 달고 자격을 요구하는 용서와 사랑은 사람을 변화시키지 못합니다.

불평하는 맏아들

이렇게 둘째 아들이 돌아옴으로써 이야기가 끝난다면 얼마나 좋을까요? 그러나 아직 끝이 아닙니다. 회개하고 돌아온 죄인을 미리 용서하고 사랑하시는 하나님의 마음과는 달리, 예수님 당시의 종교인들은 죄인이 회개하고 돌아오는 일에 대해서 아주 못마땅하게 생각했습니다. 이 비유의 후반부는 바로 그런 사람들을 빗대어 하신 이야기입니다.

> [25]**맏아들은 밭에 있다가 돌아와 집에 가까이 왔을 때에 풍악과 춤추는 소리를 듣고** [26]**한 종을 불러 이 무슨 일인가 물은대** [27]**대답하되 당신의 동생이 돌아왔으매 당신의 아버지가 건강한 그를 다시 맞아들이게 됨으로 인하여 살진 송아지를 잡았나이다 하니…**(눅 15:25-27).

아버지가 집에 돌아온 둘째에게 옷을 입히고 잔치를 베푸는 일을 하는 동안 맏아들은 '밭'에서 일을 하고 있었습니다. 저녁이 되어 집으로 돌아왔더니 영문을 알 수 없는 잔치가 벌어졌습니다. 풍악

소리와 춤추는 소리가 밖까지 들려옵니다. 이 대목에서 맏아들의 행동을 주의 깊게 살펴보십시오. 그는 집으로 들어가지 않고, 한 종을 밖으로 불러내어 자초지종을 묻습니다. 얼마든지 직접 들어가서 확인할 수도 있었을 텐데, 밖에서 엿보고 있는 것입니다. 이런 모습에서 우리는 맏아들에게도 뭔가 문제가 있다는 사실을 짐작하게 됩니다.

잔치가 벌어진 사연을 알게 된 맏아들은 빈손으로 돌아온 동생도 그렇지만, 그보다는 동생을 위해서 살진 송아지를 잡아서 잔치를 벌이는 아버지에 대해서 더욱 크게 실망하고 분노합니다.

[28]그가 노하여 들어가고자 하지 아니하거늘 아버지가 나와서 권한대 [29]아버지께 대답하여 이르되 내가 여러 해 아버지를 섬겨 명을 어김이 없거늘 내게는 염소 새끼라도 주어 나와 내 벗으로 즐기게 하신 일이 없더니 [30]아버지의 살림을 창녀들과 함께 삼켜버린 이 아들이 돌아오매 이를 위하여 살진 송아지를 잡으셨나이다(눅 15:28-30).

그는 기분이 언짢아서 아예 집에 들어가려고 하지 않습니다. 이를 알고 아버지가 나와서 타이르자, 그는 아버지에게 강력하게 항변합니다. 어떻게 보면 그의 항변은 설득력이 있습니다. 그는 동생처럼 재산을 처분하여 도망가지 않았습니다. 아버지 옆에서 늘 충성스럽게 일했습니다. 그런 맏아들에게 잔치를 베풀어 주어야 마땅합니다. 그런데 아버지의 재산을 모두 탕진하고 돌아온 동생을 위하여 성대한 잔치를 열어 주고 있으니, 그것을 누가 이해할 수 있겠습니까?

그러나 맏아들의 항변을 자세히 들여다보면 문제점이 참 많습니다. 우선 맏아들은 자기의 의로움에 대한 우월감을 감추지 않습니다.

"내가 여러 해 아버지를 섬겨 명을 어김이 없거늘…"이라는 표현이 그런 마음을 담고 있습니다. 이것이 예수님 당시 종교인들이 품고 있던 생각과 태도였습니다. 자신들은 세리나 죄인들과 근본적으로 다르다는 것입니다. 그들은 율법을 준수하는 것을 큰 자랑거리로 여겼습니다. 그렇게 하지 못하는 사람들보다 자신들이 더욱 의로우며 우월하다고 생각했던 것입니다.

또한 맏아들은 아버지에 대해 불평하며 비난합니다. 자신은 한눈 팔지 않고 그렇게 열심히 아버지를 곁에서 섬겨 왔는데도 염소 새끼라도 주어 친구들과 잔치를 열게 하지 않더니, 어떻게 동생이 돌아왔다고 그렇게 덥석 살진 송아지를 잡아서 잔치를 베풀 수 있느냐는 것입니다. 그러니까 한마디로 말해서 아버지의 처사가 불공평하다는 것입니다. 당시 종교인들이 죄인을 영접하던 예수님에 대해서 비난하는 말도 똑같은 논리입니다. 그들과 상종하는 것은 불공평한 처사입니다.

맏아들의 가장 큰 문제는 동생에 대한 멸시로 드러납니다. 그는 이렇게 말합니다. "아버지의 살림을 창기와 함께 삼켜버린 이 아들…." 그는 자기 '동생'이라고 하지 않습니다. 그냥 '이 아들'이라고 표현합니다. 그리고 재산을 탕진하게 된 것을 "창기와 함께 삼켜버렸다"라고 단정 지어 말합니다. 그러나 그것은 확인되지 않은 사실입니다. 물론 앞에서 "허랑방탕하여 재산을 낭비했다"라고 표현하지만, 그렇다고 해서 그 많은 돈을 창녀들에게 다 날렸다는 식으로 단정 짓고 멸시하고 비난하는 것은 옳지 않습니다. 세리와 죄인들을 멸시하면서 상종하지 않았던 바리새인들과 서기관들의 태도가 바로 그런 것이었습니다.

무엇보다도 맏아들은 아버지의 마음을 조금도 헤아리지 않았습니다. 둘째가 집을 나간 순간부터 돌아오기를 학수고대하며 매일같이 문밖에서 서성이는 아버지의 안타까움을 조금도 이해하지 않았습니다. 마침내 돌아왔을 때 죽은 줄 알았던 자식이 살아 돌아온 기쁨에 눈물 흘리는 아버지의 감격을 조금도 공감하지 못했습니다. 단지 상대적으로 자신에게 돌아올 몫이 적어진 것과 역으로 차별 대우를 받는다는 억울함에 아버지를 원망하고 동생을 멸시할 뿐이었습니다.

포기하지 않는 아버지

그런데 아버지는 정말 그동안 맏아들을 무시했을까요? 그의 수고와 봉사를 당연하게 여기면서 조금도 고마워하지 않았을까요?

> [31]**아버지가 이르되 얘 너는 항상 나와 함께 있으니 내 것이 다 네 것이로되** [32]**이 네 동생은 죽었다가 살아났으며 내가 잃었다가 얻었기로 우리가 즐거워하고 기뻐하는 것이 마땅하다 하니라**(눅 15:31-32).

맏아들에게 아버지는 이렇게 대답했습니다. "너는 늘 나와 함께 있으니 내 것이 다 네 것이다"(메시지). 아버지는 이미 두 아들에게 모든 재산을 분배해 주었습니다. 맏아들이 빈털터리가 되어 돌아온 동생의 귀향을 환영하지 않았던 가장 큰 이유는 혹시라도 자기가 차지한 몫이 줄어들까 염려되었기 때문입니다. 그것에 대해서 아버지는 "내 것이 다 네 것이다"라고 하면서 안심시키는 것입니다.

교회에서도 마찬가지입니다. 새로운 가족을 환영하지 않는 배타적인 텃세의 배경에는 이와 같은 맏아들의 마음이 감추어져 있습니다. 그러나 분명히 알아야 합니다. 하나님 아버지는 이 세상을 창조하신 분입니다. 이 세상에 있는 것 모두가 하나님의 소유입니다. 게다가 하나님의 나라는 누구나 다 들어갈 수 있을 만큼 넓은 곳입니다. 새가족이 온다고 내 자리가 없어지거나 내가 받을 복이 줄어드는 것은 아닙니다.

또한 아버지는 '이 아들'이라고 하면서 비꼬던 맏아들에게 '네 동생'이라고 하십니다. 아무리 큰 죄를 지었다고 해도 가족관계, 혈연관계가 달라지지 않습니다. 동생은 언제까지나 동생입니다. 그런데도 마치 자신과 아무런 관계도 없는 사람처럼 대하는 맏아들의 잘못을 아버지는 바로잡아 주십니다.

그리고 무엇보다도 아버지의 마음을 이해할 것을 요청하십니다. 아버지의 마음은 죽은 자식이 살아 돌아온 기쁨과 잃었던 자식을 되찾은 감격으로 가득합니다. 그 아버지의 마음을 헤아리고 그 기쁨에 함께 참여하는 것이 자식으로서 마땅한 도리입니다. "지금은 흥겨운 때고, 마땅히 기뻐할 때다"(But this is a wonderful time, and we had to celebrate. MSG). 잔치 자리에서 팔짱 끼고 불평하는 사람들은 그 이유가 무엇이든 아주 볼썽사납습니다. 기뻐하는 자와 함께 기뻐하는 것이 마땅한 일입니다.

이 비유에서 둘째 아들은 세리와 죄인들을, 첫째 아들은 바리새인과 서기관들을 가리킵니다. 하나님은 그 누구도 포기하지 않으십니다. 한편으로는 세리와 죄인들을 영접하여 잔치를 벌이면서, 동시에 바리새인과 서기관들도 하나님의 마음을 품고 하나님 나라의 잔치 자리에 들어오도록 초대하고 계십니다. 이 세상에 구원이 필요하지 않은 사람은 하나도 없습니다. 하나님은 잃어버린 모든 사람을 구원하고 싶어 하십니다.

묵상 질문: 나는 집을 떠난 아들인가, 아니면 집에 남은 아들인가?

오늘의 기도: 하나님 아버지, 잃어버린 영혼이 돌아왔을 때 진심으로 기뻐하게 하옵소서. 과거를 캐내어 섣불리 그의 현재를 규정하려 덤벼들지 않게 하시고, 있는 그대로 받아들여 사랑으로 품을 수 있게 하옵소서. 그것이 우리를 구원하는 하나님 아버지의 마음임을 깨닫게 하시고, 매일 매일 아버지의 마음을 닮아가는 자녀가 되게 하옵소서. 예수님의 이름으로 기도합니다. 아멘.

누가복음 묵상 ❷ -17

하나님을 섬기는 사람

읽을 말씀: 누가복음 16:1-13

새길 말씀: 집 하인이 두 주인을 섬길 수 없나니 혹 이를 미워하고 저를 사랑하거나 혹 이를 중히 여기고 저를 경히 여길 것임이니라 너희는 하나님과 재물을 겸하여 섬길 수 없느니라(눅 16:13).

누가복음 15장의 세 가지 비유를 살펴보면서 우리의 구원은 '잃어버린 자'를 찾도록 찾으시는 하나님의 열심에 달려 있다는 사실을 알게 되었습니다. 따라서 우리가 해야 할 일은 더 늦기 전에 하나님 아버지께로 돌이키는 것입니다. 그러면 우리가 죄인이었을 때부터 이미 용서하고 계셨던 하나님의 사랑을 확인하게 될 것입니다. 그것이 구원에 이르는 길입니다.

우리의 구원과 관련하여 언제나 큰 걸림돌이 되는 문제가 하나 있습니다. 바로 '돈 문제'입니다. 지난 시간에 묵상한 비유에서 둘째 아들이 아버지를 떠나게 된 것도 돈 때문이었고, 집으로 돌아온 동생을 형이 환영하지 못했던 것도 돈 때문이었습니다. 돈을 사랑함이 일만 악의 뿌리가 된다고 했습니다(딤전 6:10). 재물을 올바르게 사용하지 못하는 사람은 구원의 길에서 멀어질 수밖에 없습니다. 누가복음 16장의 두 가지 비유가 바로 이 주제를 다루고 있습니다.

옳지 않은 청지기

그중에서 먼저 '옳지 않은 청지기 비유'를 묵상하겠습니다. 이 비유는 주인의 재산을 낭비하던 청지기가 해고 통지를 받는 이야기로 시작됩니다.

> [1]또한 제자들에게 이르시되 어떤 부자에게 청지기가 있는데 그가 주인의 소유를 낭비한다는 말이 그 주인에게 들린지라 [2]주인이 그를 불러 이르되 내가 네게 대하여 들은 이 말이 어찌 됨이냐 네가 보던 일을 셈하라 청지기 직무를 계속하지 못하리라 하니…(눅 16:1-2).

청지기(a manager)는 주인의 재산을 맡아서 관리하는 사람입니다. 청지기에게 가장 중요한 덕목은 '신용'입니다. 주인이 믿고 맡길 수 있어야 하기 때문입니다. 그런데 이 청지기는 주인 몰래 비리를 저지르다가 그만 들키고 말았습니다. 메시지성경은 그가 "직위를 남용해서 사사로운 지출을 크게 늘렸다"라고 설명합니다. 이 청지기는 주인에게 신용을 잃었고 자리에서 쫓겨나게 되었습니다. 물론 감옥에 들어가지 않은 것만 해도 다행스러운 일이긴 하지만, 이제부터 무얼 해서 먹고살지 막막했습니다.

[3]청지기가 속으로 이르되 주인이 내 직분을 빼앗으니 내가 무엇을 할까 땅을 파자니 힘이 없고 빌어먹자니 부끄럽구나 [4]내가 할 일을 알았도다 이렇게 하면 직분을 빼앗긴 후에 사람들이 나를 자기 집으로 영접하리라 하고…(눅 16:3-4).

이 청지기는 여전히 '힘 안 들이면서 부끄럽지 않게 먹고사는 방법'을 찾고 있습니다. 만일 그동안의 잘못을 인정하고 회개할 마음이 있었다면, 자존심을 내려놓고 막노동해서라도 정직하게 땀을 흘리면서 살아야 할 것입니다. 그러나 그렇게 살기는 싫었습니다. 그래서 지금까지 살아오던 방식대로 '옳지 않은 지혜'를 생각해 냅니다. 그가 찾은 묘안은 청지기 직분의 마지막 기회를 이용하여 또 다른 불의한 일을 행하는 것이었습니다.

[5]주인에게 빚진 자를 일일이 불러다가 먼저 온 자에게 이르되 네가 내 주인에게 얼마나 빚졌느냐 [6]말하되 기름 백 말이니이다 이르되 여기 네 증서를 가지고 빨리 앉아 오십이라 쓰라 하고 [7]또 다른 이에게 이르되 너는 얼마나 빚졌느냐 이르되 밀 백 석이니이다 이르되 여기 네 증서를 가지고 팔십이라 쓰라 하였는지라(눅 16:5-7).

이 청지기는 문서를 위조하기로 합니다. 주인에게 빚진 사람들에게 선심 쓰듯이 빚을 줄여줍니다. 아마도 그 주인은 당시 팔레스타인 지역에 흔하던 부재지주(不在地主)였던 것으로 보입니다. 그렇다면 청지기는 소작인들에게 받는 소작료를 관리했을 것입니다. 당시의 소작인들은 대개 현물로 소작료를 냈습니다. 본문의 '기름 백 말',

'밀 백 석'이라고 하는 게 바로 그것입니다.

사실 주인은 소작료의 구체적인 내용을 잘 알지 못합니다. 청지기는 그것을 악용하여 자기 임의로 빚을 줄여줌으로써 소작인들의 호의를 사려고 합니다. 그와 동시에 그들도 횡령의 공범자로 만듭니다. 나중에 필요하다면 그들을 이용할 생각이었습니다. 자, 여기까지 읽으면 이 청지기를 가리켜 그저 '옳지 않은' 또는 '불의한'이라는 수식어를 붙이는 것이 오히려 관대하게 느껴질 정도입니다.

그런데 이 사실을 알게 된 주인의 반응이 우리를 혼란스럽게 만듭니다.

> **주인이 이 옳지 않은 청지기가 일을 지혜 있게 하였으므로 칭찬하였으니 이 세대의 아들들이 자기 시대에 있어서는 빛의 아들들보다 더 지혜로움이니라(눅 16:8).**

주인은 불의한 청지기에게 화를 내기는커녕 오히려 앞가림을 잘했다고 칭찬합니다. 예수님의 비유에서 '주인'은 대개 '하나님'을 가리키기 때문에 더더욱 혼란스럽습니다. 옳지 않은 청지기의 지혜를 오히려 하나님께서 칭찬하신다고 하니 말입니다. 아무리 자기 실속을 잘 차렸다고 그것 때문에 청지기를 칭찬하는 것은 도무지 받아들일 수 없습니다.

그러나 이 비유에서 '주인'을 굳이 '하나님'이라고 볼 필요는 없습니다. 다만 이 세상의 사람들이 자신의 목적을 달성하기 위하여 수단 방법을 가리지 않고 주어진 기회를 어떻게 최대한 이용하는지를 설명할 뿐입니다. "이 세대의 아들들이 자기 시대에 있어서는 빛의 아들들보다 더 지혜롭다"라는 말씀에 그 뜻이 담겨 있습니다. 메시지 성경은 이렇게 풀이합니다.

> **세상 물정에 밝은 사람들이 이 점에 있어서는 법을 잘 지키는 시민들보다 영리하다. 그들은 늘 빈틈이 없고, 온갖 수단을 피하며, 수완을 발휘해서 살아남는다. 나는 너희도 그런 식으로, 옳은 것을 위해 영리해지기를 바란다 (눅 16:8, 메시지).**

'이 세대의 아들들'은 '세상 물정에 밝은 세상 사람들'이고, '빛의 아들들'은 '법을 잘 지키는 시민들'입니다. 주님은 세상 사람들처럼 수단 방법을 가리지 말고 어떤 식으로든 살아남으라고 말씀하지 않습니다. 오히려 옳은 것을 위해 더욱 영리해지라고 하십니다. 세상 사람들이 돈이나 쾌락을 위해서 최선을 다하는 것처럼, 만일 그리스도인이 옳은 것을 성취하기 위해서 그렇게 열심히 노력한다면 얼마나 더 좋은 일을 많이 해낼 수 있겠느냐는 것입니다.

그렇습니다. 세상이 돈 버는 일에 열중하듯이 교회는 하나님 나라의 일에 열중해야 합니다. 세상이 그 목적을 성취하기 위해 전력을 경주하듯이 교회도 교회의 존재 목적을 성취하기 위해 그래야 합니다. 세상은 물건을 사고팔기 위해 온갖 방법을 다 씁니다. 교회도 하나님 나라의 복음을 선포하기 위해 가능한 방법을 모두 사용해야 합니다. 빛의 아들들은 선한 사업을 위해 치열하게 살아야 합니다. 이것이 '옳지 않은 청지기' 비유를 통해서 우리가 발견하는 첫 번째 교훈입니다.

친구를 사귀라

두 번째 교훈은 친구를 사귀는 일을 위해 재물을 값있게 사용하라는 것입니다.

내가 너희에게 말하노니 불의의 재물로 친구를 사귀라 그리하면 그 재물이 없어질 때에 그들이 너희를 영주할 처소로 영접하리라(눅 16:9).

여기에서 '불의한 재물'은 '이 세상에서 얻게 되는 재물'(worldly wealth, NIV)을 의미합니다. 불의한 방법으로 얻은 재물이라고 하더라도 바르고 값있게 사용하는 길이 있다는 것입니다. 그것이 무엇입니까? 바로 '친구를 사귀는 것'입니다. 그런데 집을 떠난 둘째 아들 이야기에서 살펴보았듯이, 돈으로 사귄 친구들은 돈이 없어지면 소용없게 됩니다. 그렇다면 "재물로 친구를 사귀라"는 말씀을 우리는 어떻게 이해해야 할까요?

우리말 '친구를 사귄다'를 NIV성경은 'to gain friends for yourself'라고 번역합니다. 다른 성경은 'gain'(얻다) 대신에 'make'(만들다)라는 동사를 사용합니다. 그렇게 본다면 '친구를 사귄다'라고 하기보다는 '친구를 얻는다'라고 표현하는 것이 더 자연스럽습니다. 그러니까 이 세상의 재물을 가지고 '친구들을 얻는 일'에 사용하라는 말씀입니다.

'재물이 없어질 때'는 가지고 있던 돈이 다 떨어질 때가 아니라 이 세상의 부와 재산이 아무런 소용이 없게 될 때를 의미합니다. 그때가 언제일까요? 바로 죽을 때입니다. 그때 나를 '영주할 처소'(eternal dwellings), 즉 '하나님 나라'로 인도하고 영접할 그런 친구들을 얻기 위해서 재물을 잘 사용하라는 것입니다. 자, 그렇다면 그 친구들이 과연 누구일까요? 앞에서 살펴본 예수님의 가르침을 우리는 다시 상기할 필요가 있습니다.

너희 소유를 팔아 구제하여 낡아지지 아니하는 배낭을 만들라 곧 하늘에 둔 바 다함이 없는 보물이니 거기는 도둑도 가까이 하는 일이 없고 좀도 먹는 일이 없느니라(눅 12:33).

주님은 우리의 재물을 가난한 자들을 구제하는 일에 사용하면, 하나님 나라의 은행 금고에 보물을 쌓아 두는 것이 된다고 말씀하셨습니다. 마찬가지입니다. 불의한 청지기가 자신의 직책을 빼앗긴 후의 일을 염려하여 친구들을 만들었듯이, 주님을 따르는 제자들도 의로운 목적을 위하여 재물을 잘 사용해야 합니다. 특히 '사람들을 얻는 일'에 잘 써야 합니다. 그러면 그들이 하나님 나라에서 우리를 환영하면서 영접해 줄 것입니다. 이것이 두 번째 교훈입니다.

작은 것에 충성하라

세 번째 교훈은 작은 것에 충성하라는 것입니다.

지극히 작은 것에 충성된 자는 큰 것에도 충성되고 지극히 작은 것에 불의한 자는 큰 것에도 불의하니라(눅 16:10).

이 말씀은 독자들이 이 비유의 본래 뜻을 오해할까 경고하는 내용입니다. '옳지 않은 청지기 비유'의 초점은 청지기의 '부정직함'에 있지 않고, 그의 '지혜 있음'에 있습니다. 그러니까 청지기의 행동이 옳은지 그른지를 판단하기에 앞서서 그가 자기 앞가림을 위해 사용한 지혜에 대해서 다루고 있는 것입니다. 그러나 어쨌든지 청지기는 칭찬받았습니다. 그로 인하여 그의 옳지 못한 행동이 희석될 위험성이 있는 것 또한 사실입니다. 따라서 그런 오해가 생겨나지 않도록 세 번째의 교훈을 말씀하신 것입니다.

여기에서 '지극히 작은 것'은 주인이 청지기에게 위탁해 놓은 재물을 가리킵니다. 그것은 우리가 이 세상에서 소유하고 있는 재물이라고 말할 수 있습니다. 그것을 예수님은 '지극히 작은 것'이라고 말씀하십니다. 재물은 우리가 이 세상에서 살아갈 동안에만 소용 있는 것이기 때문입니다. 아무리 재산이 많아도 죽으면 다 내려놓아야 합니다. 그래서 그 재물은 지극히 작은 것입니다.

지극히 작은 것이지만 또한 결정적으로 '중요한 것'이기도 합니다. 그것을 어떻게 사용하느냐에 따라서 우리가 다다를 종착역이 달라지기 때문입니다. 이 세상은 우리에게 주어진 그 '지극히 작은 것'을 어떻게 사용하는지를 시험하는 장소입니다. 그 재물을 적절하고 신실하게 사용한 사람은 하나님 나라의 영원한 기업을 선물로 받게 됩니다. 그런데 대부분은 이 시험에서 떨어집니다.

본문에서 '지극히 작은 것에 충성된 자'라고 표현된 부분을 NIV성경은 'be trusted with very little'이라고 표현합니다. 그리고 '지극히 작은 것에 불의한 자'는 'dishonest with very little'이라고 합니다. 다시 말해서 '충성'이란 '신용이 쌓여서 신뢰할 만한 상태가 되는 것'이고, '불의'란 '정직하지 못한 것'입니다. 그래서 메시지성경은 이 부분을 “너희가 작은 일에 정직하면(honest) 큰일에도 정직할(honest) 것이다”라고 풀이합니다.

사람들은 이 세상에서 살아가는 동안 자기에게 주어진 재물을 사용함으로 하나님께 신뢰를 쌓는 자가 되거나 아니면 그 재물을 정직하지 못하게 사용함으로써 신뢰를 잃어버리는 자가 되거나 둘 중의 하나입니다. 재물이라는 ‘지극히 작은 것’에 대한 태도를 보면 그가 하나님 나라와 영생이라는 ‘지극히 큰 것’에 대해 어떤 태도를 보일지 충분히 알 수 있습니다. 그렇기에 이 세상에서 주어진 재물로 인해 하나님께 신뢰를 잃어버린 사람들은 결국 하나님 나라에 들어가지 못하게 되는 것입니다.

> [11]**너희가 만일 불의한 재물에도 충성하지 아니하면 누가 참된 것으로 너희에게 맡기겠느냐** [12]**너희가 만일 남의 것에 충성하지 아니하면 누가 너희의 것을 너희에게 주겠느냐**(눅 16:11-12).

여기에서 ‘불의한 재물’은 ‘세상의 부’(worldly wealth)를, ‘참된 것’은 하나님 나라에서 받게 되는 ‘진짜 재물’(the true riches)을 의미합니다. 이 세상에서 가지고 있는 재물은 ‘남의 것’입니다. 지금 내 손에 움켜쥐고 있다고 해서 내 것이 아닙니다. 언젠가 다른 사람에게 넘기고 가야 하기 때문입니다. 그러니 내 손에 있을 때 잘 사용해야 합니다. 그렇게 ‘남의 것’에 충성하는 자에게 진짜 ‘자기의 것’이 주어집니다. 하나님 나라에서 영원한 기업을 받게 됩니다.

자, 그렇다면 오늘 비유의 주인공인 ‘옳지 않은 청지기’가 자기의 것을 받았을까요? 물론 그런 이야기가 비유에는 기록되어 있지 않습니다. 그러나 대답은 분명합니다. 비록 불의한 청지기가 일을 지혜있게 했다는 이유로 칭찬을 받기는 했지만, 그가 하나님 나라에 들어갈 수 있는 것은 아닙니다. 왜냐면 그는 지극히 작은 재물에 충성하지도 못했고 정직하지도 못했기 때문입니다.

주님은 결코 불의한 청지기의 부정직한 태도를 칭찬하지 않으십니다. 오히려 재물을 정직하게 대할 것을 요구하십니다. 왜냐면 하나님은 이 세상에서 가진 재물을 정직하게 잘 사용하는 사람에게만 하나님 나라의 진짜 재물을 주시기 때문입니다. 이것이 '옳지 않은 청지기' 비유의 세 번째 교훈입니다.

하나님을 선택하라

마지막 네 번째 교훈은 하나님과 재물 중에서 반드시 하나를 선택해야 할 때가 온다는 것입니다.

집 하인이 두 주인을 섬길 수 없나니 혹 이를 미워하고 저를 사랑하거나 혹 이를 중히 여기고 저를 경히 여길 것임이니라 너희는 하나님과 재물을 겸하여 섬길 수 없느니라(눅 16:13).

여기에서 재물은 'money'가 아니라 'Money'입니다. 그냥 '재물'이 아니라 '부(富)의 신(神)'입니다. 그래서 KJV은 이 부분을 'Ye cannot serve God and mammon'이라고 번역합니다. 맘몬(mammon)은 '재물의 신'을 의미합니다. 그렇습니다. 재물은 그냥 '돈'이 아닙니다. 그것은 하나님과 경쟁하는 여러 우상 가운데 하나입니다. 아니, 현대인들에게 '돈'은 하나님과 경쟁을 벌이는 가장 강력한 라이벌 신입니다.

그래서 하나님이든 재물이든 하나를 선택해야 합니다. 주님을 따르는 제자는 물론 하나님을 선택해야겠지요. 그런데 이게 말처럼 쉽지 않습니다. 왜냐면 우리에게는 돈이 늘 필요하기 때문입니다. 더 솔직하게 말하자면 우리는 돈에 대한 욕심이 있습니다. 그래서 하나님과 재물 중에 오직 하나만 선택하라는 이와 같은 말씀을 별로 좋아하지 않습니다. 오히려 가능하다면 하나님과 재물을 함께 섬기고 싶어 합니다.

그래서 만들어진 것이 이른바 '풍요의 복음'(the prosperity Gospel)입니다. 하나님을 믿으면 물질적으로도 풍요롭고 잘살게 된다는 신념입니다. 70, 80년대에 한국교회가 폭발적으로 부흥하던 때에 이와 같은 '풍요의 복음'이 큰 영향을 끼쳤던 것은 부정할 수 없는 사실입니다. 그러나 그 결과를 보십시오. 돈이면 뭐든지 할 수 있다는 그런 오만함이 결국 교회를 타락시키지 않았습니까? 온갖 부조리와 비리와 세습의 문제가 대형교회를 중심으로 불거지고, 결국 사회가 교회를 걱정해야 하는 그런 지경에 이르지 않았습니까?

왜 그렇게 되었나요? 말씀대로 살지 않아서입니다. 하나님과 재물을 함께 섬길 수 없다고 분명히 말씀하셨는데도 재물에 대한 탐욕을 내려놓기는커녕 오히려 그것을 신앙이라는 이름으로 포장하여 더욱 욕심 사납게 붙들었기 때문에 다다른 당연한 결과입니다. 예수님께서 왜 하나님과 재물 중에서 하나를 선택하라고 하셨는지 분명히 알아야 합니다.

오늘 본문을 자세히 들여다보면 그 말씀의 강도가 피부로 느껴집니다. 주님은 이렇게 말씀하십니다. "혹 이를 미워하고 저를 사랑하거나 혹 이를 중히 여기고 저를 경히 여길 것임이라." '미움'과 '사랑'은 함께 존재할 수 없습니다. 하나님을 사랑한다면 재물을 미워해야 합니다. 그 반대로 재물을 사랑한다면 하나님을 미워하게 되어 있습니다. 하나님을 사랑하면서 동시에 재물을 사랑할 수는 없습니다.

'중히 여기는 것'과 '경히 여기는 것'도 마찬가지입니다. NIV는 이 부분을 "he will be devoted to the one and despise the other"라고 표현합니다. 여기에서 'devote'(헌신하다)와 'despise'(경멸하다)가 서로 대조되고 있습니다. 만일 하나님께 헌신한다면 재물에 대해서는 얕보게 됩니다. 그 반대로 재물에 전념하게 된다면 반드시 하나님을 얕보게 되어 있습니다. 여기에 중간 지대란 존재하지 않습니다.

다시 '옳지 않은 청지기 비유'로 돌아가 봅시다. 불의한 청지기의 관심은 오직 돈에 있었습니다. 그렇기에 그는 주인의 재산을 빼돌렸고, 불법적인 방법으로 자신의 노후를 준비했습니다. 그가 칭찬받은 건 단지 앞가림을 잘했다는 이유 때문입니다. 그는 하나님이 아니라 재물을 주인으로 섬기던 사람이었기 때문에 얼마든지 그럴 수 있었습니다.

그렇다면 하나님을 주인으로 섬기는 우리는 하나님의 뜻에 따라 우리의 재물을 사용하지 못하고, 왜 그렇게 주저하는 것일까요? 그 재물로 영주할 처소로 나를 영접할 친구를 얻는 일에 왜 선뜻 사용하지 못하는 것일까요? 하나님을 섬기는 삶이 우리에게 가장 가치 있는 인생이라면, 재물은 '지극히 작은 것'에 불과합니다. 그러나 동시에 재물은 하나님께 신뢰를 쌓을 수 있는 '지극히 중요한 것'입니다. 그래서 정직하고 진실하게 하나님의 뜻을 위해 재물을 사용해야 하는 것입니다.

하나님과 재물을 겸하여 섬길 수 없습니다. 이 말씀은 우리 인생의 모든 부분에 적용되어야 할 신앙의 기준입니다. 우리에게는 하나님보다 더 사랑하는 것이 있어서는 안 됩니다. 만일 그런 것이 우리에게 있다면, 하나님께서 아브라함에게 이삭을 번제로 바치라고 요구하셨듯이 우리를 양자택일의 시험대에 서게 하실지도 모릅니다. 그러나 하나님 나라를 먼저 선택하는 자에게 하나님은 '이 모든 것'을 더해주십니다. 그와 같은 신앙의 우선순위가 바로 세워진 사람에게 구원의 길이 활짝 열리는 것입니다.

묵상 질문: 나는 결정적인 순간에 무엇을 선택하는가?

오늘의 기도: 하나님 아버지, 이 세상의 삶이 전부가 아니라는 사실을 잊지 않게 하옵소서. 우리에게 주어진 재물과 재능과 시간을 하나님 나라를 위해서 잘 사용하게 하옵소서. 하나님 나라에서 우리를 환영할 친구를 얻는 일에 사용하게 하시고, 하나님의 뜻이 이루어지는 일에 사용하게 하옵소서. 언제나 하나님을 선택하는 믿음의 사람, 지혜로운 사람이 되게 하옵소서. 예수님의 이름으로 기도합니다. 아멘.

누가복음 묵상 ❷-18

돈을 섬기는 사람

읽을 말씀: 누가복음 16:14-31

새길 말씀: [25]아브라함이 이르되 얘 너는 살았을 때에 좋은 것을 받았고 나사로는 고난을 받았으니 이것을 기억하라 이제 그는 여기서 위로를 받고 너는 괴로움을 받느니라 [26]그뿐 아니라 너희와 우리 사이에 큰 구렁텅이가 놓여 있어 여기서 너희에게 건너가고자 하되 갈 수 없고 거기서 우리에게 건너올 수도 없게 하였느니라(눅 16:25-26).

지난 시간부터 우리는 재물의 사용이 구원의 문제와 어떤 관련이 있는지 살펴보기 시작했습니다. 돈은 우리에게 필요한 것이기는 하지만 '지극히 작은 것'입니다. 하나님 나라에 가져갈 수 없기 때문입니다. 그러나 결정적으로 '중요한 것'이기도 합니다. 우리가 살아있는 동안 돈을 어떻게 사용하느냐에 따라서 우리 인생의 종착역이 결정되기 때문입니다. 따라서 우리는 재물이 아니라 하나님을 선택하는 사람이어야 합니다. 그것이 주님을 따르는 제자로서 우리가 지켜야 할 정체성이요 마지막 자존심입니다.

돈을 좋아하는 자들

예수님이 '옳지 않은 청지기 비유'로 제자들을 가르치실 때, 그 자리에는 바리새인들과 서기관들이 있었습니다(눅 15:2). 그들은 예수님의 가르침을 듣고 비웃습니다.

바리새인들은 돈을 좋아하는 자들이라 이 모든 것을 듣고 비웃거늘…(눅 16:14).

앞에서 예수님은 하나님의 뜻에 합당하고 정직하게 재물을 사용해야 한다고 가르치셨습니다. 그러면서 결론으로 하나님과 재물을 겸하여 섬길 수 없다고 말씀하셨습니다. 그 이야기를 듣고 나서 바리새인들은 비웃었습니다. "제까짓 게 뭔데 하나님과 재물을 그런 식으로 논하는가?"라고 하면서 예수님을 조롱한 것입니다.

그런데 바리새인들이 그런 반응을 보이는 진짜 이유가 있었습니다. 그들은 '돈을 좋아하는 자들'이었습니다. 이를 NIV성경은 'who loved money'(돈을 사랑하던 사람)로 번역하고, 메시지성경은 'a money-obsessed bunch'(돈에 사로잡힌 무리)로 풀이합니다. 그들은 돈을 포기하고 싶지 않았습니다. 하나님을 잘 섬기면서 동시에 돈도 많이 가지면 좋은 일이라 생각했습니다. 굳이 하나님과 재물을 양자택일할 이유는 없다고 생각했습니다. 그래서 비웃었던 것이지요.

그러자 예수님은 이들과 또다시 논쟁을 벌입니다. 그 이야기가

18절까지 계속됩니다. 그러나 이 부분은 사실 서로 연관성이 없이 독립되어 전승되던 세 가지 '논쟁 설화'입니다. 그중에서 우리의 눈길을 끄는 구절이 하나 있습니다.

> [16]**율법과 선지자는 요한의 때까지요 그 후부터는 하나님 나라의 복음이 전파되어 사람마다 그리로 침입하느니라** [17]**그러나 율법의 한 획이 떨어짐보다 천지가 없어짐이 쉬우리라**(눅 16:16-17).

여기에서 '율법과 선지자'는 구약성경을 가리킵니다. 즉, 구약의 메시지는 세례 요한의 때까지 선포되었다는 것입니다. 그 후부터는 하나님 나라의 복음이 전파된다고 하십니다. 이렇게 구약과 신약의 시대를 예수님이 구분하신 것입니다. 바로 이것에 근거하여 B.C.(Before Christ)와 A.D.(Anno Domini)라는 말이 나오게 되었습니다. 예수님이 하나님 나라 복음을 선포하신 때를 기점으로 하여 그 전과 그 후로 역사가 나누어지게 되었던 것입니다.

그런데 그다음 말씀을 이해하기가 쉽지 않습니다. "사람마다 그리로 침입한다." 마태복음은 이것을 아예 수동태로 바꾸어서 "세례 요한의 때부터 지금까지 천국은 침노를 당하나니 침노하는 자는 빼앗느니라"(마 11:12)라고 합니다. 그래서 더더욱 해석하기 어렵게 되었습니다. 그렇지만 설명을 듣고 나면 그렇게 난해한 말씀이 아니라는 사실을 알게 될 것입니다.

NIV성경으로 읽으면 이렇습니다. "...and everyone is forcing his way into it." 직역하면 "모두 거기에 들어가려고 억지로라도 밀고 들어가고 있다"입니다. 하나님 나라의 복음이 선포되니까 사람들이 온갖 희생을 무릅쓰고라도 그 나라에 들어가려고 무진 애를 쓰고 있다는 것입니다. 그러나 바리새인들은 그들의 눈앞에서 지금 새로운 시대가 시작되고 있다는 사실을 깨닫지 못하고 있습니다. 그래서 예수님의 말씀을 비웃었던 것입니다.

물론 율법과 선지자의 시대가 끝났다고 해서 율법이 완전히 폐기되어 사라지는 것은 아닙니다. "율법의 한 획이 닳아 없어지는 것보다 하늘과 땅이 먼저 없어질 것이다"(메시지)라는 말씀이 바로 그런 뜻입니다. 그러나 바리새인들은 과거의 율법에 얽매어 새로운 시대의 새로운 복음을 받아들이지 못하고 있습니다. 뒤집어서 말하면 그것은 그들이 율법의 바른 정신을 깨닫지 못하고 있다는 증거입니다.

하나님 나라의 복음은 우리에게 새로운 태도를 요구합니다. 겉만 포장하는 그런 방식으로는 하나님 나라를 받아들일 수 없습니다. 복음은 모든 사람을 하나님 나라로 초대합니다. 우리는 그 초대에 지금 어떻게 반응하고 있습니까? 온갖 희생을 각오하고라도 거기에 들어가기 위해 애를 쓰고 있습니까? 아니면 바리새인들처럼 과거의 전통에 안주하면서 복음을 비웃고 있습니까? 아니, 실제로는 돈이 가져다주는 달콤함을 포기하고 싶지 않아서 그러는 것은 아닐까요? 우리 자신에게 물어보아야 합니다.

제1막: 이 세상의 현실

그다음에 '부자와 거지 나사로 비유'가 놓여 있습니다. 이 역시 재물의 사용과 관련된 비유입니다. 하나님이 아니라 돈을 섬기다가 후회하는 어느 부자의 이야기입니다. 이 비유는 모두 3막으로 구성되어 있습니다.

> [19]한 부자가 있어 자색 옷과 고운 베옷을 입고 날마다 호화롭게 즐기더라 [20]그런데 나사로라 이름하는 한 거지가 헌데 투성이로 그의 대문 앞에 버려진 채 [21]그 부자의 상에서 떨어지는 것으로 배불리려 하매 심지어 개들이 와서 그 헌데를 핥더라(눅 16:19-21).

이 비유에 두 사람이 등장합니다. 이들의 삶은 이 세상에서 상상할 수 있는 가장 극단적인 대조를 보여줍니다. 부자는 돈을 주체할 수 없이 많이 가지고 있었고, 거지 나사로는 말 그대로 빈손으로 살았습니다. 공교롭게도 이 두 사람은 대문을 사이에 두고 하나는 집 안에서, 다른 하나는 집 밖에 버려진 채 살았습니다.

부자는 "자색 옷과 고운 베옷을 입고 날마다 호화롭게 즐겼다"라고 합니다. 예수님 당시에 이와 같은 묘사에 가장 잘 어울리는 사람들이 있었습니다. 바로 사두개파 사람들입니다. 그들은 제사장들을 포함하는 종교 귀족 계급을 형성하고 있었습니다. 자주색 옷도 그들이 즐겨 입던 아주 사치스러운 옷이었습니다. 그들은 사후(死後) 세상에 대한 믿음이 없었습니다. 그래서 부활을 믿지 않았습니다(행 23:8).

따라서 그들이 인생에서 가장 중요하게 생각하는 목적은 현재의 삶을 마음껏 즐기는 것이었습니다. "날마다 호화롭게 즐겼다"라는 표현이 그들의 인생 목표를 잘 설명합니다. 메시지성경의 표현을 빌리자면, 이 부자는 "최신 유행하는 값비싼 옷을 입고 과시적으로 돈을 쓰면서 하루하루를 허비했다"라고 합니다.

사람들은 이 부자를 부러워할 것입니다. '자기 돈 가지고 자기 마음대로 쓰겠다는데 그게 뭐가 잘못되었느냐?'고 생각할지도 모릅니다. 문제는 집 앞에 거지가 빌어먹으면서 살고 있었다는 사실입니다. 부자는 거지의 존재를 분명히 알고 있었습니다. 그러나 그를 위해 아무 일도 하지 않았습니다.

이 비유에서 우리 눈에 띄는 게 있습니다. 부자에게는 이름이 없었습니다! 물론 사람들이 불러주는 이름은 있었겠지만, 하나님이 기억하실 만한 이름이 없었습니다. 반면 문밖에서 살던 거지에게는 '나사로'(Lazarus)라는 이름이 있었습니다. '나사로'는 '하나님이 돕는 자'(God is the helper)라는 뜻을 가진 '엘르아살'(Eleazar)의 헬라식 이름입니다. 그런데 그 이름에 전혀 어울리지 않게 나사로의 인생은 말 그대로 비참함, 그 자체였습니다.

우선 그에게는 집이 없었습니다. 부자의 집 대문 앞에 버려진 채 길바닥 인생을 살아가던 '노숙인'(homeless people)이었습니다. 게다가 건강에 문제가 있었습니다. 온몸이 종기투성이였습니다. 그가 먹던 식량은 부자가 음식을 먹고 나서 손에 묻은 찌꺼기를 닦아서 버리던 용도로 사용하던 빵 조각이 전부였습니다. 그에게는 사람 친구가 없었습니다. 그에게 다가와 종기를 핥아주던 개들이 그의 가장 가까운 친구였습니다. 여기까지가 이 비유의 1막입니다.

제2막: 뒤바뀐 운명

그런데 2막에서는 갑자기 장면이 바뀌어서 사후의 세상이 됩니다. 그러면서 두 사람의 운명이 완전히 역전됩니다.

[22]이에 그 거지가 죽어 천사들에게 받들려 아브라함의 품에 들어가고 부자도 죽어 장사되매 [23]그가 음부에서 고통 중에 눈을 들어 멀리 아브라함과 그의 품에 있는 나사로를 보고 [24]불러 이르되 아버지 아브라함이여 나를 긍휼히 여기사 나사로를 보내어 그 손가락 끝에 물을 찍어 내 혀를 서늘하게 하소서 내가 이 불꽃 가운데서 괴로워하나이다(눅 16:22-24).

죽음의 순간까지도 그들의 운명은 달라지지 않았습니다. 부자는 죽어 장사 되었지만, 거지는 그냥 죽었습니다. 실제로 부자의 장례식은 살았을 때만큼이나 호화찬란했을 것입니다. 반면 거지의 시신은 그냥 거적에 둘둘 말아서 성 밖으로 내다 버렸을 것입니다. 그러나 사후에 그들의 운명은 완전히 달라졌습니다. 날마다 잔치로 호화롭게 지내던 부자는 지옥에서 고통을 당하게 되었고, 부자의 대문 앞에서 구걸하며 살던 나사로는 아브라함의 품에서 위로를 받게 된 것입니다.

예수님은 그들의 운명이 달라진 이유를 설명하지 않습니다. 특별히 거지 나사로에 관해서는 더더욱 그렇습니다. 그가 무슨 착한 일을 많이 했다거나 하나님을 잘 믿었다거나 하는 이야기가 나오지 않습니다. 따라서 나사로가 낙원에 들어가게 된 것은 오직 '하나님의 은혜'로밖에 설명할 수 없습니다.

그러나 부자의 경우는 다릅니다. 부자가 무슨 나쁜 짓을 많이 했기 때문에 음부에서 고통당하고 있는 것은 아닙니다. 이 이야기에서 드러나는 그의 잘못이 있다면, 그것은 거지 나사로를 도울 수 있었는데 돕지 않았다는 사실입니다. 즉, 무관심과 부주의로 인해 이렇게 벌을 받는 것이지요. '재물의 적절한 사용'이라는 주제에 잘 어울리는 내용입니다. 부자는 많은 사람을 도울 수 있는 재력을 가지고 있었습니다.

물론 모든 사람을 돕는 것을 기대할 수는 없습니다. 그렇지만 마음만 먹으면 적어도 그의 집 앞에 살던 나사로는 도울 수 있었습니다. 그래서 지금 지옥의 고통을 받는 것이지요.

그런데 이 부자는 자신의 운명이 역전되었다는 사실을 아직 실감하지 못하고 있습니다. 또한 그 이유가 무엇인지도 깨닫지 못하고 있습니다. 오히려 교만하게 나사로를 시켜서 자기의 혀를 시원하게 해달라고 아브라함에게 '명령'하고 있습니다. 그리고 자기가 불쌍히 여김을 받을 수 있을 것으로 생각합니다. "제가 이 불 속에서 몹시 괴롭습니다!" 그의 투정에 대해서 아브라함은 이렇게 대답합니다.

> [25]**아브라함이 이르되 얘 너는 살았을 때에 좋은 것을 받았고 나사로는 고난을 받았으니 이것을 기억하라 이제 그는 여기서 위로를 받고 너는 괴로움을 받느니라** [26]**그뿐 아니라 너희와 우리 사이에 큰 구렁텅이가 놓여 있어 여기서 너희에게 건너가고자 하되 갈 수 없고 거기서 우리에게 건너올 수도 없게 하였느니라**(눅 16:25-26).

여기에서 우리는 몇 가지 중요한 교훈을 발견합니다. 첫 번째 교훈은 이 세상에서 누리는 부귀가 의(義)로움의 증거는 아니라는 사실입니다. 사람들은 훌륭한 옷을 입고 좋은 음식으로 생활하는 것을 의로운 사람에게 주시는 하나님의 복으로 생각하고 싶어 합니다. 실제로 '풍요의 복음'(the prosperity Gospel)은 그렇게 가르칩니다. 가난하고 어렵게 사는 사람들을 향해서는 그들의 믿음이 부족하거나 죄의 문제가 해결되지 않아서라고 함부로 말합니다. 그런 사고방식은 부자의 뒤바뀐 운명으로 완전히 무너질 수밖에 없습니다.

두 번째 교훈은 사후 세상이 있다는 것입니다. 그리고 그 세상에서는 신세가 역전될 수 있습니다. 이 부자가 만일 사후 세상이 있다는 것을 알았다면 과연 어떻게 살았을까요? '내 돈으로 내 인생을 마음껏 즐기면서 살겠다'라는 태도는 죽음 이후의 삶을 전혀 고려하지 않는 사람에게서 발견되는 것입니다. 만일 이 세상에서의 삶이 우리 인생의 전부라면 사실 착하게 살 이유가 전혀 없습니다. 이래도 한세상 저래도 한세상인데, 아무렇게나 살다가 가면 됩니다. 그런다고 누가 뭐라고 그러겠습니까? 아니, 누가 뭐라고 그런다고 해도 아무 상관이 없습니다. 죽으면 그만인데 말입니다.

만일 부자가 사후 세상이 있다는 사실을 알았더라면, 만일 이 세상에서 가지고 있던 재물로 잘 준비하지 않으면 그때 신세가 역전될 수 있다는 사실을 알았더라면, 자기 집 대문 앞에 버려진 채 살아가던 거지 나사로를 그렇게 모른 척하지는 않았을 것입니다. 이 말씀 속에서 우리는 "불의한 재물에도 충성하지 아니하면 누가 참된 것으로 너희에게 맡기겠느냐?"(11절)라는 주님의 음성을 다시 한번 듣게 됩니다.

제3막: 믿지 않는 자

제3막은 지옥에 떨어진 부자가 아직 세상에 남은 형제들을 걱정하는 이야기입니다.

[27]이르되 그러면 아버지여 구하노니 나사로를 내 아버지의 집에 보내소서 [28]내 형제 다섯이 있으니 그들에게 증언하게 하여 그들로 이 고통 받는 곳에 오지 않게 하소서(눅 16:27-28).

부자는 아브라함의 말을 통해서 비로소 지옥에 들어와 있는 자신에게는 아무런 희망이 없다는 사실을 깨닫게 되었습니다. 그러자 아직 살아있는 다른 형제들을 떠올리게 되었습니다. 그들도 과거의 자신과 똑같은 방식으로 지금 살고 있는데, 계속 그러다간 결국 지옥에 들어와 고통을 받게 될 것이 뻔한 일입니다. 어떻게든 그것만큼은 막아야 하겠다고 생각하게 된 것입니다. 그래서 아브라함에게 요청합니다. 나사로를 다시 세상에 돌려보내달라는 것입니다. 그래서 자기 형제들에게 경고하여 그들만이라도 지옥에 들어오지 않도록 해달라는 것입니다.

부자는 자신의 운명이 역전되었다는 사실을 아직 실감하지 못하고, 나사로를 마치 자신의 수하처럼 부릴 수 있다고 생각합니다. 그러나 다른 한편으로는 세상에 남은 형제들에 대하여 품고 있는 그의 안타까운 마음이 잘 표현되고 있습니다. 그렇습니다. 사후의 운명은 이 세상에서 살아있는 동안 정해집니다. 한번 죽으면 그 운명을 바꿀 수 없습니다. 그것을 깨닫는 사람이 지혜로운 사람입니다. 문제는 어떻게 그 엄숙한 진리를 깨달아 알 수 있겠는가 하는 것입니다.

이 부자의 말처럼 죽었던 나사로가 정말 부활해서 지옥과 낙원의 이야기를 생생하게 전해준다면 그들이 과연 삶의 태도를 바꾸게 될까요? 물론 그럴 수도 있겠지만, 대부분은 바꾸지 않을 것입니다. 왜냐면 지옥에 대한 간증을 듣지 못해서 하나님 나라를 믿지 못하는 게 아니라 믿음이 없어서 믿지 못하기 때문입니다. 아브라함의 대답이 그러한 진리를 드러냅니다.

[29]아브라함이 이르되 그들에게 모세와 선지자들이 있으니 그들에게 들을지

니라 [30]이르되 그렇지 아니하니이다 아버지 아브라함이여 만일 죽은 자에게서 그들에게 가는 자가 있으면 회개하리이다 [31]이르되 모세와 선지자들에게 듣지 아니하면 비록 죽은 자 가운데서 살아나는 자가 있을 지라도 권함을 받지 아니하리라 하였다 하시니라(눅 16:29-31).

여기에서 '모세'와 '선지자'는 각각 '토라'(Torah, 오경)와 '느비임'(Neviim, 예언서)을 가리키는 말입니다. 이것은 예수님 당시에 구약성경을 가리키는 상투적인 표현이었습니다. 나중에 '케투빔'(Ketubim), 즉 성문서의 정경화 작업이 완료되어 첨부됨으로써 현재와 같은 구약성경이 완성된 것입니다. 그러니까 "그들에게 모세와 선지자들이 있다"라는 말은 "그들에게 성경이 있다"라는 뜻입니다. 성경에 이미 다 기록되어 있으니까 그 말씀을 잘 들으면 된다는 것입니다.

여기에서 '듣는다'에 해당하는 히브리어 '샤마'(shama)는 '듣는다'(to hear)와 '순종한다'(to obey)는 의미가 함께 들어있습니다. 이것을 개역성경은 '청종'(聽從)이라는 단어로 정확하게 번역합니다. 하나님의 말씀을 청종하기만 하면 지옥에 떨어질 걱정은 없다는 게 아브라함의 대답입니다. 그러나 부자는 "그렇지 않다"라고 대답합니다. 자기 형제들은 성경 말씀을 듣지 않을 것이라고 주장합니다. 왜 그렇게 확신할까요? 그것은 자기 경험에서 비롯된 확신입니다. 그가 세상에서 사는 동안 하나님의 말씀을 들을 기회가 분명히 있었는데, 한 번도 제대로 읽어본 적도 없었고 지켜본 적도 없었습니다. 그래서 그렇게 말한 것입니다.

부자는 '죽은 자에게서 그들에게 가는 자가 있으면 회개할 것'이라고 주장합니다. 이것은 사실 자신에게도 그런 기회가 있었더라면 이렇게까지 되지 않았을 것이라는 속마음을 드러내는 말입니다. 이것이 죄인의 공통된 특성입니다. 다른 사람에게 책임을 떠넘기는 것이지요. 동시에 이것은 '말씀'보다 '기적'을 더 신뢰하는 그의 마음을 드러냅니다. 죽었다가 다시 살아난 사람이 하는 말이 성경에 기록된 하나님의 말씀보다 더 설득력이 있을 것이라는 주장입니다.

그러나 정말 그럴까요? 아브라함의 대답은 분명합니다. "모세와 선지자들에게 듣지 아니하면 비록 죽은 자 가운데서 살아나는 자가 있을지라도 권함을 받지 아니하리라!" 이 말씀을 메시지성경은 다음과 같이 풀이합니다.

> **"그들이 모세와 예언자들의 말을 듣지 않는다면, 죽은 자들 가운데서 살아난 사람도 그들을 설득할 수 없을 것이다"**(눅 16:31, **메시지**).

그렇습니다. 보여주고 설득해야 믿음이 생기는 것이 아닙니다. 먼저 믿으면 볼 수 있고 알 수 있게 됩니다. 하나님 나라의 진리는 이미 성경에 다 기록되어 있습니다. 우리가 할 일은 단순하게 그것을 믿는 것입니다. 그 말씀을 믿으면 재물의 적절한 사용이 우리에게 왜 그렇게 중요한 문제인지 알게 됩니다. 그 말씀을 믿으면 우리의 삶이 달라질 수밖에 없습니다. 그래서 믿으면 구원을 받게 되는 것입니다.

묵상 질문: 나는 보여주어야 믿는 사람인가? 아니면 믿음으로 보는 사람인가?

오늘의 기도: 하나님 아버지, 바리새인들처럼 돈을 좋아하다가 주님의 가르침을 우습게 여기는 어리석음에 빠지지 않게 하옵소서. 하나님이 아니라 돈을 섬기다가 나중에 땅을 치며 후회하는 인생을 살지 않게 하옵소서. 하나님의 말씀을 기록된 그대로 믿게 하시고, 하나님 나라에 들어가기 위해 우리가 할 수 있는 최선을 다하게 하옵소서. 그리하여 그곳에서 하나님과 더불어 영원한 생명을 누리게 하옵소서. 예수님의 이름으로 기도합니다. 아멘.

누가복음 묵상 ❷-19

믿음을 사용하는 사람

읽을 말씀: 누가복음 17:1-19

재길 말씀: [5]사도들이 주께 여짜오되 우리에게 믿음을 더하소서 하니 [6]주께서 이르시되 너희에게 겨자씨 한 알만한 믿음이 있었더라면 이 뽕나무더러 뿌리가 뽑혀 바다에 심기어라 하였을 것이요 그것이 너희에게 순종하였으리라(눅 17:5-6).

지금 우리는 '구원에 이르는 길'을 살펴보는 중입니다. 구원은 '잃어버린 자'(the lost)를 찾도록 찾으시는 하나님 아버지의 간절한 마음으로부터 시작된다는 사실을 알았습니다. 또한 재물의 적절한 사용이 우리의 구원과 아주 밀접한 상관관계가 있다는 사실도 알았습니다. 특히 지난 시간에 살펴본 '부자와 거지 나사로의 비유'를 통해서 두 사람의 운명이 사후 세상에서 완전히 역전되는 것을 보았습니다. 부자는 재물을 선용할 기회를 놓쳐버렸고 결국 구원받지 못하게 되었지요.

그러면서 '믿음'이라는 새로운 이슈가 등장하게 되었습니다. 사람들은 사후 세상이 있다는 사실을 왜 알지 못할까요? 죽은 사람이 다시 살아나서 지옥과 낙원을 생생하게 증언하면 그들이 과연 믿게 될까요? 아닙니다. 보여주고 설득해야 믿음이 생기는 게 아닙니다. 하나님 나라의 진리는 이미 성경에 다 기록되어 있습니다. 그 말씀을 믿으면 삶의 태도가 달라질 것이고, 그에 따라서 가진 재물을 잘 사용하게 될 것이고, 결국 구원에 이르게 되는 것입니다.

믿음에 대하여

이와 같은 예수님의 가르침은 제자들의 입에서 '믿음'을 요구하는 말이 나오게 했습니다.

사도들이 주께 여짜오되 우리에게 믿음을 더하소서 하니…(눅 17:5).

'사도들'은 예수님이 선택하신 열두 제자를 가리킵니다(눅 6:13). 누가는 바로 이때 사도들이 '믿음의 필요성'에 비로소 관심을 가지게 되었다는 점을 주목합니다. 사실 갈릴리 사역을 마무리할 때만 해도 예수님은 그들의 믿음 없음을 몹시 한탄하셨습니다. "믿음이 없고 패역한 세대여, 내가 얼마나 너희와 함께 있으며 너희를 참으리요…" (눅 9:41). 그 이후로 누가는 '사도'라는 말을 의도적으로 사용하지 않았습니다. 사도로 부르기에는 아직 턱없이 부족하다는 뜻이겠지요.

자, 그렇다면 이 대목에서 '사도'를 다시 언급한 이유가 무엇일까요? 그들이 주님의 뒤를 이어 하나님 나라의 운동을 펼쳐 나갈 사도로서 준비가 되어 가고 있다는 사실을 말하려는 것입니다. 무얼 보아서 그것을 알 수 있습니까? 역설적인 이야기지만, 그들이 믿음의 필요성을 느끼기 시작한 것으로 알 수 있습니다. "우리에게 믿음을 더하소서!" 이를 NIV성경은 "Increase our faith!"로, 메시지성경은 "Give us more faith"로 번역합니다. 자신의 믿음이 부족하니 더 많은 믿음으로 채우고 더 큰 믿음을 달라는 요구입니다.

그렇게 스스로 믿음의 부족함을 느끼는 것이 사도로서 보냄을 받을 준비가 되어 가는 증거라는 사실이 참으로 아이러니합니다. 그런데 예수님의 대답이 조금 어색하게 들립니다.

> **주께서 이르시되 너희에게 겨자씨 한 알만한 믿음이 있었더라면 이 뽕나무더러 뿌리가 뽑혀 바다에 심기어라 하였을 것이요 그것이 너희에게 순종하였으리라(눅 17:6).**

이것은 제자들의 요청에 대한 적절한 응답으로 보이지 않습니다. 제자들은 "믿음을 더하소서!"라고 했는데, 예수님은 "겨자씨 한 알만한 믿음이 있었더라면…"이라고 합니다. 이게 무슨 뜻입니까? 그만한 믿음도 없다는 뜻입니다. 그런데 사실 제자들은 자신들의 믿음이 충분하다고 말한 적이 한 번도 없습니다. 오히려 믿음의 부족함을 절감하면서 "믿음을 더해 달라"고 요구했을 뿐입니다. 그런데 "너희는 겨자씨 한 알만한 믿음도 없구나!"라고 말씀하시면 어떻게 되는 겁니까? 질문과 대답이 자연스럽게 연결되지 않는다는 느낌이 드는 이유입니다.

제자들은 아마도 예수님의 격려를 기대했던 것으로 보입니다.

'지금은 비록 믿음이 부족하지만, 앞으로는 틀림없이 큰 믿음을 갖게 될 거야' 하면서 용기를 북돋아 주는 말씀을 듣고 싶었는지도 모릅니다. 그런데 예수님은 마치 비꼬듯이 "겨자씨 한 알만한 믿음도 없는 주제에 무슨 큰 믿음을 달라고 요구하니?"라는 식으로 말씀하십니다. 이것은 전혀 예수님답지 않은 태도입니다.

그런데 그것은 사실 성경이 번역되는 과정에서 생겨난 오해입니다. 헬라어 원문의 뉘앙스는 정반대입니다. 예수님은 제자들의 믿음이 없다는 것을 지적하지 않으십니다. 오히려 제자들이 최소한 겨자씨 한 알만큼의 믿음은 가지고 있다고 말씀하십니다. 그리고 그 믿음 가지고도 얼마든지 큰일을 할 수 있다는 것입니다. 그 믿음으로 뽕나무를 향해 뿌리가 뽑혀 바다에 심기라 선언해도 그대로 된다고 말씀하십니다.

그래서 이 부분을 메시지성경은 다음과 같이 풀이합니다.

너희에게 필요한 것은 더 큰 믿음이 아니다. 더 큰 믿음도 없고 더 작은 믿음도 없다. 너희에게 날알 하나만한 믿음, 깨알만한 믿음만 있어도, 너희가 이 뽕나무더러 '가서 호수에 뛰어들어라' 하고 말할 수 있다. 너희가 말하면 그렇게 될 것이다(눅 17:6, 메시지).

다른 말로 바꾸면 이렇게 됩니다. "너희는 스스로 믿음이 부족하다고 생각해서 더 많은 믿음, 더 큰 믿음을 나에게 요구하지만, 정작 너희에게 필요한 것은 더 큰 믿음이 아니야. 이미 너희는 충분한 믿음을 가지고 있어. 단지 그것을 사용하지 않을 뿐이야!" 결국 더 큰 믿음을 달라는 제자들의 요구가 잘못되었다는 말씀입니다. 그렇습니다. 그들에게 필요한 것은 믿음이 더해지는 게 아닙니다. 더 큰 믿음을 가져야 어떤 일을 할 수 있게 되는 게 아닙니다. 오히려 지금 가진 믿음으로 순종하기 시작하면 됩니다. 그러면 얼마든지 큰일을 할 수 있습니다.

믿음은 양이 아니라 질입니다. 있느냐 없느냐의 문제이지, 상대적으로 얼마나 많은 믿음을 가지고 있느냐의 문제가 아닙니다. 믿음은 사용할 때 나타납니다. 사용하지 않는 믿음은 믿음이 아닙니다. 그런데 이미 가지고 있는 믿음을 사용할 생각은 하지 않고 더 큰 믿음 타령만 하고 있다니요. 더 많은 믿음을 가질 때까지는 아무 일도 하지 못하겠다니요. 그 생각 자체가 잘못된 것입니다.

자, 그렇다면 제자들이 이미 가지고 있다는 그 믿음이 뭘까요? 우리가 '믿음'이라고 말할 때 그 구체적인 내용이 과연 무엇일까요? 그것은 바로 예수님이 그리스도라는 믿음입니다. 누가복음 9장에서 예수님이 제자들에게 물었습니다. "너희는 나를 누구라 하느냐?" 그때 베드로가 뭐라고 고백했습니까. "하나님의 그리스도이십니다!" 마태복음의 표현으로 하자면 "주는 그리스도요 살아계신 하나님의 아들이십니다!"가 됩니다(마 16:16).

그게 바로 '믿음'입니다. 더도 덜도 아닙니다. Jesus is the Christ! 예수님이 하나님의 아들이요 그리스도요 나의 구세주라고 믿는 것이 우리 믿음의 구체적인 내용입니다. 그것이 사실 믿음의 전부입니다. 그보다 더 큰 믿음도, 더 작은 믿음도 없습니다. 예수님을 하나님의 아들이요 그리스도라고 믿는다면 주님의 말씀에 순종하지 못할 게 없습니다. 주님이 어떤 말씀을 하시더라도 그것을 따르지 못할 이유가 없습니다.

그런데 우리는 온갖 변명거리를 내세웁니다. 아직은 때가 되지 않았다고, 아직은 준비가 되지 않았다고, 더 많이 배워야 한다고, 더 큰 믿음이 생기면 그때는 할 수 있다고 그러지요. 그러나 우리가 예수 그리스도를 믿는다면, 사실 다른 준비가 필요하지 않습니다. 예수님은 하나님이십니다. 예수님은 우리의 모든 필요를 다 알고 계십니다. 만일 우리가 준비되지 않았다면 시키지도 않았을 것입니다. 만일 우리가 할 수 없다면 말씀하지도 않았을 것입니다. 그러니 믿음이 부족해서 할 수 없다고 핑계하면 안 됩니다.

종의 의무에 대하여

이와 같은 믿음의 속성을 설명하기 위하여 예수님은 '종의 의무에 대한 비유'를 말씀하십니다.

> [7]**너희 중 누구에게 밭을 갈거나 양을 치거나 하는 종이 있어 밭에서 돌아오면 그더러 곧 와 앉아서 먹으라 말할 자가 있느냐** [8]**도리어 그더러 내 먹을 것을 준비하고 띠를 띠고 내가 먹고 마시는 동안에 수종들고 너는 그 후에 먹고 마시라 하지 않겠느냐**(눅 17:7-8).

종이 하루 종일 밭일하고 나서 집에 들어가면 어떻게 합니까? 배고프다고 자기 밥부터 먼저 차려서 먹지 않지요. 오히려 주인의 식사를 차려드리고 그 식사가 마치도록 시중을 들고 난 후에 자기 밥을 차려 먹습니다. 또한 종이 그렇게 했다고 해서 주인이 고맙다고 그러지도 않습니다.

여기에서 '주인'은 '하나님'이고 '종'은 '제자'라는 사실을 우리는 쉽게 알아차릴 수 있습니다. 그런데 이 비유에서 결정적인 역할을 하는 키워드는 바로 '먹을 것', 곧 '음식'입니다. 다시 말해서 '음식'으로 자기 배를 먼저 채울 것인가, 아니면 주인부터 차려드릴 것인가 하는 문제를 다루고 있는 것입니다. 자, 이 '음식'이 무엇을 의미할까요? 바로 제자들의 '믿음'입니다. 앞에서 이야기한 '겨자씨 한 알만한 믿음'입니다.

종이 가지고 있는 음식으로 자기 배부터 채우려고 덤벼든다면 그것은 올바른 태도가 아닙니다. 주인부터 먼저 차려드려야 마땅합니다. 마찬가지로 제자들은 더 큰 믿음을 달라고 그럴 것이 아니라 그들이 가지고 있는 믿음으로 먼저 하나님을 잘 섬겨야 합니다. 하나님께 순종해야 합니다. 하나님의 명령에 따라야 합니다. 하나님의 뜻을 이루는 일에 먼저 그 믿음을 사용해야 합니다.

하나님께서 이미 예수 그리스도를 보내 주셨고, 그분을 믿음으로 구원받아 하나님의 자녀가 되게 하셨고, 그 믿음을 통해 우리의 삶 속에 이미 하나님께서 역사하고 계십니다. 그런데 그것을 보지는 못하고 더 많은 믿음을 달라고 요구하고 더 큰 믿음이 있어야만 일하겠다고 고집한다면, 그것은 마치 주인보다 먼저 밥 차려 먹겠다고 덤벼드는 종과 같다는 것입니다. 이는 믿음이 없어서가 아니라 가지고 있는 믿음을 적절하게 사용하지 못해서 그런 것입니다.

또한 믿음을 사용하고 난 후에도 마찬가지입니다.

[9]명한 대로 하였다고 종에게 감사하겠느냐 [10]이와 같이 너희도 명령 받은 것을 다 행한 후에 이르기를 우리는 무익한 종이라 우리가 하여야 할 일을 한

것뿐이라 할지니라(눅 17:9-10).

믿음으로 섬기고 난 후에 시험 드는 사람들이 생각보다 참 많습니다. 선을 행하고 난 후에 낙심하는 사람은 대부분 자신의 섬김에 대해 하나님의 인정과 사람들의 칭찬을 기대했다가 실망한 경우입니다. 그것은 마치 하루 종일 밭에 나가 일한 종이 집에 들어올 때 주인에게 대접받을 줄로 잔뜩 기대하고 오는 것과 같습니다. 그런데 주인이 수고를 인정해 주기는커녕, 오히려 식탁에서 먼저 시중을 들라고 말한다면 틀림없이 실망하고 말 것입니다.

예수님은 그러고 난 후에 "우리는 무익한 종입니다. 우리가 하여야 할 일을 한 것뿐입니다"라고 말하라고 하십니다. NIV성경은 "We are unworthy servants. We have only done our duty"라고 번역합니다. "우리는 쓸모없는 종입니다. 단지 우리가 마땅히 해야 할 일을 하였을 뿐입니다"라는 뜻입니다. 그렇습니다. 우리는 본래 쓸모없는(unworthy) 종이었습니다. 그런데 하나님께서 우리를 구원하셔서 쓸모 있는 일을 할 기회를 주셨습니다. 그러니 그렇게 쓰임 받은 것만으로 감사해야지요. 여기에 그 어떤 불평이나 낙심이 들어올 틈이 없습니다.

바로 이것이 우리의 믿음을 사용하는 바른 자세입니다. 큰 믿음이 있어야 큰일을 할 수 있게 되는 것이 아닙니다. 믿음이 있으면 어떤 일이든지 할 수 있습니다. 그리고 그 일을 다 한 후에도 자신의 공로를 내세우거나 어떤 보상을 요구하지 않습니다. 그렇게 함으로써 우리는 주님이 우리를 부르시는 마지막 순간까지 낙심하지 않고 충성스러운 종으로 하나님 나라의 사역을 감당할 수 있게 되는 것입니다.

감사하는 믿음

여기까지 말씀하신 후에 예수님은 그 자리를 떠나서 예루살렘을 향하여 움직이기 시작하셨습니다. 그러다가 어느 마을에서 열 명의 나병환자를 만나게 됩니다. 이들의 이야기를 통해서 진정한 믿음이 무엇인지 실제로 보여주십니다.

> [11]예수께서 예루살렘으로 가실 때에 사마리아와 갈릴리 사이로 지나가시다가 [12]한 마을에 들어가시니 나병환자 열 명이 예수를 만나 멀리 서서 [13]소리를 높여 이르되 예수 선생님이여 우리를 불쌍히 여기소서 하거늘…(눅 17:11-13).

여기에서 "사마리아와 갈릴리 사이로 지나가셨다"라는 말을 해석하는 데 조금 어려움이 있습니다. 예수님은 지금 갈릴리 지방을 떠나서 예루살렘을 향하여 가는 중입니다. 예수님은 최단 거리로 가지 않으셨습니다. 가능하면 많은 마을에 들려서 많은 사람을 만나려고 하셨습니다. 그것은 하나님 나라의 복음을 전할 기회를 얻기 위해서였습니다. 따라서 아마도 두 지방의 경계를 왔다 갔다가 하면서 지나가고 계시는 것으로 이해할 수 있겠습니다.

아무튼 어느 마을에 들어가셨을 때, 거기에서 나병환자(lepers) 열 명을 만나게 되었습니다. 이들은 예수님의 이름을 잘 알고 있었습니다. 누가복음 5장에서 예수님은 나병환자를 고쳐주신 적이 있습니다. 그 소식을 전해 들었을 것이 분명합니다. 그들의 가장 큰 소망은 예수님을 만나는 것이었습니다. 그러나 그들은 사회에서 격리되어 살아야 했기에 예수님이 그들을 찾아오지 않는 한 예수님을 만날 가능성은 없습니다. 그런데 지금 그런 일이 벌어진 것입니다.

그들은 예수님이라는 사실을 알고 나서 가까이 오지는 못하고 멀리에서 목소리를 높여서 외쳤습니다. "주 예수여, 우리를 불쌍히 여기소서"(Jesus, Master, have mercy on us, KJB). 그들의 문제 해결은 주님이 '자비'를 가지는 일에 달려 있다는 고백입니다. 그렇습니다. 우리의 모든 문제는 주님의 '자비'와 '은혜'로만 풀리게 되어 있습니다. 우리가 늘 기도하는 이유가 여기에 있습니다. 그들의 간절한 외침을 들으시고 예수님은 다짜고짜 다음과 같이 응답하셨습니다.

보시고 이르시되 가서 제사장들에게 너희 몸을 보이라 하셨더니 그들이 가다가 깨끗함을 받은지라(눅 17:14).

"제사장들에게 너희 몸을 보이라"는 말씀은 율법의 규례에 따른 것입니다. 나병환자가 고침을 받았을 때 먼저 제사장에게 가서 병이 나았다는 확인을 받고 제물을 드리는 정결 의식을 행해야 했습니다(레 14:1-32). 그러고 나서야 고향 집으로 돌아갈 수 있었습니다. 이때 예수님이 나병을 고쳐주셨습니까? 아닙니다. 아직 고쳐주지 않으셨습니다. 그런데도 제사장들에게 가서 몸을 보이라고 말씀하신 것입니다.

실제로 그들은 그 말씀에 순종하여 출발하는 믿음을 보였고, 제사장에게 가는 도중에 정말 나병이 치유되는 놀라운 기적을 체험하게 된 것입니다. 이것이 바로 겨자씨 같은 믿음이 일으키는 기적입니다. 그 믿음을 사용하면 기적이 일어납니다. 문제는 그다음입니다.

[15]그 중의 한 사람이 자기가 나은 것을 보고 큰 소리로 하나님께 영광을 돌리며 돌아와 [16]예수의 발아래에 엎드리어 감사하니 그는 사마리아 사람이라(눅 17:15-16).

열 명이 모두 고침을 받았는데, 예수님께 돌아와 감사를 표한 사람은 오직 한 사람이었습니다. 게다가 그는 사마리아 사람이었습니다. 자, 그렇다면 나머지 아홉 명은 모두 유대인이었다는 뜻입니다. 본래 유대인과 사마리아인은 서로 상종하지 않았습니다. 그러나 '동병상련'(同病相憐)이라고, 나병이라는 공통의 비극이 그동안 그들을 한 공동체로 묶어주었습니다. 사실 연약한 인간끼리는 편을 나누고 싸우고 할 것이 없습니다. 그저 서로를 불쌍히 여기면 됩니다.

그런데 병 고침을 받은 후에 그들은 헤어져서 전혀 다른 길로 갔습니다. 아홉 명의 유대인은 제사장에게 가서 확인 절차를 밟고 집으로 돌아갔습니다. 그러나 사마리아인은 예수님에게 돌아와서 감사했습니다. 왜 돌아왔을까요? 물론 그는 사마리아인이기에 제사장에게 갈 필요가 없었습니다. 그렇다고 예수님에게 굳이 돌아올 필요도 없었습니다. 그런데도 그가 돌아온 것은 다른 사람들과 무언가 다른 믿음을 가지고 있었다는 증거입니다.

그러고 보면 예수님이 "제사장에게 가서 몸을 보이라"고 했을 때, 사실 그 사마리아 사람에게는 전혀 해당하지 않는 일이었습니다. 예수님이 그것을 모르셨나요? 아닙니다. 다 알고 계셨습니다. 사마리아 사람이 그 말씀의 의미를 몰랐나요? 아닙니다. 다 알면서도 그는 주님의 말씀에 순종하여 출발했던 것입니다. 나머지 아홉 명의 믿음도 보통은 아니었지만, 이 사마리아인은 더욱 대단한 믿음을 가지고 있었습니다. 그 대단한 믿음이 단순히 병을 치유한 것으로 만족하지 않고, 주님께 돌아와서 엎드려 감사하게 했던 것입니다.

여기에서 우리는 아무리 대단한 믿음으로 불치의 병을 고치게 되었다고 하더라도, 만일 감사할 줄 모른다면 그 믿음은 아무 소용이 없다는 사실을 알게 됩니다. 왜냐면 그것은 구원으로 인도하는 믿음이 아니기 때문입니다.

[17]예수께서 대답하여 이르시되 열 사람이 다 깨끗함을 받지 아니하였느냐. 그 아홉은 어디 있느냐 [18]이 이방인 외에는 하나님께 영광을 돌리러 돌아온 자가 없느냐 하시고 [19]그에게 이르시되 일어나 가라 네 믿음이 너를 구원하였느니라 하시더라(눅 17:17-19).

예수님은 열 사람이 모두 돌아와서 하나님께 영광을 돌릴 것을 기대하셨습니다. 그러나 사마리아 사람을 제외하고는 아무도 감사하지 않았습니다. 그들은 선택받은 민족, 하나님의 백성이라는 자부심을 가진 유대인입니다. 그런데도 그들은 하나님께 영광을 돌리고 예수님께 감사하는 일을 잊어버렸습니다. 감사하지 않으면 주님이 주려고 하시는 진짜 복을 받지 못합니다. 그것이 무엇입니까? 예수님은 말씀하십니다. "네 믿음이 너를 구원하였다!"

병에서 고침을 받은 것은 물론 놀라운 일입니다. 그러나 진정한 구원은 아닙니다. 결국 모든 인생은 죽음으로 끝나기 때문입니다. 진정한 구원은 하나님 나라에 들어가는 것입니다. 그것은 오직 예수를 그리스도로 고백하는 자에게만 주어지는 복입니다. 이 사마리아 사람은 병을 고쳤을 뿐만 아니라 구원까지 받게 되었습니다. 무엇이 그렇게 했습니까? 바로 '감사'입니다. '감사'가 진정한 '믿음'입니다.

우리에게 필요한 것은 큰 믿음이 아닙니다. 아니, 더 큰 믿음도 더 작은 믿음도 없습니다. 예수 그리스도를 믿는 믿음을 사용하기만 하면 됩니다. 그러면 얼마든지 놀라운 기적과 은혜를 체험하며 살 수 있습니다. 그리고 진정한 믿음은 반드시 감사로 이어집니다. 하나님의 은혜에 감사하는 믿음이 우리를 구원으로 인도하는 것입니다.

묵상 질문: 나는 더 큰 믿음을 기다리는가, 아니면 믿음을 사용하고 있는가?

오늘의 기도: 하나님 아버지, 이제부터 더 큰 믿음을 구하지 않게 하옵소서. 오히려 우리가 가진 믿음대로 살게 해달라고 기도하게 하옵소서. 이미 가진 믿음을 사용하지 않아서 그동안 하나님의 놀라운 능력과 은혜를 보지 못했습니다. 우리의 믿음 없음을 긍휼히 여기시고, 이제부터는 감사하는 마음으로 끝까지 충성하는 신실한 종이 되게 하옵소서. 예수님의 이름으로 기도합니다. 아멘.

누가복음 묵상 ❷-20

하나님의 나라는 어디에?

읽을 말씀: 누가복음 17:20-21; 사도행전 1:6-8

새길 말씀: [20]바리새인들이 하나님의 나라가 어느 때에 임하나이까 묻거늘 예수께서 대답하여 이르시되 하나님의 나라는 볼 수 있게 임하는 것이 아니요 [21]또 여기 있다 저기 있다고도 못하리니 하나님의 나라는 너희 안에 있느니라(눅 17:20-21).

메시아로서 예수님의 사역은 두 가지로 요약할 수 있습니다. 바로 '치유 사역'(healing ministry)과 '전도 사역'(preaching ministry)입니다. 병자들을 고치는 일과 하나님 나라의 복음을 선포하는 일, 이 두 가지 사역은 서로 떼려야 뗄 수 없는 관계에 있습니다. 예수님의 초반기 사역을 지켜보던 세례 요한이 제자들을 보내서 "당신이 우리가 기다려온 그 메시아입니까?"라고 물었을 때, 예수님은 이렇게 대답하셨지요.

…너희가 가서 보고 들은 것을 요한에게 알리되 맹인이 보며 못 걷는 사람이

걸으며 나병환자가 깨끗함을 받으며 귀먹은 사람이 들으며 죽은 자가 살아나며 가난한 자에게 복음이 전파된다 하라(눅 7:22).

눈먼 사람을 보게 하고, 저는 사람을 걷게 하고, 나병환자를 깨끗하게 하고, 귀먹은 사람을 듣게 하고, 죽은 사람을 살아나게 하는 것은 오직 메시아만이 하실 수 있는 일입니다. 거기에다가 하나님 나라의 복음이 전파되고 있습니다. 그렇다면 지금 그 일을 행하고 있는 분, 즉 예수님이 바로 메시아라는 뜻입니다. 세례 요한이 예수님에게 실망한 것은 '심판자 메시아'를 기대했기 때문입니다. 그러나 예수님은 이 세상을 구원하기 위하여 오신 '구원자 메시아'입니다(요 3:16).

우리가 지금 묵상하는 제2막 '구원에 이르는 길'에서 예수님이 설명하려고 하는 주제가 바로 그것입니다. 예수님은 '잃은 자'를 찾도록 찾아 구원하시는 하나님 아버지의 마음이 어떤 것인지 먼저 설명하셨습니다. 그리고 재물의 사용이 구원과 얼마나 밀접한 관계가 있는지 말씀하셨습니다. 그것은 결국 믿음의 문제로 연결되었지요. 예수님은 제자들이 가지고 있는 믿음을 사용하기만 하면 얼마든지 구원의 은혜를 맛볼 수 있다고 가르치셨습니다. 그리고 열 명의 나병환자가 기적적으로 고침을 받는 사건을 통해서 구원으로 인도하는 '순종하는 믿음'과 '감사하는 믿음'의 모범적인 사례를 보여주셨습니다.

이렇듯 예수님의 사역은 언제나 사람들을 구원으로 초대합니다. 그리고 예수님이 선포하는 모든 메시지는 항상 '하나님 나라'로 귀결됩니다. '기승전… 하나님의 나라'입니다. 하나님 나라는 태초부터 계획하셨던 하나님의 구원이 성취되는 나라입니다. 예수님은 온갖 병자들을 고침으로써 이 세상을 구원하시는 하나님의 놀라운 능력을 드러내셨고, 마침내 이 땅에 구원이 완성되는 하나님 나라에 대한 기대를 품게 하셨던 것입니다.

하나님 나라 vs. 메시아 왕국

그렇다면 하나님의 나라가 언제 어떻게 오게 될 것인가가 궁금해집니다. 그런데 예수님이 선포하신 '하나님 나라'는 장소의 개념이 아니라 통치의 개념이라고 그랬습니다. 하나님이 다스리시는 나라가 바로 '하나님 나라', 즉 '신국'(神國)입니다. 예나 지금이나 사람들은 이와 같은 '하나님 나라'의 정체성보다 그 나라가 도래(到來)하는 시기나 방법에 더 많은 관심을 보여왔습니다. 오늘 본문이 바로 그런 이야기를 담고 있습니다.

> [20]**바리새인들이 하나님의 나라가 어느 때에 임하나이까 묻거늘 예수께서 대답하여 이르시되 하나님의 나라는 볼 수 있게 임하는 것이 아니요** [21]**또 여기 있다 저기 있다고도 못하리니 하나님의 나라는 너희 안에 있느니라**(눅 17:20-21).

"하나님의 나라가 어느 때에 임하는가?"라는 질문은 뜻밖에도 예수님의 제자들이 아니라 바리새인들의 입을 통해서 나왔습니다. 우리말로는 "바리새인들이 예수님께 물었다"(the Pharisees asked Jesus, NLT)라고 능동태 문장으로 번역하고 있지만, 헬라어 원어를 읽어보면 수동태 문장으로 되어 있습니다. 따라서 "예수님이 바리새인들에 의해 질문을 받았다"(Jesus was demanded of the Pharisees, KJB)로 번역하는 것이 더 정확합니다.

이것은 지금까지 바리새인들이 직설적으로 예수님에게 도발하며 질문 공세를 퍼붓던 것과는 사뭇 다른 분위기입니다. 여기에서 우리는 이 질문을 하는 바리새인들이 그동안 '하나님 나라'에 대한 예수님의 가르침을 경청하던 사람들이었다는 사실을 알게 됩니다. 그러니까 그들은 지금 예수님의 가르침을 반박하기 위해서 질문하는 것이 아니라 그들이 기다려 오던 '메시아 왕국'(the Messianic Kingdom)과 예수님이 가르치는 '하나님 나라'(the Kingdom of God)와 접점을 찾기 위해서 질문하고 있는 것입니다.

여기에서 바리새인들은 '하나님의 나라가 임하는 때'를 묻고 있지만, 실제로 그들이 기다리던 '하나님의 나라'는 메시아가 왕이 되어 다스리는 '메시아 왕국'이었습니다. 그들은 성경을 읽고 연구하면서 장차 메시아가 오셔서 다스리게 될 메시아 왕국에 대한 비전을 곳곳에서 발견하였습니다. 이사야서에 기록된 말씀도 그중의 하나입니다.

[9]아름다운 소식을 시온에 전하는 자여 너는 높은 산에 오르라 아름다운 소식을 예루살렘에 전하는 자여 너는 힘써 소리를 높이라 두려워하지 말고 소리를 높여 유다의 성읍들에게 이르기를 너희의 하나님을 보라 하라 [10]보라 주 여호와께서 장차 강한 자로 임하실 것이요 친히 그의 팔로 다스리실 것이라…(사 40:9-10).

이스라엘 백성에게 '아름다운 소식', 즉 '복음'은 장차 하나님께서 그들을 구원하기 위하여 '강한 자'로 임하시고 친히 '그의 팔로' 다스릴 것이라는 소식입니다. 오랜 세월 주변의 여러 제국에 의해서 강압적인 통치를 받아오던 이스라엘 백성은 이와 같은 하나님의 약속에 큰 기대를 걸었습니다. 그들이 기다리는 메시아는 강한 자요 군림하는 자요 다스리는 자였습니다.

다니엘은 환상을 통해 하나님에게 기름 부음 받은 종 '메시아'가 하늘로부터 구름을 타고 내려오는 장면을 목격했습니다.

> [13]내가 또 밤 환상 중에 보니 인자같은 이가 하늘 구름을 타고 와서 옛적부터 항상 계신 이에게 나아가 그 앞으로 인도되매 [14]그에게 권세와 영광과 나라를 주고 모든 백성과 나라들과 다른 언어를 말하는 모든 자들이 그를 섬기게 하였으니 그의 권세는 소멸되지 아니하는 영원한 권세요 그의 나라는 멸망하지 아니할 것이니라(단 7:13-14).

메시아의 오심을 예고하는 이런 이야기는 구약성경에 수없이 많습니다. 바리새인을 비롯한 모든 이스라엘 백성은 이를 통해 '메시아 왕국'에 대한 꿈을 키워왔습니다. 단지 과거 이스라엘의 영광을 회복시킬 뿐만 아니라 한 걸음 더 나아가서 다른 모든 나라 위에 이스라엘을 우뚝 세우는 그런 메시아의 오심을 기다렸습니다. 그런 점에서 예수님의 제자들도 크게 다르지 않았습니다. 그들은 예수님에게 정치적인 메시아의 기대를 걸었습니다. 예수님이 로마제국의 압제에서 유대를 해방하고 왕 같은 메시아로 군림하는 것을 소망했습니다.

따라서 바리새인들의 질문에 대한 대답은 사실상 제자들에 대한 가르침이라고 보아야 합니다. 아직도 그들에게 완전히 해결되지 않은 문제이기 때문입니다.

예수님의 대답

그런데 바리새인들의 질문과 예수님의 대답은 서로 잘 맞지 않는 것처럼 보입니다. "하나님의 나라가 어느 때에 임하느냐?"는 그들의 질문에 예수님은 "하나님의 나라는 볼 수 있게 임하는 것이 아니다!"라고 대답하시기 때문입니다. 바리새인들은 '어느 때'(when), 즉 시기의 문제로 물었는데, 예수님은 '볼 수 있게'(how), 즉 방법에 관한 문제로 대답하시니 동문서답처럼 보일 수밖에요. 예수님이 그들의 질문을 잘 이해하지 못하셨던 것일까요? 아닙니다. 아주 정확하게 이해하고 계셨습니다.

그들이 기다리던 하나님 나라, 즉 메시아 왕국은 '볼 수 있게' 임하는 것이었습니다. 우리말 '볼 수 있게'에 해당하는 헬라어 '파라테레시스'(paratérésis)는 '자세히 관찰한다'라는 뜻입니다. 이를 NIV성경은 "The Kingdom of God does not come with your careful observation"이라고 번역합니다. "너희가 주의 깊게 관찰한다고 해서 하나님 나라가 오는 것을 발견할 수는 없다"라는 뜻입니다.

그들은 메시아 왕국이 이루어지기 전에 어떤 징조들이 나타날 것으로 생각했습니다. 예를 들어 엘리야와 같은 선지자가 메시아에 앞서서 먼저 등장할 것이라는 믿음도 그중의 하나입니다(막 9:11). 또는 전쟁이나 기근이나 자연 질서의 붕괴나 우주의 파멸과 같은 어떤 무시무시한 사건들과 메시아의 오심을 연결해서 생각했습니다. 메시아가 다스리는 새로운 시대는 이러한 파괴와 혼란이 있고 난 뒤에 시작된다고 믿었던 것입니다.

주님의 재림을 기다리는 그리스도인 가운데도 그런 방식으로 시대의 징조를 주의 깊게 관찰하는 사람들이 있습니다. 그러다 보면 주님의 재림하는 때와 시기를 미리 알아차릴 수 있다고 생각하는 것이지요. 지금 바리새인들이 질문하는 내용입니다. 그것에 대해서 예수님은 분명하게 대답하십니다. "하나님 나라는 너희가 달력을 보고 날짜를 세고 있다고 해서 오는 것이 아니다"(The kingdom of God doesn't come by counting the days on the calendar. 메시지).

그래서 당시 사람들은 "여기 있다", "저기 있다" 하는 사람들의 주장에 쉽게 현혹되곤 했습니다. 그것은 지금까지의 기독교 역사를 통해서 자주 목격되어 온 일이기도 합니다. 과거 한때 우리나라를 떠들썩하게 했던 다미선교회의 '시한부 종말론 사건'이 바로 그 대표적인 예입니다. 그 밖에도 크고 작은 이단들이 성경을 제멋대로 해석하여 주님이 재림하시는 때를 계산하고 심지어 장소까지 정해 놓고 기다렸습니다. 문제는 그런 헛된 주장에 미혹되는 어리석은 사람이 적지 않다는 사실입니다.

그러나 예수님의 대답은 분명합니다. "아니다! 하나님의 나라는 그렇게 눈에 볼 수 있게 임하는 것이 아니다! 또한 여기 있다, 저기 있다고 말할 수 있는 것도 아니다!" 메시지성경은 이렇게 풀이합니다. "누가 '여기를 보아라!' 하거나 '저기 있다!' 한다고 해서 (하나님의 나라가) 오는 것도 아니다." 그런 식으로 주장하는 사람들은 하나님 나라가 무엇인지 알지도 못하면서 아무렇게나 떠벌리는 거짓 예언자일 뿐 아니라 하나님 나라를 단지 장삿속으로 이용하여 사사로운 이익을 챙기려는 종교 사기꾼에 불과합니다.

너희 안에 있다

자, 그렇다면 '하나님 나라'는 도대체 무엇이며, '하나님 나라의 도래'를 우리는 어떻게 이해해야 할까요? 예수님은 이렇게 대답하십니다. "하나님의 나라는 너희 안에 있느니라!" 성경에서 가장 난해한 말씀으로 손꼽히는 구절입니다. 특히 우리말 '안에'로 번역된 헬라어 전치사 '엔토스'(entos)를 풀이하기가 쉽지 않습니다. 우리말 개역 성경은 '엔토스'를 '안에'(within)라고 번역하지만, 새번역성경이나 메시지 성경은 '가운데'(among)라고 번역합니다. 이 두 가지 번역이 문법적으로 모두 가능합니다. 그래서 더욱 혼란스럽습니다.

만약 "하나님의 나라가 너희 안에(within you) 있다"라고 한다면, 예수님이 선포하신 하나님 나라는 시간이나 공간적인 개념으로 설명할 수 없는 일종의 새로운 '정신적 내적 실재'를 가리키는 것이 됩니다. 실제로 사도 바울도 그와 비슷한 뜻으로 "하나님의 나라는 먹는 것과 마시는 것이 아니요 오직 성령 안에 있는 의와 평강과 희락이라"라고 말했습니다(롬 14:17). 다시 말해서 하나님의 나라는 우리가 내적으로 맛보는 조금은 추상적인 개념의 평안과 기쁨을 의미합니다.

그러나 이와 같은 해석에는 큰 장애가 있습니다. 그것은 이 대화의 상대인 '너희'가 바로 '바리새인들'이라는 사실입니다. 만일 이 해석대로 한다면 바리새인들 마음 안에 하나님 나라가 이루어져 있어야 합니다. 그런데 지금까지 바리새인들이 예수님에게 보여 왔던 적대적인 태도를 고려해 보면 전혀 맞지 않는 말입니다. 예수님을 메시아로 인정하지 않는 사람들의 마음 안에 어떻게 하나님 나라가 있다고 말할 수 있겠습니까?

그렇다면 "하나님의 나라가 너희 가운데(among you) 있다"라고 한다면 어떻게 될까요? 그때는 물리적으로 바리새인들과 대화를 나누고 있는 예수님 자신을 가리키는 말이 됩니다. 즉, 예수님이 하나님 나라의 선봉으로 이 세상에 오셨다는 사실을 드러내는 것입니다. 실제로 예수님이 이 세상에 오심으로 하나님 나라가 시작되었습니다. 그리고 하나님의 통치는 예수님을 그리스도로 영접하는 사람들을 통해서 점점 확장되어 나갈 것입니다.

개인적으로는 '너희 안에'(within you)보다 '너희 가운데'(among you)가 훨씬 더 매력적인 해석으로 다가옵니다. 그 이유는 하나님 나라가 단순히 죽고 난 후에 가는 '저세상'이 아니라 주님이 가르쳐주신 기도처럼 '이 땅에 임하는 것', 즉 '이 세상에서 이루어 가야 하는 나라'를 말하기 때문입니다. 그러나 하나님 나라가 우리 삶의 실재와 능력이 되려면 사실 이 두 가지 차원이 모두 포함되어야 합니다. 하나님 나라가 '우리 가운데'(among us) 있으려면 또한 '우리 안에'(within us)도 있어야 합니다.

'하나님의 다스림을 받아들이는 것'과 '속사람이 새롭게 거듭나고 변화되는 것'은 별개의 일이 아닙니다. 물론 예수님을 통하여 하나님 나라가 이 세상에서 시작되었습니다. 그렇지만 그 완성은 미래적인 우주적인 사건입니다. 그래서 "already, but not yet!"입니다. 하나님 나라는 이미 시작되었지만, 아직 완성되지는 않았습니다. 현재 예수 그리스도를 통하여 하나님의 임재를 체험하고 거듭나서 새로운 인생을 살지 않으면서 장차 하나님 나라에 들어가게 되는 일이란 절대로 벌어지지 않습니다.

이스라엘 나라의 회복

예수님의 제자들이 하나님 나라에 대한 이와 같은 올바른 이해를 갖게 된 것이 언제부터일까 궁금해집니다. 주님이 승천하시던 장면으로 미리 가볼까요?

그들이 모였을 때에 예수께 여쭈어 이르되 주께서 이스라엘 나라를 회복하심이 이 때니이까 하니…(행 1:6).

예수님이 승천하시기 직전에 제자들과 마지막으로 모였을 때의 일입니다. 주님이 그들을 떠나서 하늘로 올라가신다는 사실을 알게 된 제자들이 예수님께 묻습니다. "주께서 이스라엘 나라를 회복하심이 바로 이때입니까?"

'이스라엘 나라의 회복'은 바리새인들을 비롯한 모든 이스라엘 백성이 소망해 오던 '메시아 왕국'의 도래를 말하는 것처럼 보입니다. 실제로 예수님이 나귀를 타고 예루살렘에 입성하실 때 군중들이 주님을 환영하면서 "우리 조상 다윗의 나라여!"(막 11:10)라고 외친 것도 과거 다윗 시절의 영광을 회복하려는 이스라엘 백성의 간절한 소망을 드러낸 것이었습니다. 그러나 예수님이 십자가에서 죽임을 당하심으로 그 소망이 산산조각 나고 말았지요.

그렇다면 제자들은 부활하신 주님에게 또다시 그런 기대를 걸기 시작한 것일까요? 아닙니다. 십자가 사건을 경험하면서 제자들은 비로소 깨닫게 되었습니다. 예수님이 가르치는 '하나님 나라'는 그들이 기대해 오던 '다윗의 나라', 즉 '메시아 왕국'이 아니라는 사실을 말입니다. 그것은 이스라엘의 정치적인 구원이나 해방을 훌쩍 뛰어넘는 개념임을 제자들은 어렴풋이 알기 시작했습니다. 자, 그렇다면 '이스라엘 나라의 회복'은 무엇을 말하는 것일까요?

이 부분을 메시지성경으로 읽으면 다음과 같습니다. "Master, are you going to restore the kingdom to Israel now? Is this the time?" 직역하자면 "이스라엘에 그 나라를 회복하실 때가 지금입니까?"입니다. 여기에서 '그 나라'는 바로 '하나님 나라'를 말합니다. 주님께서 공생애 기간 내내 선포하셨던 바로 그 '하나님 나라'입니다. 그러니까 "예수님이 승천하시려고 하는 지금이, 그동안 말씀해 오셨던 하나님의 나라가 완전히 이루어지는 바로 그때입니까?"라는 질문이었습니다.

이에 대해서 예수님은 다음과 같이 대답하십니다.

> [7]**이르시되 때와 시기는 아버지께서 자기의 권한에 두셨으니 너희가 알 바 아니요 [8]오직 성령이 너희에게 임하시면 너희가 권능을 받고 예루살렘과 온 유대와 사마리아와 땅 끝까지 이르러 내 증인이 되리라 하시니라**(행 1:7-8).

하나님의 나라를 완성하기 위하여 얼마나 오랜 '크로노스'(chronos)의 시간이 흘러야 하는지, 또는 어떤 특별한 '카이로스'(kairos)의 사건이 벌어지게 될는지, 그것은 전적으로 하나님 아버지의 절대 주권(authority)에 달려 있다는 것입니다. 그것은 사람들이 알 수도 없고, 알려고 해서도 안 되고, 또한 변경하려고 해서도 안 됩니다. 그래서 메시지성경은 이를 'Timing is the Father's business'라고 표현합니다. 즉, '때를 정하는 것은 아버지의 몫'이라는 뜻입니다.

그러나 그때를 그냥 막연하게 손 놓고 기다려서는 안 됩니다. 그러는 동안 제자들이 해야 할 일이 있습니다. 그것은 성령의 권능을 받아서 땅끝까지 이르러 주님의 증인이 되는 것입니다. 하나님 나라가 임하는 시기와 그 징조에만 몰두하는 사람들은 이와 같은 하나님 나라에 대한 큰 그림을 보지 못합니다. 그들은 이 망할 놈의 세상을 빨리 끝장내고 새로운 세상이 세워질 것을 기대합니다. 그것은 현실 부정이요 내세 도피일 뿐, 하나님의 나라가 아닙니다.

주님이 말씀하시는 하나님 나라는 사람들 마음에 임하여 그 삶을 변화시키는 '능력'이요, 또한 이 땅에서 살아가는 사람들 가운데 임하여 하나님의 다스림을 확장해 나가는 '운동'입니다. 그것은 2천 년 전 팔레스타인에서 예수님이 시작하셨고, 신약의 하나님 백성 교회를 통해서 땅끝으로 나아가기 시작했고, 장차 주님의 재림과 더불어 완성될 것입니다. 지금 우리는 우리 가운데 이미 시작된 하나님 나라가 그 완성을 향해 나아가는 과정에 서 있는 것입니다.

바로 여기에서, 과거 예수 그리스도를 통하여 시작된 하나님 나라에 대한 '믿음'과 현재 우리의 삶에서 하나님 나라를 확장해 나가는 '사랑'의 실천과 장차 다가올 하나님 나라의 완성을 기대하는 '소망'을 모두 아우르는 균형 잡힌 신앙생활이 만들어지는 것입니다. 하나님의 나라는 어디에 있습니까? 그것은 우리 안에(within us) 그리고 우리 가운데(among us) 있습니다. 우리는 어디에 서 있습니까? 이미 시작된 하나님의 나라가 완성을 향해 나아가는 과정에 서 있습니다. 그것을 알면 우리가 어떻게 신앙생활해야 할지 알 수 있는 것입니다.

묵상 질문: "너희 안에 하나님 나라가 있다"는 말씀을 나는 어떻게 이해하는가?

오늘의 기도: 하나님 아버지, 하나님의 나라가 먼저 우리 마음에 임하게 하옵소서. 하나님의 나라가 우리의 삶과 우리의 가정에 임하게 하옵소서. 예수님이 시작하신 하나님 나라 운동이 우리를 통해 땅끝으로 나아가게 하시고, 언젠가 이 땅에 그 나라가 완성되는 날 우리 모두 구원받은 하나님 백성으로 그 잔치 자리에 들어가게 하옵소서. 예수님의 이름으로 기도합니다. 아멘.

누가복음 묵상 ❷ - 21

하나님의 나라는 언제?

읽을 말씀: 누가복음 17:22-37

새길 말씀: [22]또 제자들에게 이르시되 때가 이르리니 너희가 인자의 날 하루를 보고자 하되 보지 못하리라 [23]사람이 너희에게 말하되 보라 저기 있다 보라 여기 있다 하리라 그러나 너희는 가지도 말고 따르지도 말라 [24]번개가 하늘 아래 이쪽에서 번쩍이어 하늘 아래 저쪽까지 비침같이 인자도 자기 날에 그러하리라 [25]그러나 그가 먼저 많은 고난을 받으며 이 세대에게 버린 바 되어야 할지니라(눅 12:22-25).

그동안 예수님은 하나님 나라를 '비유'로만 설명해 오셨습니다. 그 나라를 직접 경험한 사람이 아무도 없었기 때문입니다. 그러나 이제는 어느 정도 준비가 되었다고 생각하셨을까요, 지난 시간부터는 직접적으로 설명하기 시작하셨습니다. "하나님의 나라는 너희 안에 있다"(21절). 이 말씀을 묵상하면서 우리는 하나님께서 '우리 안에'(within us) 일어나는 변화를 통해서 '우리 가운데'(among us) 하나님 나라를 계속 확장하신다는 사실을 알게 되었습니다.

하나님의 나라는 예수님을 통해 시작되었지만, 아직 완성된 것은 아닙니다. 그 나라는 예수님이 재림하실 때 완성됩니다. 따라서 '하나님 나라'를 이해하기 위해서는 '주님의 재림'을 잘 이해하고 있어야 합니다. 지금까지 이천 년의 기독교 역사를 통해서 수많은 이단이 등장하여 주님의 재림을 '어디에'(where)와 '언제'(when)라는 키워드로 왜곡해 왔습니다. 그리고 그러한 미혹에 많은 사람이 휩쓸리기도 했습니다.

따라서 이것은 하나님의 나라가 이 땅에 임하기를 기다리는 우리에게 반드시 해결해야 할 문제입니다. 지난 시간에는 "하나님의 나라는 어디에?"라는 주제를 살펴보았습니다. 오늘은 "하나님의 나라는 언제?"라는 주제를 살펴보려고 합니다.

번개가 비침같이

하나님의 나라가 언제 임할 것인지의 문제를 풀기 위해서 우리는 먼저 재림의 속성에 대해서 이해할 필요가 있습니다.

또 제자들에게 이르시되 때가 이르리니 너희가 인자의 날 하루를 보고자 하되 보지 못하리라(눅 17:22).

'인자'(人子)는 문자적으로 '사람의 아들'이라는 뜻이지만, 실제로는 하나님의 아들이신 예수님의 여러 '메시아 호칭' 중의 하나입니다. 따라서 '인자의 날'은 예수님이 장차 하나님 나라를 완성하기 위해서 심판주로 재림하시는 바로 그때를 의미합니다. 자, 그렇다면 "너희가 인자의 날 하루를 보고자 하되 보지 못한다"라는 말씀은 무슨 뜻일까요? 쉽게 풀이하면 주님이 재림하시는 날을 단 하루라도 보고 싶어 하겠지만, 아무리 기다려도 보지 못하는 그런 때가 오게 될 것이라는 말씀입니다.

이것은 초대교회 성도들이 겪게 될 박해 상황에 대한 예고입니다. 실제로 로마제국의 기독교에 대한 극심한 박해와 핍박 속에서 성도들은 주님이 재림하는 모습을 단 하루라도 보고 죽으면 소원이 없겠다고 생각했습니다. 그러나 재림은 자꾸만 연기되었고, 그러는 동안 순교하거나 죽음을 맞이하는 성도들이 점점 늘어나게 되었지요. 그런 상황에서 사람들은 재림의 징조를 성급하게 찾아다니게 되었습니다.

> **사람이 너희에게 말하되 보라 저기 있다 보라 여기 있다 하리라 그러나 너희는 가지도 말고 따르지도 말라(눅 17:23).**

"저기 있다", "여기 있다"라는 말은 예수님이 재림하시는 장소에 대한 잘못된 소문을 말합니다. 주님의 재림을 간절히 기다리던 사람들에게는 사실 아주 솔깃한 이야기가 아닐 수 없습니다. 그러나 그런 거짓 주장에 속아 넘어가지 말라고 하십니다. 이 부분을 메시지성경은 다음과 같이 풀이합니다.

> **"사람들이 너희에게 '저기를 보아라!' 하거나 '여기를 보아라!' 할 것이다. 그런 허튼 말에 절대 속지 마라. 너희가 보러 나간다고 해서 인자가 오는 것을 볼 수 있는 것은 아니다. 인자는 올 때가 되면 온다"(눅 17:23, 메시지).**

주님이 재림하시는 시간과 장소를 주장하는 것은 모두 허튼소리(nonsense)입니다. 주님은 오실 때가 되면 오십니다. 영어 원문으로는 "He simply comes"(MSG)입니다. 이를 직역하면 "예수님은 단순하게 오신다"입니다. 그러니까 복잡하게 생각하거나 계산할 필요가 없습니다. 주님이 재림하신다는 시간에 굳이 그 장소에 갈 필요도 없습니다. 한번 생각해 보십시오. 만일 어느 특정한 시간에 어느 특정한 장소에 가야만 재림하시는 주님을 만날 수 있다면, 어떻게 그분이 온 세상을 심판하시며 하나님의 나라를 완성하시는 그런 전능하신 주님이라고 말할 수 있겠습니까?

번개가 하늘 아래 이쪽에서 번쩍이어 하늘 아래 저쪽까지 비침같이 인자도 자기 날에 그러하리라(눅 17:24).

번개가 한 번만 쳐도 온 하늘이 순식간에 환해집니다. 번개가 치는 것을 보기 위해서 어떤 특정한 시간에 특정한 장소에 갈 필요가 없습니다. 주님의 재림도 마찬가지입니다. 물론 주님의 재림은 어느 날 갑작스럽게 일어납니다. 그러나 그 사건은 이 지구 위에 사는 모든 사람이 순식간에 알 수 있습니다. 심지어 무덤 속에서 잠자던 자들도 다 알게 됩니다. 그러니 주님이 재림하는 시간과 장소를 들먹이며 유혹하는 허튼소리에 속지 말고, 늘 준비된 자로 살아가기만 하면 됩니다.

노아의 때와 같이

그런데 주님이 재림하기 위해서는 그보다 앞서서 일어나야 할 일이 하나 있습니다. 그게 무엇일까요?

그러나 그가 먼저 많은 고난을 받으며 이 세대에게 버린 바 되어야 할지니라 (눅 17:25).

주님의 재림을 이야기하려면 그전에 십자가와 죽음을 이야기해야 합니다. 예수님은 당신이 지금 어디를 향해 가고 있으며, 또한 어떤 사명을 완수해야 하는지 잠시도 잊으신 적이 없으십니다. 그래서 재림을 이야기하는 이 대목에서도 앞으로 주님이 걸어가야 할 십자가의 길을 다시 상기시키십니다.

십자가의 '죽음'이 있어야 그다음에 '부활'과 '승천'과 '재림'이 가능해집니다. 십자가의 고난과 죽음을 이야기하지 않으면서 부활을 이야기하거나 더욱이 재림의 영광을 이야기할 수는 없습니다. 그런데 많은 사람이 '고난 없는 영광'을 기대합니다. 주님은 좁은 길, 좁은 문으로 들어가기를 힘쓰라고 말씀하시는데, 넓은 길, 넓은 문으로 들어가기를 좋아하는 사람이 많습니다. 마치 고난과 죽음은 주님이 당하실 일이고, 나는 부활의 영광에만 동참하면 된다는 식입니다.

주님은 분명히 말씀하셨습니다. "아무든지 나를 따라오려거든 자기를 부인하고 날마다 제 십자가를 지고 나를 따를 것이니라"(눅 9:23). 주님만 십자가를 지시는 것이 아닙니다. 주님을 따르는 제자도 저마다 져야 할 십자가가 있습니다. '자기 십자가'는 '자기 부인'을 의미한다고 그랬습니다. 세상의 안락함이나 부귀영화나 성공을 내려놓는 것입니다. 그래야 진정한 의미에서 부활의 영광에 동참할 수 있습니다.

계속해서 예수님은 '재림의 때'를 '노아의 때'와 비교하여 설명하십니다.

> [26]**노아의 때에 된 것과 같이 인자의 때에도 그러하리라** [27]**노아가 방주에 들어가던 날까지 사람들이 먹고 마시고 장가들고 시집가더니 홍수가 나서 그들을 다 멸망시켰으며…**(눅 17:26-27).

'노아의 때'는 하나님께서 노아를 통해서 장차 홍수의 심판이 있음을 예고하시던 때를 말합니다. 노아는 방주를 지으라는 명령에 순종하여 백 년이 넘는 세월을 오로지 그 일에 매달렸습니다. '방주'(方舟)는 사실 '배'가 아닙니다. 그냥 '물에 떠다니는 집'이라고 부르는 게 맞습니다. 그런 배 같지 않은 배를 평생의 시간을 들여서 제작하는 노아에게 사람들은 틀림없이 그 이유를 물어보았을 것입니다. 그리고 장차 온 세상을 덮을 홍수를 대비하기 위해서라는 대답을 들었을 것입니다. 그 누가 노아를 정상적인 사람이라고 생각했겠습니까?

그러나 때가 되니까 정말 노아의 말처럼 40일 밤낮으로 비가 내려 온 땅이 물에 덮이고 말았습니다. 그리고 호흡이 있는 모든 사람과 동물이 죽고 말았습니다. 주님의 재림도 그와 같다는 것입니다. 백 년이 넘도록 홍수의 심판이 오지 않았지만 결국 오고야 말았습니다. 마찬가지로 주님의 재림이 백 년, 이백 년, 아니 천 년, 이천 년이 지나도록 지연된다고 하더라도 결국 이루어집니다. 문제는 그것을 기다리는 사람들의 태도입니다.

노아 당시의 사람들은 아무도 그것을 믿지 않았습니다. 그러면서 "노아가 방주에 들어가던 날까지 사람들이 먹고 마시고 장가들고 시집갔다"라고 말씀합니다. 그런데 그것이 잘못된 일일까요? 어떤 사람들은 그렇게 생각합니다. 특히 시한부 종말론자들이 그렇게 주장합니다. "종말이 얼마 남지 않았는데 공부는 왜 하고, 직장에는 왜 다니냐? 시집가고 장가드는 일도 아무런 소용이 없다. 그냥 다 때려치우고 주님 맞을 준비나 해라!"

이는 결코 주님의 재림을 준비하는 올바른 태도가 아닙니다. 예수님이 재림의 시기를 알려주지 않으신 것도 바로 이 때문입니다. 그때가 언제이든지 믿음 안에서 늘 준비된 자세로 충성스럽게 살아야 합니다. 그게 진정한 준비입니다. 만일 재림의 구체적인 시간을 알게 되면 어떻게 될까요? 사람들은 미리 준비하지 않을 것입니다. 시험을 앞두고 벼락치기 공부하는 학생들처럼 그렇게 준비하려고 할 것입니다. 그것은 재림을 준비하는 바른 자세가 아닙니다.

따라서 노아의 때에 사람들이 먹고 마신 것을 탓하면 안 됩니다. 오히려 마지막 때까지 '먹고 마시고 장가들고 시집가야' 합니다. 일상적인 삶은 계속되어야 합니다. 문제는 일상적인 삶에 몰입하여 살다가 보면, 마지막 때가 다가오고 있다는 엄중한 사실을 자칫 잊어버리기 쉽다는 것입니다. 노아 당시의 사람들이 대홍수의 경고를 받았으면서도 그 경고에 귀를 기울이지 않고 무시했듯이 말입니다.

주님의 재림도 마찬가지입니다. 우리가 재림을 기다린다고 해서 세상 사람들과 담을 쌓고 살면 안 됩니다. 학생들은 열심히 공부하고, 젊은이들은 직장에 다니며 돈을 벌고, 때가 되면 장가들고 시집가야 합니다. 그것이 지극히 정상적인 삶입니다. 그러나 그와 동시에 마지막 때가 있다는 사실을 잊으면 안 됩니다. 주님의 재림은 반드시 있습니다. 주님의 약속은 반드시 성취됩니다. 그때를 잘 준비하면서 살아가야 합니다.

롯의 때와 같이

계속해서 예수님은 '롯의 때'를 예로 들어 갑작스럽게 다가올 재림을 설명하십니다.

[28]또 롯의 때와 같으리니 사람들이 먹고 마시고 사고팔고 심고 집을 짓더니 [29]롯이 소돔에서 나가던 날에 하늘로부터 불과 유황이 비 오듯 하여 그들을 멸망시켰느니라 [30]인자가 나타나는 날에도 이러하리라(눅 17:28-30).

롯은 아브라함의 조카였습니다. 아브라함이 하나님의 부르심을 받아 신앙의 모험을 떠났을 때 그 또한 함께 따라나섰습니다. 그에게도 믿음이 있었다는 증거입니다. 그러나 세월이 흘러 먹고살 만하게 되니까 아브라함과 충돌이 생겨났습니다. 그러자 그는 하나님이 약속해 주신 땅을 떠나서 자기 눈에 좋게 보이는 땅으로 갑니다. 그가 선택하여 살게 된 소돔과 고모라는 결국 하나님의 심판을 받게 되었지요.

이와 같은 하나님의 역사가 진행되고 있는 동안 소돔과 고모라에 살던 사람들은 그 사실을 아무도 알지 못했습니다. 하나님께는 이미 오래전부터 계획된 것이었지만, 그 동네에 살던 사람에게는 하루아침에 일어난 갑작스러운 재앙이었습니다. 롯은 하나님의 심판 계획을 알지 못한 채 그곳으로 살러 들어간 것입니다. 마찬가지로 주님의 재림도 그와 같을 것이라고 말씀하십니다.

우리의 눈에 보이지 않는다고 해서 하나님의 역사가 진행되지 않는 것은 아닙니다. 사람들은 평소대로 즐기며 살겠지만 그렇다고 하나님의 계획이 중단된 것은 아닙니다. 약속된 대로 주님은 재림하십니다. 그것도 갑작스럽게 나타납니다. 주님의 재림이 오기 전에 인생의 종말이 먼저 다가올 수도 있습니다. 그 사실을 기억해야 합니다.

> [31]그 날에 만일 사람이 지붕 위에 있고 그의 세간이 그 집 안에 있으면 그것을 가지러 내려가지 말 것이요 밭에 있는 자도 그와 같이 뒤로 돌이키지 말 것이니라 [32]롯의 처를 기억하라(눅 17:31-32).

마지막 날이 되거들랑 무엇을 가지러 집에 들어가지 말라고 하십니다. 집에 무엇이 있습니까? '세간'이 있고 '귀중품'과 '돈'이 있습니다. 그것을 챙기려고 하지 말라는 것입니다. 그러면서 '롯의 아내'가 어떻게 되었는지 기억하라고 하십니다. 그녀는 뒤돌아보지 말라는 천사의 명령에도 불구하고 두고 온 것들에 대한 미련으로 뒤를 돌아보다가 그만 소금 기둥이 되고 말았지요. 우리에게 돈이 필요하지만, 마지막 때에 그것은 아무 소용 없습니다. 그런데도 마지막 순간까지 돈을 포기하지 못하는 사람이 얼마나 많은지 모릅니다. 그들이 바로 롯의 아내와 같은 사람입니다.

그런데 여기에서 주님은 역설적인 진리를 선포하십니다.

무릇 자기 목숨을 보전하고자 하는 자는 잃을 것이요 잃는 자는 살리리라(눅 17:33).

이에 대한 메시지성경의 풀이가 아주 재미있습니다.

너희가 너희 목숨을 붙잡고 매달리면 목숨을 잃겠지만, 그 목숨을 놓으면 하나님의 목숨을 얻을 것이다(눅 17:33, 메시지).

여기에서 '너희 목숨'은 본래 'life on your terms'입니다. 그리고 '하나님의 목숨'은 'life on God's terms'입니다. 'terms'는 '용어' 또는 '기간'이라는 뜻입니다. 그러니까 우리 인간에게는 두 가지 목숨이 있습니다. 하나는 이 세상에서 우리에게 주어진 시간 동안 살아가는 유한한 목숨이고, 다른 하나는 하나님의 때를 살아가는 영원한 목숨입니다.

'육신의 목숨'을 위해서는 돈이 꼭 필요합니다. 그러나 영원한 목숨을 위해서 돈은 아무 소용이 없습니다. 돈을 내려놓지 못하는 것은 육신의 목숨을 소중하게 여기기 때문입니다. 그들은 결국 육신의 목숨뿐만 아니라 영원한 목숨도 잃게 됩니다. 그러나 '하나님의 목숨'을 더 소중히 여기는 사람은 육신의 목숨을 잃어버리더라도 영생을 누리게 되는 것입니다.

이 말씀을 하실 때 예수님은 십자가 사건을 생각하고 계셨습니다. 십자가의 죽음은 예수님에게 개인적인 종말의 사건이었습니다. 그 마지막 때에 주님은 실제로 육신의 목숨을 부지하기 위해서 세상의 권력과 비겁하게 타협하지 않으셨습니다. 오히려 하나님의 뜻을 이루기 위해서 아낌없이 내려놓으셨습니다. 그렇게 '하나님의 목숨'을 선택하심으로써 인류를 구원하시려는 하나님의 뜻을 성취하신 것입니다.

지금 주님은 제자들에게 같은 태도와 결단을 요구하십니다. 주님이 재림하시는 때에 혹은 개인적인 종말의 날에 가장 중요한 목숨이 무엇인지 선택하라는 것입니다. 주님의 재림은 갑작스럽게 임합니다. 물론 그때까지 우리의 일상적인 삶은 계속되어야 하겠지만, 그날이 오면 미련 없이 모두 다 내려놓고 '하나님의 목숨'을 선택해야 합니다. 하나님 나라에서 누리게 될 영원한 생명을 선택해야 합니다. 우리 인생의 목적은 이 세상에서 천년만년 영원히 사는 것이 아닙니다.

데려감과 버려둠

주님의 재림은 사람들을 두 부류로 나눕니다. '데려감을 얻는 사람'과 '버려둠을 당하는 사람'이 그것입니다.

> [34]내가 너희에게 이르노니 그 밤에 둘이 한 자리에 누워 있으매 하나는 데려감을 얻고 하나는 버려둠을 당할 것이요 [35]두 여자가 함께 맷돌을 갈고 있으매 하나는 데려감을 얻고 하나는 버려둠을 당할 것이니라(눅 17:34-35).

이 말씀은 마치 휴거(the Rapture)의 한 장면을 묘사하고 있는 것처럼 보입니다. 그렇지만 지금까지 계속 묵상해 온 내용에 비추어 보면 이것은 단순히 주님이 재림하실 때 구원받을 자와 구원받지 못할 자에 대한 말씀이라는 사실을 알 수 있습니다. 즉, '데려감'(taken)은

'구원'을, '버려둠'(left)은 '심판'을 의미하는 것입니다. 그들을 나누는 기준이 무엇일까요?

우선 "그들이 어디에 있었는가?"로 구원과 심판이 나누어지지 않습니다. 둘이 한 자리에 누워 있었다고 하더라도 재림의 때에 나누어집니다. 메시지성경은 이 부분을 "그날에 두 남자가 한배에서 고기를 잡다가…"로 풀이합니다. 마태복음의 평행 본문에는 "두 사람이 밭에 있으매 한 사람은 데려가고 한 사람은 버려둠을 당할 것"(마 24:40)이라고 합니다. 그러니까 주님이 재림하실 때 우리가 어디에 있든지 상관없다는 것입니다.

그런데 시한부 종말론자는 재림의 때에 어느 특정한 장소에 있는 것을 매우 중요하게 여깁니다. 그리고 그런 허튼소리에 속아 넘어가는 사람이 적지 않습니다. 주님이 재림하실 때 어디에 있었는가는 구원의 문제와 아무런 상관이 없습니다. 집에서 자고 있든지, 배를 타고 고기를 잡고 있든지, 밭에서 일하고 있든지, 아니면 교회에서 예배를 드리고 있든지 아무런 상관이 없습니다. 두 사람 중 하나는 구원받고, 다른 하나는 구원을 받지 못합니다.

그러면 마지막 때 무슨 일을 하고 있었던가로 구원과 심판이 나누어질까요? 그것도 아닙니다. 두 여자가 함께 맷돌을 갈고 있어도, 두 여자가 한 부엌에서 일하고 있어도 마지막 때에 나누어지게 됩니다. 누가 구원받을 사람인지 어떻게 알 수 있을까요? 사람의 눈으로는 판단할 수가 없습니다. 구원은 오직 하나님께 달려 있습니다. 누가 데려감을 받고 누가 버려질지는 오직 하나님만 아십니다.

그렇다면 주님의 재림을 기다리는 우리는 과연 어떤 태도를 가지고 살아야 할까요? 누가복음 본문의 36절은 그 내용이 우리에게 전해지지 않고 있지만, 마태복음의 평행 본문에는 이렇게 기록되어 있습니다.

그러므로 깨어 있으라 어느 날에 너희 주가 임할는지 너희가 알지 못함이니라(마 24:42).

그렇습니다. 누가 구원을 받을지에 민감하기보다 주님의 재림 자체에 민감하여 늘 깨어 있어야 합니다. '깨어 있다'라는 말은 물론 문자적으로 잠을 자지 않는다는 뜻이 아닙니다. 오히려 '잘 준비되어 있어야 한다'라는 뜻입니다. 열 처녀의 비유에서 보듯이 그들은 모두 잠이 들었습니다. 그러나 지혜로운 다섯 처녀들은 여분의 기름을 준비해 놓고 있었습니다. 그렇게 준비된 사람들만 하나님 나라의 잔치 자리에 들어갈 수 있는 것입니다.

묵상 질문: 나는 하나님의 나라에 들어갈 준비가 되어 있는가?

오늘의 기도: 하나님 아버지, 주님이 재림하실 그때까지 인내하며 기다리는 믿음의 사람이 되게 하옵소서. 하나님 나라가 이루어지는 때를 알려고 하는 조급함에 빠지지 않게 하시고, 그때가 언제이든지 늘 믿음을 지키고 복음을 전하면서 살게 하옵소서. 그리하여 오늘 당장 주님이 재림하신다고 하더라도 주님을 맞을 준비가 되어 있게 하옵소서. 예수님의 이름으로 기도합니다. 아멘.

누가복음 묵상 ❷-22

하나님의 나라는 누가?

읽을 말씀: 누가복음 18:1-17

새길 말씀: [16]예수께서 그 어린아이들을 불러 가까이 하시고 이르시되 어린아이들이 내게 오는 것을 용납하고 금하지 말라 하나님의 나라가 이런 자의 것이니라 [17]내가 진실로 너희에게 이르노니 누구든지 하나님의 나라를 어린아이와 같이 받아들이지 않는 자는 결단코 거기 들어가지 못하리라 하시니라(눅 18:16-17).

어느 날 바리새인들이 예수님께 물었습니다. “하나님의 나라가 어느 때에 임합니까?” 이것은 그들이 기다려 오던 ‘메시아 왕국’(the Messianic Kingdom)과 예수님이 가르치는 ‘하나님 나라’(the Kingdom of God)가 서로 어떤 연관성이 있는지 알아보기 위한 질문이었습니다. 그들에게 예수님은 대답하셨습니다. “하나님의 나라는 너희 안에 있다!” 바리새인들은 ‘언제’로 질문했는데, 예수님은 ‘어디에’로 대답하신 것입니다. 동문서답처럼 보이지만, 사실은 하나님 나라에 대한 그들의 잘못된 선입관을 바로잡으신 것입니다.

지금도 사람들은 주님의 재림과 더불어 완성될 하나님의 나라가 과연 '어디에' 이루어질지, 또한 '언제' 이루어질지 궁금해합니다. 지난 이천 년 동안 수많은 이단과 사이비 종교가 등장하여 같은 질문으로 주님의 재림을 왜곡하고 호도해 왔습니다. 그러나 "하나님의 나라는 너희 안에 있다"라는 말씀으로 사실상 그 궁금증은 모두 해소되었습니다. '어디에'는 '여기에', 더욱 구체적으로는 '우리 안에'(within us) 또는 '우리 가운데'(among us)이고, '언제'는 '지금'이기 때문입니다.

물론 하나님의 나라는 아직 완성되지 않았습니다. 그것은 장차 주님의 재림과 더불어 완성될 것입니다. 그래서 'already, but not yet'(이미, 그러나 아직)입니다. 그렇지만 이제는 하나님의 나라가 어디에 임할지, 주님이 언제 재림하실지를 분별하기 위해 더 이상 마음 졸일 필요가 없습니다. 그때가 언제이든지 늘 깨어 있어서 하나님 나라에 들어갈 준비를 하고 있으면 됩니다. 매일의 신앙생활을 통해 여분의 기름을 준비하면 됩니다.

따라서 하나님 나라에 관해서 이제부터 우리가 질문해야 할 것은 '어디에'(where)나 '언제'(when)가 아니라 '누가'(who)가 되어야 합니다. 그 나라에 과연 어떤 사람이 들어갈 수 있을 것인가를 질문해야 합니다. 누가복음 18장을 시작하는 두 가지 비유, 즉 '과부와 재판장 비유'와 '바리새인과 세리의 비유'는 바로 그 문제를 심층적으로 다루고 있습니다.

그런데 시작하는 말씀만 읽어보면 그것이 하나님의 나라나 주님의 재림에 관한 가르침처럼 보이지는 않습니다.

예수께서 그들에게 항상 기도하고 낙심하지 말아야 할 것을 비유로 말씀하여…(눅 18:1).

"항상 기도하고 낙심하지 말아야" 한다는 것을 가르치기 위하여 이 비유를 말씀하셨다고 그럽니다. 지난 시간에 주님의 재림을 기다리는 자들은 항상 깨어 있어 준비해야 한다는 말씀을 묵상했는데, 그것과 이어지고 있는 이야기라는 사실을 알게 됩니다. 그리고 이 비유의 마지막 결론 부분에서 그 사실을 다시 확인할 수 있습니다.

내가 너희에게 이르노니 속히 그 원한을 풀어 주시리라 그러나 인자가 올 때에 세상에서 믿음을 보겠느냐 하시니라(눅 18:8).

그렇습니다. 이 비유는 '인자가 올 때', 즉 '주님의 재림'을 염두에 두고 가르치신 말씀입니다. 예수님이 재림하실 그때 이 세상에서 과연 '끈질기게 기도하고 절대 포기하지 않는' 그런 믿음의 사람들을 볼 수 있겠느냐는 것입니다. 여기에서 우리는 이 비유가 다루고 있는 '기도'가 단순하게 어떤 문제를 해결하기 위해 비는 간절한 소원 정도가 아니라 주님의 재림과 관련된 주제라는 사실을 알 수 있습니다. 이 비유를 통해서 예수님은 어떤 사람이 하나님 나라의 주인공이 될 수 있는지 말씀하십니다.

믿음을 지키는 자

먼저 '과부와 재판장의 비유'를 살펴보겠습니다.

[2]이르시되 어떤 도시에 하나님을 두려워하지 않고 사람을 무시하는 한 재판장이 있는데 [3]그 도시에 한 과부가 있어 자주 그에게 가서 내 원수에 대한 나의 원한을 풀어 주소서 하되…(눅 18:2-3).

이 비유에는 두 인물이 등장합니다. 첫 번째 인물은 '한 재판장'입니다. 이 재판장은 '하나님을 두려워하지 않고 사람을 무시하는' 그런 사람이었습니다. 메시지성경은 '하나님을 전혀 의식하지 않고 사람들도 안중에 없는 재판관'이라고 말합니다. 하나님을 두려워하지 않는다는 말은 하나님을 경외하지 않는다는 뜻입니다. 이 재판장은 하나님을 믿지 않는 사람이었습니다.

사람을 무시한다는 것은 긍휼히 여기는 마음이 전혀 없다는 뜻입니다. 그는 아마도 뒷돈 받기를 좋아하는 부패한 재판관이었던 것으로 보입니다. 그러니 돈 없고 힘없는 사람들의 억울한 사정에는 아무런 관심이 없었겠지요. '불의한 재판장'(6절)이라는 별명으로 우리는 그가 어떤 사람인지 충분히 알 수 있습니다.

두 번째 인물은 '과부'였습니다. 과부는 사회적, 경제적 약자를 대표합니다. 이 사람이 어떤 문제로 법정 다툼을 벌이게 되었는지 그 내막을 알 길은 없습니다. 그러나 '원수'가 있고 '원한'이 있다는 것으로 미루어서 누군가에 의해서 억울한 일을 당했음이 분명합니다. 자신의 힘으로는 도무지 해결할 수 없는 궁지에 몰리게 된 것입니다. 예나 지금이나 힘없는 사람이 기댈 수 있는 마지막 보루가 바로 법입니다.

문제는 그 사건을 담당하는 재판장이 '불의한 사람'이었다는 사실이었습니다. 그러니 그 사건이 제대로 진행될 리가 없습니다. '유전무

죄, 무전유죄'라는 말이 잘 어울리는 상황입니다. 그렇다면 이 과부가 할 수 있는 일은 아무것도 없을까요? 그저 억울한 일을 당하고만 있어야 할까요? 아닙니다. 그녀가 할 수 있는 일이 하나 있습니다. 그것은 재판장을 찾아가서 원한을 풀어달라고 자꾸 하소연하는 것입니다. 실제로 그녀는 그렇게 했습니다.

> [4]그가 얼마 동안 듣지 아니하다가 후에 속으로 생각하되 내가 하나님을 두려워하지 않고 사람을 무시하나 [5]이 과부가 나를 번거롭게 하니 내가 그 원한을 풀어 주리라 그렇지 않으면 늘 와서 나를 괴롭게 하리라 하였느니라(눅 18:4-5).

처음 얼마 동안 재판장은 과부의 하소연을 듣지도 않았습니다. 배경도, 돈도 없는 사람의 말을 들어줄 이유가 없었습니다. 그러나 끈질기게 계속 찾아오자, 생각이 바뀌었습니다. 무서워서가 아닙니다. 귀찮아서입니다. 그는 하나님이나 사람들의 평가에는 전혀 관심이 없는 사람이었지만, 이 과부가 매일 찾아와서 사정하는 것을 참아낼 수가 없었습니다. 그래서 뭔가 해주기로 결심합니다. "내가 그 원한을 풀어 주리라!"

자, 여기까지가 비유의 내용입니다. 이를 통해 주님은 무얼 말씀하려고 하시는 것일까요?

> [6]주께서 또 이르시되 불의한 재판장이 말한 것을 들으라 [7]하물며 하나님께서 그 밤낮 부르짖는 택하신 자들의 원한을 풀어주지 아니하시겠느냐 그들에게 오래 참으시겠느냐 [8]내가 너희에게 이르노니 속히 그 원한을 풀어 주

시리라 그러나 인자가 올 때에 세상에서 믿음을 보겠느냐 하시니라(눅 18:6-8).

주님은 지금 하나님과 불의한 재판장을 서로 비교하고 계십니다. 욕심 많고 불의한 재판장도 결국 가난한 과부의 원한을 풀어 줄 수밖에 없었다면, 하물며 사랑과 은혜가 풍성하신 하나님께서 그 자녀의 원한을 얼마나 더 잘 풀어 주시겠느냐는 것입니다. 그렇다면 여기에서 '밤낮 부르짖는 택하신 자들의 원한'은 구체적으로 무엇일까요?

그것은 주님의 재림을 기다리던 초대교회의 상황을 의미합니다. 유대교 지도자들은 그리스도인을 불평분자라고 고발했고, 로마의 당국자들은 그들을 박해하고 죽였습니다. 그로 인해서 교회 안에 수많은 과부와 고아가 생겨났습니다. 게다가 주님의 재림이 자꾸 지연되면서 하나님께서 왜 그들의 기도를 듣지 않으시는지에 대한 의구심을 품게 되었습니다. 그에 대해서 이 비유로 미리 대답을 주신 것입니다. 하나님께서 그들의 간절한 기도를 듣고 계시고, 속히 그 원한을 풀어 주실 것이라는 대답입니다.

재림의 지연이 문제가 아닙니다. 믿음의 조급증에 쉽게 빠지는 우리 자신이 문제입니다. 주님이 재림하실 때 과연 믿음을 지키는 사람을 볼 수 있을 것인가? 바로 그것이 "인자가 올 때 세상에서 믿음을 보겠느냐?"라는 질문입니다. 무엇이 믿음입니까? 주님이 다시 오실 때까지 낙심하지 않고 항상 깨어 있어 기도하는 것이 믿음입니다. 그렇게 끝까지 믿음을 지킨 사람이 하나님 나라의 주인공이 되는 것입니다.

죄를 고백하는 자

그다음 이야기는 '바리새인과 세리의 비유'입니다.

또 자기를 의롭다고 믿고 다른 사람을 멸시하는 자들에게 이 비유로 말씀하시되…(눅 18:9).

여기에서 '자기를 의롭다고 믿고 다른 사람을 멸시하는 자들'은 누구일까요? 물론 이 비유에는 바리새인이 등장하고 있지만, 굳이 바리새인만을 지목한 이야기는 아닙니다. 영적으로나 신앙적으로 교만한 마음을 가진 사람들은 누구나 여기에 해당할 수 있기 때문입니다.

[10]**두 사람이 기도하러 성전에 올라가니 하나는 바리새인이요 하나는 세리라** [11]**바리새인은 서서 따로 기도하여 이르되 하나님이여 나는 다른 사람들 곧 토색, 불의, 간음을 하는 자들과 같지 아니하고 이 세리와도 같지 아니함을 감사하나이다** [12]**나는 이레에 두 번씩 금식하고 또 소득의 십일조를 드리나이다 하고…**(눅 18:10-12).

당시 경건한 유대인들은 하루에 세 번(오전 9시, 정오, 오후 3시) 성전에 올라가 기도했습니다. 그런데 경건한 바리새인만 기도하러 올라가지 않았습니다. 세리도 기도하러 올라갔습니다. 기도는 누구나 할 수 있는 일입니다. 기도하는 일에 자격증이 따로 필요하지 않습니다. 하나님은 기도하는 사람의 자격을 문제 삼지 않으십니다. 문제는 기도하는 사람의 자세와 기도의 내용입니다.

바리새인이 기도하는 자세를 한번 눈여겨보십시오. 그는 "서서 따로 기도했다"라고 합니다. 이 부분을 NIV는 "The Pharisee stood by himself and prayed"라고 번역합니다. 물론 얼마든지 그렇게 혼자서 따로 기도할 수 있습니다. 그런데 헬라어 원문의 뉘앙스는 조금 다릅니다. 직역하면 "The Pharisee, having stood, thus toward himself was praying"이 됩니다. 즉, 서서 자기 자신을 향해서 기도했다는 것입니다.

기도는 본래 누구에게 하는 것입니까? 우리의 기도를 들으시는 분은 하나님이십니다. 그러나 이 바리새인은 자기 자신에게 기도했습니다. "하나님이여!"라고 하나님의 이름을 부르면서 기도하고 있지만, 실제로 그 내용은 자기 들으라고 하는 기도였습니다. 바로 이러한 잘못된 태도가 자신을 드러내어 자랑하는 잘못된 기도를 만들어 내는 것입니다. 바리새인의 기도가 어떤 내용을 담고 있는지 보십시오.

그는 먼저 하나님께 감사합니다. 그러나 '하나님의 은혜'에 대한 감사가 아니라 다른 사람과 같지 않은 '자신의 의로움'에 대한 감사였습니다. 그는 아예 바로 옆에 있는 '세리'를 직접적으로 지명하여 비교합니다. 이것은 감사가 아니라 자기 자랑입니다. 그는 금식과 십일조의 예를 들어 더욱 노골적으로 자랑합니다. 자, 그렇다면 이 사람은 왜 성전에 올라갔습니까? 기도하기 위해서입니까? 아닙니다. 자기를 자랑하기 위해서 올라갔습니다. 기도로 포장된 자기 자랑…, 그것이 바리새인의 기도였습니다.

이에 비해서 세리의 기도는 완전히 다릅니다.

세리는 멀리 서서 감히 눈을 들어 하늘을 쳐다보지도 못하고 다만 가슴을 치며 이르되 하나님이여 불쌍히 여기소서 나는 죄인이로소이다 하였느니라(눅 18:13).

세리는 구석진 곳에 서서 감히 고개를 들지도 못하고 가슴을 치며 기도합니다. 세리는 자신이 죄인이라는 사실을 잘 알고 있었습니다. "하나님, 불쌍히 여겨주십시오. 이 죄인을 용서하여 주십시오." 실제로 당시의 세리는 모든 사람이 공개적으로 인정하는 죄인이었습니다. 그는 그 사실을 너무나 잘 알고 있었습니다. 그래서 다른 사람을 무시하거나 깎아내리지 않았습니다.

이것이 올바른 기도자의 자세입니다. 기도는 하나님께 드리는 것입니다. 하나님 앞에서 그 누가 감히 자기 자신을 의인으로 드러낼 수 있겠습니까? 인간은 누구나 죄인입니다. 자기의 부족함을 아는 사람은 기도를 통해서 다른 사람의 부족함을 들추어내지 않습니다. 그저 겸손하게 하나님의 은혜를 구할 뿐입니다. 그것이 진정한 기도입니다.

하나님은 모든 기도에 반드시 응답하십니다. 바리새인과 세리의 기도에 하나님은 어떻게 응답하실까요?

내가 너희에게 이르노니 이에 저 바리새인이 아니고 이 사람이 의롭다 하심을 받고 그의 집으로 내려갔느니라 무릇 자기를 높이는 자는 낮아지고 자기를 낮추는 자는 높아지리라 하시니라(눅 18:14).

예수님은 말씀하십니다. 이 두 사람 중에서 하나님께 '의롭다고 하심을 받은 사람'은 세리라고 말입니다. 스스로 의로운 체하는 바리새인은 하나님의 눈에 의롭지 못한 사람으로 판명이 났습니다. 그리고 스스로 죄인이라고 고백하던 세리를 오히려 하나님은 의롭다고 인정해 주십니다. 그런데 "의롭다고 하심을 받았다"라는 것은 구체적으로 무슨 뜻일까요? 죄인이 갑자기 의인으로 바뀌게 되었다는 뜻일까요?

아닙니다. 성경이 말하는 '의로움'은 '상태의 용어'가 아니라 '관계의 용어'입니다. 다시 말해서 아무런 흠도 찾을 수 없는 완벽한 상태에 있다는 뜻이 아니라 하나님과 바른 관계에 있다는 뜻입니다. 세리는 분명히 죄인이었습니다. 성전에 기도하러 왔다고 그것이 갑자기 달라지는 것은 아닙니다. 그러나 회개의 기도를 통해서 그는 하나님과 바른 관계에 들어가게 되었다는 것입니다.

반면 바리새인은 율법 준수에 대한 열정을 가지고 나름대로 의롭게 살아왔지만, 그렇다고 해서 그가 하나님과 바른 관계에 있었다고 말할 수는 없습니다. 하나님과 바른 관계에 있는 사람은 다른 사람들을 멸시하거나 업신여기지 않기 때문입니다. 바리새인은 자기 자랑으로 가득 채워진 기도를 자신에게 잔뜩 늘어놓은 후에 하나도 달라지지 않았습니다. 하나님과 바른 관계가 회복되지 못했습니다.

주님의 결론은 아주 분명합니다. "자기를 높이는 자는 낮아지고, 자기를 낮추는 자는 높아진다!" 이 부분을 메시지성경은 다음과 같이 풀이합니다.

너희가 고개를 쳐들고 거만하게 다니면, 결국 코가 납작해지고 말 것이다. 그러나 너희가 자신의 모습을 있는 그대로 인정하면, 너희는 자기 자신보다 큰 존재가 될 것이다(눅 18:14, 메시지).

그렇습니다. 하나님은 자기 모습을 있는 그대로 인정하는 기도를 듣기 원하십니다. 자신을 과대 포장하는 기도가 그 사람을 위대하게 하지 않습니다. 오히려 하나님 앞에서 자신의 부족함을 인정하고 하나님의 도움을 간구하는 기도가 본래의 '자기 자신보다 큰 존재'(more than yourself)가 되게 합니다. 자, 그렇다면 과연 누가 하나님 나라의 주인공이 될 수 있을까요? 자신의 부족함을 고백하고 용서를 구하는 겸손한 사람입니다. 하나님은 그런 사람을 높여주셔서 하나님 나라에 들어가게 하십니다.

어린아이 같은 자

지금까지 예수님은 두 가지 비유를 통해서 마지막까지 믿음을 지키는 사람, 자신의 죄를 솔직하게 고백하는 겸손한 사람이 하나님 나라의 주인공이 될 수 있다고 하셨습니다. 그 말씀을 마치자마자, 그것에 잘 어울리는 사람이 등장합니다. 바로 어린아이들이었습니다.

> [15]사람들이 예수께서 만져 주심을 바라고 자기 어린 아기를 데리고 오매 제자들이 보고 꾸짖거늘 [16]예수께서 그 어린 아이들을 불러 가까이 하시고 이르시되 어린 아이들이 내게 오는 것을 용납하고 금하지 말라 하나님의 나라가 이런 자의 것이니라(눅 18:15-16).

사람들이 예수님의 축복을 받게 하려고 아이들을 데리고 오자, 제자들이 그것을 막으면서 꾸짖었습니다. 물론 그들은 예수님을 보호하려고 했습니다. 그동안의 사역에 예수님이 얼마나 지쳐있는지 잘 알았기 때문입니다. 그러나 그들은 정작 예수님의 마음을 알지 못했습니다. 예수님은 "아이들이 내게 오는 것을 용납하고 금하지 말라!"고 말씀하십니다. 메시지성경은 이렇게 표현합니다. "아이들과 나 사이에 끼어들지 마라"(Don't get between them and me, MSG).

여기에는 매우 중요한 신학적 이슈가 담겨 있습니다. 로마 가톨릭은 사제를 통해서 고해성사합니다. 성모 마리아에게 기도를 부탁합니다. 그러나 우리는 하나님께 직접 죄를 고백하고 기도합니다. 그 이유는 십자가 사건 때 성전의 성소와 지성소를 가로막는 휘장이 찢어졌기 때문입니다(눅 23:45). 그것은 종교와 교권이라는 이름으로 하나님과 사람 사이에 끼어들었던 장애물을 하나님께서 스스로 제거하신 사건이라고 우리는 믿습니다. 그렇기에 누구라도 은혜의 보좌 앞에 담대히 나아갈 수 있게 된 것입니다(히 4:16).

예수님은 아이들을 불러 모으시고 '하나님의 나라가 이런 자의 것'이라고 말씀하셨습니다. '이런 자', 즉 '어린아이와 같은 자'가 하나님 나라의 주인공이라는 선언입니다. 그런데 '어린아이와 같다'라는 말씀이 구체적으로 무슨 뜻일까요? 뒤에 그 설명이 나옵니다.

> **내가 진실로 너희에게 이르노니 누구든지 하나님의 나라를 어린아이와 같이 받아들이지 않는 자는 결단코 거기 들어가지 못하리라 하시니라**(눅 18:17).

그렇습니다. 어린아이는 무엇이든지 단순하게 받아들입니다. 그런 사람이 하나님 나라에 들어갑니다. 반면 이것저것 따지는 게 많고 계산이 복잡한 사람은 하나님 나라에 들어가지 못합니다. 따라서 부모가 해야 할 가장 중요한 일은 어릴 때부터 자녀를 예수님께 데리고 나오는 것입니다. 어릴 때부터 하나님 나라의 복음을 경험하게 해주는 것입니다. 그러면 그들이 하나님 나라의 주인공이 될 수 있습니다.

묵상 질문: 나는 하나님의 나라를 어린아이처럼 받아들이는가?

오늘의 기도: 하나님 아버지, 우리를 하나님 나라의 주인공이 되도록 인도하여 주옵소서. 우리의 인생 마지막 순간까지 변함없이 믿음을 지키면서 살게 하시고, 언제나 겸손하게 하나님의 도우심을 간구하게 하시고, 어린아이처럼 단순하게 하나님 나라를 받아들이게 하옵소서. 그리하여 하나님 나라의 잔치에 참여하는 복을 누리게 하옵소서. 예수님의 이름으로 기도합니다. 아멘.

누가복음 묵상 ❷-23

하나님의 나라는 어떻게?

읽을 말씀: 누가복음 18:18-30

새길 말씀: [24]예수께서 그를 보시고 이르시되 재물이 있는 자는 하나님의 나라에 들어가기가 얼마나 어려운지 [25]낙타가 바늘귀로 들어가는 것이 부자가 하나님의 나라에 들어가는 것보다 쉬우니라 하시니 [26]듣는 자들이 이르되 그런즉 누가 구원을 얻을 수 있나이까 [27]이르시되 무릇 사람이 할 수 없는 것을 하나님은 하실 수 있느니라(눅 18:24-27).

태초부터 하나님께서 이 세상을 구원하기 위하여 준비해 놓으신 하나님 나라는 주님의 재림과 더불어 완성될 것입니다. '구원'은 하나님 나라에 들어가는 것입니다. 하나님 나라에 들어가지 못하면서 구원받는 사람은 이 세상에 하나도 없습니다. 따라서 우리는 하나님 나라가 어디에(where) 임하는지, 또는 언제(when) 임하는지를 물으려고 하기보다 누가(who) 과연 하나님 나라에 들어가는 주인공이 될 수 있는지를 물어야 합니다.

지난 시간에 묵상한 말씀에서 우리는 마지막까지 믿음을 지키는 사람, 자신의 죄를 솔직하게 고백하는 겸손한 사람 그리고 어린아이처럼 하나님 나라를 단순하게 받아들이는 사람이 하나님 나라의 주인공이 될 수 있다는 사실을 알게 되었습니다. 그래서 한 살이라도 어릴 때 자녀를 주님께 데리고 나오는 게 중요하다고 그랬습니다. 나이가 들어갈수록, 가진 것이 많아질수록 하나님 나라의 복음을 받아들이는 것은 점점 더 힘들어지기 때문입니다.

그렇다면 나이가 많은 사람은 아예 구원받을 희망이 없는 것일까요? 물론 아닙니다. 하나님의 은혜가 품지 못할 사람은 없습니다. 나이가 들었다고 구원받지 못한다면 그것이야말로 '연령 차별'(age discrimination)입니다. 이 대목에서 우리는 구원의 문제와 관련하여 마지막 질문 앞에 서게 됩니다. 하나님 나라는 어떻게(how) 들어갈 수 있을까요?

어느 부자의 근심

오늘 본문에서 우리는 하나님 나라에서 누릴 영생을 구하기 위해 예수님을 찾아왔다가 결국 하나님 나라의 초청을 받아들이지 못한 한 사람을 만나게 됩니다.

> [18]어떤 관리가 물어 이르되 선한 선생님이여 내가 무엇을 하여야 영생을 얻으리이까 [19]예수께서 이르시되 네가 어찌하여 나를 선하다 일컫느냐 하나님 한 분 외에는 선한 이가 없느니라(눅 18:18-19).

예수님을 찾아와 영생을 구하던 이 사람의 이야기는 공관복음서에 모두 기록되어 있습니다(마 19:13-15; 막 10:13-16). 그 기록을 종합해 보면, 이 사람은 젊고 건강했을 뿐만 아니라 부자이기도 했습니다. 거기에다가 산헤드린(Sanhedrin) 공회(행 4:15)에 속한 관리였습니다. 다시 말해서 이 세상 사람들이 추구하는 행복의 세 가지 조건, 즉 '젊음'과 '돈'과 '명예'를 모두 갖추고 있었습니다. 그런데 그는 '영생'을 구합니다. 겉으로는 완벽해 보였지만, 그에게도 무언가 부족함이 있었다는 이야기입니다.

그의 부족함은 '영생'이라는 질문에 담겨 있습니다. 그가 생각하는 '영생'은 하나님이 주시려는 '구원'과 전혀 다릅니다. 그는 자신이 현재 누리고 있는 젊음과 돈과 명예를 놓쳐버리게 될 것을 두려워했습니다. 그것을 어떻게 하면 영원히 간직할 수 있을 것인지를 고민하던 중에 예수님을 찾아와 '영생'을 구하게 되었던 것입니다. 그러니까 영원히 젊고 건강하게, 영원히 부와 명예를 소유하며 사는 방법을 찾아서 예수님께 나아온 것입니다.

그는 예수님께 이렇게 묻습니다. "내가 무엇을 하여야 영생을 얻으리이까?" 메시지성경은 "제가 무엇을 해야 영원한 생명에 들어갈 자격을 얻겠습니까?"라고 풀이합니다. 영어 원문은 "What must I do to deserve eternal life?"라고 되어 있는데, 여기에서 'deserve'가 바로 '자격을 얻는다'로 번역된 부분입니다. 그러니까 자신이 무엇인가를 함으로써 영생을 누릴 당당한 자격을 얻을 수 있을 것으로 생각했던 것입니다.

이것이 바로 율법주의의 전형적인 모습입니다. 이 젊은 부자 관리는 영생에 대해 갈급함이 있었지만, 참된 영생이 무엇인지 전혀 모르고 있었습니다.

[20]네가 계명을 아나니 간음하지 말라, 살인하지 말라, 도둑질하지 말라, 거짓 증언 하지 말라, 네 부모를 공경하라 하였느니라 [21]여짜오되 이것은 내가 어려서부터 다 지키었나이다(눅 18:20-21).

"무엇을 해야 하는가?"라는 그의 질문에 장단 맞추기 위하여 예수님은 십계명을 언급하셨습니다. 물론 십계명은 하나님의 백성으로서 당연히 지켜야 할 삶의 지침입니다. 그러나 십계명을 완벽하게 지켰다고 해서 영생을 얻을 자격을 갖추게 되는 것은 아닙니다. 구약성경에는 십계명 외에도 수많은 계명이 기록되어 있습니다. 그것은 지키지 않아도 괜찮습니까? 아무튼 십계명 이야기가 나오니까 이 사람은 자신 있게 대답합니다. "이것은 내가 어려서부터 다 지키었나이다."

그의 대답은 지나친 과장이나 허풍은 아니었습니다. 어려서부터 다 지켰다고 하는 그의 주장은 정직한 대답으로 보입니다. 그러나 그는 아직도 예수님의 질문을 이해하지 못합니다. 아무리 완벽하게 율법을 지켜왔다고 해도 그것으로 영생에 들어갈 수는 없는 일입니다. 만일 그의 말처럼 십계명을 지켜온 것이 사실이고 또한 그것으로 충분했다면, 이렇게 불안한 마음으로 예수님을 찾아오지는 않았을 것입니다.

바로 이 대목에서 이 사람의 본질적인 문제를 드러낼 결정타가 등장합니다.

[22]예수께서 이 말을 들으시고 이르시되 네게 아직도 한 가지 부족한 것이 있

으니 네게 있는 것을 다 팔아 가난한 자들에게 나눠 주라 그리하면 하늘에서 네게 보화가 있으리라 그리고 와서 나를 따르라 하시니 [23]그 사람이 큰 부자이므로 이 말씀을 듣고 심히 근심하더라(눅 18:22-23).

예수님이 말씀하신 그에게 있는 '한 가지 부족한 것'은 아이러니하게도 그가 너무 많이 가지고 있는 것이었습니다. 바로 재물입니다. 예수님은 그것을 다 팔아 가난한 자들에게 나눠준 다음에 주님을 따르라고 하십니다. 그의 기대와는 정반대입니다. 그가 기대하는 '영생'은 자신의 소유를 영원히 간직하는 것이었는데, 예수님은 재물을 모두 내려놓고 전적으로 하나님 나라를 받아들이라고 요청하셨던 것입니다.

만일 이 사람이 어린아이와 같이 하나님 나라를 단순하게 받아들였다면, 그 말씀에 즉시 순종했을 것입니다. 그러나 그는 '큰 부자'였기 때문에 그럴 수가 없었습니다. 그래서 예수님의 말씀을 듣고 심히 근심했습니다. 마가복음은 "슬픈 기색을 띠고 근심하며 갔다"(막 10:22)라고 기록합니다. 마음의 불안과 두려움의 문제를 해결하려고 왔다가 오히려 얼굴이 어두워져서 무거운 마음으로 예수님을 떠나간 것입니다.

낙타와 바늘귀

앞에서 예수님은 "하나님과 재물을 겸하여 섬길 수 없다"(눅 16:13)고 말씀하셨습니다. 하나님과 재물을 동시에 섬기면서 하나님 나라에 들어갈 수 있는 길은 없습니다. 그런데 실제로는 이 부자 관리처럼 재물을 움켜쥐고 하나님 나라에 들어갈 수 있는 방법을 찾는 사람이 참 많습니다. 그러다가 결국에는 하나님 나라를 포기하고 돌아가곤 하지요. 하나님과 재물 중에서 재물을 선택하는 것입니다. 돌아서서 가는 부자의 뒷모습을 보면서 주님은 안타까운 마음으로 이렇게 말씀하십니다.

[24]예수께서 그를 보시고 이르시되 재물이 있는 자는 하나님의 나라에 들어가기가 얼마나 어려운지 [25]낙타가 바늘귀로 들어가는 것이 부자가 하나님의 나라에 들어가는 것보다 쉬우니라 하시니…(눅 18:24-25).

여기에서 우리가 놓치지 말아야 할 것이 있습니다. 그것은 재물이 있는 자는 하나님 나라에 절대로 들어가지 '못한다'라고 말씀하지 않으셨다는 사실입니다. 단지 '어렵다'라고 하셨을 뿐입니다. '어렵다'(difficult)는 '쉽지 않다'(not easy)는 뜻이지 '불가능하다'(impossible)라는 뜻이 아닙니다. 정말 그렇습니다. 재물에 대한 욕심을 포기하기란 절대로 쉬운 일이 아닙니다. 산행할 때 오르기보다 내려오기가 더 힘든 것처럼 재물을 가지기보다 그것을 내려놓기가 더욱 힘든 법입니다.

예수님은 '낙타가 바늘귀로 들어가는 것'이 그보다 더 쉬울 것이라 말씀하십니다. 우리에게 아주 익숙한 표현이기는 하지만, 왜 하필이면 '낙타'와 '바늘귀'의 이미지로 말씀하셨는지 잘 이해가 되지 않습니다. 왜냐면 그것은 상상 속에서도 불가능한 일이기 때문입니다. 만일 부자가 하나님 나라에 들어가는 것이 '불가능하다'라고 말씀하셨다면 그 예화가 썩 잘 어울립니다. 그렇지만 들어가기 '어렵다'라고 말씀해 놓고 아예 불가능한 이야기를 하시니까, 이 말씀을 어떻게 이해해야 할지 참으로 난감해집니다.

여기에는 두 가지 설명이 가능합니다. 예루살렘 성문은 짐을 실은 우마차가 지나다니는 큰 문 곁에 사람이 허리를 굽혀야 다닐 수 있는 작은 문이 붙어 있었습니다. 그 문을 '바늘귀'(a needle's eye)라고 불렀다고 합니다. 그러니까 낙타가 큰 문을 통과하지 않고 그 작은 문을 통과하려고 애쓰는 이미지로 설명하신 것입니다. 만일 낙타의 등에 이런저런 짐들이 가득 실려 있다면 좁은 문을 통과하기가 더욱 힘들어지겠지요. 그러나 그것을 모두 다 내려놓는다면 무릎을 꿇고 어떻게든 통과할 수 있을지도 모릅니다. 그러면 조금 쉽게 이해할 수 있습니다.

다른 한 가지 설명은 '낙타'에 해당하는 헬라어가 '카멜로스'(kamélos)인데, 그와 발음이 비슷한 '카밀로스'(kamilos)라는 단어가 있습니다. 선박에 쓰는 굵은 밧줄이 바로 '카밀로스'입니다. 그러니까 예수님이 이처럼 비슷한 음가를 가진 단어들을 언어유희로 사용하여 "부자가 하나님 나라에 들어가기는 밧줄로 바늘귀를 꿰기보다 어렵다"라고 말씀하셨다는 설명입니다. 이것도 '낙타가 바늘귀로 들어가는 것'보다는 조금 이해하기 쉽습니다. 그러나 앞의 설명이 훨씬 더 설득력 있어 보입니다.

재물이 많다는 것이 물론 죄는 아닙니다. 그렇지만 재물이 구원과 영생을 선택하는 일에 큰 방해 거리가 될 수 있습니다. 베드로를 비롯한 예수님의 제자들은 하나님 나라를 위해서 자신의 소유를 모두 버리고 주님을 따랐습니다. 그러나 그들의 소유는 기껏해야 배 한 척 정도였습니다. 물론 당시에 배 한 척도 큰 재산이었지만, 만일 배가 열 척이나 백 척이라면 어떻게 되었을까요? 그렇게 훌훌

털어버릴 수 있었을까요?

가진 재물이 많든 적든 그것을 언제라도 내려놓을 수 있도록 상대화시켜 두지 않는다면, 그 누구도 단순하고 순진하게 하나님 나라를 받아들일 수 없습니다. 아무튼 예수님이 말씀하신 낙타 비유가 듣는 사람들에게 큰 충격을 주었던가 봅니다.

> [26]**듣는 자들이 이르되 그런즉 누가 구원을 얻을 수 있나이까** [27]**이르시되 무릇 사람이 할 수 없는 것을 하나님은 하실 수 있느니라**(눅 18:26-27).

그들이 예수님에게 물었습니다. "그런즉 누가 구원을 얻을 수 있나이까?" 다시 말해서 부자는 절대로 하나님 나라에 들어갈 수 없다는 뜻으로 이해한 것입니다. 이 부분을 메시지성경은 "Then who has any chance at all?"이라고 풀이합니다. "그러면 어느 누가 가망이 있겠습니까?"라는 뜻입니다. 예수님이 말씀하시는 기준에 따르면 구원받을 사람은 이 세상에 아무도 없다는 것입니다.

이에 대한 예수님의 대답이 오늘 말씀의 하이라이트입니다. "무릇 사람이 할 수 없는 것을 하나님은 하실 수 있느니라." 정말 그렇습니다. 구원은 사람의 노력으로 얻을 수 있는 게 아닙니다. 오로지 하나님의 역사하심으로만 구원이 주어집니다. 젊은 부자 관리도 "무엇을 하여야 영생을 얻을 수 있느냐?"고 물었지요. 자신의 노력으로 영생을 누릴 자격을 얻을 수 있으리라 생각했습니다. 사람들은 "어느 누가 가망이 있겠느냐?"고 물었습니다. 그들도 마찬가지입니다. 구원을 위해서 그들이 무엇을 해야만 한다고 생각하니까 오히려 가능성이 없다고 느끼는 것입니다.

이 부분을 메시지성경은 다음과 같이 풀이합니다.

"너희 힘으로 해낼 수 있다고 생각하면 전혀 가망이 없다. 그러나 하나님께서 하실 수 있다고 믿으면 얼마든지 가능한 일이다"(눅 18:27, 메시지).

분명히 기억해야 합니다. 하나님 나라에 들어가는 일은 우리의 노력에 달린 문제가 아닙니다. 우리의 힘으로 해내려고 하면 전혀 가망이 없습니다. No chance at all! 우리 힘을 의지하면 구원의 기회조차도 없습니다. 우리가 구원과 영생을 누릴 수 있는 것은 오직 하나님의 손에 달려 있습니다. 그것이 낙타가 바늘귀로 들어가는 것이 아니라 지구가 바늘귀로 들어가는 것처럼 어렵다고 하더라도, 하나님께는 얼마든지 가능합니다. 왜요? 하나님은 전지전능하신 분이기 때문입니다.

또한 낙타가 성문 곁의 좁은 문으로 들어가듯이 우리에게 조금이라도 가능성이 있는 것처럼 보인다고 할지라도, 하나님 나라에 들어가는 구원은 우리의 노력에 달린 게 아닙니다. 따라서 애초에 우리 자신의 힘으로 구원받으려는 시도를 포기해야 합니다. 우리가 할 수 있는 일이 있다면 그것은 단순히 하나님을 믿는 것입니다(요 6:29). 구원은 "우리가 무엇을 할 수 있다"라는 믿음이 아니라 "하나님께서 하실 수 있다"라는 믿음을 가질 때 우리에게 주어지는 선물입니다.

현세와 내세의 복

여기에서 우리는 신앙생활의 목적에 대한 근본적인 질문을 하게 됩니다. 왜 우리는 예수님께 나아오는 것입니까? 왜 우리는 이렇게 신앙생활을 하는 것입니까? 이 부자 관리처럼 세상에서 누리는 물질의 풍요로움을 영원히 간직하려고 하기 때문은 아닙니까?

신앙생활의 궁극적인 목표는 하나님 나라에 들어가는 것입니다. 하나님 나라에 들어가려면 재물에 대한 욕심을 내려놓아야 합니다. 그런데 한 번 돈맛을 알기 시작하면 돈으로부터 자유롭게 되기가 쉽지 않습니다. 돈으로 무엇이든지 할 수 있다는 생각에 사로잡히면 십중팔구 돈의 노예가 됩니다. 그래서 예수님은 말씀하셨습니다. “재물이 있는 자가 하나님 나라에 들어가기가 얼마나 어려운지 차라리 낙타가 바늘귀로 들어가는 게 더 쉽다.”

영생을 구하러 예수님에게 나아왔던 부자 관리는 하나님 나라의 초청을 받아들이지 못했습니다. 지금까지 나름대로 경건하게 살아왔지만, 결국에는 재물이 걸림돌이 되어 하나님 나라에 들어가지 못하게 된 것입니다. 그렇다면 누가 구원받을 수 있습니까? 어린아이와 같이 하나님 나라를 단순하게 받아들이는 사람입니다. 하나님 나라를 위해서라면 자신의 소유를 아낌없이 내려놓을 수 있는 그런 사람입니다. 제자들이 바로 그런 사람들이었습니다.

아니나 다를까 바로 이때 나서기를 좋아하는 베드로가 불쑥 등장합니다.

베드로가 여짜오되 보옵소서 우리가 우리의 것을 다 버리고 주를 따랐나이다(눅 18:28).

바로 앞에서 사람들은 과연 어느 누가 구원을 받을 가망이 있겠느냐고 수군거렸습니다. 그러자 베드로가 나섭니다. "우리가 가진 것을 다 버리고 주님을 따랐습니다. 그렇지 않습니까?"(메시지) 부자 관리가 못한 일을 자신들은 해냈다는 자랑입니다. 그런 포기에 대한 대가로 과연 무엇을 받게 될 것이냐고 예수님께 묻고 있는 것입니다. 베드로에게 예수님은 현세와 내세에 받을 영생 복락에 대해서 말씀하십니다.

> [29]**이르시되 내가 진실로 너희에게 이르노니 하나님의 나라를 위하여 집이나 아내나 형제나 부모나 자녀를 버린 자는** [30]**현세에 여러 배를 받고 내세에 영생을 받지 못할 자가 없느니라 하시니라**(눅 18:29-30).

하나님 나라를 위하여 무엇이든 버리면 현세, 즉 살아있는 동안 여러 배로 돌려받게 된다는 이 말씀에는 설명이 필요합니다. 이것을 문자적으로 해석하면 집 한 채를 하나님 나라를 위하여 바치면 여러 채의 집으로 돌려받게 된다는 뜻이 되기 때문입니다. 실제로 그렇게 설교하는 목사님들도 있었습니다.

오래전의 이야기입니다. 당시 제가 섬기는 교회에서 부흥 집회가 열렸습니다. 강사로 오신 목사님이 바로 이 본문을 가지고 설교하는데, 주식이나 땅에 투자하는 것보다 하나님께 투자하는 것이 더욱 확실하다고 하면서 집문서를 하나님께 바치라고 부추기는 게 아닙니까! 그런데 그 설교를 듣고 실제로 어느 초신자가 집문서를 덜컥 바쳤습니다. 그것을 어떻게 처리할 것인지를 두고 목사님과 장로님들이 고심하던 모습을 기억합니다.

앞에서 예수님이 뭐라고 말씀하셨습니까? 재물을 다 팔아 가난한 자들에게 나눠 주고, 그리고 와서 주님을 따르라고 했습니다. 재물에 대한 욕심을 내려놓아야 하나님 나라에 들어갈 수 있기 때문입니다. 그런데 그 말씀을 현세에 몇 배로 돌려받기 위해서 마치 주식 투자하듯이 하나님께 헌금을 바쳐야 한다는 식으로 바꾸면 어떻게 됩니까? 오히려 물질에 대한 욕심을 부추기는 꼴이 되지 않겠습니까? 그렇다면 하나님 나라를 위해서 아내를 버리는 사람은 이 세상에서 몇 사람의 아내를 더 얻게 되겠네요! 그것이 과연 하나님이 주시는 복일까요?

제자들이 현세에서 받게 되는 복은 그런 욕심 사나운 돈 계산으로는 감히 헤아릴 수 없는 것들입니다. 제자들은 하나님 나라의 초청을 받아들여 그들이 가진 배나 집이나 가족들을 모두 내려놓았습니다. 그랬더니 어떻게 되었습니까? 같은 믿음을 가진 사람들이 모인 초대교회 공동체를 보십시오. 그들은 한마음과 한뜻이 되어 모든 물건을 서로 통용하고, 자기 재물을 조금이라도 자기 것이라 주장하는 사람이 하나도 없었습니다(행 4:32).

재물에 대한 욕심을 내려놓으니까 더욱 풍성하게 나누며 부족함이 없이 살게 되었던 것입니다. 거기에다가 그리스도 안에서 수천 명의 형제자매와 부모와 자녀들을 새롭게 만나지 않았습니까? 바로 그것이 현세에서 여러 배로 받게 되는 복입니다. 그렇게 현세에서 믿음의 공동체 안에서 살던 사람들은 내세에, 즉 하나님 나라에 들어가서 영생을 받지 못할 자가 없게 되는 것입니다.

하나님 나라에 들어가려면 재물의 욕심을 내려놓아야 합니다. 하나님 나라를 위하여 기꺼이 내려놓으면 현세와 내세의 영생 복락을 누리게 됩니다. 그 영생 복락은 물론 아무런 어려움 없이 받는 것은 아닙니다. 그러나 우리는 부활의 능력과 최후의 승리를 믿기 때문에 그 어려움 또한 넉넉히 감당할 수 있습니다.

묵상 질문: 내가 구하는 영생은 과연 어떤 종류인가?

오늘의 기도: 하나님 아버지, 우리가 영생의 길을 선택하는 일에 걸림돌이 생기지 않게 하옵소서. 혹시라도 우리가 가진 소유가 너무 많아서 구원의 길을 주저하지 않게 하시고, 그 반대로 우리가 가진 소유가 너무 적어서 먹고사는 일에 매달리다 하나님 나라의 초대를 놓치지 않게 하옵소서. 언제라도 하나님의 초청을 받아들일 수 있도록 우리를 온전히 다스려 주옵소서. 예수님의 이름으로 기도합니다. 아멘.

누가복음 묵상 ❷-24

하나님 나라의 비밀

읽을 말씀: 누가복음 18:31-34

재길 말씀: [33]그들은 채찍질하고 그를 죽일 것이나 그는 삼 일 만에 살아나리라 하시되 [34]제자들이 이것을 하나도 깨닫지 못하였으니 그 말씀이 감취었으므로 그들이 그 이르신 바를 알지 못하였더라(눅 18:33-34).

지난 시간에 우리는 어느 부자 관리가 예수님을 찾아와서 '영생'을 구하는 이야기를 살펴보았습니다. 그는 세상 사람들이 모두 인정하는 행복한 인생의 조건을 완벽하게 갖춘 사람이었습니다. 그에게는 우선 젊음과 건강이 있었습니다. 그는 또한 엄청난 재산을 가진 부자였습니다. 게다가 산헤드린 회원으로서 사회적인 명예와 지위를 가지고 있었습니다. 그런데도 그는 영생을 얻고 싶어 했습니다. 가질 만큼 가지고 누릴 만큼 누리면서 살고 있는데 거기에 또 무슨 영생이 필요할까요?

그런데 알고 보니 그가 원했던 것은 사실 하나님 나라에 들어가서 구원받은 기쁨을 누리며 영원히 사는 그런 '영생'이 아니었습니다. 단지 현세에서 그가 누리고 있는 행복의 모든 조건을 영원히 잃어버리지 않고 소유하기를 원했을 뿐입니다. 그것이 그가 말하는 '영생'이었습니다. 실망스럽게도 예수님은 그가 가지고 있는 것을 다 팔아서 가난한 자들에게 나눠 주라고 말씀하십니다. 그러면 하늘에서 보화가 있을 것이라 말씀하십니다. 그 말씀은 그가 듣고 싶어 하던 대답이 아니었습니다. 그래서 몹시 근심하면서 돌아가고 말았던 것입니다.

같은 말인데 이렇게 전혀 다른 의미로 사용될 수 있다는 사실이 놀랍습니다. 하나님 나라를 기다리며 그곳에서 누리는 영생과 구원을 소망한다고 말은 하면서 실제로는 이 세상에서 맛보는 물질적인 풍요를 진정한 복으로 생각하는 사람들이 많은 이유입니다. 그리고 그런 천박한 욕망을 신앙이라는 이름으로 그럴듯하게 포장하여 오히려 부추기는 종교 사업가들이 기독교 역사를 통해서 지금까지 수없이 등장하여 인기를 누려온 것이 또한 사실입니다.

박해를 겸하여 받는 복

예수님은 그것까지 내다보고 계셨습니다. 그래서 그를 따르는 제자들에게 현세와 내세의 영생 복락에 대해서 정확하게 가르쳐주신 것이지요. 다시 한번 읽어보겠습니다.

> [29] **이르시되 내가 진실로 너희에게 이르노니 하나님의 나라를 위하여 집이나 아내나 형제나 부모나 자녀를 버린 자는** [30] **현세에 여러 배를 받고 내세에 영생을 받지 못할 자가 없느니라 하시니라**(눅 18:29-30).

현세에 여러 배의 복을 받고, 내세에 영생을 받게 된다! 이것처럼 사람의 눈길을 끄는 매력적인 말씀은 성경에서 아마 찾아보기 힘들 것입니다. 특히 신앙생활을 통해서 일확천금을 노리는 사람에게는 더더욱 그럴 것입니다. 그들은 사실 '내세의 영생'보다는 '현세의 복'에 더 큰 관심이 있습니다. 그래서 마치 주식 투자하듯이 하나님께 헌금을 투자합니다. 많이 투자한 만큼 현세에서 여러 배로 돌려받게 될 것을 기대하면서 말입니다.

그런데 그들이 모르는 것이 있습니다. 그것은 현세와 내세의 영생 복락이 박해를 겸하여 받게 되는 것이라는 사실입니다. 이 대목에서 우리는 마가복음 평행 본문의 도움을 받을 필요가 있습니다.

> **[29]예수께서 이르시되 내가 진실로 너희에게 이르노니 나와 복음을 위하여 집이나 형제나 자매나 어머니나 아버지나 자식이나 전토를 버린 자는 [30]현세에 있어 집과 형제와 자매와 어머니와 자식과 전토를 백 배나 받되 박해를 겸하여 받고 내세에 영생을 받지 못할 자가 없느니라(막 10:29-30).**

누가복음의 본문과 비교하면 거의 똑같습니다. 다른 것이 있다면 '하나님 나라를 위하여'를 '나와 복음을 위하여'로 바꾸고, '여러 배'가 아니라 아예 '백 배'나 받게 된다고 하는 것입니다. 현세와 내세에 받을 영생 복락의 내용은 대동소이합니다. 한 가지 결정적인 차이는 바로 "박해를 겸하여 받는다"(along with persecutions, NIV)라는 말씀이 첨가되어 있다는 사실입니다. 영생 복락과 함께 박해의 어려움도 받게 된다는 것입니다.

집 한 채를 바치면 백 채로 돌려받게 될 것으로 믿는 사람에게는 도무지 이해할 수도 없고 받아들일 수도 없는 말씀입니다. 그러나 예수 그리스도의 십자가와 부활의 능력을 믿는 사람에게는 지극히 자명한 말씀입니다. 이때 제자들은 '박해를 겸하여 받는' 복에 대해서 제대로 이해했을까 궁금해집니다. 물론 그들은 이해하지 못했습니다. 지금도 마찬가지입니다. 십자가의 고난과 죽음을 통해서만 부활의 영광과 영생의 복을 받을 수 있다는 것을 이해할 수 있는 사람이 과연 얼마나 되겠습니까?

세 번째 수난 예고

그래서 주님은 열두 제자를 따로 데리고 가서 다시 한번 예루살렘에서 일어날 십자가의 죽음과 부활에 대해서 가르치십니다. 오늘 우리가 살펴볼 내용입니다.

예수께서 열두 제자를 데리시고 이르시되 보라 우리가 예루살렘으로 올라가노니 선지자들을 통하여 기록된 모든 것이 인자에게 응하리라(눅 18:31).

세 번째 '수난 예고'입니다. 우리가 이미 살펴본 것처럼 두 번의 수난 예고는 갈릴리 사역을 마무리하던 대목인 누가복음 9장에 기록되어 있습니다. 그렇다면 그 이후로 지금까지 단 한 번도 수난에 대해서 언급하지 않으셨을까요? 그런 것은 아닙니다. 예수님은 기회가 있을 때마다 당신의 죽음에 대해서 말씀하셨습니다.

예수님이 받으실 세례를 언급하신 대목(눅 12:50)이나 헤롯의 음모를 경고하던 바리새인들에게 선지자가 예루살렘 밖에서는 죽는 법이 없다고 대답하신 것(눅 13:33)이나 주님의 재림을 가르치시면서 먼저 많은 고난을 받으며 버린 바 되어야 한다는 말씀(눅 17:25)은 수난 예고에 포함해야 합니다. 그러면 오늘 본문은 사실상 여섯 번째 수난 예고입니다. 그렇지만 십자가 사건을 직접적으로 표현한 것만으로 따지면 세 번째입니다.

아무튼 갈릴리를 떠나서 예루살렘으로 올라가는 동안 예수님은 단 한 순간도 당신이 왜 예루살렘으로 가는지 그 목적과 이유를 잊어버린 적이 없습니다. 예루살렘을 향한 길은 십자가를 향한 길이었습니다. 보통 사람 같았으면 일부러라도 잊어버리고 싶었을 것입니다. 그러나 주님은 기회가 있을 때마다 십자가의 길을 자신과 제자들에게 거듭 상기시켰습니다. 이와 같은 주님의 태도는 우리에게 큰 도전으로 다가옵니다. 왜냐면 우리는 곧잘 우리 삶의 목적을 잊어버리기 때문입니다.

이런 우스갯소리가 있습니다. 도둑질하던 사람이 현장에서 경찰에게 발각되었습니다. 쫓고 쫓기는 추격전이 벌어졌습니다. 그런데 도둑의 발걸음이 얼마나 빠른지 잘 잡히지 않는 것입니다. 쫓아가던 경찰에게 그만 오기가 생겼습니다. 과거에 육상 선수로 활약했던 터라 자존심이 상하고 말았던 것입니다. 그래서 젖 먹던 힘까지 다 발휘해서 마침내 도둑을 따라잡았습니다. 그런데 도둑을 잡지는 않고 계속해서 그 앞으로 달려가면서 이렇게 말하더랍니다. “내가 이겼지?” 열심히 달려가는 것이 전부가 아닙니다. 왜 달려가는지 잊어버리면 안 됩니다. 우리의 신앙생활도 마찬가지입니다.

주님은 제자들을 따로 불러 세우시고 이렇게 말씀하십니다. “우리가 예루살렘으로 올라가노니 선지자들을 통하여 기록된 모든 것이 인자에게 응하리라." 메시아로서 예수님의 사역은 이미 선지자들의 글에 다 기록되어 있었습니다. 구약성경은 메시아에 대한 예언으로 가득합니다. 메시아의 탄생과 삶과 죽음까지 모든 과정이 이미 그 속에 자세히 설명되어 있습니다. 그런데 사람들은 그것을 알지 못했습니다.

그 이유가 무엇일까요? 성경을 열심히 읽고 연구하지 않았기 때문일까요? 아닙니다. 당시에는 성경을 철저하게 연구하던 전문가들이 많이 있었습니다. 그러나 그들은 메시아 예언이 예수님에게 성취되고 있음을 깨닫지 못했습니다. "보아도 보지 못하고 들어도 깨닫지 못한다"(눅 8:10)라는 말씀이 현실이 된 것입니다. 사람들은 예수님의 부활을 경험한 후에야 그것의 진정한 의미를 깨닫게 될 것입니다(요 2:22).

예언의 성취

예수님은 수난을 예고하면서 특별히 구약성경에 '메시아의 죽음'이 이미 예언되었음을 밝힙니다. 그러면서 예루살렘에서 벌어질 일에 대해 구체적으로 설명합니다.

[32]인자가 이방인들에게 넘겨져 희롱을 당하고 능욕을 당하고 침 뱉음을 당하겠으며 [33]그들은 채찍질하고 그를 죽일 것이나 그는 삼 일 만에 살아나리라 하시되…(눅 18:32-33).

예수님은 '이방인들에게 넘겨져' 죽임을 당하게 될 것이라 하십니다. 물론 예수님을 십자가의 죽음으로 몰고 간 주동자들은 당시 유대교의 지도자들이었습니다. 거기에다가 헤롯 왕이 이끄는 헤롯당이 합작했습니다. 그러니까 종교 권력과 정치권력이 힘을 합해서 예수님을 죽인 것입니다(막 3:6). 그렇지만 실제로 예수님의 십자가 사형을 집행한 장본인은 로마 총독 빌라도와 그의 부하들이었습니다. 그러니까 이방인들에게 넘겨져 죽임을 당한다는 말씀이 그대로 이루어진 것입니다.

또한 예수님은 '희롱을 당하고 능욕을 당하고 침 뱉음을 당할 것'을 예고하십니다. 실제로 로마 군병들이 예수님에게 자색 옷을 입히고 가시 면류관을 씌우고 "유대인의 왕이여 평안하라!"고 하면서 조롱했습니다(막 15:17-18). 그리고 갈대로 예수님의 머리를 치며 침을 뱉었습니다(막 15:19). 거기에다가 '채찍질하고 죽일 것'도 말씀하셨는데, 그것 역시 예수님이 하신 말씀 그대로 이루어졌습니다(막 15:15).

그보다 더 놀라운 것은 예수님이 말씀하신 그 모든 이야기가 이미 구약성경에 기록되어 있었다는 사실입니다. 예를 들어서 예수님이 십자가에 달리셨을 때 남기신 가상칠언(架上七言) 중에 가장 유명한 말씀이 있습니다. 바로 "엘리 엘리 라마 사박다니"(막 15:34)입니다. "나의 하나님, 나의 하나님, 어찌하여 나를 버리셨나이까"라는 뜻입니다. 사람들은 예수님께서 죽음을 앞두고 절망의 탄식을 내뱉으신 것으로 생각하지만, 전혀 아닙니다. 그것은 시편 22편을 시작하는 말씀입니다.

내 하나님이여 내 하나님이여 어찌 나를 버리셨나이까 어찌 나를 멀리하여 돕지 아니하시오며 내 신음 소리를 듣지 아니하시나이까(시 22:1).

그런데 예수님은 십자가의 극심한 고통 속에서 왜 하필이면 이 시편을 읊조리셨을까요? 그것은 이 시편이 바로 메시아의 죽음에 대한 예언을 담고 있기 때문입니다. 다시 말해서 평소에 주님은 이 시편을 즐겨 암송하심으로써 자신이 걸어가야 할 십자가의 길을 준비해 오고 계셨던 것입니다. 그 내용을 읽어보면 십자가 사건이 벌어지는 현장을 정확하게 묘사하는 대목이 나옵니다.

7나를 보는 자는 다 나를 비웃으며 입술을 비쭉거리고 머리를 흔들며 말하되 8그가 여호와께 의탁하니 구원하실 걸, 그를 기뻐하시니 건지실 걸 하나이다(시 22:7-8).

이 말씀은 예수님이 십자가에 처형당하던 장면에서 실제로 이루어졌습니다.

39지나가는 자들은 자기 머리를 흔들며 예수를 모욕하여 이르되… 42그가 남은 구원하였으되 자기는 구원할 수 없도다 그가 이스라엘의 왕이로다 지금 십자가에서 내려올지어다 그리하면 우리가 믿겠노라 43그가 하나님을 신뢰하니 하나님이 원하시면 이제 그를 구원하실지라…(마 27:39-43).

그게 전부가 아닙니다.

16개들이 나를 에워쌌으며 악한 무리가 나를 둘러 내 수족을 찔렀나이다 17…그들이 나를 주목하여 보고 18내 겉옷을 나누며 속옷을 제비 뽑나이다(시 22:16-18).

이 말씀 역시 그대로 재현됩니다.

[23]군인들이 예수를 십자가에 못 박고 그의 옷을 취하여 네 깃에 나눠 각각 한 깃씩 얻고 속옷도 취하니 이 속옷은 호지 아니하고 위에서부터 통으로 짠 것이라 [24]군인들이 서로 말하되 이것을 찢지 말고 누가 얻나 제비 뽑자 하니 이는 성경에 그들이 내 옷을 나누고 내 옷을 제비 뽑나이다 한 것을 응하게 하려 함이러라…(요 19:23-24).

예수님의 손과 발에 못을 박는 것부터 제비 뽑아 속옷을 나누는 것까지 정말 소름이 돋을 정도로 정확하게 일치합니다. 시편 기자는 어떻게 그런 일이 벌어질 것을 알았을까요? 더욱 놀라운 것은 이 시편 기자가 바로 다윗이었다는 사실입니다. 다윗은 예수님 오시기 천 년 전 사람입니다. 그에게도 사울 왕에 쫓겨 다니면서 살아야 했던 절망의 시절이 있었습니다. 그런 가운데 이 시편을 쓴 것입니다. 그런데 어떻게 천 년 후에 오실 예수님의 죽음을 이렇게 생생하게 기록할 수 있었을까요?

그것은 사실 놀랄 일이 아닙니다. 왜냐면 십자가의 길은 이 세상을 구원하기 위해 오래전부터 준비해 놓은 하나님의 계획이었기 때문입니다. 그 계획을 성취하기 위하여 예수님이 오신 것입니다. 다윗은 하나님이 주신 감동으로 그것을 기록으로 남겼을 뿐입니다. 알고 쓴 것이 아닙니다. 그래서 성경의 저자는 하나님입니다.

예수님이 시편 22편을 즐겨 묵상했던 이유는 단지 십자가의 죽음 때문만이 아니었습니다. 후반부에 가보면 분위기가 갑자기 바뀌어 하나님을 찬양하는 내용이 나옵니다. 그리고 영광스럽게 펼쳐질 구원의 역사를 선포합니다.

[22]내가 주의 이름을 형제에게 선포하고 회중 가운데에서 주를 찬송하리이다… [27]땅의 모든 끝이 여호와를 기억하고 돌아오며 모든 나라의 모든 족속이 주의 앞에 예배하리니 [28]나라는 여호와의 것이요 여호와는 모든 나라의 주재심이로다(시 22:22, 27-28).

무슨 뜻입니까? 메시아가 십자가에서 죽음으로써 마침내 하나님께서 이 세상의 모든 나라를 다스리는 하나님 나라가 완성되는 바로 그날이 올 것이라는 예언입니다. 이것이 바로 예수님이 선포하고 계시는 하나님 나라의 복음입니다. 예수님은 십자가에 달려 마지막 숨을 거두시기 전에 바로 이 말씀을 깊이 묵상하고 계셨던 것입니다.

사람들은 시편 22편을 시작하는 첫 부분 "엘리 엘리 라마 사박다니"만 듣고서 예수님이 절망의 탄식을 내뱉고 계신다고 생각했습니다. 그러나 예수님은 오히려 마지막 부분에 더 집중하고 계셨습니다. 하나님이 이루실 구원에 대한 확신을 선언하면서 십자가의 죽음을 받아들이셨던 것입니다. 하나님이 계획하신 구원을 완성하기 위해는 십자가의 길이 꼭 필요하다는 사실을 잘 아셨던 것입니다.

이와 같은 메시아의 고난에 대한 예언은 시편 22편 외에도 구약성경 곳곳에 그 수를 헤아릴 수 없을 정도로 많이 등장합니다. 볼 눈이 있는 사람은 누구나 쉽게 알아차릴 수 있을 정도입니다.

감추어진 말씀

예수님께서 지금까지 여러 차례 수난 예고를 하셨지만, 이렇게 자세하게 풀어서 설명해 주신 적은 없었습니다. 그만큼 십자가 사건이 점점 더 가까워지고 있다는 뜻입니다. 이렇게 자세하게 설명해 주었으니 이제 제자들은 충분히 이해하게 되었겠지요? 아닙니다. 오히려 그 반대였습니다.

제자들이 이것을 하나도 깨닫지 못하였으니 그 말씀이 감취었으므로 그들이 그 이르신 바를 알지 못하였더라(눅 18:34).

제자들은 이 말씀을 '하나도' 깨닫지 못했다고 합니다. 아니, 그들 중 적어도 몇 사람은 적어도 몇 마디쯤 알아들어야 하지 않을까요? 그런데 하나도 깨닫지 못했다니 그 이유가 무엇일까요? 본문은 그 말씀이 감추어졌기 때문이라고 합니다. NIV성경은 "Its meaning was hidden from them..."으로 번역합니다. "그 의미가 그들에게 숨겨졌다"라는 뜻입니다. 예수님이 의도적으로 그 의미를 숨기셨나요? 그들이 알아듣지 못하도록 어렵게 말씀하셨나요? 물론 아닙니다. 그런데 왜 그 의미가 숨겨진 것일까요?

그들이 지금까지 한 번도 경험해 본 일이 아니었기 때문입니다. 아니, 그보다는 그들이 품어온 기대와 전혀 다른 말씀이었기 때문이라고 해야 합니다. 그들이 기대하던 메시아는 정복하고 다스리며 군림하는 왕 같은 승리자의 모습이었지 이렇게 사람들에게 조롱당하고 무기력하게 죽임을 당하는 실패자의 모습이 아니었습니다. 기대가 다르니까 말씀이 보이지 않는 것입니다. 그래서 아무리 보아도 보지 못하고, 아무리 들어도 깨닫지 못하게 되는 것입니다.

그들은 조금 전에 '현세에서 여러 배를 받는 복락과 내세에서 받는 영생'(눅 18:30)에 대한 말씀을 들었습니다. 그러나 여느 사람들처럼 그들 역시 현실적인 출세와 영광에 대한 약속으로 그 말씀을 이해했습니다. 그래서 마가와 달리 누가는 '박해를 겸하여 받는 복'에 대한 말씀을 아예 생략했습니다. 어차피 제자들은 그 말씀을 제대로 듣지도 못했고 이해하지도 못했기 때문입니다.

지금까지의 기독교 역사를 통해서 십자가의 길을 충분히 이해했거나 기꺼이 그 길을 걷기를 원했던 제자들이 과연 몇이나 있었는지 한번 찾아보십시오. 아마 찾기가 쉽지 않을 것입니다. 사람들은 대부분 내세에서 받는 영생보다는 현세에서 받는 영광과 축복과 출세를 더 원합니다. 그것을 신앙생활의 목적으로 삼는 사람들에게 십자가의 길을 가르쳐 보십시오. 그 의미가 숨겨질 수밖에 없습니다.

믿음은 들음에서 난다고 했습니다(롬 10:17). 그렇지만 무작정 말씀을 듣는다고 해서 믿음이 생겨나는 것은 아닙니다. 우리의 선입관이나 세상의 욕심을 내려놓기 전에는 아무리 들어도 깨닫지 못합니다. 그래서 히브리서 4장은 이렇게 말씀합니다.

> **그들과 같이 우리도 복음 전함을 받은 자이나 들은 바 그 말씀이 그들에게 유익하지 못한 것은 듣는 자가 믿음과 결부시키지 아니함이라**(히 4:2).

하나님의 말씀을 아무리 많이 듣는다고 해도 그것을 '믿음과 결부시키지 않으면', 다시 말해서 '믿음으로 받아들이지 않으면' 아무런 유익이 없습니다. 자기 입맛에 맞는 것만 골라 먹는 영적인 편식은 우리의 영혼을 건강하게 자라지 못하게 합니다.

십자가의 고난과 죽음은 누구나 피하고 싶은 것입니다. 그래서 많은 사람에게 하나님 나라의 복음은 이해할 수 없는 비밀이 되고 맙니다. 우리는 꼭 기억하고 있어야 합니다. 십자가 없는 부활의 영광은 없으며 십자가의 길을 통하지 않고는 그 누구도 하나님 나라에 들어갈 수 없다는 사실을…. 어떤 말씀이든지 있는 그대로 받아들이는 믿음이 우리를 부활과 영생의 길로 인도합니다.

묵상 질문: 나에게 감추어진 말씀이 있는가? 그 이유가 무엇이라 생각하는가?

오늘의 기도: 하나님 아버지, 보고 싶은 것만 보고 듣고 싶은 것만 들으려고 하는 영적인 편식의 습관에서 벗어나게 하옵소서. 어떤 말씀이든지 있는 그대로 받아들이는 믿음의 용기를 우리에게 주옵소서. 그리하여 십자가의 고난과 죽음을 넘어서서 마침내 부활의 영광과 영생에 이르는 복을 누리게 하옵소서. 예수님의 이름으로 기도합니다. 아멘.

누가복음 묵상 ❷-25

믿음으로 구원받은 바디매오

읽을 말씀: 누가복음 18:35-43

새길 말씀: 42예수께서 그에게 이르시되 보라 네 믿음이 너를 구원하였느니라 하시매 43곧 보게 되어 하나님께 영광을 돌리며 예수를 따르니 백성이 다 이를 보고 하나님을 찬양하니라(눅 18:42-43).

지금 우리는 누가복음 후반부 '하나님 나라의 길' 묵상의 제2막 '구원에 이르는 길'을 살펴보고 있습니다. 이 대목에서 지금까지 우리가 묵상해 온 말씀을 한번 정리해 볼 필요가 있습니다.

구원의 길 묵상

예수님은 '잃었다가 찾은 세 가지'의 비유를 통해서 구원에 이르는 길은 잃은 자를 찾도록 찾으시는 하나님 아버지의 마음으로부터 시작된다는 사실을 말씀하셨습니다(15장). 그다음에 '옳지 않은 청지기'의 비유와 '부자와 거지 나사로'의 비유를 통해서 재물의 올바른 사용이 구원과 매우 밀접한 관련이 있다는 것을 설명하셨습니다(16장).

그것은 자연스럽게 '믿음'의 문제로 연결되었습니다. 예수님은 제자들이 가지고 있는 겨자씨 한 알만한 믿음이라도 사용하기만 하면 얼마든지 구원의 은혜를 맛볼 수 있다고 가르치셨습니다. 그리고 열 명의 나병환자가 기적적으로 고침을 받는 사건을 통해서 구원으로 인도하는 '순종하는 믿음'과 '감사하는 믿음'의 사례를 직접 체험할 수 있게 하셨습니다(17장).

그러고 나서 본격적으로 '하나님 나라'를 설명하기 시작하셨지요. 하나님 나라는 이 세상을 창조하실 때부터 하나님이 계획하셨던 구원이 완성되는 나라입니다. 지금까지 예수님은 온갖 병자들을 고침으로써 이 세상을 구원하시는 하나님의 놀라운 능력을 드러내셨고, 마침내 이 땅에 구원이 완성되는 하나님 나라에 대한 기대를 품게 하셨습니다. 그러나 '하나님 나라'를 직접 경험한 사람이 아무도 없었기에 많은 오해가 만들어졌습니다.

가장 큰 오해는 하나님 나라가 '어디에'(where) 또한 '언제'(when) 임할 것인가 하는 문제였습니다. 그것에 대해서 예수님은 "하나님의 나라는 너희 안에 있다!"라고 말씀하셨습니다. 예수님이 이 땅에 오심으로 이미 하나님 나라는 시작되었다는 것입니다. 이 대답으로 사실상 '어디에'와 '언제'라는 궁금증은 모두 해소되었습니다. '어디에'는 '여기에', 더욱 구체적으로 '우리 안에'(within us) 또는 '우리 가운데'(among us)이고, '언제'는 바로 '지금'입니다.

물론 하나님의 나라는 아직 완성되지 않았습니다. 그것은 주님의 재림과 더불어 완성될 것입니다. 따라서 이제부터 우리는 하나님 나라에 '누가'(who), '어떻게'(how) 들어갈 것인가를 물어야 합니다. 그리고 그때가 언제가 되든지 늘 깨어 있어서 하나님이 맡기신 사명을 하루하루 감당하면서 준비해야 합니다. 그러다 보면 우리는 마침내 하나님이 주시는 구원에 이르게 될 뿐만 아니라 현세와 내세의 영생 복락을 누리게 될 것입니다(18장).

그런데 그 모든 일에 앞서서 지금 당장 넘어야 할 '높고 험한 산'이 하나 있습니다. 그것은 바로 예수님의 십자가 사건입니다. 메시아가 이 세상을 구원하기 위하여 죽임을 당해야 한다는 사실은 이미 구약성경을 통해서 하나님께서 누누이 예고해 오신 일이었습니다. 그렇지만 '메시아 왕국'(The Messianic Kingdom)을 대망하고 있던 유대인들에게는 그동안 감추어진 비밀이 되어왔습니다. 주님을 따르는 제자들에게도 십자가의 고난과 죽음은 여전히 받아들이기 힘든 현실이었습니다.

그러나 십자가의 죽음 없이는 부활이 없고, 부활 없이는 주님의 승천이 없습니다. 승천 없이는 재림이 없고, 재림 없이는 하나님 나라가 이 땅에 임하지 않습니다. 게다가 예수님의 죽음은 단순한 죽음이 아닙니다. 그것은 인류의 죄를 대속하기 위한 희생 제물의 죽음입니다. 바로 그것이 이 세상을 구원하기 위해 정해 놓으신 하나님의 방법입니다. 예수님의 십자가 사건으로 죄의 문제가 완전히 해결되었다는 사실을 믿음으로 받아들이는 사람은 누구나 구원하기로 하신 것입니다.

여기에서 우리는 또다시 '믿음'의 문제 앞에 서게 됩니다. 예수님을 하나님의 아들로 믿을 것인가, 예수님이 십자가에 달려 죽으심으로 우리의 죄가 깨끗이 씻겨졌음을 믿을 것인가, 예수님이 선포하시는 하나님 나라의 복음이 우리를 구원과 영생으로 인도한다는 것을 믿을 것인가, 언젠가 예수님이 다시 오심으로써 하나님 나라가 이 땅에 완성될 것을 믿음으로 기다릴 것인가….

예수님은 구원의 문제를 탁상공론의 주제로 다루지 않습니다. 제자들이 살아가는 현실에서 직접 그것을 경험하게 하십니다. 이번에는 한 시각 장애인을 고쳐주시는 사건을 통해서 믿음으로 구원받는 모습을 실제로 보여주십니다.

부르짖는 믿음

예수님 일행은 지금 예루살렘을 향하고 있습니다. 그 여행은 갈릴리에서 예루살렘으로 가는 최단 거리의 노선을 따르지 않았습니다. 주님은 가능한 한 많은 마을을 방문하고 많은 사람을 만나고 싶어 하셨습니다. 그러나 이제 예루살렘이 가시권에 들어왔습니다. 예수님 일행이 드디어 여리고에 도착하게 되었던 것입니다.

> [35]**여리고에 가까이 가셨을 때에 한 맹인이 길가에 앉아 구걸하다가** [36]**무리가 지나감을 듣고 이 무슨 일이냐고 물은대** [37]**그들이 나사렛 예수께서 지나가신다 하니**…(눅 18:35-37).

여리고는 예루살렘에서 약 24km 정도 떨어진 곳에 있습니다. 이곳은 갈릴리에서 베레아 지역을 거쳐 요단강을 건넌 후 예루살렘으로 향하는 여행자들에게는 아주 중요한 통과 지점입니다. 유동 인구가 많은 곳에는 언제나 구걸하는 사람이 있게 마련입니다. 한 시각 장애인이 여리고로 들어가는 길가에 앉아서 구걸하고 있었습니다.

누가복음에는 이름이 나오지 않지만, 마가복음은 그의 이름을 '바디매오'(Bartimaeus)라고 분명히 밝힙니다(막 10:46). 그러나 사실 바디매오는 본명이 아니었습니다. '바'(Bar)는 헬라어로 '아들'이라는 뜻입니다. 그러니까 '바디매오'는 '디매오의 아들'(son of Timaeus)이 됩니다. 그가 언제부터 시각 장애를 가지고 있었는지 알 수 없지만, 그 장애로 인해서 할 수 있는 일이 없었습니다. 그래서 바디매오는 사람들이 많이 오가는 길목에서 사람들의 동정심에 손을 벌리면서 먹고살아야 했습니다. 사람들에게 그는 저주받은 인생으로 보였을 것입니다.

그러던 어느 날 바디매오에게 '복음'이 들려왔습니다. 예수님이 그리로 지나가신다는 소식을 듣게 된 것입니다. 누가복음 본문에는 기록되지 않았지만, 주님은 이미 벳새다에서 시각 장애인을 고치신 적이 있습니다(막 8:22-26). 그 소식이 바디매오의 귀에까지 틀림없이 흘러 들어갔을 것입니다. 다른 장애도 아니고 자신과 똑같은 시각 장애를 고쳐주셨다는 이야기를 들었을 때 바디매오의 마음이 어땠을까요? 그에게 희망이 싹트기 시작했을 것입니다. 예수님을 만나기만 하면 고침을 받을 수 있으리라는 믿음이 자라나기 시작했을 것입니다.

문제는 누군가가 자기를 예수님께 데려가 주어야 하는데 그럴 사람이 없었다는 사실입니다. 그런데 기적 같은 일이 벌어졌습니다. 바디매오가 앉아서 구걸하던 바로 그 앞으로 예수님이 지나가시게 된 것입니다. 그때 바디매오는 어떻게 했습니까?

맹인이 외쳐 이르되 다윗의 자손 예수여 나를 불쌍히 여기소서 하거늘…(눅 18:38).

바디매오는 시각 장애인이었습니다. 선천적이든 후천적이든 장애를 가지게 되었다는 것은 참으로 불행한 일입니다. 그런데 장애로 인한 불편함보다 더욱 힘든 것은 다른 사람들의 편견입니다. 예수님 당시 유대인들은 장애를 그 사람이나 부모의 죄에 대한 하나님의 저주로 생각했습니다(요 9:2). 정말 그럴까요? 장애(障礙)란 어떤 일을 하는 데 방해가 되는 것을 말합니다. 다른 사람은 다 보는데 바디매오는 볼 수 없었습니다. 그것이 시각 장애입니다.

그렇게 생각해 본다면 이 세상에는 장애를 가지지 않은 사람이 하나도 없습니다. 어느 부분에선가 남들처럼 잘하지 못하는 일이 반드시 있기 때문입니다. 누구나 크고 작은 장애를 가지고 살아갑니다. 그런데 어찌 된 일인지 사람들은 자기가 할 수 없는 일에만 집중하여 절망합니다. 그래서 자신의 인생을 더욱 비극적으로 만들어 갑니다. 그러나 믿음의 사람은 자신이 할 수 있는 일에 집중합니다.

바디매오를 보십시오. 그는 시각 장애인이었기에 당연히 볼 수는 없었지만, 그가 할 수 있는 일들도 얼마든지 있었습니다. 우선 들을 수 있었습니다. "나사렛 예수께서 지나가신다는 말을 듣고…." 볼 수 없다고 들을 수 없는 것은 아닙니다. 하나의 감각이 문제가 있으면 오히려 다른 감각이 남들보다 더욱 강해지고 예민해지면서 균형을 맞춘다고 합니다. 시각 장애가 있다면 청각은 더욱 예민하고 강해지는 법입니다.

바디매오는 들을 수 있었을 뿐 아니라 말할 수도 있었습니다. 예수님을 직접 볼 수는 없었지만, 예수님이 근처에 있다는 사실을 알았습니다. 그래서 그는 크게 소리를 질렀습니다. "다윗의 자손 예수여, 나를 불쌍히 여기소서!" 그에게 시각 장애가 있었지만, 들을 수도 있었고 말할 수도 있었습니다. 예수님을 직접 볼 수는 없었지만, 그렇게 예수님의 시선을 끌 수는 있었습니다.

여기에서 '외쳐 이르되'는 헬라어로 미완료형입니다. 다시 말해서 한 번 소리를 지르고 중단한 것이 아니라 계속해서 소리를 질렀다는 뜻입니다. "다윗의 자손 예수여, 나를 불쌍히 여기소서!" "다윗의 자손 예수여, 나를 불쌍히 여기소서!" 그렇게 계속 소리를 지른 것입니다. 언제까지 그랬을까요? 예수님이 들으실 때까지였습니다.

할 수 없는 일에 대해서 절망하고 불평하고 자기연민에 빠져 평생 불행하게 살 수도 있습니다. 그러나 같은 조건이지만 할 수 있는 일에 감사하면서 행복하게 사는 길을 걸어갈 수도 있습니다. 또한 그 일들을 적극 활용하여 하나님께 간구하며 나아갈 수도 있습니다. 그게 믿음입니다. 그 믿음이 장애를 극복하며 하나님이 베푸시는 놀라운 구원의 기적을 체험하게 하는 것입니다.

멈추지 않는 믿음

이때 바디매오가 얼마나 큰 소리로 부르짖었는지, 주변에 있던 사람들이 그를 책망할 정도였습니다.

앞서가는 자들이 그를 꾸짖어 잠잠하라 하되 그가 더욱 크게 소리 질러 다윗의 자손이여 나를 불쌍히 여기소서 하는지라(눅 18:39).

바디매오가 크게 소리를 지르니까 주변에 있던 사람들이 시끄럽다고 조용히 하라고 꾸짖었습니다. 그러나 그는 더욱 크게 "다윗의 자손이여, 나를 불쌍히 여기소서!" 하면서 소리를 질렀습니다. 정말 간절히 원하는 것이 있다면 다른 사람들이 싫어한다고 해도 절대로 포기하지 않습니다. 만일 바디매오가 이때 사람들이 꾸짖는다고 입 다물었다면 어떻게 되었을까요? 그는 계속해서 시각 장애인으로 남아 있었을 것입니다.

계속해서 소리를 지르자 '앞서가는 자들'이 바디매오를 꾸짖었습니다. 그들은 아마도 예수님의 제자들이었을 것입니다. 언젠가 사람들이 어린아이들을 데리고 왔을 때도 제자들이 그렇게 꾸짖었었지요(눅 18:15). 물론 예수님에게 방해가 될 것을 염려한 과잉 충성이었지만, 결과적으로 예수님의 사역을 방해한 꼴이 되었습니다. 우리 주님은 어떤 경우에도 주님을 찾아오는 자들을 외면하지 않으십니다. 따라서 주변 사람들이 방해한다고 절대로 포기하면 안 됩니다.

우리가 하나님 앞에 나아가려고 할 때 주위 사람들이 우리를 모두 환영하고 도와줄 것이라 기대하지 마십시오. 방해만 하지 않아도 감사한 일입니다. 설혹 그들이 뒤에서 수군거리고 비판하고 또는 대놓고 꾸짖으며 방해한다고 하더라도 절대로 믿음의 발걸음을 멈추지 마십시오. 우리는 하나님께 기도하고, 하나님께 찬양하고, 하나님께 예배드리는 것입니다. 다른 사람의 평가나 불평 때문에 그 발걸음을 멈추어 버린다면 내 자신의 문제는 영원히 해결되지 않습니다. 그것을 극복하는 것이 진정한 믿음입니다.

아무튼 바디매오는 계속해서 예수님께 부르짖었습니다. 그랬더니 어떻게 되었습니까?

예수께서 머물러 서서 명하여 데려오라 하셨더니 그가 가까이 오매 물어 이

르시되…(눅 18:40).

예수님이 가던 발걸음을 멈추고 "그를 데려오라" 하셨습니다. 누가복음에는 '그가 가까이 오매'라고 간단하게 기록되어 있지만, 마가복음을 읽어보면 이때의 상황을 더욱 생생하게 설명합니다.

> [49]**예수께서 머물러 서서 그를 부르라 하시니 그들이 그 맹인을 부르며 이르되 안심하고 일어나라 그가 너를 부르신다 하매** [50]**맹인이 겉옷을 내버리고 뛰어 일어나 예수께 나아오거늘…(막 10:49-50).**

예수님이 그를 부르라고 명령하신 사람들이 누구일까요? 조금 전까지 시끄럽다고 하면서 꾸짖던 제자들이었습니다. 그런데 이번에는 바디매오를 주님에게 친절하게 인도하는 사람들로 바뀌었던 것입니다. 이런 일들은 우리에게도 자주 일어납니다. 우리를 싫어하던 사람들이 갑자기 변해서 우리를 친절하게 주님에게 인도하는 사람이 될 수 있습니다. 전에는 왜 그랬을까요? 주님의 말씀을 듣지 못해서 그랬을 뿐입니다. 그러니 우리가 이해해 주면 됩니다.

신앙생활을 하면서 다른 사람에게 상처받았다고 하는 분들이 주변에 참 많습니다. 그러나 우리가 하나님께 집중하면 사람들 때문에 상처받을 이유가 없습니다. 도리어 사람에게 집중하니까 그렇게 쉽게 상처받는 것입니다. 우리를 힘들게 하는 사람들도 주님의 음성을 듣게 된다면 하루아침에 바뀔 수 있습니다. 우리가 오직 하나님에게 집중하면서 다른 사람의 저항을 믿음으로 극복해 내야 하는 이유가 여기에 있습니다. 어떤 경우에도 주님을 향한 발걸음을 멈추지 않는 것이 믿음입니다.

간절히 원하는 믿음

바디매오는 '겉옷을 내버리고' '뛰어 일어나' 달려왔습니다(막 10:50). 얼마나 좋았으면 그랬을까요? 여기에서 '겉옷을 내버렸다'라는 말은 아주 의미심장합니다. 당시에 '겉옷'은 그냥 '옷'이 아니었기 때문입니다. 특히 바디매오와 같이 길거리에서 노숙하는 사람에게는 목숨과도 같은 것입니다. '겉옷'은 한밤의 추위를 견디게 해주는 이불이었고, 한낮의 더위를 막아주는 그늘막이었습니다. 말하자면 그의 재산목록 1호인 셈입니다. 그런데 그것을 내던지고 예수님에게로 달려갔던 것입니다.

믿음은 본래 그런 것입니다. 인간의 보호 영역 속에 안주하지 말고 주님 앞에 벌거숭이로 나가야 합니다. 아브라함이 하나님의 초대에 응답하여 '본토 친척 아비' 집을 떠나 '하나님이 지시할 땅'으로 떠나간 것이 바로 그런 믿음입니다. 바디매오는 '다윗의 자손 예수'를 직접 만나기 위해서 그가 가진 것을 모두 던져버렸습니다. 그리고 주님 앞으로 뛰어나갔습니다. 그는 시각 장애인입니다. 그렇게 뛰다가는 넘어져서 다칠지도 모릅니다. 그런다고 해도 바디매오의 발걸음을 막을 수는 없습니다.

예수님은 바디매오의 믿음을 확인하기 위해서 먼저 물으셨습니다.

[41]네게 무엇을 하여 주기를 원하느냐. 이르되 주여 보기를 원하나이다. [42]예수께서 이르시되 보라 네 믿음이 너를 구원하였느니라 하시매 [43]곧 보게 되

어 하나님께 영광을 돌리며 예수를 따르니 백성이 다 이를 보고 하나님을 찬양하니라(눅 18:41-43).

그리고 "무엇을 원하느냐"는 말씀에 그는 주저하지 않고 "보기를 원한다"라고 대답합니다. 메시지성경은 "주님, 다시 보기를 원합니다"(Master, I want to see again. MSG)라고 합니다. 그러고 보니까 이에 해당하는 헬라어 '아나블레포'(anablepó) 동사는 잃어버린 시력을 회복한다(recover sight)는 뜻입니다. 만일 바디매오가 후천적으로 시각 장애를 가지게 되었다면, 시력을 상실하는 아픔이 얼마나 큰 충격인지 잘 알았을 것입니다. 그래서 더더욱 간절하게 다시 보기를 원했는지도 모릅니다.

아무튼 바디매오는 예수님에게 요청하기만 하면 분명히 다시 볼 수 있을 것으로 확신했습니다. 주님은 이와 같은 바디매오의 고백을 듣고 "네 믿음이 너를 구원하였다"라고 선포하셨습니다. 바디매오의 행동과 고백을 통해서 주님은 그가 가지고 있는 간절한 믿음을 확인하셨던 것입니다. 실제로 주님의 말씀이 떨어지기가 무섭게 바디매오는 '곧' 보게 되었습니다.

그다음이 중요합니다. "곧 보게 되어 하나님께 영광을 돌리며 예수를 따르니…" 믿음으로 간구하는 것보다 더 중요한 것은 문제가 해결된 다음입니다. 기도가 응답받았다면 그 즉시 주님을 따라야 합니다. 그런데 많은 사람이 문제가 해결될 때까지는 열심히 기도하지만, 그 후에는 그만 느슨해져서 주님과 별로 상관없이 살기도 합니다. 열 명의 나병환자가 고침을 받았지만, 주님 앞에 돌아와 감사하는 믿음을 보인 사람은 사마리아인 한 사람밖에 없었습니다. 그 사마리아인은 구원받았지만, 나머지 아홉은 예수님과 상관없이 살았습니다.

바디매오에게는 비록 장애가 있었지만, 그가 할 수 있는 일들을 하면서 예수님께 나아갔습니다. 그리고 믿음으로 시각 장애가 치유되는 놀라운 은혜를 체험한 후에는 하나님께 영광을 돌리며 주님을 따랐습니다. 믿음이 우리를 구원합니다. 믿음으로 극복하지 못할 장애는 없습니다. 우리도 믿음으로 구원받는 사람이 되도록 기도해야 하겠습니다.

묵상 질문: 내가 가진 장애는 무엇이며 그것을 어떻게 이겨내고 있는가?

오늘의 기도: 하나님 아버지, 우리가 할 수 없는 일로 인해 낙심하기보다 우리가 할 수 있는 일에 더욱 집중하게 하옵소서. 바디매오처럼 부르짖는 믿음, 멈추지 않는 믿음, 간절히 소원하는 믿음을 가지게 하옵소서. 그리고 믿음으로 구원받은 후에는 하나님께 영광을 돌리며 더욱 열심히 주님을 섬기는 일에 힘쓰게 하옵소서. 예수님의 이름으로 기도합니다. 아멘.

누가복음 묵상 ❷-26

믿음으로 구원받은 삭개오

읽을 말씀: 누가복음 19:1-10

새길 말씀: [9]예수께서 이르시되 오늘 구원이 이 집에 이르렀으니 이 사람도 아브라함의 자손임이로다 [10]인자가 온 것은 잃어버린 자를 찾아 구원하려 함이니라(눅 19:9-10).

지난 시간에는 믿음으로 구원받은 바디매오 이야기를 살펴보았습니다. '구원'이란 추상적인 개념이 아니라 아주 실제적인 개념입니다. 예수님이 고향 나사렛의 회당을 방문하셨을 때, 이사야의 글 중에서 다음 부분을 찾아서 읽으셨습니다.

> [18]주의 성령이 내게 임하셨으니 이는 가난한 자에게 복음을 전하게 하시려고 내게 기름을 부으시고 나를 보내사 포로된 자에게 자유를, 눈 먼 자에게 다시 보게 함을 전파하며 눌린 자를 자유롭게 하고 [19]주의 은혜의 해를 전파하게 하려 하심이라…(눅 4:18-19).

이 말씀은 이 세상을 구원하기 위해 오신 메시아가 행하실 일을 설명하는 내용입니다. 가난한 자에게 복음을 전하고, 감옥에 갇힌 이들에게 자유를 주고, 눈먼 이들을 다시 보게 하고, 눌리고 지친 이들을 자유롭게 하는 것이 바로 메시아의 사역입니다. 그 사역이 바로 '구원'의 구체적인 내용입니다. 그런 의미에서 바디매오는 분명히 구원받았습니다. 눈먼 자가 다시 보게 되었으니 말입니다.

물론 구원이란 단순히 육체적인 장애가 극복되는 것만을 의미하지 않습니다. 인간을 총체적으로 억누르는 모든 속박에서 자유롭게 되는 것이 구원입니다. 여기에는 경제적인 빈곤의 문제와 비뚤어진 인간관계의 문제와 정치적인 억압의 문제와 죄로 인해 타락한 영혼의 문제까지 포함되어 있습니다. 그 모든 속박으로부터 해방되는 것이 바로 구원입니다. 예수님은 그 일을 하기 위해서 하나님으로부터 보냄을 받으셨고, 이제 마지막으로 죄의 문제를 해결하기 위해 십자가의 길을 걷고 계시는 것입니다.

믿음과 구원

하나님께서 우리 인간을 위해서 하시는 일이 '구원'(salvation)이라면, 하나님의 일에 대한 인간의 반응은 '믿음'(faith)이라고 할 수 있습니다. 하나님은 우리를 사랑하셔서 구원하기 위하여 찾도록 찾으십니다. 그러나 아무리 찾으신다고 하더라도 만일 우리가 스스로 하나님께로 돌이키지 않는다면 구원의 역사는 나타나지 않습니다. 하나님께서 하시는 일에 믿음으로 반응하지 않고서는 그 누구도 구원받을 수 없는 것입니다.

바디매오의 믿음을 확인하신 후에 예수님은 그에게 이렇게 말씀하셨지요. "보라, 네 믿음이 너를 구원하였느니라"(눅 18:42). 그러자 그는 곧 보게 되었습니다. 이 순서를 눈여겨보아야 합니다. 바디매오가 다시 보게 된 것은 '믿음의 확인'과 '구원의 선포' 이후였습니다. 그러니까 구원은 단지 시력이 회복된 결과를 의미하는 것이 아닙니다. 믿음으로 구원받은 후에 그 결과로 시각 장애의 문제가 해결된 것입니다.

자, 그렇다면 지금까지 예수님이 기적적인 치유 사역을 하실 때 믿음과 구원의 관계를 어떻게 말씀해 오셨는지 궁금해집니다. 그것을 한번 확인해 보아야 하겠습니다. 초창기 갈릴리 사역을 살펴보면 예수님은 병을 고쳐주기 전에 그 사람의 믿음을 확인하지는 않으셨습니다. 예를 들어 가버나움 회당에서 더러운 귀신 들린 사람을 고쳐주실 때, 예수님은 그냥 귀신을 향해 꾸짖으며 나오라고 명령하셨습니다(눅 4:35).

시몬의 장모가 앓던 열병을 고쳐주실 때도 역시 마찬가지였습니다(눅 4:39). 안식일에 손 마른 사람을 고치실 때도 손을 내밀라고 말씀하시니까 그대로 되었지요(눅 6:10). 나인성 과부의 죽은 아들을 살리실 때도 그냥 일어나라고 말씀하셨을 뿐입니다(눅 7:14). 그 누구의 믿음도 확인하지 않으셨습니다. 그런데 중요한 것은 이럴 때 예수님은 '구원'을 선포하지 않으셨다는 사실입니다. 다시 말해서 기적적인 치유 사건이 곧 구원을 의미하는 것은 아니라는 이야기입니다.

그러면 "네 믿음이 너를 구원했다"라는 말씀을 언제부터 하기 시작하셨을까요? 지금까지 우리가 묵상해 온 누가복음 말씀에는 모두 네 번 등장합니다. 그 첫 번째는 어느 여인이 향유 옥합을 깨뜨려 예수님의 발에 부었던 장면입니다. 이때 그 여인이 무슨 불치의 병을 가지고 있었던 건 아닙니다. 그녀는 동네에서 잘 알려진 '죄인'이었습니다(눅 7:37). 예수님은 그녀에게 '죄 사함'을 선언하신 후에 말씀하셨습니다. "네 믿음이 너를 구원하였으니 평안히 가라"(눅 7:50). 그렇게 죄의 문제로 인해 마음의 병을 앓던 그녀를 고쳐주신 것입니다.

두 번째는 열두 해를 혈루증으로 앓던 여인을 고쳐주시는 장면입니다. 그녀는 예수님의 옷에 손을 대기만 하더라도 자기 병이 고쳐질 것이라 믿었습니다. 그리고 실제로 그런 일이 벌어졌습니다. 예수님과 그 여인 외에는 아무도 모르는 일입니다. 그런데 예수님은 그 여인을 공개적인 자리에 드러내셔서 본인의 입으로 그 일을 고백하게 하셨지요. 그런 후에 "네 믿음이 너를 구원하였으니 평안히 가라"(눅 8:48)고 말씀하셨습니다. 그렇게 육체의 병뿐만 아니라 마음의 병까지 고치셨던 것입니다.

세 번째는 나병환자 열 명이 고침을 받는 장면입니다. 그들은 "가서 제사장들에게 너희 몸을 보이라"는 말씀에 믿음으로 순종하여 가다가 깨끗함을 받았습니다. 그런데 그중에 오직 사마리아인 한 사람만 예수님에게 감사하기 위해서 돌아왔지요. 그에게 예수님은 말씀하셨습니다. "일어나 가라. 네 믿음이 너를 구원하였느니라"(눅 17:19). 그렇다면 무엇입니까? 나머지 아홉 명은 믿음으로 병 고침을 받기는 했지만, 구원을 받지는 못했다는 이야기입니다. 그리고 마지막 네 번째가 바로 바디매오가 시각 장애 문제를 해결하는 장면입니다.

이를 통해서 우리는 한 가지 중요한 사실을 알게 됩니다. 그것은 '문제의 해결'이 곧 '구원'은 아니라는 사실입니다. 굳이 믿음이 있는지 확인하지 않아도 하나님의 능력은 어떤 병이든 고칠 수 있습니다.

또는 우리의 믿음으로 놀라운 치유의 이적을 경험할 수 있습니다. 그러나 육체의 질병이나 마음의 병을 고침 받는 것이 곧 구원은 아닙니다. 구원은 인간의 삶을 옥죄는 죄의 문제가 근본적으로 해결되는 것이요, 예수님과의 관계가 완전히 새롭게 시작되는 것입니다.

그런 의미에서 바디매오가 눈을 뜬 후에 그 즉시 예수님을 따르기 시작했다는 사실은 매우 의미심장합니다(눅 18:43). 기도를 열심히 해서 불치의 병이 기적적으로 치유되었다고 하더라도 만일 하나님의 은혜에 감사하며 주님과 동행하는 삶으로 이어지지 않는다면, 그는 아직도 구원받지 못한 것입니다. 언젠가 결국 죽음으로 끝나게 될 허무한 인생을 조금 더 오래 살게 되었을 뿐입니다.

또 다른 잃어버린 자

바디매오의 구원 사건 이후에 여리고에서 구원받은 또 다른 한 사람이 있었습니다. 그는 바로 삭개오였습니다. 바디매오와 삭개오는 사회적인 지위나 경제적인 형편에서 완전히 다른 인생을 살고 있었습니다. 그들의 공통점이 있다면, 그것은 모두 '잃어버린 자'(the lost)였다는 사실입니다. 그러나 주님을 만남으로써 그들은 모두 '구원받은 자'(the saved)가 되었던 것입니다.

> [1]예수께서 여리고로 들어가 지나가시더라 [2]삭개오라 이름하는 자가 있으니 세리장이요 또한 부자라(눅 19:1-2).

여기에서 우리는 삭개오에 대한 정보를 얻을 수 있습니다. 우선

'삭개오'(Zacchaeus)라는 이름은 구약성경에 등장하는 히브리 인명 '삭개'(스 2:9; 느 7:14)와 같습니다. 뒤에 보면 삭개오가 "아브라함의 자손이 되었다"(눅 19:9)고 예수님이 선언합니다. 그 때문에 어떤 사람은 삭개오가 이방인이었다고 짐작하기도 하지만, 아닙니다. 초대교회의 유명한 교부였던 '클레멘트'(Clement of Alexandria, 150~215 C.E.)가 쓴 『스트로마타』(*Stromata*)라는 책에 따르면 삭개오는 '맛디아'(행 1:26)와 동일 인물로서 후에 가이사랴의 첫 주교가 되었다고 합니다.

아무튼 이때 삭개오는 '세리장'이었고 또한 '부자'였습니다. 예수님의 제자 중에 세리 출신 마태가 있습니다. 그러나 그는 그냥 보통 세리였고, 삭개오는 '세리장'(a chief tax collector)이었습니다. 당시 세리들은 유대인들에게 세금을 걷어서 로마 정부에 바치는 일을 했습니다. 그뿐만이 아니라 백성에게 과중한 세금을 부과해서 착복하던 당시 부정부패의 대명사였습니다. 따라서 세리들은 원망과 증오의 대상이었습니다. 후에 예수님이 삭개오의 집에 머물기로 하셨을 때 사람들의 수군거림을 충분히 이해할 수 있습니다.

사람들은 세리들을 무척 싫어했지만, 그들의 영향력을 무시하지는 못했습니다. 예나 지금이나 돈이 많다는 것은 큰 힘으로 작용합니다. 삭개오는 사람들에게 존경받지는 못했지만 큰 부자였기 때문에 함부로 취급당하지도 않았습니다. 증오의 대상이 되면서도 세리의 일을 계속할 수 있었던 것은 바로 로마 정부의 배경과 돈의 힘 때문이었습니다. 그로 인해 부자가 되었으니, 삭개오는 나름대로 성공한 사람이었습니다.

그러나 부요하기는 했지만 행복하지는 못했습니다. 그가 예수님을 만나보려고 마음먹었던 것은 바로 그 때문이었습니다. 어린아이든지 부자 관리든지, 시각 장애인이든지 세리장이든지 누구에게나 예수님이 필요합니다. 구원이 필요하지 않은 사람은 이 세상에 하나도 없습니다.

[3]그가 예수께서 어떠한 사람인가 하여 보고자 하되 키가 작고 사람이 많아 할 수 없어 [4]앞으로 달려가서 보기 위하여 돌무화과나무에 올라가니 이는 예수께서 그리로 지나가시게 됨이러라(눅 19:3-4).

여기에서 삭개오의 또 다른 정보를 얻게 됩니다. 그는 키가 작았습니다. 그래서 사람들에 둘러싸여 있는 예수님을 볼 수가 없었습니다. 바디매오는 시각 장애를 가지고 있었지만, 삭개오는 '작은 키'라는 장애를 가지고 있었습니다. 그러나 바디매오와 마찬가지로 삭개오는 자신의 장애를 핑계로 하여 예수님을 만나려는 시도를 포기하지 않았습니다. 그는 재빠르게 다른 사람들보다 앞서 달려가서 돌무화과나무(a sycamore fig tree)에 올라가 예수님이 지나가시기를 기다렸던 것입니다.

삭개오의 기대는 바디매오처럼 자신의 문제가 해결되는 것은 아니었습니다. 단지 예수님이 어떠한 사람인가 보려고 했을 뿐입니다. 아마 그는 바디매오가 눈을 떴다는 이야기를 들었을지도 모릅니다. 그렇게 놀라운 일을 행할 수 있는 사람이 도대체 어떤 분인지 궁금했을 터이고, 또한 직접 보고 싶었을 것입니다. 그러나 그 이후에 무엇을 할 것인지 아무런 계획도 없었습니다. 단지 먼 발치에서라도 한번 볼 수만 있으면 좋겠다고 소박하게 생각했을 뿐입니다. 그러던 그에게 뜻밖의 일이 벌어졌습니다.

[5]예수께서 그곳에 이르사 쳐다보시고 이르시되 삭개오야 속히 내려오라 내가 오늘 네 집에 유하여야 하겠다 하시니 [6]급히 내려와 즐거워하며 영접하거늘 [7]뭇 사람이 보고 수군거려 이르되 저가 죄인의 집에 유하러 들어갔도다 하더라(눅 19:5-7).

예수님이 삭개오가 올라간 나무에 이르렀을 때 뜻밖에도 나무 위를 쳐다보시면서 "삭개오야, 속히 내려오라!"라고 말씀하셨습니다. 마치 거기에 삭개오가 있는 줄을 처음부터 아셨던 것처럼 말입니다. 아니, 예수님은 알고 계셨습니다. 심지어 그의 이름이 '삭개오'라는 것도 아셨습니다. 그가 먼발치에서 몰래 숨어서라도 예수님을 보고 싶어 한다는 것도 알고 계셨습니다. 그렇습니다. 예수님은 바디매오처럼 고래고래 소리 질러야만 알아보는 분이 아닙니다. 마음의 깊은 탄식과 침묵의 소리에도 귀를 기울이는 분입니다. 그분은 우리를 구원하러 오신 메시아이기 때문입니다.

구원이 임한 날

예수님께서 삭개오의 집에 머물겠다고 말씀하시자, 삭개오는 급히 내려와 즐겁게 영접하였다고 했습니다. 그냥 예수님 얼굴만 보아도 좋겠다고 생각했는데 뜻밖에도 집으로 모시게 되었으니 얼마나 좋겠습니까? 그러나 즐거워하는 삭개오와 대조적으로 주변에 있던 사람들은 그것을 매우 못마땅하게 여겼습니다. 그러고 보면 바디매오가 소리 지를 때에도 그랬고, 부모가 어린아이들을 데리고 나올 때도 그랬고, 사람들은 언제나 못마땅하게 여깁니다. 물론 나름대로 이유는 있지만, 아무도 주님의 마음을 헤아리지는 못했습니다.

삭개오가 서서 주께 여짜오되 주여 보시옵소서 내 소유의 절반을 가난한 자들에게 주겠사오며 만일 누구의 것을 속여 빼앗은 일이 있으면 네 갑절이나 갚겠나이다(눅 19:8).

예수님은 삭개오에게 어떤 말씀도 어떤 요구도 하지 않으셨습니다. 그냥 그의 집으로 들어가셨을 뿐입니다. 그런데 삭개오는 대뜸 자기 소유의 절반을 가난한 자들에게 나누어주고, 만일 속여 빼앗은 일이 있으면 네 배로 갚겠다고 약속합니다. 예수님이 부자 관리에게 영생의 길을 가르쳐주시면서 모든 재산을 팔아 가난한 자들에게 주라고 했을 때 그는 주님의 말씀에 순종하지 못했습니다. 그런데 삭개오는 예수님이 무엇을 가르쳐주기도 전에 돈으로부터 자유로워진 삶을 즉시 실천하고 있는 것입니다.

하나님의 뜻을 몰라서 그 뜻대로 살지 못하는 경우는 거의 없습니다. 직접 또는 간접으로 들어서 알고 있거나 아니면 양심의 소리로 알면서도 그것을 외면하기 때문에 하나님의 뜻대로 살지 못하는 것입니다. 삭개오는 주님의 말씀을 직접 듣기 전에 이미 그의 양심을 통해서 하시는 하나님의 음성을 들었고 그에 순종했습니다. 삭개오의 고백을 들으시고 예수님은 주저하지 않고 구원을 선포하셨습니다.

[9]**예수께서 이르시되 오늘 구원이 이 집에 이르렀으니 이 사람도 아브라함의 자손임이로다** [10]**인자가 온 것은 잃어버린 자를 찾아 구원하려 함이니라**(눅 19:9-10).

유대인은 자신이 아브라함의 자손으로 태어났다는 사실을 매우 자랑스럽게 여깁니다. 삭개오도 그중의 하나였습니다. 그렇다면 예수님께서 "이 사람도 아브라함의 자손이라"라고 새삼스럽게 말씀하신 이유가 무엇일까요? 그것은 '아브라함의 혈통'을 가진 자손이라는 뜻이 아닙니다. '아브라함의 믿음'을 가진 참 하나님의 백성이라는 선언입니다.

부모가 신실한 그리스도인이라고 해서 자녀들이 자동으로 하나님의 자녀가 되는 것은 아닙니다. 스스로 회개하여 자신의 삶을 하나님 앞으로 돌이키고 하나님의 다스림을 온전히 받아들일 때 비로소 구원받은 사람이 되는 것입니다. 그전까지는 하나님에게서 멀리 떠나 있든지, 아니면 가까이에 있든지 '잃어버린 자'에 불과합니다.

'잃어버린 자'는 출신 성분과 사회적인 지위와 교육 정도와 재산의 유무와 전혀 상관없습니다. 어린아이이든 노인이든, 거지이든 부자이든, 장애인이든 비장애인이든 제자리에 있지 않고 다른 곳에 있으면 그는 '잃어버린 자'입니다. 우리가 있어야 할 곳은 하나님 품 안입니다. 아무리 세상에서 성공하고 부유하고 높이 올라갔다고 하더라도 만일 있어야 할 곳에 있지 못하면, 우리는 잃어버린 자요 실패한 인생을 살고 있는 것입니다.

'잃어버린 자'를 찾으셨을 때 하나님께서 얼마나 기뻐하시는지, 우리는 누가복음 15장의 세 가지 비유를 통해서 잘 알게 되었습니다. 지상에서 한 영혼이 구원받을 때 하나님 나라에서는 하나님과 천사들이 환호성을 울리며 파티를 연다고 그랬지요. 삭개오에게 구원을 선포하는 예수님의 마음도 그런 기쁨이 가득했을 것입니다. 메시지성경의 풀이가 그와 같은 예수님의 마음을 잘 드러냅니다.

"… 오늘은 이 집에 구원이 임한 날이다! 여기 아브라함의 자손 삭개오가 있다! 인자는 잃어버린 자를 찾아 회복시키려고 왔다"(눅 19:9-10, 메시지).

"Today is salvation day in this home! Here he is: Zacchaeus, son of Abraham!" 구구절절 기쁨이 배어져 나오고 감격이 흘러넘치지 않습니까? '잃어버린 자'(the lost)가 '구원받은 자'(the saved)가 되었을 때 하나님은 언제나 이렇게 선언하십니다. 삭개오가 구원받았을 때도, 바디매오가 구원받았을 때도 예수님은 그렇게 기뻐하셨습니다. 우리가 구원받았을 때도 똑같이 기뻐하셨습니다. 그렇게 이 세상의 모든 사람을 하나님은 구원하기를 간절히 원하십니다. 그래서 당신의 독생자 예수 그리스도를 이 땅에 보내신 것입니다.

예수님은 자신의 사명을 잘 알고 계셨습니다. "인자는 잃어버린 자를 찾아 회복시키려고 왔다." 이 세상의 모든 사람을 구원하기 위하여 예수님은 오셨습니다. 이제 조만간 예루살렘에 올라가셔서 십자가의 길을 걸으심으로써 그 사명을 완성하실 것입니다. 물론 십자가를 진다는 것은 결코 쉬운 일이 아닙니다. 두렵고 떨리는 일입니다. 가능하다면 마시고 싶지 않은 전율의 잔입니다.

그러나 예수님에게는 죽음의 두려움보다 더욱 큰 기쁨이 있었습니다. 삭개오 한 사람이 구원받았을 때 맛보는 기쁨이 그렇게 큰데, 하물며 예수님이 십자가에 달려 죽으심으로 이 세상의 많은 사람이 구원받을 수 있다면 그 기쁨이 얼마나 크겠습니까? 그래서 십자가의 길을 끝까지 걸어가실 수 있었던 것입니다. 그렇게 주님의 사명을 완수할 수 있었던 것입니다.

삭개오가 구원받을 수 있었다면 우리도 얼마든지 구원받을 수 있습니다. 중요한 것은 주님의 초청을 받아들여 집으로 영접하는 것입니다. 그럴 때 주님은 이렇게 말씀하실 것입니다. "오늘은 이 집에 구원이 임한 날이다!"(Today is salvation day in this home!) 우리 가정을 바라보시며 주님께서 이와 같은 기쁨의 선언을 하시는 날이 속히 오기를 간절히 소망합니다.

묵상 질문: 나는 '잃어버린 자'인가 '구원받은 자'인가?

오늘의 기도: 하나님 아버지, 우리는 모두 '잃어버린 자'였습니다. 주님에게로 돌이키기 전까지 우리에게는 아무런 소망이 없었습니다. 그러나 예수님을 믿음으로 하나님의 자녀가 되게 하시고, '구원받은 자'가 되어 주님을 모시고 살아가게 하시니 진심으로 감사드립니다. 이제부터 우리 가정은 주님의 다스림과 인도하심을 따라서 살아가는 진정한 의미에서 '구원이 임한 집'이 되게 하옵소서. 예수님의 이름으로 기도합니다. 아멘.

누가복음 묵상 ❷-27

은화 열 므나의 비유

읽을 말씀: 누가복음 19:11-27

재길 말씀: [26]주인이 이르되 내가 너희에게 말하노니 무릇 있는 자는 받겠고 없는 자는 그 있는 것도 빼앗기리라 [27]그리고 내가 왕 됨을 원하지 아니하던 저 원수들을 이리로 끌어다가 내 앞에서 죽이라 하였느니라(눅 19:26-27).

지금까지 우리는 '하나님 나라의 길' 묵상의 제2막 '구원에 이르는 길'에 대해서 한동안 살펴보았습니다. 그 길은 '잃어버린 자'(the lost)를 찾기까지 찾아 구원하시는 하나님 아버지의 마음에 대한 설명으로 시작되었습니다. 이어서 재물의 올바른 사용, 구원으로 인도하는 믿음의 사례, 주님의 재림과 더불어 완성될 하나님 나라 그리고 구원받은 사람이 누리게 될 현세와 내세의 영생 복락에 대해서 말씀하셨습니다.

그러면서 예수님의 십자가 죽음 없이는 하나님 나라가 이 땅에 임하지 않는다는 엄숙한 진실 앞에 다다르게 되었습니다. 사람들은 여전히 '메시아 왕국'을 기다리고 있지만, 그것은 하나님이 오래전부터 정해 놓은 구원의 길이 아닙니다. 하나님은 오히려 예수님을 인류의 죄를 대속하기 위한 희생 제물로 삼으려고 하십니다. 그것으로 죄의 문제가 완전히 해결되었다고 믿는 사람을 구원하기로 작정하셨던 것입니다.

이제 예수님은 예루살렘으로 올라가서 본격적으로 십자가의 길을 걸으실 것입니다. 그전에 먼저 여리고에서 만난 두 사람의 변화된 삶을 통해 믿음으로 구원받는 구체적인 예를 제자들에게 보여주십니다. 그러면서 구원이란 단지 육체나 마음의 병이 고침을 받는 것이 아니라 인간의 삶을 옥죄는 근본적인 죄의 문제가 해결되고 예수님과의 관계가 완전히 새롭게 시작되는 것임을 깨닫게 하셨습니다.

메시아 왕국의 기대

오늘은 제2막 '구원에 이르는 길'의 마지막 시간으로 '은화 열 므나의 비유'를 살펴보겠습니다. 이를 통해서 예수님은 과연 어떤 사람이 최종적으로 하나님 나라의 주인공이 될 것인지를 설명하십니다.

그들이 이 말씀을 듣고 있을 때에 비유를 더하여 말씀하시니 이는 자기가 예루살렘에 가까이 오셨고 그들은 하나님의 나라가 당장에 나타날 줄로 생각함이더라(눅 19:11).

여기에서 우리는 예수님이 이 비유를 말씀하신 이유가 있다는 사실을 알게 됩니다. 그것은 예루살렘에 가까이 이르면서 예수님을 따르던 무리 사이에 하나님 나라가 금방이라도 나타날 것 같은 기대감이 높아졌기 때문입니다.

그러나 그들이 기대하던 '하나님 나라'는 정치적이고 군사적인 메시아가 등장하여 로마제국을 멸망시키고 '메시아 왕국'(the Messianic Kingdom)을 세우는 것이었습니다. 예수님이 이제 예루살렘에 올라가시면 곧바로 그런 일이 벌어질 것이라고 그들은 잔뜩 기대하고 있었던 것입니다. 그들의 잘못된 생각을 바로잡기 위해서 예수님은 '열 므나의 비유'를 말씀하신 것입니다.

> [12]**이르시되 어떤 귀인이 왕위를 받아가지고 오려고 먼 나라로 갈 때에** [13]**그 종 열을 불러 은화 열 므나를 주며 이르되 내가 돌아올 때까지 장사하라 하니라**(눅 19:12-13).

'므나 비유'의 내용은 '달란트 비유'(마 25:14-30)와 아주 비슷합니다. 차이점이 있다면 종들에게 맡기고 간 화폐의 단위가 다르다는 것입니다. 달란트(talanton)와 므나(mna)는 각각 '6천 데나리온'과 '백 데나리온'의 가치를 가지고 있습니다. 또한 달란트 비유에서는 세 명의 종에게 그 능력에 따라서 처음부터 차별적으로 돈을 맡겼지만, 므나 비유에서는 열 명의 종에게 각각 한 므나씩 골고루 나누어 주었다는 것도 다릅니다. 그러나 받은 돈으로 장사를 하여 남긴 금액의 차이가 있었다는 점 그리고 처음부터 아예 장사할 생각을 하지 않았던 종이 있었다는 점은 똑같습니다.

아무튼 이 비유에서 '어떤 귀인'은 예수님 자신을 가리킵니다.

"왕위를 받아오려고 먼 나라로 간다"라는 이야기는 지금 당장에 하나님 나라가 나타날 것으로 기대하는 사람들을 염두에 둔 설정입니다. 예수님이 예루살렘에 올라가자마자 곧바로 메시아 왕국을 세우고 왕이 되시는 것이 아니라 십자가의 죽음과 부활과 승천을 거쳐서 먼 훗날 재림을 통해서 그 나라를 완성하신다는 사실을 이렇게 설명하려는 것이지요.

자, 그렇다면 예수님이 다시 오실 때까지 제자들은 무엇을 하며 지내야 할까요? 주님이 맡기신 것으로 장사를 해야 합니다. 달란트 비유와 달리 므나 비유에서는 모든 종이 골고루 한 므나씩 받습니다. 모두에게 동등한 기회가 주어졌다는 뜻입니다. 또한 주인은 각 사람의 재량과 능력에 따라서 일을 할 수 있도록 자유롭게 맡겨둡니다. 그러나 언젠가는 주인 앞에서 결산해야 할 때가 반드시 옵니다. 그것은 본래 종들의 소유가 아니었기 때문입니다.

여기까지는 이해하기에 큰 어려움이 없습니다. 문제는 그다음입니다.

그런데 그 백성이 그를 미워하여 사자를 뒤로 보내어 이르되 우리는 이 사람이 우리의 왕 됨을 원하지 아니하나이다 하였더라(눅 19:14).

이 이야기는 당시 유대인들에게 아주 익숙한 역사적인 사실을 배경으로 합니다. 헤롯 대왕의 뒤를 이어 헤롯 아켈라오(Herod Archelaus)가 유대와 사마리아 지역을 다스리게 되었습니다(마 2:22). 그는 아버지처럼 아주 잔혹한 성격의 소유자였습니다. 유대의 역사학자 요세푸스(Josephus)의 기록에 따르면, 그가 즉위하던 첫해 유월절에 예루살렘에서 큰 소요가 일어났습니다. 그때 아켈라오가 무자비하게 진압하여 삼천 명이나 죽였다고 합니다.

그래서 그가 공식적으로 황제의 재가를 받기 위해 로마로 갔을 때 그의 왕위 계승을 반대하는 밀사들이 따라갔을 정도였습니다. 그 후 아켈라오의 잘못된 통치에 반발한 유대인과 사마리아인이 지속해서 로마 황제에게 상소를 올렸고, 결국 아켈라오는 폐위되고 말았습니다. 그때부터 로마에서 파견한 총독이 직접 그 지역을 다스리게 되었습니다. '본디오 빌라도'(Pontius Pilate, AD 26~36)는 다섯 번째 총독이었습니다.

이 비유에서 '어떤 귀인'이 왕으로 즉위하는 것을 원하지 않던 백성의 이야기는 이와 같은 실제 역사적 배경을 담고 있습니다. 물론 예수님은 아켈라오와는 감히 비교할 수 없지만, 상황은 아주 비슷합니다. 지금은 사람들이 메시아 왕국을 세울 왕으로 예수님을 추대하는 분위기입니다. 그러나 재림을 기다리는 동안 그들은 주님의 다스림을 더 이상 원하지 않게 될 것입니다. 주님의 통치를 반대하는 적그리스도 세력들이 공공연하게 방해 공작을 벌일 것입니다. 그러는 가운데 제자들은 주님이 맡겨주신 사명을 감당해야 하는 것입니다.

이익을 남긴 종들

아켈라오는 불의한 왕이었고 유대인의 적극적인 반대로 결국 폐위되고 말았습니다. 그렇지만 예수님에게는 그런 일이 절대로 벌어지지 않습니다. 주님의 다스림을 반대하는 세력이 있다고 해서 주님의 재림이 취소되는 일은 없을 것입니다. 하나님께서 정하신 때 반드시 다시 오셔서 이 세상을 심판하고 종들의 삶을 결산하게 될 것입니다.

그때 종들은 두 그룹으로 나누어지게 될 것입니다. 첫 번째 그룹은 '이익을 남긴 종들'입니다.

> [15]귀인이 왕위를 받아가지고 돌아와서 은화를 준 종들이 각각 어떻게 장사하였는지를 알고자 하여 그들을 부르니 [16]그 첫째가 나아와 이르되 주인이여 당신의 한 므나로 열 므나를 남겼나이다 [17]주인이 이르되 잘하였도다 착한 종이여 네가 지극히 작은 것에 충성하였으니 열 고을 권세를 차지하라 하고…(눅 19:15-17).

드디어 귀인이 왕위를 받아서 돌아왔습니다. 이는 예수님이 역사의 종말에 이 세상을 심판하실 재림주로 오시는 장면을 연상하게 합니다. 그때 은화를 맡겨 놓은 종들을 다 불러 모아 그동안 어떻게 장사를 했는지 결산합니다. 첫 번째로 나온 종은 '한 므나'로 '열 므나'를 남겼다고 보고합니다.

이 부분에서 달란트 비유와 차이가 있습니다. 달란트 비유에서는 다섯 달란트 받은 사람이 다섯 달란트를 남겼고, 두 달란트 받은 사람은 두 달란트를 남겼습니다. 즉, 각각 배의 이익을 창출한 것입니다. 그러나 열 므나 비유에서는 한 므나로 각각 다른 소득을 남겼습니다. 어떤 종은 열 므나를, 어떤 종은 다섯 므나를 가져왔습니다. 같은 기회가 주어졌지만, 그 능력에 따라서 서로 다른 결과를 만든 것입니다.

주인은 열 므나를 남긴 종에게 "착한 종이여, 네가 지극히 작은 것에 충성하였으니 열 고을 권세를 차지하라"고 말씀하십니다. 사실 한 므나는 그렇게 많은 액수가 아닙니다. 그 돈으로 장사를 해본들 얼마나 많이 남길 수 있겠습니까? 그러나 주인이 중요하게 생각하는 것은 그가 얼마나 많은 이익을 남겼는지가 아니라 주인의 명령에 순종하여 일했느냐는 것입니다. 말하자면 이 종은 오백만 원으로 장사를 시작해서 오천만 원의 이익을 남겼습니다.

그랬더니 어떻게 되었습니까? 그 이익금을 보상으로 주지는 않습니다. 오히려 '열 고을 권세'를 허락해 주셨습니다. 다시 말해서 열 개의 도시를 다스릴 수 있도록 한 것입니다. 그런데 열 개의 고을을 그 종의 '소유'로 허락하신 것이 아닙니다. 그 고을들을 다스릴 수 있는 '권세'를 주셨을 뿐입니다. 그 도시들은 여전히 하나님의 소유입니다. 고을을 다스릴 권세를 주었다고 소유주가 달라지는 것은 아닙니다. 그렇다면 무슨 뜻입니까? "나와 함께 다스리자!"라는 말씀입니다. 주님의 다스림에 동역자로서 참여하게 하시는 것입니다(계 20:6).

이번에는 한 므나로 다섯 므나를 남긴 종 이야기입니다.

[18]그 둘째가 와서 이르되 주인이여 당신의 한 므나로 다섯 므나를 만들었나이다 [19]주인이 그에게도 이르되 너도 다섯 고을을 차지하라 하고…(눅 19:18-19).

첫 번째 종과 주고받은 대화가 그대로 반복됩니다. 차이가 있다면 처음 종과 똑같이 받은 한 므나로 겨우 다섯 배밖에 남기지 못했다는 사실입니다. 능력의 차이를 보여주는 대목입니다. 이것은 마태복음의 달란트 비유와 대조적입니다. 달란트 비유에서는 능력에 따라서 처음에 차등적으로 주어지고 같은 비율로 남기지만, 열 므나 비유는 처음에는 모두 공평하게 주어지고 능력에 따라서 다르게 남깁니다.

그러나 주인이 주시는 선물은 똑같습니다. 열 므나를 만든 종에게 열 고을을 다스릴 권세를 주신 것처럼 다섯 므나를 만든 종에게 다섯 고을을 다스릴 권세를 주십니다. 얼핏 보면 '열 고을'과 '다섯 고을'의 권세가 차별 대우처럼 보일 수도 있지만, 전혀 그렇지 않습니다. 그 사람의 능력만큼 다스릴 수 있는 고을을 주셨기 때문입니다.

요즘 자기 능력은 고려하지 않으면서 무조건 다른 사람과 똑같은 대우를 받겠다고 고집하는 사람들이 참 많습니다. 그리고 그렇게 받지 못하면 차별 대우라고 생각하지요. 그런 사람은 하나님 나라에 어울리지 않습니다. 자신에게 주어진 은혜가 과분하다고 감격하는 사람이 하나님 나라의 주인공이 됩니다. 주인이 맡긴 한 므나로 이익을 남긴 종들은 그렇게 주어진 기회를 하나님의 은혜로 생각하는 사람입니다. 그래서 감격합니다. 바로 그들이 하나님 나라에 들어가는 주인공이 될 수 있는 것입니다.

이익을 남기지 못한 종들

그런데 문제는 세 번째 종입니다. 그는 아무 일도 하지 않고 한 므나를 그대로 가지고 옵니다.

> [20]또 한 사람이 와서 이르되 주인이여 보소서 당신의 한 므나가 여기 있나이다 내가 수건으로 싸 두었었나이다 [21]이는 당신이 엄한 사람인 것을 내가 무서워함이라 당신은 두지 않은 것을 취하고 심지 않은 것을 거두나이다(눅 19:20-21).

'한 므나'는 아주 작은 단위의 은전이어서 수건으로 싸서 감추어

둘 만한 부피가 되지 않습니다. 그것은 마치 백 원짜리 동전을 수건으로 싸서 보관하는 것과 같습니다. 물론 잘 보관하기 위해서라고 강변할 수 있지만, 그것은 변명일 뿐입니다. 실제로 그렇게 했던 이유가 있습니다. 그는 주인이 엄한 사람이기 때문에 "무서워서 그렇게 했다"라고 합니다. 주인의 성격을 탓하고 있는 것입니다. 그러면서 "당신은 두지 않은 것을 취하고 심지 않은 것을 거두나이다"라고 말합니다.

이 부분을 새번역성경으로 읽으면 더욱 실감이 납니다.

주인님은 야무진 분이라서, 맡기지 않은 것을 찾아가시고, 심지 않은 것을 거두시므로, 나는 주인님을 무서워하여 이렇게 하였습니다(눅 19:21, 새번역).

"맡기지 않은 것을 찾아가고 심지 않을 것을 거둔다"라는 표현은 예수님 당시에 일꾼의 노동력을 비양심적으로 착취하는 '악덕 주인'에게 실제로 사용되던 격언이었습니다. 그러니까 지금 이 종은 자기의 주인이 그런 '악덕 주인'이라고 비판하고 있는 것입니다. 그러나 그의 말이 사실이라면 이렇게 감히 주인에게 대놓고 이야기할 수는 없었을 것입니다.

주인은 모든 종에게 분명히 한 므나씩 주었습니다. 그러면서 "내가 돌아올 때까지 장사하라"고 분명히 말했습니다. 그러나 이 종은 장사하지 않았습니다. 아니, 처음부터 주인의 말씀에 순종할 생각이 없었습니다. 그러고는 인제 와서 주인의 못된 성격을 핑곗거리로 삼고 있는 것입니다. 이 종의 비난에 대해서 주인은 이렇게 대답합니다.

[22]주인이 이르되 악한 종아 내가 네 말로 너를 심판하노니 너는 내가 두지

않은 것을 취하고 심지 않은 것을 거두는 엄한 사람인 줄로 알았느냐 [23]그러면 어찌하여 내 돈을 은행에 맡기지 아니하였느냐 그리하였으면 내가 와서 그 이자와 함께 그 돈을 찾았으리라 하고…(눅 19:22-23).

주인은 "네 말로 너를 심판한다"고 합니다. 그 종의 말 속에 이미 변명할 수 없는 명백한 논리적인 모순이 있다는 것입니다. 주인이 그렇게 엄한 성격의 소유자라는 사실을 정말 알고 있었다면 어떻게 해서든지 돈을 남기려고 했을 것입니다. 가장 안전하게 돈을 불리는 방법은 은행에 맡겨서 이자를 받는 것이었습니다. 그렇게 했더라면 큰돈은 아니더라도 원금과 함께 어느 정도의 이자수익을 얻을 수 있었을 것입니다. 그런데 그러지 않았습니다.

그 진짜 이유가 무엇이었을까요?

[24]곁에 섰는 자들에게 이르되 그 한 므나를 빼앗아 열 므나 있는 자에게 주라 하니 [25]그들이 이르되 주여 그에게 이미 열 므나가 있나이다 [26]주인이 이르되 내가 너희에게 말하노니 무릇 있는 자는 받겠고 없는 자는 그 있는 것도 빼앗기리라 [27]그리고 내가 왕 됨을 원하지 아니하던 저 원수들을 이리로 끌어다가 내 앞에서 죽이라 하였느니라(눅 19:24-27).

여기에서 우리는 일하지 않은 종의 진짜 속내가 무엇인지 알게 됩니다. 그는 주인의 '왕 됨'을 원하지 않았던 것입니다. 이 비유의 첫머리에서 "어떤 귀인이 왕위를 받아오려고 먼 나라로 갔다"(12절)고 했습니다. 그리고 그 백성이 그를 미워하여 사자를 보내서 그의 왕 됨을 원하지 않는다면서 방해 공작을 벌였지요(14절).

이 종도 바로 그들 중의 하나였던 것입니다. 그는 주인이 정말 왕이 되어 돌아올 것이라고는 생각하지 않았습니다. 그러니 주인의 명령에 순종하여 장사할 필요가 없었을 것입니다. 아니, 그에게 주어진 한 므나로 무언가 다른 소득을 만들긴 했겠지만, 그것을 주인 앞에 가져오지 않았을 것입니다. 주인을 주인으로 인정하고 싶지 않았기 때문입니다. 그러고는 얼떨결에 변명한다는 것이 주인을 비난하는 말을 하게 된 것입니다. 그 비난은 이미 그 종의 마음속에 오랫동안 자리 잡아왔던 생각이었습니다.

그런데 이 종만 그런 게 아니었습니다. 주인은 "왕 됨을 원하지 아니하던 저 원수들을 끌어다가 죽이라"고 명령합니다. 그것은 열 명의 종 가운데 앞에 등장한 두 종을 제외한 나머지를 가리킵니다. 그들도 주인이 실제로 왕이 되어 돌아올 것으로 생각하지 않고 오히려 그것을 방해한 사람들이었던 것입니다. 주인의 명령에 순종하지 않은 종들은 그 표면적인 이유가 무엇이었든지 간에 결국은 주인을 주인으로 인정하지 않고 배반한 사람들입니다.

이것은 주님의 재림을 기다리는 우리에게 매우 큰 도전으로 다가옵니다. 주님은 우리 모두에게 한 므나씩을 주셨습니다. 그것은 하나님 나라를 위해서 준비하며 일할 수 있는 삶의 균등한 기회를 의미합니다. 능력에 따라서 많이 남길 수도 있고, 상대적으로 적게 남길 수도 있겠지요. 그러나 주님의 재림을 믿고 기다리며 말씀에 순종하여 일했다는 것 자체가 중요합니다. 그럴 때 능력에 따라서 주님의 다스림에 참여할 권세를 우리에게 은혜로 부어주실 것입니다.

그러나 처음부터 아예 일할 생각이 없었던 사람은 결국에는 그 기회를 모두 날려 버리게 될 것입니다. 자신에게 주어진 인생의 귀한 시간을 다 허비하고는 오히려 하나님을 비난하면서 이런저런 변명을 늘어놓을 것입니다. 환경 탓, 다른 사람 탓으로 책임을 떠넘기려고 하겠지요. 그런 사람은 우리 주님이 재림하실 때 절대로 구원받을 수 없습니다.

결국 주님의 재림에 대한 믿음이 있느냐가 관건입니다. 믿음을 가지고 기다리는 사람은 어떻게든 주님이 주신 기회를 잘 선용할 것입니다. 그러면 능력에 따라서 많든지, 적든지 어떤 결실을 보게 될 것입니다. 그러나 믿음이 없는 사람은 아예 기다리지도 않습니다. 그러다가 주어진 기회를 허무하게 날리고 빈손으로 주님 앞에 서겠지요. 여기에서 우리는 "인자가 올 때 세상에서 믿음을 보겠느냐"(눅 18:8)는 주님의 음성을 다시 듣게 됩니다.

만일 오늘 본문의 내용이 그대로 이루어진다면, 하나님 나라를 위해 일할 기회를 가진 사람 중에 실제로 구원받을 사람은 겨우 20%에 불과합니다. 나머지 80%는 하나님 나라에 들어가지 못합니다. 우리는 지금 어느 그룹에 속해 있습니까? 하나님의 말씀에 순종하는 것만큼이 우리의 믿음입니다. 그 믿음으로 우리는 구원받습니다.

묵상 질문: 나는 한 므나의 기회를 어떻게 활용하고 있는가?

오늘의 기도: 하나님 아버지, 우리에게 주어진 인생이 우리의 믿음을 검증하는 단 한 번의 기회라는 사실을 잊지 않게 하옵소서. 주님의 다시 오심을 믿지 않다가 심판주로 오시는 주님 앞에 서지 않게 하옵소서. 늘 깨어 있어 기도하며 말씀에 순종하며 살다가 마침내 하나님 나라에 들어가는 복을 누리게 하옵소서. 예수님의 이름으로 기도합니다. 아멘.

제 3 막

십자가를 지는 길

누가복음 19-24장

누가복음 묵상 ❷-28

메시아의 입성

읽을 말씀: 누가복음 19:28-40

새길 말씀: [30]이르시되 너희는 맞은편 마을로 가라 그리로 들어가면 아직 아무도 타 보지 않은 나귀 새끼가 매여 있는 것을 보리니 풀어 끌고 오라 [31]만일 누가 너희에게 어찌하여 푸느냐 묻거든 말하기를 주가 쓰시겠다 하라 하시매…(눅 19:30-31).

우리는 지금 '하나님 나라의 길'이라는 주제로 누가복음의 후반부(눅 9:51-24:53) 말씀을 묵상하고 있습니다. 크게 세 묶음으로 나누어서 살펴보고 있는데, 제1막은 '제자가 되는 길'(9-14장)이었습니다. 장차 하나님 나라 운동을 펼쳐가는 데 필요한 제자도(弟子道)가 무엇인지 집중적으로 가르쳐주시는 말씀입니다. 그다음 제2막은 '구원에 이르는 길'(15-19장)이었습니다. 잃어버린 자를 찾아 구원하시려는 하나님의 마음과 그 구체적인 구원의 계획에 대해서 가르쳐주셨습니다.

그중에서도 가장 중요한 말씀은 역시 '하나님 나라'에 대한 설명과 예수님의 '십자가 사건'에 대한 예고였습니다. 인간의 삶을 옥죄는 죄의 문제를 근본적으로 해결하기 위해서는 메시아의 대속적인 죽음이 불가피하다는 것을 제자들에게 설명하셨습니다. 그리고 주님이 당할 수난의 구체적인 내용에 대해서도 자세히 일러 주셨습니다. 물론 제자들은 '하나도' 깨닫지 못했습니다(눅 18:34). 그것은 그들이 기대하는 정복자 메시아의 모습과는 전혀 다른 것이었기 때문입니다.

예수님의 노력에도 불구하고 제자들은 아직 준비되지 않았습니다. 그렇다면 어떻게 해야 할까요? 그들이 알아들을 때까지 조금 더 자세히 가르쳐주어야 할까요? 아닙니다. 십자가 사건은 직접 경험하기 전까지는 이해할 수 없습니다. 지금 당장은 제자들이 주님의 가르침을 하나도 깨닫지 못하고 있지만, 언젠가 알게 될 때가 올 것입니다. 그때가 언제일까요? 요한복음에서 예수님은 이렇게 말씀하십니다.

> **[25]내가 아직 너희와 함께 있어서 이 말을 너희에게 하였거니와 [26]보혜사 곧 아버지께서 내 이름으로 보내실 성령 그가 너희에게 모든 것을 가르치고 내가 너희에게 말한 모든 것을 생각나게 하리라**(요 14:25-26).

그렇습니다. 보혜사 성령님이 임하실 때입니다. 십자가의 죽음과 부활과 승천 사건 이후에 예수님이 약속하신 대로 성령님이 오셔서 그동안 제자들에게 가르치신 모든 말씀을 생각나게 하고, 또한 깨닫게 하실 것입니다. 그러니 예수님은 이미 말씀하신 것처럼, 오늘과 내일과 모레는 당신이 가야 할 길을 가면 됩니다(눅 13:33). 예루살렘으로 올라가서 하나님이 정해 놓으신 십자가의 길을 걸으면 되는 것입니다.

입성을 위한 준비

오늘부터 제3막 '십자가를 지는 길' 묵상을 시작합니다.

[28]예수께서 이 말씀을 하시고 예루살렘을 향하여 앞서서 가시더라 [29]감람원이라 불리는 산 쪽에 있는 벳바게와 베다니에 가까이 가셨을 때에 제자 중 둘을 보내시며…(눅 19:28-29).

여기에서 '이 말씀'은 지난 시간에 우리가 묵상한 '은화 열 므나의 비유'입니다. 사람들은 예수님이 예루살렘에 올라가자마자 '하나님 나라', 아니 '메시아 왕국'이 금방 이루어질 줄로 생각했지요. 그들의 성급하고 잘못된 기대를 이 비유를 통해 바로잡아 주셨습니다. 하나님이 통치하시는 그 나라는 십자가의 죽음과 부활과 승천 이후에나 이루어질 것입니다. 그때까지 제자들은 주님이 맡기신 일을 충성스럽게 감당하며 주님의 재림을 기다려야 합니다.

예수님은 '이 말씀'을 하신 후에 예루살렘을 향하여 '앞장서서' 가셨습니다. 그곳에는 십자가의 고난과 죽음이 예수님을 기다리고 있습니다. 그 사실을 잘 알면서도 주저함 없이 용감하게 앞장서서 걸어가셨던 것입니다. 초지일관 사명에 충성하시는 주님의 모습이 큰 도전으로 다가옵니다. 제자들은 언제나 이런 예수님의 모습을 닮게 될까요? 과연 그들도 생명보다 귀한 사명에 붙들려서 살아가는 믿음의 사람이 될 수 있을까요?

'벳바게'(Beth-phage)는 '무화과나무의 집'(house of figs)이라는 뜻으로 예루살렘성 바깥에 있는 감람산 서쪽 비탈길에 자리 잡고 있습니다.

반면 '베다니'(Beth-any)는 '고통의 집'(house of affliction)이라는 뜻으로, 예루살렘에서 약 2마일 정도 떨어진 곳에 있는 한 동네입니다. 나사로와 그의 누이들이 거기에 살고 있었지요(요 12장). 따라서 벳바게와 베다니는 상당히 멀리 떨어진 마을입니다. 그런데 본문은 마치 모두 감람산에 있는 것처럼 표현하고 있습니다. 누가는 아마도 예수님 일행이 베다니를 지나서 벳바게를 향해 가고 있다는 의미로 이렇게 말한 것으로 보입니다.

아무튼 예수님은 제자 둘을 먼저 보내서 예루살렘에 입성할 때 필요한 것을 준비하게 하셨습니다. 그것이 무엇이었을까요?

> [30]이르시되 너희는 맞은편 마을로 가라 그리로 들어가면 아직 아무도 타 보지 않은 나귀 새끼가 매여 있는 것을 보리니 풀어 끌고 오라 [31]만일 누가 너희에게 어찌하여 푸느냐 묻거든 말하기를 주가 쓰시겠다 하라 하시매…(눅 19:30-31).

그것은 바로 '나귀 새끼'였습니다. 그런데 '말'(a horse)이나 '나귀'(a donkey)가 아니라 왜 하필 '나귀 새끼'(a colt)였을까요? 갈릴리에서 출발하여 예루살렘을 향해 오시는 동안 예수님은 늘 도보로 여행했습니다. 그렇다면 차라리 그냥 걸어서 들어가지 않고, 왜 굳이 '나귀 새끼'를 타고 들어가려고 하셨을까요? 당시에는 그 이유를 아는 사람이 아무도 없었습니다. 그리고 아무도 묻지 않았습니다.

예수님이 십자가의 죽음과 부활을 통해서 참 메시아라는 사실이 드러난 후에 사람들은 비로소 나귀 새끼를 타고 예루살렘에 입성하시는 모습을 재조명하기 시작했습니다. 그러면서 그것이 구약성경에 기록된 메시아 예언을 성취하는 상징적인 행동이었다는 사실을 뒤늦게 알게 되었습니다. 그 예언은 스가랴서에 기록되어 있습니다.

시온의 딸아 크게 기뻐할지어다 예루살렘의 딸아 즐거이 부를지어다 보라 네 왕이 네게 임하시나니 그는 공의로우시며 구원을 베푸시며 겸손하여서 나귀를 타시나니 나귀의 작은 것 곧 나귀 새끼니라(슥 9:9).

스가랴는 바벨론 포로기 이후의 예루살렘 성전 재건축이 답보 상태에 머물러 있자, 그것을 다시 진행할 수 있도록 격려했던 예언자였습니다. 그는 성전의 완성이 곧 영광스러운 메시아 왕국의 도래를 상징하는 것임을 선포합니다. 그러면서 장차 이스라엘을 다스릴 왕이 예루살렘에 입성하실 때 겸손하게도 '나귀 새끼'를 타실 것이라고 분명히 예언했습니다. 바로 이 말씀에 근거하여 주님은 제자들에게 어린 나귀를 준비하게 하셨던 것입니다. 그러나 그것이 스가랴의 예언에 근거하고 있다고 생각하는 사람은 당시에 아무도 없었습니다. 오직 주님만이 그 의미를 아셨습니다.

또한 예수님은 어디에서 그 나귀 새끼를 구할 수 있는지도 아셨습니다. 어떤 학자들은 나귀 새끼의 주인과 예수님이 이미 어떤 약속을 해두었을 것으로 추정합니다. 그러니까 "주가 쓰시겠다"라는 말이 예수님과 주인 사이에 약속한 '암호'였다는 것입니다. 그러나 그런 상식적인 추측은 아예 하지 않는 것만도 못합니다. 오히려 예수님이 하나님의 아들이라는 사실에서 출발하는 것이 맞습니다. 예수님은 구약의 모든 예언을 꿰뚫고 계시는 분인데, 그 예언을 성취하기 위한 도구를 어디에서 구해야 할지 모르겠습니까?

제자들의 순종

예수님은 두 제자를 앞서 보내어 나귀 새끼를 준비하게 하셨습니다.

> [32]**보내심을 받은 자들이 가서 그 말씀하신 대로 만난지라** [33]**나귀 새끼를 풀 때에 그 임자들이 이르되 어찌하여 나귀 새끼를 푸느냐** [34]**대답하되 주께서 쓰시겠다 하고**…(눅 19:32-34).

여기에서 보내심을 받은 제자들은 '베드로와 요한'이었을 것으로 보입니다. 주님은 후에 유월절 만찬을 준비하는 일을 위해서도 두 제자를 보내셨는데(마 14:13), 그들이 바로 '베드로와 요한'이었기 때문입니다(눅 22:8). 그들은 이때 예수님의 의도를 제대로 파악하지 못했습니다. 그러나 말씀대로 순종했습니다. 예수님이 지시한 대로 가보았더니 실제로 나귀 새끼가 있었고, 그것을 풀려고 할 때 주인이 나타나서 문제를 제기하자, 예수님이 가르쳐주신 대로 "주께서 쓰시겠다"라고 대답했습니다. 그것으로 모든 문제가 해결되었습니다.

우리는 이해할 수 없다는 이유로 하나님의 말씀에 순종하지 않으려고 합니다. 왜 그런지 하나님께서 충분하게 설득하시면 그때는 순종하여 따르겠다고 그러지요. 정말 그럴까요? 우리의 머리로 이해할 수 없다는 것이 하나님의 말씀에 불순종하는 정당한 이유가 될 수는 없습니다. 하나님의 높으신 뜻을 인간의 좁은 상식으로 다 헤아릴 수 없기 때문입니다. 따라서 우리가 해야 할 일은 '이해'가 아니라 '순종'입니다.

보내심을 받았을 때 베드로와 요한은 주님의 의도를 전혀 알지 못했습니다. 그러나 그들은 일단 주님의 말씀에 순종했습니다. 먼저 순종하면 나중에 이해하게 됩니다. 요한복음은 이때의 일을 이렇게 기록합니다.

> **제자들은 처음에 이 일을 깨닫지 못하였다가 예수께서 영광을 얻으신 후에야 이것이 예수께 대하여 기록된 것임과 사람들이 예수께 이같이 한 것임이 생각났더라(요 12:16).**

그렇습니다. 하나님께서 일하시는 방식이나 그 의미를 우리는 잘 이해하지 못합니다. 때로는 우리가 알고 있는 상식이나 기대하는 방향과 정반대로 흘러갈 수도 있습니다. 그렇더라도 거부하지 마십시오. 이해할 수 없다고 하나님의 말씀에 불순종하려고 하지 마십시오. 다 이해할 수 없어도 그 말씀에 순종하고 하나님의 인도하심에 맡기십시오. 때가 되면 알게 됩니다. 그것이 하나님께서 우리를 구원하기 위해서 오래전부터 준비해 오신 마스터플랜(Masterplan) 일부분이었다는 사실을 깨달을 때가 반드시 올 것입니다.

예루살렘 입성

예수님을 따르던 무리는 '메시아 왕국'에 대한 강렬한 기대를 품고 있었습니다. 예수님은 그것을 걱정하셨습니다. 그래서 '은화 열 므나의 비유'를 말씀하신 것입니다(눅 19:11). 나귀 새끼를 준비하게 하신 것도 겸손한 모습으로 예루살렘에 입성하는 메시아에 대한 스가랴의 예언에 따른 것입니다. 그런데 아니나 다를까 예수님의 걱정이 현실이 되고 맙니다. 사람들은 예수님의 의도와 상관없이 자기들이 하고 싶은 대로 다 합니다.

[35]그것을 예수께로 끌고 와서 자기들의 겉옷을 나귀 새끼 위에 걸쳐 놓고 예수를 태우니 [36]가실 때에 그들이 자기의 겉옷을 길에 펴더라(눅 19:35-36).

예수님은 제자들에게 나귀 새끼를 그냥 끌고 오라고 하셨지, 그것을 어떻게 타고 갈지에 대해서는 설명하지 않으셨습니다. 제자들은 자기 나름대로 상상력을 동원합니다. 나귀 새끼 위에 겉옷을 걸쳐 놓고 예수님을 태운 것입니다. 나귀 새끼는 아직 짐이나 사람을 태워본 경험이 없었기에 무슨 안장이나 그 비슷한 도구를 갖추지 못했을 것이 분명합니다. 따라서 예수님을 나귀에 태우려고 하니까 무엇인가 걸쳐 놓을 것이 필요했을 터이고, 제자들은 자기 겉옷으로 그 문제를 해결하려고 했습니다.

그러나 겉옷을 펴서 그 위에 누군가를 앉히는 것은 단순한 섬김보다 훨씬 더 중요한 의미가 담겨 있습니다. 그것은 왕을 세울 때 하던 정치적인 행동이었습니다! 열왕기하 9장에 보면 엘리사가 제자 선지자를 보내서 예후를 북이스라엘의 왕으로 기름 부어 세우는 장면이 나옵니다. 기름 부음을 받은 예후가 부하들에게 그 이야기를 전하자, 그들은 급히 겉옷을 가져다가 예후가 앉은 자리 밑에 깔고 나팔을 불며 '예후는 왕'이라고 선포합니다(왕하 9:13). 그것은 예후를 왕으로 인정하고 그에게 복종하겠다는 의미였습니다.

예수님의 제자들도 같은 이유로 그들의 겉옷을 나귀의 등에 걸쳐 놓고 그 위에 예수님을 앉게 했습니다. 그러자 놀라운 일이 벌어졌습니다. 예수님이 그렇게 나귀를 타고 움직이기 시작하자 주변의 사람들이 하나둘씩 겉옷을 벗어서 나귀가 밟고 가는 길에 펼쳐 놓기 시작했던 것입니다. 이와 같은 행동을 통해서 그들은 예수님을 왕으로 선포했습니다. 그들이 외친 환호성에서도 그 의도가 잘 드러납니다.

> [37]이미 감람산 내리막길에 가까이 오시매 제자의 온 무리가 자기들이 본 바 모든 능한 일로 인하여 기뻐하며 큰 소리로 하나님을 찬양하여 [38]이르되 찬송하리로다 주의 이름으로 오시는 왕이여 하늘에는 평화요 가장 높은 곳에는 영광이로다 하니…(눅 19:37-38).

제자들이 목격했던 '모든 능한 일'(all the miracles, NIV)이란 사람들이 길 위에 자기 겉옷을 펼치며 예수님을 대대적으로 환영하는 모습을 가리킵니다. 그것은 제자들에게 정말 기적 같은 놀라운 일이었습니다. 그러자 '제자의 온 무리'(the whole crowd of disciples)가 본격적으로 큰 소리를 지르며 찬양하기 시작했습니다. "찬송하리로다. 주의 이름으로 오시는 왕이여. 하늘에는 평화요 가장 높은 곳에는 영광이로다." 형식은 찬양이지만, 그 속에 담긴 내용은 예수님을 '메시아 왕국'을 이끌어갈 왕으로 선포하는 것이었습니다.

여기 누가복음 본문에는 그 내용이 많이 생략되어 있습니다. 따라서 최초의 복음서인 마가복음의 기록을 참조할 필요가 있습니다.

> [9]앞에서 가고 뒤에서 따르는 자들이 소리 지르되 호산나 찬송하리로다 주의 이름으로 오시는 이여 [10]찬송하리로다 오는 우리 조상 다윗의 나라여 가장 높은 곳에서 호산나 하더라(막 11:9-10).

여기에서 '호산나'(Hosanna)는 '구원하소서'(Save!)라는 뜻입니다. '다윗의 나라'는 이스라엘 사람들이 오랫동안 기다려 온 '메시아 왕국'을 가리킵니다. 그러니까 예수님이 이스라엘을 구원하여 다윗의 나라를 다시 회복하실 바로 그 정치적인 메시아라는 사실을 이렇게 선포하고 있는 것입니다.

이것은 사실 예수님이 원하던 그림이 아니었습니다. 오히려 이렇게 될까 미리 경고하고 당신의 뜻을 분명하게 가르쳐 주었습니다. 그럼에도 제자들은 자기들의 기대와 생각대로 예수님을 밀어붙이고 있는 것이지요. 어찌 된 일인지 예수님은 그들의 행동을 적극적으로 막으려고 하지 않으셨습니다. 그냥 묵묵히 그들에게 이끌려서 예루살렘으로 입성하셨습니다.

예수님의 순종

내심으로는 이런 상황을 그다지 싫어하지 않으셨던 것일까요? 예수님의 의중이 무엇이었는지 조금 혼란스러워집니다. 그런데 그다음 이야기가 우리를 더욱 혼란스럽게 합니다.

[39]무리 중 어떤 바리새인들이 말하되 선생이여 당신의 제자들을 책망하소서 하거늘 [40]대답하여 이르시되 내가 너희에게 말하노니 만일 이 사람들이 침묵하면 돌들이 소리 지르리라 하시니라(눅 19:39-40).

바리새인들은 그동안 예수님에 대하여 공개적으로 적대감을 드러냈던 사람들이었습니다. 그들은 예수님을 왕으로 선포하는 제자들의 행동에 대해서 심한 거부감을 느꼈고 강력한 어조로 비판했습니다. “선생이여, 당신의 제자들을 책망하소서.” 그들은 어쩌면 예수님의 표정에서 제자들의 행동을 인정하지 않는 어떤 낌새를 느꼈는지도 모릅니다. 그러나 예수님은 제자들을 두둔하듯이 말씀하십니다. “만일 이 사람들이 침묵하면 돌들이 소리 지르리라.” 팔은 안으로 굽는다고, 주님은 제자들의 행동을 인정하고 받아들이신 것일까요?

지금까지 우리가 살펴본 것처럼 예수님은 메시아 왕국을 다스리는 왕이 되실 생각이 조금도 없으셨습니다. 그러나 주님을 따르는 사람들은 그들의 기대를 끝까지 포기하지 않았고, 결국 주님의 예루살렘 입성하는 장면을 그들의 의도대로 연출하는 일에 성공했습니다. 예수님은 자신의 의도와 다르게 진행된다는 사실을 알면서 아무런 말씀도 하지 않으셨습니다. 그렇게 하신 이유가 있습니다. 그것 또한 ‘십자가를 지는 길’에서 반드시 겪어야 할 과정이라는 사실을 잘 아셨기 때문입니다.

예루살렘 입성은 예수님에게 ‘승리의 입성’이 아니었습니다. 사람들은 물론 그렇게 기대했고, 또한 그들이 원했던 대로 만들었습니다. 그러나 그들이 “호산나!” 외칠 때 우리 주님은 잘 알고 계셨습니다. 그로부터 일주일이 채 지나지 않아서 사람들이 “십자가에 못 박으라!” 소리 지르게 되리라는 사실을…. “이 사람들이 침묵하면 돌들이 소리 지를 것이라” 말씀하신 것은 그들의 “호산나!” 외침에 동의해서가 아닙니다. 십자가로 나아가기 위해 꼭 필요한 과정이었기에 그대로 순종하셨을 뿐입니다.

이와 같은 예수님의 모습에서 우리는 ‘목적에 이끌리는 삶’(The Purpose Driven Life)의 진정한 모범을 발견합니다. 사람들은 입에 발린 칭찬에 쉽게 우쭐거리거나 조그만 비판에 쉽게 절망하곤 합니다. 다른 사람에게 인정받는 게 그만큼 중요하다는 뜻입니다. 그러나 높으신 하나님의 부름에 이끌리는 인생은 사람들의 칭찬이나 비판 때문에 마음이 천국과 지옥을 왔다 갔다 하지 않습니다.

십자가의 죽음과 부활과 승천과 재림으로 이어지는 하나님의 구원 역사를 이루기 위해서 예루살렘에 입성하시는 예수님에게는, 사람들이 부르짖는 "호산나"의 환호성이나 "십자가에 죽이라"는 저주의 외침이 특별히 다르지 않습니다. 주님은 묵묵히 당신이 가야 할 길을 걸어갈 뿐입니다. 하나님이 주시는 참다운 목적에 이끌리는 인생은 그렇게 살아갑니다.

묵상 질문: 나는 사람들의 말에 어떻게 반응하고 있는가?

오늘의 기도: 하나님 아버지, 때로 하나님의 말씀이 이해되지 않더라도 오직 믿음으로 순종하게 하옵소서. 하나님이 이끄시는 길이 우리의 기대와 다르더라도 오직 믿음으로 따르게 하옵소서. 주변 사람들의 칭찬과 비판에 쉽게 흔들리지 않게 하시고, 오직 하나님이 주신 사명 따라 우리가 마땅히 걸어야 할 길을 끝까지 걷게 하옵소서. 예수님의 이름으로 기도합니다. 아멘.

누가복음 묵상 ❷-29

메시아의 통곡

읽을 말씀: 누가복음 19:41-44; 마가복음 11:11-14

새길 말씀: [41]가까이 오사 성을 보시고 우시며 [42]이르시되 너도 오늘 평화에 관한 일을 알았더라면 좋을 뻔하였거니와 지금 네 눈에 숨겨졌도다(눅 19:41-42).

예수님이 나귀를 타고 예루살렘에 입성하시던 날, 사람들은 겉옷을 벗어서 길에 펴고 '호산나'를 외치면서 환호성을 울렸습니다. 그것은 예수님이 의도한 것이 아니었습니다. 예수님은 스가랴의 예언처럼 그저 하나님의 뜻에 온전히 순종하는 겸손한 메시아의 모습으로 나귀를 타고 조용히 예루살렘에 들어가려고 했을 뿐입니다. 그런데 사람들은 예수님을 '메시아 왕국'을 세우기 위해 입성하는 정치적인 메시아로 만들어 버렸지요.

그래서 더더욱 우스운 모양새가 되고 말았습니다. 만일 이때 예수님이 백마를 타고 위풍당당한 모습으로 입성했다면 이야기가 완전히 달라졌을 것입니다. 로마제국의 압제에서 이스라엘을 해방하고 과거 다윗 시대의 영광을 재현하는 메시아가 예루살렘에 입성하는 모습으로 보였을지도 모릅니다. 그러나 지금 예수님은 발이 땅에 닿을 정도로 작은 체구의 나귀 새끼를 타고 계십니다. 거기에다 사람들이 종려나무 가지를 흔들면서 '호산나'를 외쳐대고 있으니, 그것은 오히려 예수님을 조롱감으로 삼는 것처럼 보이지 않습니까?

그런데 어찌 된 일인지 예수님은 그들의 행동을 적극적으로 제지하지 않았습니다. 그저 아무 말 없이 나귀를 타고 예루살렘을 향해 나아가셨습니다. 그것 역시 하나님의 뜻을 이루기 위한 과정임을 잘 아셨기 때문입니다. 이때 예수님의 표정은 어땠을까요? 사람들의 환호성에 손을 흔들며 환한 웃음으로 반응하셨을까요?

예수님의 울음

예수님의 표정은 어두웠습니다. 예루살렘성에 가까워질수록 더 어두워졌습니다.

> [41]**가까이 오사 성을 보시고 우시며** [42]**이르시되 너도 오늘 평화에 관한 일을 알았더라면 좋을 뻔하였거니와 지금 네 눈에 숨겨졌도다**(눅 19:41-42).

예루살렘성이 한눈에 들어오자, 마침내 예수님은 울기 시작했습니다. 여기에서 우리말 '울다'에 해당하는 헬라어 '클라이오'(klaió) 동사는 '눈물을 흘리다' 또는 '흐느끼다'(to weep)라는 뜻입니다. 그러니까 예수님의 눈에는 눈물이, 마음에는 울음이 가득 차올랐던 것입니다. 이전에도 예수님이 그렇게 흐느껴 우시던 때가 있었습니다. 바로 나사로의 무덤 앞에서였습니다(요 11:35). 사랑하는 이의 죽음 앞에서 슬퍼하는 것은 지극히 당연한 일입니다. 그러나 지금은 왜일까요?

예수님은 수많은 사람에 둘러싸여 환호성을 받으면서 예루살렘으로 입성하고 계십니다. 예수님을 메시아 왕국의 왕으로 추대하며 떠들썩하게 행진하고 있는 마치 잔칫집 같은 그런 분위기입니다. 그런데 예수님은 혼자서 눈물을 흘리면서 울음을 삼키고 계셨습니다. 그것은 당시의 상황과는 전혀 어울리지 않는 것이었습니다. 그래서였을까요? 다른 복음서에서는 이 이야기가 등장하지 않습니다. 오직 누가복음만이 기록하고 있습니다.

예수님은 왜 눈물을 흘리셨을까요? 사람들의 대대적인 환영에 몹시 감격하신 때문일까요? 물론 아닙니다. 그렇다면 조만간 겪게 될 십자가의 고난과 죽음에 대한 두려움 때문에 그러셨던 것일까요? 그것도 아닙니다. 주님은 자신을 둘러싼 상황이나 개인적인 운명에 대해서가 아니라 조만간 예루살렘과 그 안에 사는 사람들이 겪게 될 하나님의 무서운 심판을 내다보며 안타까운 마음으로 눈물을 흘리셨던 것입니다.

예수님은 혼잣말로 이렇게 말하셨습니다. "너도 오늘 평화에 관한 일을 알았더라면…." 여기에서 '평화에 관한 일'이란 '평화에 다다르게 하는 일'을 의미합니다. 그들은 무엇이 예루살렘에 진정한 평화를 가져오는지 알지 못하고 있었습니다. 그런 현실을 주님은 안타깝게 여기고 계셨던 것입니다. 진정한 평화의 길은 '평화의 왕'으로 오시는 예수님을 영접하는 것밖에 없습니다. 그것을 알았더라면 이스라엘의 역사는 완전히 달라졌을 것입니다.

그런데 그 일이 사람들 눈에 숨겨져 있었습니다. 그래서 그들은 메시아 왕국을 다스리는 왕에 대한 기대에 부풀어서 예수님을 대대적으로 환영하고 있는 것입니다. 그런 방식으로는 진정한 평화에 이르지 못합니다. 이제 상황이 바뀌면 그들은 안색을 바꾸어 예수님을 십자가에 못 박으라 요구할 것입니다. 메시지성경은 아주 단순하게 풀이합니다.

"네게 유익한 모든 것을 오늘 네가 알았더라면 좋았을 텐데! 그러나 이제 너무 늦었다"(눅 19:42, 메시지).

참 역설적이지 않습니까? 예수님을 환영하면서 왕으로 추대하고 있지만 실상은 예수님이 어떤 분인지 알지 못하고 있었다니 말입니다. 생각해 보면 우리도 크게 다르지 않습니다. 우리에게 정말 유익한 것이 무엇인지 제대로 알지도 못하면서 우리 기분 내키는 대로 살 때가 얼마나 많은지 모릅니다. 주님을 높이는 일이라고 하면서 실제로는 우리가 원하는 방식대로 합니다.

그것은 주님을 높이는 일이 아닙니다. 주님이 원하는 것이 무엇인지 알고, 주님이 원하는 방식대로 높여드려야 합니다. 그러지 않으면 우리의 열심과 찬양과 헌신은 오히려 주님을 슬프게 하는 일이 되고 맙니다.

예수님의 예언

이때 예수님은 예루살렘성에 일어날 비극에 대해서 아주 구체적으로 예언하십니다.

[43]날이 이를지라 네 원수들이 토둔을 쌓고 너를 둘러 사면으로 가두고 [44]또 너와 및 그 가운데 있는 네 자식들을 땅에 메어치며 돌 하나도 돌 위에 남기지 아니하리니 이는 네가 보살핌받는 날을 알지 못함을 인함이니라 하시니라(눅 19:43-44).

이와 같은 예수님의 예언은 제1차 유대-로마전쟁(First Jewish- Roman War)을 통해 그대로 성취됩니다. 티투스(Titus) 장군이 이끄는 로마군은 예루살렘성을 사면으로 포위하고 이른바 '기아 작전'을 펼쳤습니다. 그리고 성 바깥쪽에 토둔(土屯), 즉 흙 언덕을 쌓아서 거기에서 예루살렘 성내를 공격했습니다. 성안에 있던 사람들은 기아에 허덕이면서도 끝까지 저항했지만, 결국 AD 70년에 예루살렘성은 함락되었고 예수님이 말씀하신 대로 '돌 하나도 돌 위에 남기지 않도록' 완전히 초토화되고 말았습니다.

그 결과 유대인은 국가를 잃어버리고 로마제국 전역에 흩어져 살게 되었습니다. 그렇게 유대인의 디아스포라(diaspora) 시대가 본격적으로 시작되었던 것입니다. 그로부터 지금까지 2천 년 세월이 흐르는 동안 예루살렘은 회복되지 않았습니다. 지금 예루살렘에 남아 있는 '통곡의 벽'은 예루살렘 성전의 서쪽 축대 일부입니다. 유대인들은 '티샤베아브'(Tisha B'Av), 즉 '아브월 9일'에 '통곡의 벽'에 모여 공교롭게도 똑같은 날에 두 번씩이나 파괴되었던 예루살렘 성전의 슬픈 역사를 기억하며 통곡합니다.

예수님은 그런 일이 벌어지리라는 사실을 이미 알고 계셨습니다. 그래서 사람들에게 대대적인 환영을 받으며 예루살렘에 입성하는 그 좋은 날에 오히려 눈물을 흘리며 마음 깊이 통곡하셨던 것입니다.

왜 그들은 이와 같은 하나님의 심판을 받게 되었을까요? "… 이는 네가 보살핌을 받는 날을 알지 못함을 인함이니라"(눅 19:44b).

이 부분을 NIV성경은 "because you did not recognize the time of God's coming to you"로 번역합니다. 직역하면 "하나님께서 너에게 오시던 때를 인식하지 못했기 때문이다"가 됩니다. 여기에서 '때'로 번역된 헬라어가 바로 '카이로스'(kairos)입니다. 하나님이 어떤 특별한 사건으로 역사 속에 개입하시는 시간을 가리키는 말입니다.

그러니까 '보살핌을 받는 날'이란 '하나님께서 찾아오신 카이로스의 때'를 의미합니다. 하나님이 언제 예루살렘에 찾아오셨다는 말입니까? 예수님이 어린 나귀를 타고 입성하시는 바로 지금입니다. 이 사건이 하나님께서 이스라엘의 역사에 개입하시는 '카이로스'의 시간이었던 것입니다.

예수님은 사람의 몸으로 이 땅에 오신 하나님이십니다. 하나님이 다스리는 나라의 선봉으로 오셨습니다. 왜 오셨습니까? 인류를 죄악에서 구원하여 하나님 자녀와 하나님 백성으로 삼기 위해서입니다. 지금 사람들은 예루살렘이 떠들썩하도록 예수님을 환영하고 있지만, 실제로는 그들을 직접 찾아오신 하나님을 알아보지도 않았고 맞아들이지도 않았던 것입니다.

예수님을 그리스도로 맞아들이는 사람은 하나님의 보살핌을 받아 구원받을 수 있습니다. 그것이 만세 전부터 계획해 놓으신 하나님의 구원입니다. 그러나 사람들은 하나님의 계획을 알아차리지 못했습니다. 그들은 예수님이 선포하시는 '하나님 나라'에는 전혀 관심이 없었습니다. 단지 '메시아 왕국'에 대한 자기들의 기대와 기분에 들떠서 예수님을 정치적인 메시아로 떠받들고 있을 뿐입니다.

만일 이때 예수님이 누구인지 그들이 알았다면 어떻게 되었을까요? 이런 식으로 예수님을 이용하지 않았을 것입니다. 당장에 메시아 왕국이 이루어질 것처럼 떠들다가 한 주간도 지나지 않아서 예수님을 못 박으라고 그러지 않았을 것입니다. 결국 그들은 하나님의 아들을 통해서 구원받을 수 있는 절호의 기회를 놓쳐버렸습니다. 그런 후에 채 40년도 지나지 않아서 예루살렘은 완전히 파괴되고 말았던 것입니다.

여기에서 우리는 매우 엄숙한 교훈 앞에 서게 됩니다. 하나님의 뜻을 단순하고 온전하게 받아들이지 않고 사람의 편의나 욕심에 따라서 제멋대로 구부리기 시작하면 결국 이렇게 될 수밖에 없다는 사실입니다. 사람들은 자신의 '열심'이 신앙생활의 성패를 가르는 결정적인 요인이라고 생각합니다. 아닙니다! '열심'이 아니라 '방향'이 성패를 가릅니다. 만일 주님과 방향이 다르다면, 우리가 열심을 품으면 품을수록 더욱 엉뚱한 곳으로 가게 될 뿐입니다.

성주간의 첫날

예수님이 나귀 새끼를 타고 예루살렘에 입성하신 날을 우리는 '종려주일'(Palm Sunday)이라고 부릅니다. 사람들이 호산나를 외치며 종려나무 가지를 흔들었다고 해서 붙여진 이름입니다. 종려주일부터 시작해서 부활절 바로 전날까지의 한 주간을 가리켜서 '성주간'(聖週間, Holy Week) 혹은 '고난주간'(Passion Week)이라고 부릅니다. 그러니까 종려주일은 성주간의 첫날에 해당합니다.

성주간이 예수님의 생애에서 마지막 주간은 아니지만, 예수님의 부활을 알지 못하는 제자들에게는 마지막 시간이었습니다. 인생의 마지막 시간은 평상시의 시간과는 질적으로 다른 밀도와 무게를 가지고 있습니다. 가깝게 지내던 가족의 죽음을 한번 겪어보면 이것이 무엇을 의미하는지 잘 압니다. 고인과 함께 지냈던 마지막 시간을 분초 단위로 기억하게 됩니다. 그만큼 매 순간 강한 인상이 심어지게 됩니다. 예수님의 마지막 행적도 마찬가지였습니다.

복음서 저자들은 예수님이 나귀 새끼를 타고 예루살렘에 입성하시는 장면부터 시작하여 일주일 동안의 시간을 다른 날들보다 더 밀도 있게 다루고 있습니다. 특히 예수님이 체포되어 십자가에서 숨을 거두실 때까지의 상황들을 시간 단위로 아주 자세하게 기록합니다. 마가복음의 경우에는 전체 분량의 1/3가량이 성주간에 대한 기록으로 채워져 있을 정도입니다(11-16장). 누가복음도 마가복음 못지않습니다(19-24장).

아무튼 예수님의 십자가 사건은 제자들의 기억 속에 지울 수 없는 강한 인상을 남겼습니다. 예수님이 성주간에 어떤 말씀을 하셨는지, 어떤 일을 하셨는지, 누구를 만나셨는지 빠뜨리지 않고 자세하게 기록하는 이유입니다. 특히 마가복음은 예수님의 행적을 요일별로 정리해 둡니다. 그에 비해서 누가복음은 마가복음처럼 그렇게 기록하지는 않지만, 중요한 내용은 빠트리지 않습니다.

예를 들어서 누가복음은 성주간 첫날에 예수님이 예루살렘에 입성하신 후의 행적에 관해서는 이야기하지 않습니다. 그냥 곧바로 예루살렘 성전에 들어가서 장사치를 내쫓는 이른바 '성전 청결 사건'(눅 19:45-46)으로 넘어갑니다. 그래서 예수님이 성주간 첫날에 예루살렘 성전을 뒤집어엎은 것으로 생각하기 쉽습니다. 그러나 마가복음에 따르면 그 사건은 성주간 둘째 날, 즉 월요일에 벌어집니다. 누가복음이 생략하고 있는 이야기를 마가복음의 도움을 받아서 살펴보겠습니다.

예수께서 예루살렘에 이르러 성전에 들어가사 모든 것을 둘러보시고 때가 이미 저물매 열두 제자를 데리시고 베다니에 나가시니라(막 11:11).

예루살렘에 입성하신 후에 예수님은 성전부터 찾아가셨습니다. 그날은 안식일 바로 다음 날이었습니다. 유월절 절기를 지키기 위해서 사방에 모여든 사람들과 그들에게 환전을 해주거나 희생 제물을 팔려는 장사치들로 인해서 예루살렘 성전은 몹시 북적였을 것입니다. 그러나 이때 예수님은 그냥 조용히 둘러보기만 하셨을 뿐 그 어떤 과격한 행동도 하지 않으셨습니다. 그런 예수님이 다음날 성전을 발칵 뒤집어엎을 것으로 생각하는 사람은 아무도 없었습니다.

아무튼 때가 저물었고 주님은 열두 제자와 함께 '베다니'(Bethany)로 나가셨습니다. 베다니는 예루살렘에서 약 2마일 정도 떨어진 곳에 있었습니다. 예수님은 마지막 한 주간 동안 낮에는 예루살렘에서, 밤에는 베다니에서 지내는 일을 계속 반복하셨습니다. 베다니에는 나사로와 여동생 마리아, 마르다 가족이 살고 있었는데(요 11:1), 그들과의 특별한 친분을 생각해 보면 아마도 나사로의 집에 머무셨을 것으로 보입니다.

누가복음은 이런 행적을 생략합니다. 그것은 하나님 나라의 복음이 전해지는 동선(動線)에 집중하기 위한 의도적인 선택이었습니다. 예수님은 갈릴리 사역을 마치고 예루살렘을 향해 계속 올라오셨습니다. 그리고 드디어 예루살렘에 입성하셨습니다. 그런 후에 밤을 보낼 숙소로 이동하는 이야기를 굳이 언급할 필요가 없었던 것이지요.

제자들은 예루살렘에서 성령의 능력을 체험하고 온 유대와 사마리아를 거쳐서 땅끝으로 나아갈 것입니다.

열매 없는 무화과나무

그다음 날이 되었습니다. 성주간의 둘째 날에 드디어 예루살렘 성전 청결 사건이 벌어집니다. 그에 앞서 베다니에서 예루살렘으로 올라오던 길에 한 가지 의미심장한 일이 있었습니다.

> [12]이튿날 그들이 베다니에서 나왔을 때에 예수께서 시장하신지라 [13]멀리서 잎사귀 있는 한 무화과나무를 보시고 혹 그 나무에 무엇이 있을까 하여 가셨더니 가서 보신즉 잎사귀 외에 아무 것도 없더라 이는 무화과의 때가 아님이라(막 11:12-13).

여기에서 '이튿날'은 예수님이 예루살렘에 입성하신 바로 다음 날을 가리킵니다. 그러니까 종려주일 다음 날, 즉 월요일에 벌어진 일입니다. 유대인들이 전통적으로 지켜온 3대 절기 중의 하나인 유월절이 바로 종려주일부터 시작됩니다. 어제 예루살렘 성전을 둘러보고 베다니로 내려가셨던 예수님이 제자들과 함께 다시 예루살렘성으로 올라가시는 중입니다.

때마침 주님은 배가 고프셨습니다. 아마 아침 식사도 하지 않고 일찍 집에서 나섰던 것 같습니다. 그런데 멀리 '잎사귀 있는 한 무화과나무'가 보였습니다. 팔레스타인에서 무화과나무는 아주 흔한 나무였습니다. 예수님은 아침 끼니가 될 만한 것이 있을까 하여 그 나무에 가까이 다가가서 살펴보았지만, 열매가 없었습니다. 그도 그럴 것이 아직 '무화과의 때'가 아니었기 때문입니다. 그런데 예수님은 느닷없이 그 나무를 저주하십니다.

예수께서 나무에게 말씀하여 이르시되 이제부터 영원토록 사람이 네게서 열매를 따 먹지 못하리라 하시니 제자들이 이를 듣더라(막 11:14).

'무화과의 때'가 아니라면, 열매가 없는 것이 당연한 일 아닙니까. 그런데 어찌 된 일인지 예수님은 그 무화과나무를 저주하십니다. 그리고 실제로 그다음 날 무화과나무는 뿌리째 말라 죽습니다(20절). 참으로 이해하기 힘든 이야기입니다. 그래서 지금까지 많은 사람이 이 말씀에 의문을 품어왔고, 심지어는 기독교 신앙을 거부하는 명분으로 사용하기도 했습니다.

그 대표적인 사람이 바로 영국의 유명한 철학자였던 '버트런드 러셀'(Bertrand Russell)입니다. 그는 1927년에 쓴 『나는 왜 기독교인이 아닌가?』(*Why I'm not a Christian?*)라는 책에서 바로 이 대목을 언급하면서 이런 비상식적인 모습 때문에 자신이 기독교 신앙을 갖지 않는다고 주장합니다. 그러나 러셀은 예수님의 행동이 담고 있는 상징적인 의미를 조금도 이해하지 못했습니다. 아니, 이해하고 싶은 생각이 없었습니다.

예수님이 "다시는 아무도 네게서 열매를 먹지 못할 것이다"라고 말씀하실 때 어떤 표정이었을까요? 사람들은 예수님이 지금 화를 내시면서 큰 소리로 말씀하고 있다고 생각하지만, 아닙니다. 예수님은 마치 혼잣말하듯이 조용하게 말씀하셨습니다. 그리고 제자들은 그 말씀을 어쩌다가 옆에서 엿듣게 되었을 뿐입니다. “And his disciples overheard him”(MSG).

어제 예루살렘에 입성하실 때도 예수님은 그러셨습니다. 다른 사람들은 환호성을 울리고 있었을 때 예수님은 조용히 눈물을 흘리면서 혼잣말로 말씀하셨지요. “너도 오늘 평화에 관한 일을 알았더라면….” 조만간 예루살렘성에 임하게 될 하나님의 심판을 생각하며 예수님은 마음 깊이 통곡하셨습니다. 지금도 마찬가지 상황입니다.

예수님은 어제저녁 예루살렘 성전을 둘러보면서 그 속에서 벌어지고 있는 온갖 위선적인 종교 생활을 직접 목격하셨습니다. 하나님께 ‘기도하는 집’을 ‘장사하는 집’으로 만드는 사람들을 확인하셨습니다. 그것은 마치 잎만 무성하고 열매는 없는 무화과나무와 같았습니다. 계속 그렇게 지내다간 조만간 예루살렘 성전에서 더 이상 예배를 드리지 못할 때가 올 것입니다. 그래서 예수님은 마음 아파하시며 하나님의 심판을 예언하셨던 것입니다.

‘성전 청결 사건’은 그 연장선에서 이해해야 합니다. 그것은 예루살렘 성전에 대한 하나님의 심판을 예수님이 직접 행동으로 옮기신 것이 아니라 오히려 어떻게든 늦추어 보려는 마지막 몸부림이었습니다. 예루살렘 성전을 다시 ‘기도하는 집’으로 되돌려놓지 않는다면 하나님의 심판을 막을 수 없기 때문입니다. 이런 예수님의 마음을 헤아리지 못하고 단지 열매를 맺을 때도 되지 않았는데 억지를 부리는 비상식적인 행동으로 판단한다면, 그것이야말로 잘못된 판단입니다. 하긴 믿지 않을 사람들은 어떤 이유를 붙여서라도 믿지 않습니다.

사도 바울은 “성령이 말할 수 없는 탄식으로 우리를 위하여 친히 간구하신다”(롬 8:26)고 말했습니다. 하나님은 본래 그런 분입니다.

우리가 잘못된 길로 갈 때 눈물을 흘리며 안타까워하시고, 우리가 하나님께 다시 돌아올 때 한 없이 기뻐하며 잔치를 베푸십니다. 그와 같은 하나님의 마음을 아는 사람이 마침내 구원에 이르게 되는 것입니다.

묵상 질문: 나는 주님께 기쁨이 되고 있는가?

오늘의 기도: 하나님 아버지, 우리의 삶이 언제나 주님께 기쁨이 되기를 원합니다. 나름대로 하나님을 열심히 믿는다고 하면서 행여나 주님의 마음을 슬프게 하지는 않을까 두렵습니다. 우리를 향한 하나님의 마음을 잘 헤아려 알게 하시고, 오직 주님이 기뻐하시는 일에만 힘쓰게 하옵소서. 예수님의 이름으로 기도합니다. 아멘.

누가복음 묵상 ❷-30

성전 청결 사건

읽을 말씀: 누가복음 19:45-20:8

재길 말씀: [45]성전에 들어가사 장사하는 자들을 내쫓으시며 [46]그들에게 이르시되 기록된 바 내 집은 기도하는 집이 되리라 하였거늘 너희는 강도의 소굴을 만들었도다 하시니라(눅 19:45-46).

성주간 첫날에 예수님은 나귀를 타고 예루살렘에 입성하셨습니다. 그리고 가장 먼저 성전을 찾아가셔서 '모든 것'(everything)을 둘러보셨습니다(막 11:11). 예루살렘 성전은 헤롯 대왕에 의해 주전 19년에 착공되어 예수님 당시까지 무려 46년간 진행되었습니다(요 2:20). 그러나 아직도 미완성인 상태였습니다. 솔로몬의 성전 건축이 7년간 진행되었던 것과 비교해 보면 그 규모가 얼마나 컸을지 충분히 짐작할 수 있습니다. 그러니 구석구석 살필 공간이 많이 있었겠지요.

그런데 예수님이 성전에 올라가신 것은 건축이 얼마나 진행되었는지 확인하기 위해서가 아닙니다. 아니, 예수님뿐만 아니라 다른 사람들도 모두 마찬가지입니다. 성전에 가면 가장 먼저 해야 할 일이 무엇입니까? 그렇습니다. 먼저 하나님께 기도부터 해야 합니다. 성전 어디에 무엇이 있는지 둘러보는 일은 나중에 해도 됩니다. 그런데 그냥 "모든 것을 둘러보셨다"라고 하니, 마치 예수님과 제자들이 성전 여기저기를 구경 다닌 것처럼 느껴집니다.

그래서였는지 메시지성경은 "예수께서는 성전을 둘러보시며, 모든 것을 마음에 두셨다"(He looked around, taking it all in, MSG)라고 풀이합니다. 제자들은 예루살렘 성전의 웅장한 건물에 감탄했습니다(막 13:1). 그러나 예수님이 살펴본 것은 겉모습이 아니라 그 중심과 내용이었습니다. 어쩌면 이때 예수님은 조용히 기도할 수 있는 공간을 찾아다니셨는지도 모릅니다. 그러나 그럴만한 곳은 성전 어디에도 없었습니다. 장사치들이 곳곳에 자리 잡고 있었기 때문입니다.

아무튼 첫날에는 때가 이미 저물어서 예수님이 무얼 어떻게 하실만한 시간적인 여유가 없었습니다. 하지만 예루살렘 성전의 상황을 마음에 담아두셨습니다. 그다음 날 베다니에서 예루살렘으로 올라오던 길에서 잎만 무성하고 열매는 없는 무화과나무를 보시고 예루살렘 성전의 영적인 상태를 빗대어 책망하신 이유입니다.

장사하는 집

예수님은 예루살렘에 다시 들어오자마자 성전을 발칵 뒤집어엎으십니다. 오늘 우리가 살펴보려고 하는 이른바 '성전 청결 사건'입니다.

[45]성전에 들어가사 장사하는 자들을 내쫓으시며 [46]그들에게 이르시되 기록

된 바 내 집은 기도하는 집이 되리라 하였거늘 너희는 강도의 소굴을 만들었도다(눅 19:45-46).

예수님께서 성전에서 장사하는 자들을 쫓아내신 이 사건은 사복음서 모두에 기록될 만큼 아주 중요한 의미가 있습니다. 그렇지만 복음서에 따라서 발생한 시점에 관한 기록에 차이가 있습니다. 누가복음을 비롯한 공관복음서에 의하면, 이 사건은 예수님의 공생애 말기에 일어났습니다. 그에 비해서 요한복음은 예수님의 공생애 초기에 일어난 것으로 기록합니다(요 2:13-22).

어떤 학자는 복음서의 기자들이 그들 나름대로 해석하여 같은 사건을 다른 시점에 기록하였다고 주장하지만, 아예 별개의 사건으로 이해하는 학자들도 적지 않습니다. 그러니까 공생애 말기뿐 아니라 초기에도 예수님은 예루살렘에 올라가셨고, 성전 청결 사건이 각각 일어났다는 것입니다. 저는 후자의 견해를 따릅니다. 성전 청결은 한 번으로 해결될 수 있는 일이 아니기 때문입니다.

성전은 하나님께 예배하고 기도하는 집이어야 합니다. 그런데 언제부터인가 예루살렘 성전은 장사치들이 돈 버는 장소, 즉 '장사하는 집'이 되었습니다. 그것도 막대한 부당한 이득을 취하는 요샛말로 '목 좋은 곳'이 되었습니다. 유대인들은 일 년에 세 차례 성전에 와서 절기를 지켜야 했습니다. 절기를 지키려면 희생 제물이 있어야 합니다. 예루살렘 가까운 곳에서 사는 사람들은 희생 제물을 직접 가져올 수 있지만, 먼 지역에서 오는 사람들은 그럴 수가 없습니다. 따라서 그들은 돈을 가져와서 희생 제물을 사서 바치곤 했습니다.

표면적으로는 예배하는 사람들의 편의를 돕는 것처럼 보이지만,

사실은 여기에 상당한 이권이 자리 잡고 있었습니다. 성전 안에서 거래되는 짐승은 실제 가격보다 훨씬 비싸게 팔렸기 때문입니다. 말하자면 바가지를 씌우는 것입니다. 그 상권을 대제사장이 주관하기 때문에 상인들은 대제사장에게 뇌물을 상납하고 서로 좋은 자리를 차지하려고 했습니다. 일단 자리만 잡으면 막대한 수입이 확실하게 보장되었기 때문입니다. 그러니 희생 제물의 값이 점점 더 비싸질 수밖에요.

게다가 예루살렘 성전에 들어갈 때 스무 살 이상 되는 사람은 반드시 '성전세'를 바치게 되어 있는데(출 30:13), 아무 돈이나 사용할 수가 없었습니다. 성전에서만 유통되는 특별한 돈으로 환전해서 바쳐야 했습니다(마 17:24). 예루살렘 성전 안에 '돈 바꾸는 사람들'(the money changers)이 자리 잡고 있었던 이유입니다(막 11:15). 그런데 이것도 엄청난 장사였습니다. 이 환전 사업을 산헤드린 공회에서 관장했는데, 이들 또한 환전 차익으로 막대한 수입을 올렸습니다.

요한복음의 기록에 따르면, 예수님은 공생애를 시작하던 초창기에 유월절을 지키기 위해서 예루살렘 성전에 올라가셨을 때 노끈으로 채찍을 만들어서 성전에서 장사하던 사람들을 모두 다 내쫓으셨습니다(요 2:13-16). 물론 예수님 혼자서 한 일은 아닙니다. 아마도 제자들이 앞장섰을 것이고 거기에다가 그동안 바가지인 줄 알면서도 어쩔 수 없이 참아왔던 사람들이 합세했을 것입니다. 그래서 성전 수비대가 무력으로 제압하지 못했던 것입니다.

그러나 그렇게 한번 예루살렘 성전을 뒤집어 놨다고 해서 문제가 근본적으로 해결되는 것은 아닙니다. 얼마 지나지 않아 쫓겨났던 장사치들이 다시 들어와서 자리를 잡았습니다. 예수님이 십자가를 지기 위해 예루살렘 성전에 들어왔을 때 상황은 예전과 달라지지 않았습니다. 그래서 이번에도 다시 채찍을 들어 그들을 내어 쫓으신 것입니다.

무엇이 문제입니까? 왜 이런 일이 없어지지 않고 계속해서 반복되는 것일까요? 구조적인 악이 문제입니다. 돈벌이 수단으로 변질된 종교 시스템이 문제입니다. 경건을 이익의 재료로 생각하는 종교 지도자들이 문제입니다. 그것은 결국 죄의 문제입니다. 인간의 탐욕이라는 근본적인 죄의 문제가 해결되지 않고서는 성전은 늘 '장사하는 집'으로 변질되고 맙니다.

기도하는 집

예수님은 예루살렘 성전에서 장사하던 사람들을 내쫓으시면서 구약성경의 말씀을 인용하여 그들을 비판하셨습니다. 다시 읽어보겠습니다.

> **그들에게 이르시되 기록된 바 내 집은 기도하는 집이 되리라 하였거늘 너희는 강도의 소굴을 만들었도다(눅 19:46).**

예수님은 구약성경 두 군데의 말씀을 인용하십니다. 먼저 이사야 56장의 말씀을 확인하겠습니다.

> **내가 곧 그들을 나의 성산으로 인도하여 기도하는 내 집에서 그들을 기쁘게 할 것이며 그들의 번제와 희생을 나의 제단에서 기꺼이 받게 되리니 이는**

내 집은 만민이 기도하는 집이라 일컬음이 될 것임이라(사 56:7).

여기에서 '그들'은 '여호와께 연합한 이방인'(사 56:3)을 가리킵니다. 즉, '만민이 기도하는 집'(a house of prayer for all nations)이란 이방인들을 포함한 누구라도 하나님께 예배하고 기도할 수 있는 성전을 의미합니다. 그러나 실제로는 그렇지 못했습니다. '이방인의 뜰'은 있었지만, 그곳은 환전상과 희생 제물을 파는 자들로 가득 채워져 있었습니다. 그러니 어디서 기도할 수 있었겠습니까?

그다음은 예레미야 7장 말씀입니다.

[9]너희가 도둑질하며 살인하며 간음하며 거짓 맹세하며 바알에게 분향하며 너희가 알지 못하는 다른 신들을 따르면서 [10]내 이름으로 일컬음을 받는 이 집에 들어와서 내 앞에 서서 말하기를 우리가 구원을 얻었나이다 하느냐 이는 이 모든 가증한 일을 행하려 함이로다 [11]내 이름으로 일컬음을 받는 이 집이 너희 눈에는 도둑의 소굴로 보이느냐 보라 나 곧 내가 그것을 보았노라 여호와의 말씀이니라(렘 7:9-11).

예레미야는 당시 솔로몬 성전에서 벌어지고 있는 우상숭배와 그에 따른 온갖 불의와 비리를 지적하면서 아예 '도둑의 소굴'(a den of robbers)이라고 직설적으로 표현합니다. 성전이 도둑의 소굴이 되었을 때 하나님께서 그곳을 가만히 두지 않으십니다. 결국 주전 586년에 바벨론 제국에 의해 완전히 파괴되고 말았습니다.

예수님 당시의 헤롯 성전은 솔로몬 성전보다 겉으로는 더 웅장하고 더 화려했지만, 그 속은 예레미야 당시의 솔로몬 성전보다 더욱 나쁜 상태가 되었습니다. 아예 노골적으로 뇌물을 상납하여 자리를 차지하고 바가지를 씌우는 그런 '강도의 소굴'이 되어 있었으니 말입니다. 그것은 하나님을 섬기는 것이 아니라 돈을 신으로 만들어 섬기는 우상숭배와 조금도 다르지 않았습니다. 예수님은 그런 모습을 보면서 가만히 있을 수 없으셨던 것입니다.

이에 대한 메시지성경의 풀이가 아주 재미있습니다.

"내 집은 기도하는 집이다. 그런데 너희는 그곳을 종교 시장으로 바꾸어 놓았다"(눅 19:46, 메시지).

'종교 시장'(a religious bazaar)은 종교의 이름으로 장사하는 곳입니다. 예나 지금이나 하나님의 성전은 '종교 시장'이 되기 일쑤였습니다. 왜 그럴까요? 성전의 주인이 하나님이 아니었기 때문입니다. 예수님 당시 예루살렘 성전은 그 성전을 건축하고 있던 헤롯 가문 것이었고 그와 공생 관계에 있던 종교 지도자들과 산헤드린 공회 것이었습니다. 아무리 크고 웅장하게 성전을 짓는다고 해도 만일 사람이 주인 노릇하면 그곳에서 무슨 일이 벌어질지 뻔합니다. 저마다 좋은 자리를 차지하겠다고 아우성치며 장사하는 그런 볼썽사나운 일만 일어날 뿐입니다. 오늘날도 크게 다르지 않습니다.

'종교 시장'이 되어버린 성전을 가끔 뒤집어엎고 청소하면 '만민이 기도하는 집'으로 바뀌게 될까요? 아닙니다. 청소할 그때뿐입니다. 금방 '장사하는 집'으로 되돌아가고 맙니다. 실제로 유대인들은 AD 70년 로마에 의해서 예루살렘 성전이 완전히 파괴될 때까지 그 짓을 반복했습니다. 성전의 주인이 온전히 회복되어야 합니다. 그러지 않으면 하나님의 이름으로 지은 성전도 결국에는 심판의 대상이 되고 맙니다.

권위에 대한 논쟁

성주간 둘째 날은 이렇게 '성전 청결 사건'으로 지나갔습니다. 이 사건은 성전 당국자들을 잔뜩 긴장하게 했습니다.

> **[47]예수께서 날마다 성전에서 가르치시니 대제사장들과 서기관들과 백성의 지도자들이 그를 죽이려고 꾀하되 [48]백성이 다 그에게 귀를 기울여 들으므로 어찌할 방도를 찾지 못하였더라(눅 19:47-48).**

예수님은 성전에서 장사하는 자들을 모두 내쫓으신 후에 날마다 성전에서 가르치셨다고 합니다. 성전을 깨끗하게 하신 목적은 단지 장사치들을 쫓아내려는 것이 아니었습니다. 오히려 예루살렘 성전에 대한 하나님의 심판을 어떻게든 늦추어 보려는 시도였습니다. 예루살렘 성전을 다시 '기도하는 집'으로 되돌려놓지 않는다면 하나님의 심판을 막을 수 없기 때문입니다. 따라서 예수님은 예루살렘 성전을 찾아온 사람들에게 그것을 가르치셔야 했습니다.

물론 예수님을 못마땅하게 생각하는 사람들이 있었습니다. '대제사장들'과 '서기관들'과 '백성의 지도자들'(장로들)이었습니다. 이들이 바로 성전 당국자들입니다. 이들은 산헤드린 공회를 구성하는 사람들로서 예루살렘 성전 운영을 통해서 막대한 수입을 올리던 장본인들이었습니다. 예수님이 성전에서 상인들을 내쫓은 것도 모자라서 매일 그렇게 나와서 사람들을 가르치고 있으니, 그들에게는 정말 눈엣가시처럼 느껴졌을 것입니다.

실제로 그들은 예수님을 제거할 방법을 찾으려고 혈안이 되어 있었습니다. 그러나 많은 사람이 예수님의 가르침을 경청하며 따랐기 때문에 섣불리 예수님을 체포할 수는 없었습니다. 그래서 그들은 조직을 총동원하여 인해전술로 예수님과 논쟁을 벌이며 예수님을 체포할 구실을 찾기 시작했습니다.

> [1]**하루는 예수께서 성전에서 백성을 가르치시며 복음을 전하실새 대제사장들과 서기관들이 장로들과 함께 가까이 와서 [2]말하여 이르되 당신이 무슨 권위로 이런 일을 하는지 이 권위를 준 이가 누구인지 우리에게 말하라**(눅 20:1-2).

누가복음은 막연하게 '하루는'(one day)이라고 하지만, 마가복음에 의하면 이날은 성전 청결 사건 바로 다음 날이었습니다. 그러니까 성주간 셋째 날 화요일의 일입니다. 예수님은 성전에서 사람들을 가르치며 복음을 전하고 계셨습니다. 이때를 놓치지 않고 대제사장들과 서기관들 그리고 장로들이 예수님에게 왔습니다. 성전 청결을 일방적으로 '당한' 당국자들로서 예수님에게 따지지 않을 수 없었을 것입니다.

그들은 이렇게 묻습니다. "무슨 권위로 이런 일을 하느냐?"(By what authority are you doing these things?) "이 권위를 준 이가 누구냐?"(Who gave you this authority?) 당시 유대는 로마제국의 속국이었습니다. 그러나 성전 운영에 관해서는 산헤드린이 독자적인 권위를 인정받고 있었습니다. 그런데 예수님이 그 권위를 하루아침에 무너뜨린 것입니다. 무슨 권위로 자기들의 권위를 무너뜨리는 행동을 할 수 있느냐고 묻고 있는 것입니다.

당시의 성전 당국자들이 가진 권위보다 더 큰 권위는 하나밖에 없습니다. 바로 '하나님'입니다. 물론 예수님은 하나님의 아들이시기에 하나님으로부터 받은 권위가 있습니다. 그것으로 성전에서 장사하는 이들을 몰아내셨습니다. 그러나 그것을 입 밖에 냈다가는 당장에 '신성 모독죄'로 체포될 것이 분명합니다. 예수님은 역질문을 던짐으로써 그들의 음모를 산산조각 내버렸습니다.

[3]대답하여 이르시되 나도 한 말을 너희에게 물으리니 내게 말하라 [4]요한의 세례가 하늘로부터냐 사람으로부터냐(눅 20:3-4).

참으로 대답하기 곤란한 질문입니다. '하늘로부터'는 '하나님으로부터'라는 뜻입니다. 사람들은 누구나 요한의 세례를 하나님에게서 온 것으로 생각합니다. 당국자들도 속으로는 그렇게 생각했습니다. 따라서 만일 세례 요한의 신적인 권위를 인정한다면 예수님의 권위를 부정할 수 없게 됩니다. 그렇다고 세례 요한의 권위를 인정하지 않는다면 세례 요한을 하나님이 보낸 사람이라고 생각하는 많은 사람의 저항에 부딪히게 될 것입니다.

당국자들은 예수님을 체포할 어떤 트집을 잡기 위해서 나름대로 신중하게 연구하여 대답하기 곤란한 질문을 던진 것이었는데, 예수님은 너무도 쉽게 그 함정을 벗어나셨습니다. 그뿐만 아니라 오히려 성전 당국자들이 이러지도 저러지도 못하는 상황에 빠지게 된 것입니다.

[5]그들이 서로 의논하여 이르되 만일 하늘로부터라 하면 어찌하여 그를 믿지 아니하였느냐 할 것이요 [6]만일 사람으로부터라 하면 백성이 요한을 선지자로 인정하니 그들이 다 우리를 돌로 칠 것이라 하고 [7]대답하되 어디로부터인지 알지 못하노라 하니 [8]예수께서 이르시되 나도 무슨 권위로 이런 일을 하는지 너희에게 이르지 아니하리라 하시니라(눅 20:5-8).

여기에서 우리는 성전 당국자들이 가장 두려워하던 것이 무엇이었는지 알게 됩니다. 그것은 바로 군중의 저항이었습니다. 그들은 어떤 수단과 방법을 동원해서라도 예수님을 체포하고 싶어 합니다. 그러나 그럴 수 없습니다. 왜냐면 백성이 등을 돌리면 그들의 권위는 하루아침에 무너지게 되어 있기 때문입니다. 그들의 권위는 사람으로부터 온 것이었습니다. 그들은 로마제국에 의해서 제한된 권력을 행사하도록 허락되었습니다. 따라서 그들의 권위는 로마제국의 입김에 좌우될 수밖에 없고, 또한 백성의 저항에 취약할 수밖에 없습니다.

그러니까 "이 권위를 준 이가 누구냐?"고 묻던 질문이 오히려 부메랑이 되어 그들 자신에게 돌아오고 말았습니다. 스스로 함정을 판 것이나 다름없습니다. 당국자들은 대답이 궁해지자 결국 "알지 못하겠다"라고 하면서 백기를 들고 맙니다. 그러자 예수님은 "나도 무슨 권위로 이런 일을 하는지 너희에게 이르지 않겠다"라고 대답하셨습니다. 권위에 대한 논쟁에서 예수님이 멋지게 이기셨던 것입니다.

우리는 예수님이 무슨 권위로 그런 일을 하셨는지 잘 압니다. 예수님의 권위는 사람으로부터 주어진 것이 아니라 하나님으로부터 주어진 것입니다. 하나님으로부터 주어진 권위는 사람들의 찬성이나 반대로 인해서 방해받지 않습니다. 사람들이 "호산나!"를 외치며 환호성을 울리거나 아니면 그 반대로 "십자가에 못 박아라!" 저주한다고 해도 달라지지 않습니다. 하나님으로부터 주어지는 권위를 가진 사람은 교만하지도 비굴하지도 않습니다. 언제나 그에게 맡겨진 사명에 충성할 뿐입니다.

반면 사람으로부터 주어진 권위에 의지해서 살아가는 사람은 언제나 사람에게 인정받는 일이 필요합니다. 따라서 사람의 칭찬과 비난에 매우 민감하게 반응합니다. 어떤 일을 진행할 때 어떻게 해서든 군중의 동의를 얻어내려고 합니다. 오늘은 성전 당국자들이 보기 좋게 패했습니다. 그렇지만 며칠 지나지 않아서 그들은 군중심리를 역이용하여 군중의 동의를 조작해 내고 예수님을 십자가에 못 박게 할 것입니다.

물론 그런다고 해서 그들이 승리하는 것은 아닙니다. 결국은 사람의 뜻이 아니라 하나님의 뜻이 이루어지기 때문입니다. 하나님으로부터 주어지는 권위를 가지고 살아가는 사람은 때로 세상에서 실패하는 것 같아도 결국에는 승리하게 되어 있습니다. 예수 그리스도의 삶이 그것을 증명합니다.

묵상 질문: 내 삶의 주인은 과연 누구인가?

오늘의 기도: 하나님 아버지, 우리 삶의 성전에 하나님이 주인 되어 주옵소서. 아니, 말로만이 아니라 실제로 하나님이 주인 되도록 우리의 삶을 주님께 내어드리게 하옵소서. 오직 하나님이 주시는 권위를 가지고 하나님의 뜻이 이루어질 때까지 맡겨진 사명에 충성하게 하옵소서. 그리하여 마침내 최후의 승리를 얻게 하옵소서. 예수님의 이름으로 기도합니다. 아멘.

누가복음 묵상 ❷ - 31

악한 소작농의 비유

읽을 말씀: 누가복음 20:9-18

새길 말씀: [17]그들을 보시며 이르시되 그러면 기록된 바 건축자들의 버린 돌이 모퉁이의 머릿돌이 되었느니라 함이 어찜이냐 [18]무릇 이 돌 위에 떨어지는 자는 깨어지겠고 이 돌이 사람 위에 떨어지면 그를 가루로 만들어 흩으리라 하시니라(눅 20:17-18).

지난 시간에 우리는 예수님께서 성전에서 장사하는 사람들을 내쫓는 이야기를 살펴보았습니다. 그 일을 자신들의 권위에 대한 직접적인 도전으로 받아들인 당국자들은 예수님께 몰려와서 "무슨 권위로 이런 일을 하느냐"고 따져 물었습니다. 그러나 예수님은 오히려 세례 요한의 권위의 근거를 되물으셨고, 결국 주님을 궁지에 몰아넣으려고 하던 당국자들의 음모에서 벗어나셨습니다.

예수님과 당국자들 사이의 제1라운드 논쟁은 이렇게 끝났고, 예수님은 멋지게 이기셨습니다. 그러나 지금 이곳은 예루살렘 성전 안입니다. 당시 성전의 당국자들, 즉 대제사장들과 서기관들과 장로들이 장악하고 있는 앞마당입니다. 그들은 몹시 화가 났지만, 예수님에게 동조하는 사람들로 인해서 함부로 무력을 행사할 수가 없었습니다. 그렇다고 예수님을 가만히 놔둘 수도 없는 일입니다. 일단 옆에서 지켜보기로 합니다.

악한 소작농

그들이 그러거나 말거나 예수님은 성전에 모인 사람들에게 계속해서 복음을 선포하셨습니다. 이때 예수님은 '악한 소작농의 비유'를 말씀하십니다.

[9]그가 또 이 비유로 백성에게 말씀하시기 시작하시니라 한 사람이 포도원을 만들어 농부들에게 세로 주고 타국에 가서 오래 있다가 [10]때가 이르매 포도원 소출 얼마를 바치게 하려고 한 종을 농부에게 보내니 농부들이 종을 몹시 때리고 거저 보내었거늘 [11]다시 다른 종을 보내니 그도 몹시 때리고 능욕하고 거저 보내었거늘 [12]다시 세 번째 종을 보내니 이 종도 상하게 하고 내쫓은지라…(눅 20:9-12).

예수님이 성전에서 '백성을' 가르치고 계셨을 때 당국자들이 끼어들어서 논쟁을 시작했었습니다(20:1). 그리고 이제 논쟁이 일단락된 후에 예수님은 다시 '백성에게' 계속 말씀하셨습니다. 그러나 이 비유의 내용은 사실 백성을 겨냥한 말씀이 아니었습니다. 뒷부분을 읽어보면, 이 비유를 듣고 "서기관들과 대제사장들이 자기들을 가리켜서 하신 말씀인 줄 알았다"(19절)고 합니다. 그러니까 권위에 대한 논쟁 이후에도 당국자들은 그 자리에 계속 남아 있었고, 예수님은 그들을 염두에 두고 이 비유를 말씀하신 것입니다.

이야기는 이렇게 진행됩니다. 한 주인이 포도원을 새롭게 조성한 후에 소작농들에게 맡기고 타국에 가서 오랫동안 지냈습니다. 그러다가 소작료를 받을 때가 되어서 한 종을 보냈습니다. 당시에 부재지주(不在地主)가 많이 있었기 때문에 이것은 사람들에게 아주 익숙한 이야기입니다. 그런데 그다음에 상식 밖의 이야기가 전개됩니다. 소작농들이 주인에게 소작료를 내는 것을 거절했던 것입니다. 소작료를 받아오라고 주인이 보낸 종을 몹시 때리고 빈손으로 보냈습니다. 포도원 주인은 계속해서 다른 종들을 보내지만, 결과는 역시 같았습니다.

예수님은 지금 이스라엘의 역사를 빗대어 말씀하고 계십니다. 여기에서 '주인'은 물론 '하나님'이십니다. 그리고 '포도원'은 '약속의 땅'을 의미합니다. 하나님께서 가나안을 약속의 땅으로 준비하여 하나님의 백성 이스라엘이 그곳에 들어와 살게 하셨습니다. 말하자면 포도원을 새롭게 조성하여 그곳에 포도나무를 잘 심어놓으신 것이지요. 자, 그렇다면 여기에서 '소작농들'은 과연 누구일까요?

그들은 이스라엘을 다스리던 '정치 지도자' 혹은 '종교 지도자'입니다. 그리고 소작료를 받기 위해 주인이 보낸 '종'은 '예언자'입니다. 하나님은 지도자들에게 이스라엘 국가와 백성을 잘 다스리라고 위탁해 주셨습니다. 그런데 그들은 그렇게 하지 않았습니다. 오히려 하나님의 뜻을 전하는 하나님의 종들을 거부하고 학대했습니다. 이스라엘을 향한 하나님의 권위를 인정하지 않고 마치 자기 것인 양 착각하고 있었던 것입니다.

포도원의 상속자

조금 전에 예수님과 '권위 논쟁'을 벌였던 당국자들이 그 자리에 계속 남아 있었다고 했습니다. 여기까지 이야기를 들으면서 그들은 어떤 생각을 했을까요? 이 비유가 자신들에게 하는 말씀이라는 사실을 직감했을 것입니다. 예수님의 이야기는 계속됩니다.

> [13]**포도원 주인이 이르되 어찌할까 내 사랑하는 아들을 보내리니 그들이 혹 그는 존대하리라 하였더니** [14]**농부들이 그를 보고 서로 의논하여 이르되 이는 상속자니 죽이고 그 유산을 우리의 것으로 만들자 하고** [15]**포도원 밖에 내쫓아 죽였느니라**…(눅 20:13-15a).

포도원 주인은 마침내 '사랑하는 아들'을 직접 보내기로 마음먹었습니다. 주인의 기대는 소작농들이 자기 아들을 알아보고 그를 존대하는 것이었습니다. 그의 권위 앞에 엎드려 순종하는 것이었습니다. 그러나 정반대의 결과가 빚어졌습니다. 소작농들은 오히려 포도원의 상속자를 죽이면 자기들의 소유로 만들 수 있으리라 생각합니다. 그래서 그들은 주인의 아들을 포도원 밖에 내쫓아 죽였습니다.

자, 그렇다면 여기에서 포도원 주인의 아들은 누구일까요? 그렇습니다. 예수님 자신입니다. 하나님께서 당신의 독생자를 보내기로 하신 것입니다. 당국자들은 아마도 이 대목에서 예수님이 자신을 포도원 주인의 아들로 비유하고 있다는 사실을 알아차렸을 것입니다. 그리고 그 아들이 소작농들에 의해서 죽임을 당하는 대목에서 그들은 자신들이 뒤에서 몰래 꾸미고 있는 음모가 만천하에 공개되고 있음을 느꼈을 것입니다.

예수님은 이 이야기의 결말에 대한 사람들의 생각을 묻습니다.

[15]…그런즉 포도원 주인이 이 사람들을 어떻게 하겠느냐 [16]와서 그 농부들을 진멸하고 포도원을 다른 사람에게 주리라 하시니 사람들이 듣고 이르되 그렇게 되지 말아지이다 하거늘…(눅 20:15b-16).

"그런즉 포도원 주인이 이 사람들을 어떻게 하겠느냐?" 지금까지 포도원 주인이 아무리 너그럽게 오래 참아왔다고 하더라도 상속자인 아들까지 죽이는 마당에 소작농들을 그냥 내버려 둘 수는 없는 일입니다. 그것이 일반적인 상식입니다. 그러나 이때 예수님의 질문에 대답하는 사람이 아무도 없었습니다. 결국 예수님 자신이 대답하십니다. 포도원 주인이 직접 와서 소작농들을 진멸하고 그 포도원을 다른 사람에게 넘겨주게 될 것이라는 예고로 이 비유는 끝납니다.

그런데 이 비유를 듣고 있던 사람들의 반응이 재미있습니다. "그렇게 되지 말아지이다." 이 부분을 새번역은 "그런 일이 없기를 바랍니다"라고 번역합니다. 여기에서 '그런 일'은 무엇을 가리킬까요? 소작농들이 주인의 아들을 죽이는 것을 가리킬까요? 아니면 주인이 소작농들을 진멸하는 것을 가리킬까요? 물론 두 가지 모두를 포함하는 말일 것입니다. 만일 소작농들이 주인의 아들을 죽이지 않았더라면 주인이 또한 그들을 진멸하지도 않았을 것이기 때문입니다.

우선 소작농들을 생각해 보면 정말 그렇게 해서는 안 됩니다. 여기에서 소작농들은 누구를 가리킨다고 했습니까? 이스라엘 백성을 이끌어가는 지도자들입니다. 그들에게 지도자의 자리가 주어진 것은 특별한 은혜입니다. 그러나 그들은 은혜를 은혜로 생각하지 않았습니다. 오히려 당연하게 누려야 할 특권이라고 생각했습니다. 그래서 예루살렘 성전의 이권에 개입하여 그렇게 자신의 배를 채워왔던 것입니다. 그리고 이들은 결국 하나님의 아들을 십자가에 못 박게 할 것입니다.

이 비유는 단지 유대의 지도자들만을 겨냥한 이야기가 아닙니다. 이 세상 모든 사람 들으라고 하시는 말씀입니다. 그중에 우리도 포함되어 있습니다. 우리는 하나님이 창조하신 땅 위에서 살아가고 있습니다. 이 땅은 우리가 만든 것이 아닙니다. 하나님께서 창조하셔서 우리에게 위탁해 주신 것입니다. 그러니까 우리는 모두 소작농인 셈입니다.

그런데 이 사실을 외면하는 사람들이 참 많습니다. 창조주 하나님이 보이지 않기 때문일까요? 그들은 마치 처음부터 자신의 소유였던 것으로 생각합니다. 사람들은 땅의 본래 주인인 하나님께 마땅히 드려야 할 몫이 있지만, 그것을 드리고 싶어 하지 않습니다. 그러나 조만간 하나님 앞에서 결산해야 할 때가 반드시 옵니다. 그때 하나님의 심판을 받는 일이 벌어지지 않도록 해야 합니다.

메시지성경은 이 부분을 "아닙니다! 그렇게 하면 안 됩니다!"라고 풀이합니다. 이것을 영어 원문으로 읽으면 "Oh, no! He'd never do that!"이라고 되어 있습니다. 누가 그렇게 하면 안 된다는 것입니까? '주인'(He)이 그렇게 하면 안 된다는 것입니다. 그런데 참으로 이상한 일입니다. 분명히 소작농들이 잘못했는데도 사람들은 주인이 그렇게 심판하면 안 된다고 말하다니 말입니다.

이 비유를 듣고 있던 사람들은 포도원 주인이 하나님을 가리킨다는 사실을 알고 있었을까요? 물론입니다. 잘 알고 있었습니다. 그렇다면 포도원 주인의 아들이 예수님을 가리킨다는 사실을 알고 있었을까요? 이 비유를 통해서 예수님이 조만간 십자가에 달려 죽게 될 것을 예고하고 있다는 사실을 알아차렸을까요? 아마도 당국자들을 제외하고 대부분은 그러지는 못했을 것입니다. 그들은 단지 하나님의 심판이 두려웠을 뿐입니다.

여기에서 우리는 인간이 가지고 있는 이중성을 봅니다. 사람들은 죄를 지으면 벌을 받게 된다는 사실을 잘 압니다. 따라서 하나님의 심판이 정말 두렵다면 죄를 짓지 말아야 합니다. 죄를 지었다면 벌을 달게 받아야 합니다. 그런데 사람들은 계속해서 죄를 지으면서 하나님이 심판하면 안 된다고 말합니다. 사랑의 하나님께서 어떻게 그렇게 무자비하게 심판하실 수 있느냐고 그럽니다. 그것이 인간의 이중성입니다.

모퉁이의 머릿돌

이 비유에 등장하는 악한 소작농들처럼 당시 유대의 당국자들은 하나님의 아들 예수 그리스도를 처형하려는 음모를 꾸미고 있었습니다. 가뜩이나 신경을 곤두세우고 있던 그들에게 예수님의 성전 청결 사건은 마치 불난 집에 기름을 붓는 일이 되고 말았습니다. 이제 예수님을 처리하기 위해서 어떤 식으로든 본격적인 행동을 취하게 될 것입니다. 예수님이 그것을 모를 리가 없습니다.

만일 예수님이 십자가의 죽음이 두려웠다면 여기까지 오지 않으셨을 것입니다. 예루살렘 성전에서 장사치들을 몰아내는 일을 굳이 하지 않으셨을 것입니다. 그러나 예수님은 이미 “오늘과 내일과 모레는 내가 갈 길을 가야 하리니 선지자가 예루살렘 밖에서는 죽는 법이 없다"(눅 13:33)고 선언하셨습니다. 그리고 마지막 순간까지 마땅히 해야 할 일을 하고 계십니다. 예루살렘 성전에서 사람들에게 말씀을 가르치시는 것도 바로 그 때문입니다.

예수님은 계속해서 말씀을 이어가십니다.

그들을 보시며 이르시되 그러면 기록된 바 건축자들의 버린 돌이 모퉁이의 머릿돌이 되었느니라 함이 어찜이냐(눅 20:17).

예수님은 앞에서 사람들이 보인 반응, 즉 "그렇게 되지 말아지이다"라는 말에 대한 대답으로 시편 118편 22절을 인용하여 말씀하셨습니다. 이 말씀은 초대교회에서 메시아의 예언으로 자주 사용되던 말씀인데, 여기 누가복음뿐만 아니라 사도행전(4:11)과 베드로전서(2:7)에도 인용되고 있습니다. '악한 소작농의 비유'와 관련하여 "건축자들의 버린 돌이 모퉁이의 머릿돌이 되었다"라는 말씀은 어떤 의미일까요? 그것은 포도원 상속자인 아들을 죽여 보아야 아무런 소용이 없다는 의미입니다.

그런데 왜 아들을 죽여도 아무 소용이 없을까요? 왜냐면 예수님은 죽음에 갇혀계실 분이 아니기 때문입니다. 건축가가 쓸모없다고 생각하여 버려도 결국은 모퉁이의 머릿돌이 되듯이, 소작농들이 주인의 아들을 아무리 죽여 보아야 죽은 자 가운데서 부활하여 하나님 나라를 다스리는 통치자가 될 것입니다.

사람들은 죽으면 끝이라고 생각하지만, 하나님은 죽음 권세를 이기시는 분이십니다. 죽음조차도 하나님의 섭리를 막을 수 없습니다.

하나님의 뜻은 예수 그리스도의 고난과 죽음과 부활을 통해서 모든 사람을 구원하는 생명의 길을 열어놓으시는 것입니다. 사람들이 아무리 쓸모없는 것으로 간주하여 버린다고 해도 하나님은 그것을 모퉁잇돌로 사용하십니다. 결국 사람의 뜻이 아니라 하나님의 뜻이 이루어지는 것입니다.

디딤돌 혹은 걸림돌

그러나 예수님의 십자가 사건이 모든 사람에게 구원의 길이 되는 것은 아닙니다. 예수님을 대적하고 훼방하며 십자가에 못 박은 사람에게는 무서운 심판이 임하는 통로가 됩니다.

무릇 이 돌 위에 떨어지는 자는 깨어지겠고 이 돌이 사람 위에 떨어지면 그를 가루로 만들어 흩으리라 하시니라(눅 20:18).

여기에서 '돌'은 파괴의 방편으로 묘사되고 있지만, 분명히 그리스도를 상징하는 말입니다. 이 말씀 역시 구약성경에서 인용된 것으로서 전반부는 이사야 8장에서, 후반부는 다니엘 2장에서 각각 인용되었습니다. 먼저 '돌 위에 떨어지는 자'에 대한 이사야 말씀을 찾아서 읽어보겠습니다.

[13]만군의 여호와 그를 너희가 거룩하다 하고 그를 너희가 두려워하며 무서워할 자로 삼으라 [14]그가 성소가 되시리라 그러나 이스라엘의 두 집에는 걸림돌과 걸려 넘어지는 반석이 되실 것이며 예루살렘 주민에게는 함정과 올

무가 되시리니 [15]많은 사람들이 그로 말미암아 걸려 넘어질 것이며 부러질 것이며 덫에 걸려 잡힐 것이니라(사 8:13-15).

여기에서 특히 14절의 "걸림돌과 걸려 넘어지는 반석이 되신다"라는 표현에 주목하십시오. 하나님은 본래 '구원의 디딤돌'이 되기를 원하셨습니다. 그러나 어떤 사람에게는 '걸림돌과 걸려 넘어지는 반석'이 되기도 하십니다. 무엇이 그런 차이를 만들어 낼까요? 순종하는 믿음의 차이입니다. 하나님의 말씀에 순종하는 사람에게 하나님은 구원의 디딤돌이 되십니다. 그러나 하나님의 말씀에 거역하고 제멋대로 살아가는 사람에게 하나님은 걸림돌이 되십니다.

이것은 새삼스럽게 드러난 진리가 아닙니다. 하나님께서 이스라엘 백성들과 시내 산에서 계약을 맺으실 때부터 말씀하신 것입니다. 순종하여 받는 복과 불순종하여 받는 저주에 대해서는 신명기 28장부터 자세히 기록되어 있습니다. 그 모든 말씀을 결론지으면서 하나님은 이렇게 말씀하셨습니다.

[19]…내가 생명과 사망과 복과 저주를 네 앞에 두었은즉 너와 네 자손이 살기 위하여 생명을 택하고 [20]네 하나님 여호와를 사랑하고 그의 말씀을 청종하며 또 그를 의지하라…(신 30:19-20).

결국 하나님을 디딤돌로 삼아 생명과 복을 누릴 것인지, 아니면 걸림돌로 삼아 사망과 저주를 받을 것인지는 우리의 선택에 달려 있습니다. 악한 소작농들과 유대교 당국자들은 후자를 선택했고, 돌 위에 떨어지는 자가 받을 심판을 자초하고 말았던 것입니다.

그다음에는 '돌이 떨어지는 자'에 대한 다니엘의 예언을 찾아서 읽어보겠습니다.

> [31]왕이여 왕이 한 큰 신상을 보셨나이다 그 신상이 왕의 앞에 섰는데 크고 광채가 매우 찬란하며 그 모양이 심히 두려우니 [32]그 우상의 머리는 순금이요 가슴과 두 팔은 은이요 배와 넓적다리는 놋이요 [33]그 종아리는 쇠요 그 발은 얼마는 쇠요 얼마는 진흙이었나이다 [34]또 왕이 보신즉 손대지 아니한 돌이 나와서 신상의 쇠와 진흙의 발을 쳐서 부서뜨리매 [35]그때에 쇠와 진흙과 놋과 은과 금이 다 부서져 여름 타작마당의 겨 같이 되어 바람에 불려 간 곳이 없었고 우상을 친 돌은 태산을 이루어 온 세계에 가득하였나이다(단 2:31-35).

다니엘이 느부갓네살왕의 꿈을 해석해 주는 대목입니다. 여기에 세워진 큰 신상은 세상을 주름잡았던 제국들을 상징합니다. 그 크기와 화려함은 보는 사람에게 큰 두려움을 가져올 정도였습니다. 그러나 어디에선가 한 '돌'이 날아와서 발을 쳐서 부서뜨리니까 와르르 무너져 잿더미가 되고 맙니다. 그리고 우상을 친 돌은 '태산'을 이루어 온 세계에 가득하게 되었다는 것입니다.

여기에서 '돌'은 하나님의 심판을 의미합니다. 하나님의 심판이 사람 위에 떨어지면 가루가 되어 흩어지게 되어 있습니다. 어떤 사람 위에 떨어질까요? 악한 소작농 같은 사람들에게 떨어집니다. 하나님을 대적하고 하나님의 아들을 대적하는 자들에게 떨어집니다. 그들의 최후는 불을 보듯이 분명합니다. 예수님은 이 두 가지 말씀을 섞어서 이 땅에 오신 하나님의 아들을 거절하고 배척한 사람들이 받게 될 최후의 심판을 선포하셨던 것입니다.

이 말씀을 듣고 당국자들은 어떤 반응을 보였을까요?

서기관들과 대제사장들이 예수의 이 비유는 자기들을 가리켜 말씀하심인 줄 알고 즉시 잡고자 하되 백성을 두려워하더라(눅 20:19).

서기관들과 대제사장들은 예수님이 말씀하신 '악한 소작농의 비유'가 자기들을 겨냥한 말씀이라는 사실을 알아차렸습니다. 그들 마음 같아서는 당장에 예수님을 잡아서 처형하고 싶었지만, 백성 때문에 그럴 수 없었습니다.

여기에서 우리는 심판 받을 사람들은 회개할 기회를 스스로 놓쳐버린다는 사실을 알게 됩니다. 하나님의 말씀에 귀를 닫아버리면 결국 심판에 이르게 됩니다. 물론 마지막 순간에라도 회개하고 돌아오면 구원받을 수 있습니다. 그러나 처음부터 하나님의 말씀에 귀를 기울이지 않던 사람이 마지막 순간에 그렇게 되는 경우는 극히 드뭅니다.

따라서 예수님에 대한 오늘 우리의 태도가 마지막 때 우리의 모습을 결정한다고 해도 결코 지나친 말이 아닙니다. 예수님은 우리에게 '디딤돌'입니까, 아니면 '걸림돌'입니까? 예수님을 영접하고 그 말씀에 순종함으로 예수님을 '구원의 디딤돌'로 삼아야 합니다. "영접하는 자 곧 그 이름을 믿는 자들에게는 하나님의 자녀가 되는 권세를 주셨다"라고 말씀하셨습니다(요 1:12). 아직 늦지 않았습니다. 지금이라도 그 이름을 믿는 자에게는 영원한 생명이 주어집니다.

묵상 질문: 예수님은 나에게 구원의 디딤돌인가?

오늘의 기도: 하나님 아버지, 우리는 하나님께서 맡기신 포도원의 소작농이라는 사실을 절대로 잊지 않게 하옵소서. 하나님이 주신 은혜에 감사하지 않고, 오히려 배신하는 악한 소작농이 되지 않게 하옵소서. 예수님을 주님으로 영접하여 구원의 디딤돌로 삼게 하시고, 그로 인하여 하나님 나라에 들어가서 영원한 생명을 누리는 복 있는 인생이 되게 하옵소서. 예수님의 이름으로 기도합니다. 아멘.

누가복음 묵상 ❷-32

당국자들과의 논쟁들

읽을 말씀: 누가복음 20:19-44

새길 말씀: [34]예수께서 이르시되 이 세상의 자녀들은 장가도 가고 시집도 가되 [35]저 세상과 및 죽은 자 가운데서 부활함을 얻기에 합당히 여김을 받은 자들은 장가가고 시집가는 일이 없으며 [36]그들은 다시 죽을 수도 없나니 이는 천사와 동등이요 부활의 자녀로서 하나님의 자녀 됨이라(눅 20:34-36).

예루살렘 성전 청결 사건은 유대 당국자들의 적개심에 불을 질렀습니다. 예수님은 그 후에도 매일 예루살렘 성전으로 올라가서 백성을 가르치며 복음을 전하셨고, 당국자들은 그때마다 그들이 동원할 수 있는 사람들을 보내서 어떻게 해서든지 예수님의 약점을 캐내어 로마 당국에 넘겨 처치하려고 했습니다. 예수님과 당국자들 사이의 이와 같은 치열한 논쟁은 성주간 셋째 날과 넷째 날, 즉 화요일과 수요일 이틀 동안 계속 이어졌습니다.

세금에 대한 논쟁

이미 우리가 살펴본 대로 제1라운드 '권위에 대한 논쟁'은 예수님의 일방적인 승리로 끝났습니다. 이번에는 가이사에게 바치는 세금 문제를 가져와서 예수님을 함정에 빠뜨리려 합니다. 바야흐로 제2라운드가 시작되고 있는 것입니다.

> [20]이에 그들이 엿보다가 예수를 총독의 다스림과 권세 아래에 넘기려 하여 정탐들을 보내어 그들로 스스로 의인인 체하며 예수의 말을 책잡게 하니 [21]그들이 물어 이르되 선생님이여 우리가 아노니 당신은 바로 말씀하시고 가르치시며 사람을 외모로 취하지 아니하시고 오직 진리로써 하나님의 도를 가르치시나이다 [22]우리가 가이사에게 세를 바치는 것이 옳으니이까 옳지 않으니이까 하니…(눅 20:20-22).

이번에는 정탐꾼(spies)들이 등장합니다. 그들은 예수님을 총독에게 넘겨 처벌하기 위해서 특별히 준비된 질문을 들고 왔습니다. 그것은 가이사에게 세금을 바치는 일이 과연 옳은가 하는 문제였습니다.

당시 유대의 모든 남자는 일 년에 한 번씩 로마제국에 인두세(人頭稅)를 바쳐야 했습니다. 그것은 로마제국의 지배를 받는 속국으로서 그들의 현실을 확인하는 치욕스러운 일이었습니다. 실제로 그 문제로 인한 소요가 여러 차례 발생했습니다. 그러나 만일 세금을 내지 않으면 로마제국에 반역하는 죄목으로 처벌받아야 합니다. 따라서 가이사에게 세금을 바치는 문제는 마치 '뜨거운 감자'와 같았습니다.

사실 어떤 식으로 답을 해도 문제가 됩니다. 만일 '납세를 긍정'한다면 유대 민족주의적인 정서를 배신하는 일이 될 것이고, '납세를 부정'한다면 로마제국에 반역하는 일이 됩니다. 이러지도 저러지도 못하는 아주 곤란한 질문이었습니다. 그것을 노리고 의도적으로 세금 문제로 접근해 온 것이지요. 그러나 예수님이 누구입니까? 예수님은 그들의 감추어진 속셈을 이미 파악하고 계셨습니다.

> [23]예수께서 그 간계를 아시고 이르시되 [24]데나리온 하나를 내게 보이라 누구의 형상과 글이 여기 있느냐 대답하되 가이사의 것이니이다 [25]이르시되 그런즉 가이사의 것은 가이사에게, 하나님의 것은 하나님께 바치라 하시니 [26]그들이 백성 앞에서 그의 말을 능히 책잡지 못하고 그의 대답을 놀랍게 여겨 침묵하니라(눅 20:23-26).

마가복음에서는 그들의 "외식함을 아셨다"(막 12:15)라고 표현합니다. 겉과 속이 다른 것이 외식(外飾)입니다. 그들은 겉으로는 예수님을 칭찬하고 있지만, 속으로는 예수님을 죽이려고 합니다. 그들의 속내를 예수님이 모르실 리가 없습니다. 예수님은 '데나리온'을 보여 달라고 요구하신 후 그 동전에 누구의 형상과 글이 있는지 물으셨습니다.

로마제국이 발행하는 데나리온 은전에는 황제의 머리가 각인되어 있었습니다. 그리고 황제의 이름과 함께 '신'이라는 글자가 새겨져 있었습니다. 그것으로 '성전세'를 낼 수 없어서 성전에서 유통하는 돈으로 환전하게 했던 것입니다. 그러나 인두세는 반드시 데나리온으로 바쳐야 했습니다. 그것은 그들이 로마의 지배를 받는 식민지 백성이라는 사실을 인정할 뿐만 아니라 황제를 신으로 인정해야 한다는 뜻입니다. 예수님은 데나리온에 새겨진 형상과 글을 확인하신 후에 말씀하셨습니다.

가이사의 것은 가이사에게, 하나님의 것은 하나님에게 바치라!(Then give back to Caesar what is Caesar's, and to God what is God's. NIV)

이것은 정말 명답 중의 명답입니다. 예수님을 넘어뜨리려고 왔던 정탐꾼들은 주님의 답변에서 그 어떤 흠도 찾아낼 수 없었습니다. 그것은 단지 정탐꾼이 교묘하게 파놓은 함정을 무사히 빠져나간 정도가 아니었습니다. 이제 그들에게 공이 넘어갔습니다. 데나리온이 과연 누구 것인지, 가이사 것인지, 아니면 하나님 것인지 그들이 대답할 차례가 된 것입니다.

로마 사람들에게 데나리온은 물론 가이사의 것입니다. 그러나 하나님 백성 이스라엘 사람들은 그렇게 쉽게 말할 수 없습니다. 유대가 아무리 로마제국의 속국이 되었다고 하더라도 그들을 다스리는 유일한 왕은 오직 여호와 하나님이시기 때문입니다. 이 지구 온 땅과 그 안에 있는 것은 모두 하나님의 소유입니다.

예수님을 함정에 빠뜨리려고 하던 정탐꾼도 이와 같은 이스라엘의 고유한 전통적인 신앙을 잘 알고 있었습니다. 그렇다면 무엇을 황제 것이라고 감히 말할 수 있겠습니까? 예수님을 넘어뜨리려고 왔다가 오히려 그들 스스로 궁지에 빠지고 말았습니다. 예수님의 대답이 그들의 말문을 막아버렸던 것입니다. 제2라운드 역시 그들의 패배로 끝나고 말았습니다.

부활에 대한 논쟁

그러자 이번에는 사두개인들이 등장하여 예수님과 논쟁을 벌입니다. 제3라운드 논쟁의 주제는 '부활'이었습니다.

[27]부활이 없다고 주장하는 사두개인 중 어떤 이들이 와서 [28]물어 이르되 선생님이여 모세가 우리에게 써 주기를 만일 어떤 사람의 형이 아내를 두고 자식이 없이 죽으면 그 동생이 그 아내를 취하여 형을 위하여 상속자를 세울지니라 하였나이다 [29]그런데 칠 형제가 있었는데 맏이가 아내를 취하였다가 자식이 없이 죽고… [33]일곱이 다 그를 아내로 취하였으니 부활 때에 그중에 누구의 아내가 되리이까(눅 20:27-33).

사두개인은 바리새인과 함께 예수님을 대적했던 대표적인 유대인 그룹입니다. 그러나 그들의 신앙에는 큰 차이가 있었습니다. 특별히 부활의 문제에 관해서 그들은 전혀 다른 주장을 펼쳤습니다. 바리새인들은 유대인이 대부분 그러하듯이 부활을 믿었지만, 사두개인들은 부활을 믿지 않았던 것입니다. 그래서 그 두 그룹 사이에는 언제나 부활의 문제로 논쟁이 벌어지곤 했습니다(행 23:7-8).

사두개인은 고위 제사장직이나 정치적인 지도자 자리를 거의 독점하다시피 하는 귀족 엘리트 집단이었습니다. 그들은 오직 구약의 오경(토라)만을 인정했고 예언서들(느비임)은 경시했습니다. 그들은 로마 점령군에 대해서 매우 협조적이었습니다. 그들은 오로지 현세에서 기득권을 유지하는 것에 관심이 있었습니다. 따라서 죽음 이후의 부활이라든가 영적인 문제에 관해서는 전혀 관심이 없었습니다.

사두개인이 바리새인과 논쟁을 벌일 때마다 사용하던 단골 메뉴가 하나 있었습니다. 그것은 자식이 없이 죽은 이의 형제가 그 미망인과 혼인하여 대를 잇게 하던 이른바 '계대 결혼'(Levirate) 혹은 '시형제(媤兄弟) 혼인법'(신 25:5-6)이었습니다. 이 문제를 들고나오면 바리새인들의 대답이 언제나 궁색해졌습니다. 똑같은 문제를 예수님에게 가지고 나온 것입니다.

그들의 주장은 이렇습니다. '시형제 혼인법'에 따라서 일곱 형제가 모두 한 여인과 적법한 혼인 관계를 맺었다면 부활의 때에 과연 누구의 아내가 되어야 하느냐는 것입니다. 정말 부활이 있다면 그런 말도 안 되는 상황이 벌어져야 합니다. 따라서 부활은 무의미하며 결코 있을 수 없다는 것이 사두개인의 주장이었습니다.

이에 대한 주님의 대답을 듣기 전에 우리는 사두개인의 질문이 가지고 있는 두 가지 오류를 먼저 지적해야 합니다. '시형제 혼인법'의 정신은 사회적 약자 돌봄이었습니다. 남편을 잃고 자식도 없이 살아야 하는 과부에게 대를 이을 자식을 갖게 함으로써 최소한의 인권을 보장하려는 것이 그 율법의 본래 취지였습니다. 그것을 부활의 문제에 억지로 대입하는 것은 하나님의 말씀을 대하는 바른 태도가 아닙니다.

또 한 가지는 예수님 당시에 '시형제 혼인법'이 시행되지 않고 있었다는 사실입니다. 말하자면 '죽은 법'이었습니다. 그런데도 그것을 근거로 하여 부활의 때에 이런 일이 일어날지도 모른다고 가정하면서 문제를 제기하는 것은 이미 논리적으로 큰 결함을 가지고 있습니다. 그것은 결국 '논쟁을 위한 논쟁'의 불순한 의도에서 나온 것이지, 부활의 문제를 정말 진지하게 고민하는 바른 태도는 아닙니다.

아무튼 이에 대한 예수님의 대답은 아주 간단명료합니다.

[34]예수께서 이르시되 이 세상의 자녀들은 장가도 가고 시집도 가되 [35]저 세상과 및 죽은 자 가운데서 부활함을 얻기에 합당히 여김을 받은 자들은 장가 가고 시집가는 일이 없으며 [36]그들은 다시 죽을 수도 없나니 이는 천사와 동등이요 부활의 자녀로서 하나님의 자녀 됨이라(눅 20:34-36).

'이 세상'(this age)과 '저 세상'(the age to come)의 사회 질서는 완전히 다릅니다. 이 세상의 자녀들은 장가도 가고 시집도 갑니다. 그러나 '죽은 사람들 가운데서 살아나는 부활에 참여할 자격을 얻은 사람'(새번역)은 장가가고 시집가는 일이 없습니다. 이에 대한 메시지성경의 풀이가 큰 도움이 됩니다.

"…이 땅에서는 결혼이 중대한 관심사지만 저 세상에서는 그렇지 않다. 죽은 사람들의 부활에 참여하는 사람들에게 결혼은 더 이상 관심사가 못된다. 죽음도 마찬가지다. 너희야 믿지 않겠지만, 그들에게는 더 나은 관심사가 있다. 그때에는 하나님과 최고의 기쁨과 친밀감을 나눌 것이다"(눅 20:34-36, 메시지).

하나님 나라에서는 '결혼'이 더 이상 중대한 관심사(a major preoccupation)가 되지 않습니다. '죽음'도 마찬가지입니다. 하나님 나라에서 사람들이 가지게 될 '더 나은 관심사'(better things)는 최고의 기쁨과 친밀감(all ecstasies and intimacies)을 사람이 아니라 하나님과 함께 나누는 것입니다.

하나님 나라를 직접 경험하지 못한 사람들은 얄팍한 상식이나 경험에 의존하여 그저 상상할 뿐입니다. 그러나 예수님은 하나님 나라에서 오신 분입니다. 하나님 나라가 어떤 곳인지 너무나 잘 알고 계십니다. 하나님 나라에서는 누가 누구의 아내인지 또는 남편인지가 더 이상 중요한 일이 되지 않습니다. 그저 모두 하나님과 밀접한 교제를 나누는 기쁨을 누리고 있을 뿐입니다.

예수님의 대답은 이 세상 사람들이 생각하는 것과 차원이 다릅니다. 이 세상의 사고방식으로 하나님 나라를 저울질한다는 게 얼마나 어리석은 일인지요! 제3라운드 역시 이렇게 예수님의 일방적인 승리로 막을 내렸습니다.

다윗의 자손

이번에는 예수님이 먼저 문제를 끄집어내십니다. 그 주제는 "메시아가 왜 다윗의 자손이어야 하는가?"였습니다.

예수께서 그들에게 이르시되 사람들이 어찌하여 그리스도를 다윗의 자손이라 하느냐(눅 20:41).

마태복음은 이 질문을 '바리새인들'에게 하신 것으로 기록합니다(마 22:41). 마가복음은 '서기관들'에게 하셨다고 합니다(막 12:35). 그에 비해서 누가복음은 막연하게 '그들에게 이르셨다'라고 합니다. 그 자리에 있던 당국자들에게 하신 질문입니다. "어찌하여 그리스도를 다윗의 자손이라 하느냐?"(Why is it said that the Messiah is the son of David? NIV)

여기에서 '그리스도'는 '메시아'의 헬라어 표현입니다. 이스라엘 사람들은 전통적으로 그들을 구원할 메시아가 다윗의 자손 중에서 태어날 것이라고 믿어 왔습니다. 율법의 전문가였던 서기관들과 바리새인들도 그렇게 주장해 왔고, 일반 백성들도 그렇게 믿어 왔습니다. 그런데 그들은 왜 메시아가 반드시 다윗의 자손이어야 한다고 주장하는 것일까요? 다윗의 자손이 아니라 다른 지파 출신이라면 메시아의 자격을 잃어버리기라도 한다는 것일까요?

물론 구약성경은 다윗의 자손에서 메시아가 탄생할 것을 여러 번 예고합니다. 가장 대표적인 말씀이 이사야서에 나옵니다.

이새의 줄기에서 한 싹이 나며 그 뿌리에서 한 가지가 나서 결실할 것이요… (사 11:1).

'이새'는 다윗의 아버지입니다. '이새의 줄기'는 다윗 왕가를 가리키는 말입니다. 그러니까 다윗 왕의 후손 가운데서 메시아가 올 것이며, 그가 다윗의 왕국을 다시 한번 굳게 세우게 될 것이며(사 9:7), '처녀가 잉태하여 아들을 낳는 것'이 메시아 탄생의 징조가 될 것이라고 말씀하십니다(사 7:13-14). 그리고 이 모든 예언은 실제로 예수님에게 이루어졌습니다.

그런데 오늘 본문에서 예수님은 마치 '그리스도와 다윗 자손의 관계'를 부정하는 듯한 질문을 하십니다. "어찌하여 그리스도를 다윗의 자손이라 하느냐?" 그러나 이 질문은 "그리스도와 다윗의 자손은 아무런 관계가 없다"라고 주장하려는 것이 아닙니다. 오히려 당시 사람들이 가지고 있던 메시아에 대한 잘못된 생각을 고쳐주기 위한 질문이었습니다.

유대인들이 기다리던 메시아는 다윗의 자손 중에서 군사적, 정치적 지도자가 등장하는 것이었습니다. 그들은 하나님이 다윗의 씨 가운데서 한 인물을 일으켜 이방 나라의 모든 통치자를 뒤집어엎고 흩어져 있는 이스라엘 12지파를 모아 예루살렘을 수도로 한 다윗 왕국을 다시 세울 것을 기대했습니다. 바로 '메시아 왕국'(the Messianic Kingdom)에 대한 기대입니다.

그러나 그것은 철저히 유대인의 자기중심적인 생각에서 비롯된 것입니다. 이 세상을 구원하시려는 하나님의 계획과 본래의 창조 질서를 회복하시려는 하나님의 뜻은 전혀 고려하지 않는 그들만의 일방적인 희망 사항일 뿐입니다. 따라서 예수님은 그들의 편협한 생각을 바로잡기 위해서 이와 같은 질문을 던지신 것입니다.

[42]시편에 다윗이 친히 말하였으되 주께서 내 주께 이르시되 [43]내가 네 원수를 네 발등상으로 삼을 때까지 내 우편에 앉았으라 하셨도다 하였느니라 [44]그런즉 다윗이 그리스도를 주라 칭하였으니 어찌 그의 자손이 되겠느냐 하시니라(눅 20:42-44).

예수님은 다윗이 지은 시편을 인용하여 다윗의 후손 메시아가 다윗보다 열등한 존재가 아니라 오히려 다윗이 메시아보다 열등한 존재라는 사실을 증명하십니다. 이 말씀은 시편 110편에 기록되어 있습니다.

여호와께서 내 주에게 말씀하시기를 내가 네 원수들로 네 발판이 되게 하기까지 너는 내 오른쪽에 앉아 있으라 하셨도다(시 110:1).

이것은 가장 대표적인 메시아 시편으로 알려져 있는데, 신약성경 여러 곳에 인용됩니다(행 2:35; 히 1:13; 고전 15:25). '내 주에게'(to my Lord)에서 '나'는 다윗이고, '주'는 '그리스도'를 가리킵니다. 여호와 하나님께서 장차 그리스도가 되실 분에게 "너는 내 우편에 앉아 있으라"고 말씀하십니다. 이는 그리스도를 하나님과 동등한 존재로 인정하셨다는 뜻입니다. 그렇다면 하나님과 동등한 그리스도를 어떻게 다윗의 자손이라고 부를 수 있겠습니까?

게다가 이 시편은 다윗이 지었는데, 다윗이 '그리스도'를 가리켜서 '내 주님'이라고 고백하는 것을 보면(14절), 사람들이 메시아를 다윗의 자손이라고 부르는 게 옳지 않다는 것입니다. 다윗도 자신이 메시아보다 열등한 존재라는 사실을 인정했다면, 우리도 메시아를 다윗보다 더 크신 분으로 인정해야 합니다. 따라서 메시아를 '다윗의 자손'이며 동시에 '다윗의 주님'이라고 하는 것은 논리적으로 맞지 않습니다.

물론 예수님은 다윗 가문 출신입니다. 그러나 다윗보다 열등한 존재가 아닙니다. 겨우 다윗이 이루어 놓은 업적을 회복하는 정도의 일을 하기 위해서 이 땅에 오신 것이 아닙니다. 오히려 다윗이 감히 상상하지도 못할 인류 구원의 놀라운 뜻을 이루기 위해서 오셨습니다. 그러니까 예수님이 다윗 가문에 태어나신 것은 예수님에게 영광이 아니라 오히려 다윗 가문에게 영광스러운 일입니다.

예수님이 다윗 가문에 태어나신 것은 하나님의 약속 때문입니다. 하나님은 약속하시고 또한 성취하시는 분이시며, 한번 하나님이 약속하시면 그 약속은 반드시 이루어진다는 것을 보여주시기 위함입니다. 하나님의 약속은 단지 이스라엘을 열방 위의 통치자로 세우는 것이 아니었습니다. 과거 다윗 왕조의 영광을 되찾는 것도 아니었습니다.

그보다 훨씬 더 크고, 훨씬 더 오래된 하나님의 계획이 있었습니다. 그것은 창조의 질서를 상실하고 죄악에 빠져서 죽어가고 있는 세상 사람들을 구원하는 것이었습니다. 또한 그 구원을 이루어 가는 방법도 기존 질서를 엎어버리고 그 위에 군림하고 통치하는 방식이 아니라 인류의 죄를 대신하는 하나님의 어린 양이 되어 십자가에서 죽는 방식이었습니다.

이러한 말씀을 통해서 주님은 하나님의 계획과 섭리와 뜻은 사람들의 고정관념에 갇혀있지 않다는 사실을 우리에게 가르치십니다. '다윗의 자손'이라는 틀 속에 메시아의 구원 사역을 가둘 수는 없는 것처럼 우리가 원하는 방식대로 하나님을 생각하고 이용하려는 그런 못된 버릇을 버려야 한다는 것입니다.

성경 말씀을 배우고 열심히 기도해도 하나님의 뜻과 상관없이 무조건 그렇게 하는 사람이 참 많습니다. '믿음의 선배들이 그렇게 해왔으니까…' 하는 선입관이나 핑계들을 모두 내던지고 하나님의 말씀 앞에 정직하게 서는 훈련이 필요합니다. 우리의 소원을 아뢰기 전에 하나님의 뜻을 먼저 묻는 그런 믿음의 자세가 우리에게 필요한 것입니다.

묵상 질문: 나는 하나님을 왕으로 인정하고 있는가?

오늘의 기도: 하나님 아버지, 우리의 얄팍한 상식과 경험으로 하나님을 시험하는 어리석은 자가 되지 않게 하옵소서. 우리를 향한 하나님의 높으신 구원 계획을 믿음으로 받아들이게 하시고, 때로 우리가 이해할 수 없을지라도 하나님의 말씀에 온전히 순종하게 하옵소서. 그리하여 하나님

나라의 주인공이 되어 당당히 들어가게 하옵소서. 예수님의 이름으로 기도합니다. 아멘.

누가복음 묵상 ❷ - 33

가난한 과부의 헌금

읽을 말씀: 누가복음 20:45-21:4

새길 말씀: [3]이르시되 내가 참으로 너희에게 말하노니 이 가난한 과부가 다른 모든 사람보다 많이 넣었도다 [4]저들은 그 풍족한 중에서 헌금을 넣었거니와 이 과부는 그 가난한 중에서 자기가 가지고 있는 생활비 전부를 넣었느니라 하시니라(눅 21:3-4).

지금 우리는 성주간 셋째 날과 넷째 날 예수님이 예루살렘에서 어떤 일을 하셨는지 살펴보고 있습니다(눅 20:1-21:38). 대부분은 당국자들과 논쟁을 벌이는 이야기로 채워져 있습니다. 지금까지 모두 3라운드의 대전이 벌어졌지요. 제1라운드는 '권위에 대한 논쟁'이었고, 제2라운드는 '세금에 대한 논쟁', 제3라운드는 '부활에 대한 논쟁'이었습니다. 당국자들은 그들이 가용할 수 있는 전문 선수를 모두 투입하여 예수님을 넘어뜨리려고 했지만, 번번이 실패하고 말았습니다.

그러는 사이사이에 예수님은 하나님 나라의 복음을 선포하셨습니다. '악한 소작농의 비유'를 통해 예수님이 포도원의 상속자로 오셨음을 말씀하셨고, '모퉁이의 머릿돌 비유'를 통해 당국자들이 예수님을 죽이더라도 이 세상을 구원하는 하나님의 계획에는 아무런 지장이 없게 될 것이고, 오히려 그들에게 하나님의 심판이 임하게 될 것을 경고하셨습니다. 그러면서 그들이 기다리는 다윗의 자손 메시아에 대한 잘못된 이해를 조목조목 구약성경을 인용하여 바로잡아 주셨습니다.

특히 예수님이 부활에 대한 논쟁에서 사두개인을 압도하는 모습을 보고 바리새파 서기관 중의 어떤 사람들이 오히려 쾌재를 부를 정도였습니다.

> [39] **서기관 중 어떤 이들이 말하되 선생님 잘 말씀하셨나이다 하니** [40] **그들은 아무것도 감히 더 물을 수 없음이더라**(눅 20:39-40).

지금까지 바리새인들은 부활 문제에 대해서는 단 한 번도 사두개인들을 이기지 못했습니다. 특히 '시형제 혼인법'(신 25:5-6) 문제를 들고나오면 마땅히 대답할 말이 없었습니다. 그런데 예수님은 더 이상 반박할 여지가 없도록 속 시원하게 부활 논쟁을 마무리하셨던 것입니다. 그러자 그들은 자기들이 왜 그 자리에 있는지도 모르고 "선생님, 잘 말씀하셨습니다!"라고 오히려 예수님을 칭찬했습니다.

서기관들의 본질

그러나 예수님을 칭찬한다고 해서 그들이 예수님의 편이 된 것은 아닙니다. 예수님을 비난하든지, 아니면 칭찬하든지 사실상 서기관들의 본질은 조금도 달라지지 않습니다. 그들은 예수님과 예수님이 선포하는 하나님의 나라를 대적하는 사람들입니다. 예수님은 그것을 잘 알고 계셨습니다. 그래서 이번에는 서기관들을 겨냥하여 그들의 허위의식을 적나라하게 드러내십니다.

> [45]모든 백성이 들을 때에 예수께서 그 제자들에게 이르시되 [46]긴 옷을 입고 다니는 것을 원하며 시장에서 문안받는 것과 회당의 높은 자리와 잔치의 윗자리를 좋아하는 서기관들을 삼가라 [47]그들은 과부의 가산을 삼키며 외식으로 길게 기도하니 그들이 더 엄중한 심판을 받으리라 하시니라(눅 20:45-47).

예수님이 지금 누구에게 이 말씀을 하셨습니까? '제자들에게' 하셨습니다. 그런데 그 앞에 재미있는 수식어가 붙어 있습니다. "모든 백성이 들을 때에…." 그러니까 '모든 사람이 듣는 가운데' 제자들에게 말씀하신 것입니다. 그중에는 물론 서기관들도 있었습니다. 그러나 예수님은 이때 서기관들과 직접 논쟁하려고 하지 않으십니다. 단지 제자들에게 경각심을 일깨우는 데 관심이 있었을 뿐입니다. 왜냐면 주님을 따르는 제자들도 얼마든지 서기관들처럼 될 수 있기 때문입니다.

이 대목에서 우리는 먼저 '서기관들'이 어떤 사람인지 한번 정리해 볼 필요가 있습니다. '서기관'(書記官)은 말 그대로 '공적인 자료들을 기록하고 필사했던 사람들'(왕하 12:10)이었습니다. 영어로는 'scribes'라고 표현합니다. 이들은 후에 성경을 필사하는 일을 하게 되었는데, 인쇄술이 발달하지 않았던 시대에 성경 필사는 후대에 믿음을 전하는 매우 중요한 일이었습니다. 그러면서 이들은 자연스럽게 율법의 전문가가 되어 갔습니다.

그래서 이들을 '율법교사'(teachers of the law) 또는 '종교학자'(the religion scholars)라고 부르기도 합니다. 이들은 사람들에게 '랍비'라고 불리는 것을 좋아하였고(마 23:7), 회당에서 율법을 해석해 주는 역할을 했습니다. 이들의 영향력이 점점 커지면서 결국 제사장들이나 장로들과 함께 산헤드린 공회를 구성하는 주요 멤버가 되기도 했습니다. 오늘날 교회에서 말씀을 해석하고 가르치는 목회자가 좋은 의미에서 이런 서기관들과 비슷한 역할을 한다고 말할 수 있습니다.

그러나 예수님은 서기관들을 별로 좋아하지 않으셨습니다. 성경을 필사하고 가르치는 일들이 중요하지 않기 때문이 아니라 율법의 전문가라는 직함을 가지고 있으면서 오히려 율법의 정신과 정반대되는 이중적인 모습을 보여 왔기 때문입니다.

서기관들의 허위의식

오늘 본문에서 예수님은 서기관들의 허위의식에 대하여 몇 가지를 특별히 지적하면서 제자들도 그와 같은 잘못에 빠지지 말 것을 경고하셨습니다.

우선 서기관들은 '긴 옷을 입고 다니는 것'을 좋아했습니다. '긴 옷'은 '길게 끌리는 도복'(flowing robes)으로 당시 서기관들이 안식일이나 절기 때에 입는 특별한 예복을 가리킵니다. 메시지성경은 이를 'academic gowns'라고 표현하는데, 오늘날의 박사학위 가운을 연상하게 합니다. 박사학위가 있으면 그 학위에 맞는 가운을 입는 게 당연한 일입니다. 그러나 만일 이것을 평상시에도 항상 차려입고 다닌다면 어떨까요? 서기관들은 그랬습니다. 왜냐면 사람들에게 존경받기를 원했기 때문입니다.

또한 서기관들은 '시장에서 문안받는 것'과 '회당의 높은 자리와 잔치의 윗자리'에 앉는 것을 좋아했습니다. 시장은 사람들이 북적거리는 장소입니다. 그곳에서 사람들이 자기를 알아주고 높여주는 것을 좋아했다는 것입니다. 또한 회당에서나 잔치에서 높은 자리, 윗자리에 앉는 것을 좋아했습니다. 이들은 앉는 자리가 그 사람의 가치를 드러낸다고 믿었습니다. 그래서 그들은 윗자리에 대한 규례를 만들기도 했는데, 예를 들어서 학교에서는 가장 박학다식(博學多識)한 사람이 높은 자리에, 연회석에서는 가장 연장자가 윗자리에 앉게 했다고 합니다.

이 부분을 메시지성경은 "사람들의 치켜세우는 말에 우쭐하고, 중요한 자리를 차지하면서 교회의 모든 행사에서 상석에 앉기 좋아한다"라고 표현합니다. 이런 말들이 전혀 생소하게 느껴지지 않는 것은 우리 주변에서 자주 목격되는 장면이기 때문입니다. 높은 자리에 매우 민감할 뿐만 아니라 그 자리에 목숨을 거는 분들이 적지 않은데, 그들의 모습에서 우리는 서기관들의 흔적을 발견할 수 있습니다.

게다가 그들은 "과부의 가산(家産)을 삼킨다"고 합니다. 과부에게는 죽은 남편이 남겨놓은 집이 전 재산입니다. 그런데 그것을 서기관들이 탐욕스럽게 삼켜버린다는 것입니다. 기껏해야 율법을 가르치는 서기관들이 무슨 힘이 있다고 그렇게 할 수 있을까요? 본래 랍비는 무보수로 율법을 가르치게 되어 있습니다. 그런데 실제로는 뒷돈을 받아 챙기는 일에 열중했고 순진한 과부들이 그 희생양이 되었던 것입니다.

메시지성경은 이 부분을 “언제나 그들은 연약하고 무력한 사람들을 착취한다”(All the time they are exploiting the weak and helpless)로 풀이합니다. 오늘날에도 교회에 다니면서 잘못된 가르침에 희생당하는 사람들이 적지 않습니다. 특히 이단일수록 이런 현상이 더욱 심하게 나타납니다만, 기존 교회에서도 지나친 헌금 강요로 인해서 어려움을 겪는 사람들이 적지 않은 현실입니다. 목회자가 돈에 욕심을 부리기 시작하면 이런 일들이 나타납니다.

마지막으로 서기관들은 “외식으로 길게 기도한다”라고 합니다. 기도를 길게 하는 것이 무슨 잘못이겠습니까? 문제는 ‘외식으로’ 한다는 것입니다. 외식(外飾)이란 사람들에게 그럴듯하게 보이려는 태도를 말합니다. 기도가 하나님과 나누는 밀접한 교제가 되어야 하는데, 그러한 종교적인 의식조차도 사람들에게 보이기 위해서 한다는 것입니다. 이들은 바울의 말처럼 ‘경건을 이익의 방도(재료)로 생각하는 자들’(딤전 6:5) 입니다.

메시지성경은 이 부분을 “그들의 기도가 길어질수록, 그들의 상태는 더 나빠진다”(The longer their prayers, the worse they get)로 풀이합니다. 기도가 길어질수록 신심(信心)이 더 깊어지고, 하나님의 뜻을 더 많이 깨닫게 되고, 그에 따라 그들의 삶이 새롭게 변화되어야 마땅한 일입니다. 그러나 기도가 길어질수록 상태가 더욱 나빠진다니, 그런 기도가 무슨 소용입니까?

기도의 대상과 방법이 잘못되면 그렇게 됩니다. 기도는 하나님께 하는 것입니다. 하나님의 뜻 앞에 우리의 뜻을 꺾는 것입니다. 그런데 사람들에게 보여주기 위해서 기도한다면, 그런 기도를 통해서 무엇을 얻을 수 있겠습니까? 혹시라도 사람들은 그들의 경건함을 인정해 줄지 모릅니다. 그렇다 한들 무슨 소용입니까? 하나님이 인정해 주시지 않는데 말입니다.

예수님의 결론입니다. "그들이 더 엄중한 심판을 받으리라!" 왜 그렇습니까? '알고도 행하지 않았기 때문'입니다(눅 12:47). 서기관들은 율법의 전문가요 율법을 가르치는 교사입니다. 그들은 하나님의 뜻을 잘 알고 있었습니다. 그러나 알면서 실제로는 행하지 않았습니다. 그렇기에 마지막에 더 엄중한 심판을 받게 된다는 것입니다. 주님은 지금 제자들에게 말씀하고 계십니다. 주님을 따르는 제자들도 얼마든지 서기관들의 전철을 밟을 수 있기 때문입니다.

가난한 과부의 헌금

예수님은 지금까지 쉬지 않고 논쟁과 가르침을 이어왔습니다. 그러다가 잠시 앉아서 쉬는 동안 때마침 사람들이 헌금함에 헌금을 넣는 모습을 목격하게 되었습니다.

> [1]**예수께서 눈을 들어 부자들이 헌금함에 헌금 넣는 것을 보시고** [2]**또 어떤 가난한 과부가 두 렙돈 넣는 것을 보시고**…(눅 21:1-2).

당시 예루살렘 성전은 네 개의 뜰로 이루어졌습니다. 맨 바깥쪽에 '이방인의 뜰'(the court of the gentiles)이 있었습니다. 말 그대로 이방인도 들어갈 수 있는 뜰이었습니다. 그 안에는 '여인의 뜰'(the court of the women)이 있었는데, 이곳에는 남녀 유대인들이 들어갈 수 있었습니다. 그 안쪽에는 '이스라엘의 뜰'(the court of Israel)이 있었는데, 이곳에는 유대인 남성들만 들어갈 수 있었습니다. 그리고 맨 안쪽에는 '제사장의 뜰'(the court of priests)이 있었습니다. 그곳에는 오직 제사장들만 들어갈 수 있었습니다.

당시 헌금함은 '여인의 뜰'에 놓여 있었습니다. 그래서 오늘 본문에 나오는 가난한 과부가 거기 있는 헌금함에 돈을 넣을 수 있었던 것입니다. 헌금함은 놋쇠로 만들었습니다. 따라서 동전을 넣을 때마다 소리가 났습니다. 사람들은 그것을 '나팔들'(trumpets)이라고 불렀는데, 확성기를 엎어 놓은 것 같은 나팔 모양이었기 때문입니다. 모두 열세 개의 헌금함이 '여인의 뜰' 벽 쪽으로 나란히 놓여 있었습니다.

예수님이 지켜보시는 동안 부자들이 헌금을 넣었습니다. 예수님은 그 액수를 언급하지 않으십니다. 오히려 어떤 가난한 과부가 '두 렙돈'을 바쳤다고 하십니다. 그런데 예수님이 그것을 어떻게 아셨을까요? 헌금함 바로 옆에서 유심히 관찰하셨던 것일까요? 아니면 헌금함에 떨어지는 소리로 판단하셨을까요? 그도 아니면 예수님이 하나님의 아들이기 때문에 초자연적인 능력으로 알고 계셨을까요?

열세 개의 헌금함은 서로 다른 명목의 헌금을 넣게 되어 있었습니다. 예를 들어서 1번과 2번은 '이스라엘의 뜰'에 들어가는 남자들이 성전세 반 세겔을 넣는 헌금함이었습니다(출 30:13). 5번은 성전에서 사용되는 나무(wood)를 위한 헌금을, 6번은 유향(incense)을 위한 헌금을 넣는 그런 식입니다. 여유가 있는 부자들은 여러 헌금함에 많은 액수를 넣었는데, 그럴 때면 그것을 관리하던 제사장이 큰 소리로 밝혔다고 합니다. 예수님이 산상수훈에서 외식하는 자의 구제에 대해서 언급하면서 "나팔을 불지 말라"(마 6:2)고 하신 것은 바로 이런 상황을 염두에 두고 하신 말씀입니다.

자, 그렇다면 가난한 과부는 어디에 헌금했을까요? 그녀가 '두 렙돈'을 바친 헌금함은 바로 3번이었습니다. 그것은 가난한 사람들이 '어린 집비둘기 두 마리'의 번제를 위해 바치는 헌금함이었습니다. 나중에 이 헌금을 모아서 그 숫자만큼의 비둘기를 한꺼번에 번제로 바쳤다고 합니다. 물론 편의를 위해서 그렇게 한다고 하지만, 그만큼 아무도 눈여겨보지 않는 헌금이었습니다. 그리고 실제로 비둘기 번제 제사가 이루어졌는지는 확인할 길이 없습니다. 예수님은 바로 그 헌금함을 주목하고 계셨던 것입니다. 왜 그러셨을까요?

예수님의 어머니 마리아가 정결 예식을 거행하기 위해서 아기 예수님을 데리고 예루살렘에 올라가셨을 때, 바로 이 헌금함에 두 렙돈을 넣으셨습니다(눅 2:22-24). 그만큼 찢어지게 가난한 형편이었던 것입니다. 그때 마리아와 아기 예수님을 눈여겨보는 사람은 아무도 없었습니다. 그러나 메시아의 오심을 평생 간절히 기다리던 시므온과 안나는 아기 예수님을 알아보고 하나님을 찬양했지요. 3번 헌금함이 놓인 곳이 바로 그 장소였습니다.

지금도 가난한 과부의 헌금을 눈여겨보는 사람은 아무도 없었습니다. 그렇지만 메시아로 오신 예수님이 보고 계셨습니다. 그리고 그녀의 믿음을 칭찬하셨던 것입니다.

[3]이르시되 내가 참으로 너희에게 말하노니 이 가난한 과부가 다른 모든 사람보다 많이 넣었도다 [4]저들은 그 풍족한 중에서 헌금을 넣었거니와 이 과부는 그 가난한 중에서 자기가 가지고 있는 생활비 전부를 넣었느니라 하시니라(눅 21:3-4).

사람들은 모두 부자들이 경쟁적으로 많이 내는 헌금에 관심을 두었지만, 예수님은 가난한 과부의 헌금 '두 렙돈'에 관심을 보이며 말씀하셨습니다. "이 가난한 과부가 다른 모든 사람보다 많이 넣었다!" 이것은 사실 정확한 표현은 아닙니다. 금액상으로는 두 렙돈이 가장 작은 헌금이었습니다. 그러나 예수님은 가난한 과부가 다른 모든 사람보다 더 많이 바쳤다고 선언하십니다. 그 이유가 무엇입니까?

부자들은 풍족한 중에서 헌금을 했지만, 이 과부는 가난한 중에 자신의 생활비를 전부 헌금했기 때문입니다. 부자들은 헌금을 아무리 많이 해도 더 많은 것이 남아 있었습니다. 그러나 가난한 과부에게 두 렙돈은 '생명'과도 같은 돈이었습니다. 그 돈을 하나님께 드림으로써 과부는 하나님을 향한 그의 믿음과 사랑을 가장 잘 표현한 것입니다. 오로지 사람들에게 보여주기 위해서 경건 생활에 몰두하는 서기관들에게서는 결코 발견할 수 없는 헌신입니다.

헌금의 가치 .

이 대목에서 우리는 헌금의 가치를 평가하는 성경의 기준이 무엇인지를 한번 정리해 볼 필요가 있습니다.

1. 하나님은 '헌금의 액수'보다도 '헌금의 동기'를 더욱 중요하게 보십니다

억지로 내는 헌금이나 남에게 보이기 위해 내는 헌금은 그 액수가 아무리 많아도 하나님은 귀하게 여기지 않으십니다. 참으로 가치 있는 헌금은 마음에서 우러나는 사랑의 표현입니다. 하나님은 모세에게 "기쁜 마음으로 내는 자가 바치는 것을 받으라"고 명령하셨습니다(출 25:2). '기쁜 마음으로'를 옛날 성경은 '자원하는 마음'으로 번역했습니다. 스스로 원하여 기쁜 마음으로 드리는 헌금만을 받으라고 하신 것입니다.

사도 바울도 "인색함이나 억지로 하지 말라"고 권면했습니다(고후 9:7). 왜냐면 하나님은 즐겨 내는 자를 사랑하시기 때문입니다. 그러나 예수님 당시의 제사장들은 그런 '마음의 동기'는 그다지 중요한 문제가 되지 않았습니다. 그들은 단지 '많이 바쳐진 헌금'을 더욱 기쁜 마음으로 받았을 뿐입니다.

2. 하나님은 '희생이 포함된 헌금'을 귀하게 여기십니다

이런 이야기가 있습니다. "하나님은 헌금의 진정성을 '얼마를 드렸느냐'가 아니라 '얼마나 남았느냐'로 테스트하신다." 부자들은 헌금을 많이 했습니다. 그러나 그보다 더 많은 돈을 자기를 위해 남겨두었습니다. 가난한 과부는 겨우 '두 렙돈'을 하나님께 드렸습니다. 그러나 그녀 자신을 위해 남겨둔 것은 한 푼도 없었습니다. 자기희생이 따르지 않는 헌신은 진정한 헌신이 아닙니다. 그래서 오늘 본문 3-4절을 메시지성경은 이렇게 풀이합니다.

"과연, 이 과부가 오늘 가장 많은 헌금을 드렸다. 다른 사람들은 아깝지 않을 만큼 헌금했지만, 이 여자는 자기 형편보다 넘치도록 드렸다. 자신의 전부를 드린 것이다"(눅 21:3-4, 메시지).

사람들은 '아깝지 않을 만큼'만 헌금합니다. 헌금 시간에 지갑에 들어 있는 큰 액수의 돈이 잡힐까 봐 조심하면서 작은 돈을 골라 헌금해 본 경험이 있습니까? 하나님의 은혜를 체험하여 아는 사람들은 그런 식으로 헌금하지 않습니다. 차라리 교통비가 없어서 집에 걸어오는 한이 있더라도 자신이 가진 전부를 드립니다. 그러고도 기쁨과 감격을 감출 수 없어서 찬송하면서 씩씩하게 걸어가지요. 희생이 포함된 헌금을 하나님은 귀하게 여기십니다.

이 원칙은 단지 헌금만이 아니라 삶의 모든 부분에 적용됩니다. 예수님은 "친구를 위하여 자기 목숨을 버리면 이에서 더 큰 사랑이 없다"라고 말씀하셨습니다(요 15:13). 희생하지 않는 사랑은 진정한 사랑이 아닙니다. 과부가 바친 '두 렙돈'처럼 예수님은 조만간 자신의 생명을 아끼지 않고 모두 하나님께 드리게 될 것입니다. 그렇게 이 세상을 구원하시려는 하나님의 희생적인 사랑을 온몸으로 증명하실 것입니다. 그래서 과부의 헌금을 더욱 귀하게 여기셨던 것입니다.

묵상 질문: 나는 어떤 태도로 신앙생활하고 있는가?

오늘의 기도: 하나님 아버지, 우리의 신앙생활은 오직 하나님을 향하게 하옵소서. 사람들에게 인정받고 존경받기 위해서 경건으로 우리의 삶을 포장하지 않게 하옵소서. 우리의 중심을 보시는 하나님 아버지께 부끄럽지 않도록 정직하고 신실하게 살아가게 하옵소서. 필요하다면 우리의 생명도 아낌없이 하나님께 드릴 수 있게 하옵소서. 예수님의 이름으로 기도합니다. 아멘.

누가복음 묵상 ❷-34

작은 계시록

읽을 말씀: 누가복음 21:5-36

새길 말씀: [27]그 때에 사람들이 인자가 구름을 타고 능력과 큰 영광으로 오는 것을 보리라 [28]이런 일이 되기를 시작하거든 일어나 머리를 들라 너희 속량이 가까웠느니라 하시더라(눅 21:27-28).

지금 우리는 성주간의 셋째 날과 넷째 날 예수님의 행적을 살펴보는 중입니다. 지난 시간에는 가난한 과부가 드린 두 렙돈의 헌금을 칭찬하시는 이야기를 묵상하면서 하나님께서 우리의 신앙생활을 어떤 마음으로 바라보시는지 생각하게 되었습니다. 오늘은 누가복음에서 이른바 '작은 계시록'(The Little Apocalypse)이라고 불리는 본문을 살펴보겠습니다.

계시록의 이해

‘계시록’이라고 하면 사람들은 가장 먼저 ‘요한계시록’을 생각합니다. 그리고 그 속에 등장하는 온갖 기괴한 환상들과 이해하기 힘든 상징과 암시를 떠올립니다. 그래서 요한계시록을 읽기 ‘두려운 책’이요, 이해하기 ‘힘든 책’이요, 자칫 이단에 빠질 수도 있는 아주 ‘위험한 책’이라고 생각하여 읽기를 주저합니다. 그러나 그것은 계시록에 대한 아주 큰 오해입니다. ‘요한계시록’은 말 그대로 ‘사도 요한에게 주신 예수 그리스도의 계시’(The Revelation of Jesus Christ to John the Apostle)입니다.

예수 그리스도의 계시라 이는 하나님이 그에게 주사 반드시 속히 일어날 일들을 그 종들에게 보이시려고 그의 천사를 그 종 요한에게 보내어 알게 하신 것이라(계 1:1).

‘계시’(啓示)를 한자어로 풀이하면 ‘열어’(啓) ‘보이다’(示)가 됩니다. 사람들이 잘 알지 못하는 어떤 신적인 진리를 명백하게 드러내어 알게 해준다는 뜻입니다. 이에 해당하는 헬라어 ‘아포칼룹시스’(apokalupsis)는 ‘베일을 벗겨내다’(unveiling)라는 뜻입니다. ‘요한계시록’의 영어 제목인 ‘Revelation’도 ‘드러내 보임’이라는 뜻입니다.

그러니까 ‘계시’는 감추어진 비밀의 베일을 벗겨내고 닫힌 뚜껑을 열어서 환하게 드러내 보이는 것을 말합니다. 그런데 오히려 정반대로 알고 있는 사람들이 생각보다 참 많습니다. 특히 환상이나 상징이나 숫자들을 무슨 대단한 비밀이 숨어 있는 수수께끼처럼 오해하여 그 풀이에만 몰두합니다. 그래서 요한계시록이 전하려고 하는 아주 단순하고 분명한 메시지를 찾아내지 못합니다.

예수님이 사도 요한을 통해서 보여주려고 하는 계시의 내용은 '반드시 속히 일어날 일들'에 관한 것입니다. 그것은 구체적으로 주님의 재림을 가리킵니다(계 1:7). 그런데 사람들은 주님의 재림보다는 이 세상 역사의 파국적인 종말에 더욱 큰 관심을 가집니다. 그래서 계시록을 두려운 책, 어려운 책으로 만들어왔던 것이 사실입니다.

누가복음의 '작은 계시록' 역시 마찬가지입니다. 이제 곧 십자가에 달려서 개인적인 종말을 맞이해야 하는 예수님께서 재림하실 때의 일에 관해서 알려주시는 것은 시기상 아주 적절하고 자연스러운 일입니다. 물론 이런저런 이야기들이 섞여 있어서 조금 복잡하게 느껴지기는 하지만, '작은 계시록'의 메시지는 분명합니다. 주님의 재림을 기다려야 하는 제자들에게 주시는 격려와 권면의 말씀입니다.

성전 파괴 예언

'작은 계시록'은 예루살렘 성전의 규모에 감탄하는 제자들에게 주신 말씀으로 시작됩니다.

> [5]어떤 사람들이 성전을 가리켜 그 아름다운 돌과 헌물로 꾸민 것을 말하매 예수께서 이르시되[6]너희 보는 이것들이 날이 이르면 돌 하나도 돌 위에 남지 않고 다 무너뜨려지리라(눅 21:5-6).

여기에는 '어떤 사람들'이라고 하지만, 마가복음을 읽어보면 '제자

중 하나'라고 되어 있습니다(막 13:1). 제자들은 예루살렘 성전의 겉모습만 보고 감탄했습니다. 그러나 예수님은 성전의 본질과 임박한 심판을 보고 계셨습니다. 예루살렘에 입성하실 때 눈물을 흘리셨던 것도 바로 그 때문이었습니다(눅 19:41-44). 예수님은 다시 한번 예루살렘 성전의 파국적인 운명을 선포하십니다. "너희가 그토록 감탄하는 이 모든 것, 이 성전의 돌 하나하나가 결국 잔해더미가 되고 말 것이다" (눅 21:6, 메시지).

그러자 제자들은 대뜸 그런 일이 벌어질 시기와 징조를 묻습니다.

그들이 물어 이르되 선생님이여 그러면 어느 때에 이런 일이 있겠사오며 이런 일이 일어나려 할 때에 무슨 징조가 있사오리이까(눅 21:7).

파국적인 종말의 이야기를 들은 사람들은 일단 그 시기를 알고 싶어 합니다. 여기에는 두 가지 정도의 이유가 있습니다. 하나는 막연한 '호기심'이고, 다른 하나는 파국을 모면하려는 얄팍한 '계산'입니다. 어떤 불행한 일이 일어나는 때와 장소를 미리 알 수만 있다면 얼마든지 그 일을 피할 수 있을 것으로 생각하기 때문입니다.

물론 예루살렘 성전 파괴에 대한 예수님의 예언은 AD 70년에 로마제국의 티투스(Titus) 장군에 의해 그대로 성취되었습니다. 그러나 지금 예수님의 관심사는 예루살렘 성전의 파괴가 아닙니다. 그것은 그냥 지나가는 하나의 비극적인 사건일 뿐입니다. 예수님은 이 세상의 구원을 완성하기 위해서 다시 오실 재림 때의 일에 대해서 말씀하고 싶어 하십니다. 그때가 오기 전에 먼저 사이비 종말론자들이 등장할 것을 경고하십니다.

이르시되 미혹을 받지 않도록 주의하라 많은 사람이 내 이름으로 와서 이르되 내가 그라 하며 때가 가까이 왔다 하겠으나 그들을 따르지 말라(눅 21:8).

어느 시대나 종교 사기꾼들이 등장하지만, 마지막 때가 되면 더욱 기승을 부리게 될 것입니다. 그들이 내세우는 첫 번째 단골 메뉴는 재림하시는 그리스도를 빙자하는 것입니다. 즉, 자칭 '재림 예수'라고 선언하는 것입니다. 어느 신문 기사에 보니까 현재 우리나라에 '자칭 하나님'이 20명이고 '자칭 재림 예수'가 50명이라고 합니다. 그렇게 "내가 그라"(I am he!)고 말하는 사람을 보거든 절대로 따르지 말라고 하셨습니다. 왜냐면 그들은 100% 가짜이기 때문입니다. 예수님이 재림하시면 "내가 그라"고 말하기 전에 사람들이 모두 알게 됩니다(눅 17:24).

종교 사기꾼들의 두 번째 단골 메뉴는 "때가 가까이 왔다"(The time is near!)라고 선포하는 것입니다. 여기에서 '때'는 '종말의 때'를 말합니다. 그런데 그때가 가까우면 어떻고 아직 멀면 또 어떻습니까? 늘 정직하고 깨끗하게 살아가는 사람들에게 종말의 때가 가까이 왔다는 것은 결코 두려운 말이 아닙니다. 문제는 그렇게 살지 못하는 사람들이지요. 그래서 때가 가까이 왔다는 협박에 미혹을 당해 속아 넘어가는 것입니다.

난리와 소요의 소문을 들을 때에 두려워하지 말라 이 일이 먼저 있어야 하되 끝은 곧 되지 아니하리라(눅 21:9).

한 걸음 더 나아가 '난리와 소요의 소문'을 들을 때도 두려워하지 말라고 하십니다. 시국이 불안정할수록 종교 사기꾼들이 더욱 많이 등장합니다. 사람들의 불안한 심리를 이용하면 자신들의 사리사욕을 채우기가 아주 쉽기 때문입니다. 그런데 예수님은 분명히 말씀하십니다. "이 일이 먼저 있어야 하지만 끝은 아니니다"라고 말입니다.

여기에서 '난리와 소요의 소문'은 아마도 제1차 유대-로마전쟁(First Jewish-Roman War)과 예루살렘 성전의 파괴를 가리키는 것처럼 보입니다. 그런 일이 벌어진다고 하더라도 이 세상의 종말이 다가온 것은 아닙니다. 진짜 종말은 주님의 재림과 더불어 이 땅에 하나님 나라가 임하는 것입니다.

박해에 대하여

계속해서 예수님은 민족 간에, 국가 간에 일어나는 전쟁과 지진과 기근과 전염병이 있을 것을 예고하십니다(눅 21:10-11). 그러나 역시 그렇다고 해서 종말은 아닙니다. 종교 사기꾼들은 이것을 확대해석하여 사람들의 심리를 불안하게 만들고 협박하여 돈주머니를 털어갈 것입니다. 그런 속임수에 넘어가면 안 됩니다. 종말은 그런 식으로 오지 않습니다. 인류 역사의 종말은 오직 우리 주님이 재림하실 때 일어납니다.

그 마지막 때가 오기 전에 그리스도인이 겪어야 할 더욱 현실적인 위협이 있습니다. 그것은 바로 '박해'입니다.

[12]이 모든 일 전에 내 이름으로 말미암아 너희에게 손을 대어 박해하며 회당과 옥에 넘겨주며 임금들과 집권자들 앞에 끌어가려니와 [13]이 일이 도리어

너희에게 증거가 되리라(눅 21:12-13).

이 말씀은 초대교회가 경험했던 박해 상황을 염두에 두면 충분히 이해할 수 있습니다. 여기에서 우리는 "이 일이 도리어 너희에게 증거가 되리라"라는 말씀을 주목해야 합니다. '증거가 된다'는 것은 '증언할 기회가 된다'(This will be your opportunity to bear witness. ESV)라는 뜻입니다. 다시 말해서 박해로 인해서 법정에 끌려가겠지만, 그것으로 인하여 오히려 복음을 전할 기회를 잡게 될 것이라는 말씀입니다.

실제로 베드로와 요한이 법정에서 담대하게 복음을 증언했고(행 4장), 스데반도 순교하기에 앞서서 담대하게 복음을 선포했습니다(행 7장). 예루살렘에 박해가 극심해지자 사방으로 흩어진 그리스도인들은 가는 곳에서 복음을 전했습니다. 빌립은 사마리아로 내려가서 복음을 전했고 에티오피아에서 온 관리를 만났습니다(행 8장).

안디옥으로 간 사람들은 헬라인에게도 복음을 전하여 많은 이방인이 주님을 믿게 되었습니다(행 11장). 또한 그들이 세운 안디옥 교회가 바나바와 바울을 선교사로 파송함으로써 땅끝 선교가 시작되었습니다(행 13장). 만일 박해가 없었다면 이와 같은 복음 전파의 진전도 없었을 것입니다. 따라서 박해를 종말적인 사건으로 오해하지 말라고 말씀하신 것입니다.

[14]그러므로 너희는 변명할 것을 미리 궁리하지 않도록 명심하라 [15]내가 너희의 모든 대적이 능히 대항하거나 변박할 수 없는 구변과 지혜를 너희에게 주리라(눅 21:14-15).

메시지성경은 이 부분을 "너희는 그 일로 걱정하지 않겠다고 지금 결심하여라. 내가 너희에게 말과 지혜를 줄 것이니, 너희를 고소하는 자들 모두가 맞서도 너희 말을 이기지 못할 것이다"라고 풀이합니다. 실제로 법정에서 베드로와 요한이 담대하게 말하는 것을 보고서 사람들은 이상히 여겼습니다(행 4:13). '일자 무식쟁이'인 줄로만 알았는데, 그 말이 대단히 논리적이고 또한 설득력이 있었기 때문입니다. 누가 그렇게 말하게 했습니까? 성령님께서 하셨습니다.

따라서 박해는 피해야 할 것이 아닙니다. 박해는 복음을 전하는 좋은 기회이며, 하나님 나라에 들어가는 통로입니다. 박해와 죽음을 두려워하는 자들은 종교 사기꾼들의 밥이 됩니다. 그러나 박해와 죽음에 당당하게 맞서는 자들은 결국 하나님 나라의 백성이 되어 부활의 영광에 참여하게 될 것입니다.

재림에 대하여

계속해서 예수님은 예루살렘의 멸망과 회복에 대해서 말씀하십니다(눅 21:20-24). 여기에서 자세히 다루지는 않겠지만, 예루살렘에 임할 '징벌의 날'에 대한 예언은 AD 70년에, 예루살렘이 '이방인의 때가 차기까지 이방인들에게 밟힐 것'이라는 예언은 AD 1967년에 각각 성취됩니다. 우리는 예수님의 예언이 역사적 사실이 되었다는 것을 잘 알지만, 당시 사람들에게는 뜬구름 잡는 이야기처럼 들렸을 것입니다. 그렇습니다. 하나님의 말씀은 이해한 후에 믿는 것이 아닙니다. 먼저 믿으면 이해할 수 있게 되는 것입니다.

그다음부터 예수님은 본격적으로 재림에 대해서 말씀하십니다.

> [25]일월성신에는 징조가 있겠고 땅에서는 민족들이 바다와 파도의 성난 소리로 인하여 혼란한 중에 곤고하리라 [26]사람들이 세상에 임할 일을 생각하고 무서워하므로 기절하리니 이는 하늘의 권능들이 흔들리겠음이라(눅 21:25-26).

예수님은 '예루살렘의 멸망'과는 구별되는 사건으로 '일월성신의 징조'에 대해서 언급하십니다. 일월성신(日月星辰), 즉 해와 달과 별들에 어떤 징조가 일어날 것인지 여기에는 자세한 설명이 나오지 않지만, 이사야의 예언 중에 그 사건을 짐작하게 하는 말씀이 나옵니다.

> [9]보라 여호와의 날 곧 잔혹히 분냄과 맹렬히 노하는 날이 이르러 땅을 황폐하게 하며 그 중에서 죄인들을 멸하리니 [10]하늘의 별들과 별 무리가 그 빛을 내지 아니하며 해가 돋아도 어두우며 달이 그 빛을 비추지 아니할 것이로다(사 13:9-10).

이사야는 하나님께서 죄인들을 심판하는 날에 나타날 징조로서 '하늘의 별들이 그 빛을 내지 않는 현상'을 예고합니다. 즉, 해가 돋아도 어둡고, 달이 그 빛을 비추지 않는 그런 흑암의 세상이 임하게 될 것이라는 예언입니다. 요엘 선지자도 그와 비슷한 예언을 합니다(욜 2:30-31). 요한계시록에서도 어린양이 여섯째 인을 뗄 때 실제로 이런 일들이 벌어진다고 기록되어 있습니다(계 6:12-13).

자, 그렇다면 땅에서는 어떤 일이 벌어질 것인가? '바다와 파도의 성난 소리로 인해 혼란스러워질 것'이라고 합니다(눅 21:25). 이른바 쓰나미나 해일 같은 자연재해를 가리키는 표현입니다. 시편 기자는

"주께서 물의 경계를 정하여 넘치지 못하게 하시며 다시 돌아와 땅을 덮지 못하게 하셨다"(시 104:9)고 했습니다. 그러나 하나님이 진노하신다면 그와 같은 경계는 순식간에 무너집니다. 이런 일이 벌어질 때 사람들은 말 그대로 '혼비백산'하고 '기절초풍'하게 될 것입니다.

그러나 그것은 하나님을 믿지 않는 사람들, 주님의 재림을 기다리지 않는 사람들 이야기입니다. 우리 그리스도인은 이 세상의 종말이 그런 식으로 다가오는 것을 직접 목격하게 된다고 하더라도 결코 무서워하거나 기절하지 않습니다. 바로 여기에 신자와 불신자의 결정적인 차이가 있는 것입니다.

[27]그 때에 사람들이 인자가 구름을 타고 능력과 큰 영광으로 오는 것을 보리라 [28]이런 일이 되기를 시작하거든 일어나 머리를 들라 너희 속량이 가까웠느니라 하시더라(눅 21:27-28).

'일월성신의 징조'와 '파도가 땅을 덮어버리는 징조'가 일어날 때, 그것을 단순히 이 세상의 파국적인 종말이 왔다는 징조로 생각하지 말고 주님께서 재림하신다는 징조로 생각해야 합니다. "인자가 구름을 타고 오신다"고 하셨는데, 이것은 예수님께서 승천하실 때 천사가 나타나서 한 말씀 그대로입니다(행 1:9-11).

그다음 말씀이 중요합니다. "이 모든 일이 벌어지기 시작하거든, 일어서거라. 고개를 들고 당당히 서거라. 구원이 가까이 온 것이다!"(메시지) 그렇습니다. 주님이 재림하시는 그날은 우리에게 '심판'과 '멸망'의 날이 아니라 '구원'과 '속량'의 날입니다. 그러니 고개를 들고 당당히 서야 합니다.

물론 구원에 대한 확신도 없이, 재림에 대한 소망도 없이 아무런 준비도 하지 않고 지내던 사람들에게 그날은 공포와 절망과 심판의 날이 될 것입니다. 그러나 구원받은 확신으로 주님의 재림을 소망하면서 매일매일 깨어서 기도하며 믿음으로 순종하면서 말씀에 따라 살아가던 사람들에게 그날은 기쁨과 환희와 잔치의 날이 되는 것입니다.

계시록의 결론

'작은 계시록'의 결론은 두 가지입니다. 첫 번째는 "스스로 조심하라"는 말씀입니다.

> **[34]너희는 스스로 조심하라 그렇지 않으면 방탕함과 술취함과 생활의 염려로 마음이 둔하여지고 뜻밖에 그 날이 덫과 같이 너희에게 임하리라 [35]이 날은 온 지구상에 거하는 모든 사람에게 임하리라(눅 21:34-35).**

우주적인 종말은 먼 훗날에 일어날 일이기 때문에 지금 우리와 상관없다고 생각하면 안 됩니다. 왜냐면 우리는 모두 개인적인 종말을 통해서 우주적인 종말로 곧바로 넘어갈 것이기 때문입니다. 따라서 우리에게 주어진 인생을 늘 우주적인 종말과 연결하며 조심스럽게 살아가야 합니다. 그러지 않으면 '방탕함'(dissipation)과 '술 취함'(drunkenness)과 '생활의 염려'(the anxieties of life)로 인해 우리에게 주어진 단 한 번의 기회를 허비하게 됩니다.

두 번째 결론은 "항상 기도하며 깨어 있으라"는 말씀입니다.

이러므로 너희는 장차 올 이 모든 일을 능히 피하고 인자 앞에 서도록 항상 기도하며 깨어 있으라 하시니라(눅 21:36).

이것은 앞의 "마음이 둔하여진다"라는 경고를 뒤집어 놓은 것입니다. 세상의 즐거움에 방탕하면서 동시에 영적인 사안에 민감하게 반응할 수는 없습니다. 술에 취해 있으면서 동시에 영적인 통찰력을 발휘할 수는 없습니다. 기도는 하나님과의 영적인 교통입니다. 기도함으로써 하나님의 뜻을 알아가는 자만이 자신에게 주어진 삶 속에서 영적으로 예민하게 반응할 수 있는 것입니다. 메시지성경은 이렇게 풀이합니다.

그러니, 너희는 무엇을 하든, 방심하지 마라. 닥쳐올 모든 일을 끝까지 견뎌내고, 마침내 인자 앞에 설 힘과 분별력을 얻도록 끊임없이 기도하여라(눅 21:36, 메시지).

신앙생활은 장차 닥쳐올 모든 일을 '피하는 것'이 아니라 '끝까지 견뎌내는 것'입니다. 구원이란 환난과 어려움을 요리조리 피해 가서 결국 얻게 되는 피난처가 아닙니다. 오히려 그것을 정면으로 뚫고 지나가면서 이겨내고, 마침내 주님 앞에 서게 되는 것입니다. 그렇게 하려면 기도를 통하여 '힘과 분별력'을 얻어야 합니다. 하나님이 주시는 힘과 지혜로 모든 일을 넉넉히 견뎌내고 이겨낼 수 있기 때문입니다.

'작은 계시록'은 먼 미래에 다가올 종말의 시기와 징조에 대한 지적인 호기심을 만족시키기 위해서 주신 말씀이 아닙니다. 오히려 주님의 재림과 우주적인 종말에 관한 예민함을 가지고 영적으로 늘 깨어 있어 기도하는 사람이 되라는 권면의 말씀입니다. 끊임없이 기도하는 사람이 앞으로 닥쳐올 모든 일들을 끝까지 견뎌 내고 재림하시는 주님 앞에 당당히 설 수 있게 될 것입니다.

묵상 질문: 나는 주님의 재림을 어떻게 준비하고 있는가?

오늘의 기도: 하나님 아버지, 우리의 연약한 믿음을 긍휼히 여기시옵소서. 주님의 재림에 대하여 마땅히 품을 생각을 품지 않고 오히려 엉뚱한 길을 찾으려고 하는 우리를 불쌍히 여기시옵소서. 오늘 주신 말씀처럼 늘 깨어서 주님의 재림을 준비하게 하시고, 어려운 일을 만나더라도 끝까지 견뎌내게 하옵소서. 그리하여 우리 모두 주님의 재림을 기쁨과 감격으로 맞이하게 하옵소서. 예수님의 이름으로 기도합니다. 아멘.

누가복음 묵상 ❷ - 35

유월절의 준비

읽을 말씀: 누가복음 21:37-22:13

새길 말씀: 3열둘 중의 하나인 가룟인이라 부르는 유다에게 사탄이 들어가니 4이에 유다가 대제사장들과 성전 경비대장들에게 가서 예수를 넘겨줄 방도를 의논하매 5그들이 기뻐하여 돈을 주기로 언약하는지라 6유다가 허락하고 예수를 무리가 없을 때에 넘겨줄 기회를 찾더라(눅 22:3-6).

지금 우리는 성주간(聖週間)에 예수님이 어떤 일을 하셨는지 살펴보고 있습니다. 첫날에는 어린 나귀를 타고 예루살렘에 입성하셨고, 둘째 날에는 성전에서 장사하던 사람들을 쫓아내셨습니다. 셋째 날과 넷째 날에는 성전에서 사람들에게 하나님 나라의 복음을 가르치면서 성전의 당국자들과 모두 3라운드의 논쟁을 벌이셨습니다. 그리고 임박한 성전의 파괴에 대한 예고와 다가올 박해를 견뎌내는 믿음과 재림을 준비하는 바른 자세에 대해서 말씀하셨습니다.

성주간 동안 예수님의 일과에 대해서 누가복음은 이렇게 요약합니다.

[37]예수께서 낮에는 성전에서 가르치시고 밤에는 나가 감람원이라 하는 산에서 쉬시니 [38]모든 백성이 그 말씀을 들으려고 이른 아침에 성전에 나아가더라(눅 21:37-38).

예수님의 일과는 단순했습니다. 낮에는 성전에서 가르치고 밤에는 '감람원이라는 산'(on the hill called the Mount of Olives)에서 휴식하신 것입니다. 그런데 '산에서' 휴식하셨다고 해서 노숙했다는 뜻은 아닙니다. 마가복음에 따르면 예수님 일행은 베다니에서 묵었습니다(막 11:11). 게다가 누가복음은 '벳바게'와 '베다니'를 일부러 구분하지 않습니다(눅 19:29). 이는 하나님 나라의 복음이 갈릴리에서 예루살렘으로, 또한 예루살렘에서 온 유대와 사마리아를 거쳐 땅끝으로 전파되는 동선을 고려한 의도적인 선택으로 보입니다.

그래서인지 누가복음은 성주간에 예루살렘 바깥에서 일어났던 일들을 기록하지 않습니다. 예를 들어 열매가 없던 무화과나무를 저주한 이야기(막 11:12-14)와 실제로 그 나무가 뿌리째 마른 이야기(막 11:20-25)가 누가복음에는 등장하지 않습니다. 그리고 마리아의 향유 도유 사건을 다른 복음서들은 성주간 베다니에서 일어난 것으로 기록하지만(마 26:6-13; 막 14:3-9; 요 12:1-8), 누가복음은 아예 베다니라는 장소를 언급하지 않은 채 갈릴리 사역에 삽입해 놓습니다(눅 7:36-50). 그 역시 예수님이 일단 예루살렘에 입성하신 후에 계속 그곳에 머물러 계시는 모습을 강조하려는 의도로 보입니다.

아무튼 모든 백성(all the people)이 예수님의 말씀을 들으려고 이른 아침부터 성전으로 나아왔습니다. 메시지성경은 '이른 아침부터'를 '새벽같이 일어나'(up at the crack of dawn)로 번역하는데, 사람들이 얼마나 예수님의 말씀 듣기를 사모했는지 잘 보여주는 대목입니다. 성전에 가면 언제나 주님을 만날 수 있고 주님에게서 하나님 나라의 복음을 들을 수 있기에 새벽같이 일어나 성전으로 갔던 것입니다.

가룟 유다의 배신

이런 일상이 반복되는 동안, 다른 한편으로는 예수님을 해치려는 음모가 진행되었지요.

[1]유월절이라 하는 무교절이 다가오매 [2]대제사장들과 서기관들이 예수를 무슨 방도로 죽일까 궁리하니 이는 그들이 백성을 두려워함이더라(눅 22:1-2).

여기에는 '유월절이라 하는 무교절'이라고 하여 마치 '유월절'과 '무교절'이 같은 절기인 것처럼 표현하고 있습니다. 물론 이들은 시기도 비슷하고 또한 모두 출애굽 사건과 관련된 절기입니다. 그렇지만 엄밀하게 말하자면 다른 절기입니다. 유월절은 유대력 정월 14일 오후에 양을 잡아서 그날 저녁에 먹는 절기이고, 무교절은 정월 15일부터 21일까지 7일 동안 무교병을 먹는 그런 절기입니다(레 23:5-6).

예수님이 예루살렘에서 지내던 마지막 한 주간은 이스라엘 최대의 명절이었던 유월절과 무교절이 다가오고 있던 시점이었습니다. 해마다 이맘때 예루살렘은 각지에서 몰려든 사람들로 북새통을 이루고 있었습니다. 네로 황제 시절 유대와 사마리아 총독이었던 세스티우스(Cestius)의 보고에 따르면 어느 유월절에 잡은 양이 자그마치 256,500마리였다고 합니다. 유월절 양 한 마리를 열 명이 나누어 먹는다고 하면 최소한 250만 명이 예루살렘에 머물고 있었다는 이야기가 됩니다.

그래서 지중해 연안의 가이사랴에 본부를 두고 있던 총독도 이 기간에는 군사를 동원해서 예루살렘에 와서 지내면서 치안을 유지해야 했습니다. 그리고 실제로 이 기간에 민중 봉기가 자주 일어나곤 했습니다. 로마제국과 타협하여 기득권을 누리고 있던 당시 유대 당국자들에게도 그런 일은 절대로 일어나서는 안 됩니다. 그러나 그들은 눈엣가시처럼 여기던 예수님을 이번 기회에 어떻게든 잡아 죽이고 싶었습니다. 문제는 예수님을 따르는 백성이 많았다는 사실입니다.

자칫 무리해서 예수님을 체포하다가 백성들이 소란을 일으키게 되면 로마 군인들이 자연히 개입할 수밖에 없고, 그때는 대대적인 민중 봉기로 번져 걷잡을 수 없는 상황이 벌어지게 됩니다. 그래서 그들은 어떻게 해야 소란 없이 예수를 잡을 수 있을까 고심하고 있었습니다. 마가복음에 따르면 민란이 일어날 것을 염려하여 "이번 명절에는 하지 말자"라는 쪽으로 결론을 내리려고 하던 중이었습니다(막 14:2).

그때 그들의 고민을 해결해 줄 사람이 등장합니다. 바로 가룟 유다입니다.

> **[3]열둘 중의 하나인 가룟인이라 부르는 유다에게 사탄이 들어가니 [4]이에 유다가 대제사장들과 성전 경비대장들에게 가서 예수를 넘겨 줄 방도를 의논하매 [5]그들이 기뻐하여 돈을 주기로 언약하는지라 [6]유다가 허락하고 예수를 무리가 없을 때에 넘겨 줄 기회를 찾더라(눅 22:3-6).**

마태복음과 마가복음은 마리아의 향유 도유 사건 직후에 가룟 유다가 대제사장들에게 가서 예수님을 은 삼십에 넘겨주는 거래를 하는 것으로 기록합니다(마 26:13-14; 막 14:9-10). 유다가 예수님을 배신한 가장 중요한 동기는 바로 돈에 대한 탐욕이었다는 설명입니다. 그러나 앞에서 언급했듯이 누가복음에서는 이 이야기가 성주간의 예수님의 행적에서 통째로 빠져 있습니다. 반면에 "유다에게 사탄이 들어갔다" 라고 하여 가룟 유다의 배신에 사탄의 개입이 있었음을 밝힙니다.

사탄의 개입

그러고 보면 예수님이 공생애를 시작하는 장면 이후에 처음으로 사탄이 다시 등장합니다. 예수님이 시험을 받으시던 장면을 다시 한번 읽어보겠습니다.

> 12예수께서 대답하여 이르시되 주 너의 하나님을 시험하지 말라 하였느니라 13마귀가 모든 시험을 다 한 후에 얼마 동안 떠나니라(눅 4:12-13).

마귀가 예수님을 시험하는 일에 실패한 후에 "얼마 동안 떠나갔다" 라고 되어 있습니다. 완전히 떠난 것이 아니라 잠시 떠나서 호시탐탐 기회를 노리고 있었던 것입니다. 예수님을 넘어뜨릴 수 없다는 것을 알게 된 사탄은 예수님 대신 제자들을 목표물로 삼았습니다. 베드로가 가장 먼저 사탄의 계략에 넘어갔습니다.

> 예수께서 돌이키사 제자들을 보시며 베드로를 꾸짖어 이르시되 사탄아 내 뒤로 물러가라 네가 하나님의 일을 생각하지 아니하고 도리어 사람의 일을

생각하는도다…(막 8:33).

베드로는 예수님을 아끼는 충정에서 적극적으로 십자가의 길을 반대했습니다. 충분히 이해할 수 있는 일입니다. 그러나 예수님은 하나님의 일을 먼저 생각하지 않는 베드로에게 사탄이 개입하고 있음을 아셨습니다. 그래서 "사탄아, 물러가라!" 말씀하셨던 것입니다. 베드로를 이용하려던 계획에서 실패한 사탄은 이제 가룟 유다에게로 시선을 돌렸고, 그는 보기 좋게 사탄의 계략에 넘어가고 말았습니다.

그러나 만일 가룟 유다가 마음 문을 열지 않았다면 사탄이 그의 마음에 들어갈 수 없었습니다. 사람의 마음 문은 밖에서는 절대로 열 수 없습니다. 문고리는 문 안에 있습니다. 반드시 안에서 열어야만 합니다. 사탄뿐만 아니라 주님도 억지로 들어오실 수 없습니다. 그렇다면 가룟 유다가 사탄에게 마음 문을 열어주었던 동기가 무엇일까요? 단지 은 30량의 돈에 눈이 먼 것이 아니었다면, 다른 어떤 이유가 있었을까요?

여기에서 우리는 예수님의 제자 중에 '가룟 유다'와 '시몬'이 열심당(the Zealots) 출신이었다는 사실에 주목할 필요가 있습니다. 그들은 예수님이 '메시아 왕국'을 이끄는 정치적인 메시아가 되어서 유대를 로마의 압제에서 해방할 것이라 굳게 믿었습니다. 그래서 줄기차게 예수님을 따라다녔던 것입니다. 그러나 예수님에 대한 기대가 점점 실망으로 바뀌었고, 이제는 아예 원수들과 손을 잡고 예수님을 없애려고 했던 것입니다.

그 동기가 돈에 대한 탐욕이나 예수님에 대한 개인적인 실망이나 아니면 마음의 섭섭함이나 그 무엇이 되었든지, 결국 사탄에게 마음

문을 열어주었다는 것이 중요합니다. 우리는 흔히 "화가 나면 무슨 말이든 못할까"라고 하지만, 그것은 그리스도인에게는 적용해서는 안 될 말입니다. 그 어떤 경우에도 사탄이 우리 마음을 접수하도록 내어주면 안 되기 때문입니다. 가룟 유다는 결국 사탄에게 마음을 열어주었고, 사탄은 그를 이용하여 예수님을 십자가에 처형하는 데 성공했습니다.

물론 사탄의 시도가 하나님이 계획하신 구원의 길을 막을 수는 없습니다. 분명한 것은 그렇게 사탄이 개입할 수 있도록 통로가 되어 준 사람에게는 사탄과 함께 멸망 당하는 하나님의 무서운 심판이 임하게 된다는 사실입니다. 그래서 예수님의 말씀처럼 우리는 시험에 들지 않도록 언제나 깨어 있어 기도해야 합니다(막 14:38). 하나님께서 하나님 나라를 이루어 갈 그의 일꾼을 찾듯이 사탄도 역시 마찬가지로 하나님 나라를 방해할 그의 일꾼을 찾고 있기 때문입니다.

유월절 준비

가룟 유다는 몰래 성전의 당국자들을 만나서 예수를 넘겨주기로 하고 그 방도를 의논하고 돌아왔습니다. 그리고 사람들의 눈을 피해 예수를 넘길 기회를 노리고 있었습니다. 그러던 중에 유월절이 다가왔습니다.

[7]유월절 양을 잡을 무교절 날이 이른지라 [8]예수께서 베드로와 요한을 보내시며 이르시되 가서 우리를 위하여 유월절을 준비하여 우리로 먹게 하라(눅 22:7-8).

유월절 절기는 정월 14일 오후에 성전 안 '제사장의 뜰'에서 유월절 양을 도살하는 일부터 시작되었습니다. 아니, 엄밀한 의미에서 말하면 그에 앞서 유월절 양을 선별하여 두는 정월 10일을 유월절의 출발이라고 해야 합니다(출 12:3). 그날이 바로 성주간의 첫날, 예수님이 예루살렘에 입성하시던 날이었습니다! 다시 말해서 그날 하나님께서 당신의 독생자 예수님을 이 세상을 구원하는 유월절 어린 양으로 선별하여 두셨던 것입니다.

예수님은 오래전부터 이 유월절 식사를 매우 중요하게 여기셨습니다. 그것을 뒷부분에서 확인할 수 있습니다.

이르시되 내가 고난을 받기 전에 너희와 함께 이 유월절 먹기를 원하고 원하였노라(눅 22:15).

예수님에게 이 절기는 특별한 의미가 있었습니다. 이 절기에 예수님은 '세상 죄를 지고 가는 하나님의 어린 양'으로서 십자가에 달려 죽어야 합니다. 예수님은 이와 같은 하나님의 계획을 모두 알고 계셨고, 또한 이것을 성취하기 위하여 예루살렘에 오셨습니다. 따라서 이 유월절 식사는 그냥 또 다른 한 끼의 식사가 아니었습니다. 그것은 제자들과 나누는 마지막 만찬이었습니다. 예수님은 이 식사가 특별하게 준비되기를 원했습니다. 그래서 유월절 식탁을 준비하라고 베드로와 요한을 앞서서 보내셨던 것입니다.

유월절 식탁을 준비하는 것은 본래 가룟 유다가 해야 할 일입니다. 그는 제자 공동체의 살림살이를 맡고 있었기 때문입니다. 그런데 예수님은 가룟 유다를 보내지 않으시고 베드로와 요한에게 이 일을 맡기셨습니다. 그 이유가 무엇이었을까요? 가룟 유다가 그 자리에 없어서였을 수도 있습니다. 당국자들과 비밀 회동 후에 아직 돌아오지 못했던 것 같습니다. 혹은 가룟 유다의 행적을 알고 계셨던 예수님이 의도적으로 그를 배제했는지도 모릅니다.

그 이유가 무엇이든지 간에 예수님은 유월절 식탁을 준비하는 일을 베드로와 요한에게 맡겼습니다. 자, 문제는 각지에서 몰려든 사람들로 인해 북새통을 이루고 있는 예루살렘 성내에서 어떻게 예수님과 제자들이 유월절 식사를 할 수 있는 넉넉한 공간을 찾을 수 있겠느냐는 것입니다.

[9]여짜오되 어디서 준비하기를 원하시나이까 [10]이르시되 보라 너희가 성내로 들어가면 물 한 동이를 가지고 가는 사람을 만나리니 그가 들어가는 집으로 따라 들어가서 [11]그 집 주인에게 이르되 선생님이 네게 하는 말씀이 내가 내 제자들과 함께 유월절을 먹을 객실이 어디 있느냐 하시더라 하라 [12]그리하면 그가 자리를 마련한 큰 다락방을 보이리니 거기서 준비하라 하시니… (눅 22:9-12).

베드로와 요한은 매년 이맘때에 예루살렘 성내에서 식사 자리를 구한다는 것이 거의 불가능하다는 사실을 잘 알고 있었습니다. 보통 사람 같았으면 "지금 갑작스럽게 어디로 가서 그런 자리를 구하라는 것입니까?" 하면서 짜증을 부렸을지도 모릅니다. 그러나 그들은 그러지 않고 예수님께 물었습니다. "어디서 준비하기를 원하십니까?"(Where do you want us to do this? MSG)

이 대목에서 우리는 베드로와 요한의 믿음을 발견합니다. 예수님이 그들에게 어떤 일을 시키실 때는 분명 주님이 준비해 놓으신 계획이 있다는 그런 믿음 말입니다. 주님의 말씀이 떨어지기가 무섭게 무조건 가서 찾아보는 것이 말씀에 순종하는 태도가 아닙니다. 만일 자신의 힘과 지혜로 불가능한 일이라면 무조건 시도해 보기 전에 먼저 주님의 계획과 지혜를 물어보아야 하는 것입니다. 그래야 헛수고 하지 않습니다.

아니나 다를까 예수님에게는 계획이 있었습니다. 성내로 들어가면 '물 한 동이를 가지고 가는 사람'을 만나게 될 것이라고 하셨습니다. 물동이를 가지고 가는 사람이 한두 사람이겠습니까? 그리고 그것이 무슨 특별한 일이 되겠습니까? 그러나 특별한 일입니다. 왜냐면 '사람'은 '남자'(a man)를 의미하기 때문입니다. 당시에 물동이를 가지고 다니는 것은 여자들이 하는 일이었기 때문에 남자가 물동이를 가지고 가는 것은 이상한 일이었습니다. 그러니까 자연스럽게 눈에 띌 수밖에 없지요.

그 사람이 들어가는 집에 따라 들어가서 집주인에게 이러저러하게 말하면 유월절 식탁을 차릴 수 있는 적당한 자리를 보여줄 것이라고 말씀하셨습니다. 그러면 거기에서 유월절 식사를 준비하면 된다는 것입니다. 여기에서 우리는 예수님께서 예루살렘에 입성하실 때 어린 나귀를 준비시킨 것처럼 유월절 식사의 자리 또한 미리 준비해 놓고 계셨다는 사실을 알 수 있습니다.

예수님이 집주인과 미리 만나서 약속을 해놓았던 것일까요? 아닙니다. 예수님은 하나님의 아들로서 앞으로 발생할 사건과 그 과정을 미리 알고 계셨습니다. 베드로와 요한이 성내에 들어갔을 때 물동이를 가지고 가는 사람이 등장할 것도 아셨고, 그가 공교롭게도 여러 명이 식사를 할 수 있는 넉넉한 다락방 공간을 가진 사람의 집에 들어갈 것도 아셨던 것입니다. 그리고 제자들의 부탁을 들었을 때 그 다락방 주인이 흔쾌히 허락할 것도 알고 계셨습니다.

실제로 어떻게 되었을까요?

그들이 나가 그 하신 말씀대로 만나 유월절을 준비하니라(눅 22:13).

그렇습니다. 주님의 말씀은 곧 현실이 됩니다. 그런 일이 어떻게 벌어질 수 있을까 계산하는 것처럼 어리석은 일은 없습니다. 우리가 해야 할 일은 그저 주님의 말씀을 믿고 그대로 순종하는 것입니다.

예수님께서 베드로에게 "깊은 데로 가서 그물을 내려 고기를 잡으라"고 말씀하셨을 때 베드로가 무엇이라고 대답했습니까? "선생님, 우리들이 밤이 새도록 수고하였으되 잡은 것이 없지마는 말씀에 의지하여 내가 그물을 내리리이다"(눅 5:5). 이성적인 판단에 따르는 것이 아니라 주님의 말씀에 의지하여 순종하여 따를 때 놀라운 일이 벌어지는 것입니다.

이 대목에서 베드로와 요한이 준비한 유월절 식탁은 과연 어떤 것이었을까 생각할 필요가 있습니다. 전통적으로 유월절 식탁은 출애굽기의 말씀에 기초하여 준비됩니다. 그 이야기가 출애굽기 12장에 기록되어 있습니다.

[8]그 밤에 그 고기를 불에 구워 무교병과 쓴 나물과 아울러 먹되 [9]날것으로나 물에 삶아서 먹지 말고 머리와 다리와 내장을 다 불에 구워 먹고 [10]아침까지 남겨두지 말며 아침까지 남은 것은 곧 불사르라(출 12:8-10).

유월절은 이스라엘 백성을 이집트의 압제에서 해방하신 것을 기억하여 지키는 절기입니다. 이때 필수적으로 준비해야 할 음식은 불에 구운 '어린 양고기'와 '무교병'과 '쓴 나물'이었습니다. 무교병은 누룩을 넣지 않고 만든 빵이었는데, 갑작스럽게 이집트에서 탈출했던 당시를 회상하게 만드는 재료였습니다. 또한 쓴 나물은 이집트에서 노예 생활하면서 고생하던 시절을 잊지 않게 하려는 것이었습니다.

가장 중요한 것은 '어린 양'이었습니다. 그 피를 문설주에 발라서 장자의 죽음 재앙을 피할 수 있었기 때문입니다. 그러니까 어린 양의 희생은 이스라엘 백성에게 구원의 사건이 되었습니다. 이것은 장차 예수 그리스도의 십자가 죽음을 통해서 인류를 구원하시는 구원 역사의 예표가 되었습니다. 예수님이 유월절의 어린 양이 되실 것을 알아차린 사람이 있었습니다. 그는 바로 세례 요한이었습니다.

이튿날 요한이 예수께서 자기에게 나아오심을 보고 이르되 보라 세상 죄를 지고 가는 하나님의 어린 양이로다(요 1:29).

예수님이 세례를 받기 위해서 등장하실 때 세례 요한은 이미 그가 유월절의 어린 양처럼 세상 죄를 지고 대속 제물이 되셔서 구원의 역사를 이루실 분이라는 사실을 알고 선포했던 것입니다. 여기에서 우리는 왜 예수님께서 유월절을 그렇게 특별하게 생각하여 학수고대하셨는지 알게 됩니다.

예수 그리스도의 십자가 없이 온전한 유월절은 준비되지 않습니다. 오직 예수 그리스도만이 우리를 죄에서 구원하실 수 있습니다. 그것이 이 세상을 구원하기 위해서 오래전부터 준비해 놓으신 하나님의 계획입니다.

묵상 질문: 나는 지금 누구에게 마음의 문을 열어주는가?

오늘의 기도: 하나님 아버지, 주님의 뜻을 이루는 일꾼으로 우리를 불러주시니 감사합니다. 이제부터 주님의 말씀에 조금도 주저함 없이 즉시 순종하게 하옵소서. 주님의 말씀을 믿고 그대로 순종할 때 놀라운 일이 나타날 줄로 믿습니다. 그렇게 우리를 하나님 나라의 일꾼으로 사용하여 주옵소서. 예수님의 이름으로 기도합니다. 아멘.

누가복음 묵상 ❷-36

마지막 유월절 만찬

읽을 말씀: 누가복음 22:14-34

새길 말씀: [19]또 떡을 가져 감사 기도 하시고 떼어 그들에게 주시며 이르시되 이것은 너희를 위하여 주는 내 몸이라 너희가 이를 행하여 나를 기념하라 하시고 [20]저녁 먹은 후에 잔도 그와 같이 하여 이르시되 이 잔은 내 피로 세우는 새 언약이니 곧 너희를 위하여 붓는 것이라(눅 22:19-20).

지금 우리는 예수님이 예루살렘에 입성하여 십자가에 달려 돌아가시는 성주간(聖週間)의 일들을 살펴보고 있습니다. 드디어 성주간의 다섯째 날, 목요일이 되었습니다. 예수님은 베드로와 요한을 보내셔서 유월절 식사를 할 장소를 구하게 하셨습니다. 예수님은 이 식사를 매우 중요하게 생각하셨습니다. 그것은 제자들과 나누게 될 마지막 유월절 만찬이기도 했지만, 그보다는 십자가 사건의 의미를 가르치는 마지막 기회였기 때문입니다.

만찬이 성만찬으로

이제 유월절 만찬의 장소와 음식이 모두 준비되었습니다. 시간이 되어 예수님은 제자들과 함께 식탁에 둘러앉았습니다.

> [14]때가 이르매 예수께서 사도들과 함께 앉으사 [15]이르시되 내가 고난을 받기 전에 너희와 함께 이 유월절 먹기를 원하고 원하였노라(눅 22:14-15).

여기에 '사도들'이 등장합니다. 누가는 특별한 경우에 '사도'라는 용어를 사용합니다. '제자'가 주님을 따르는 모든 사람을 가리킨다면, '사도'(使徒)는 보내심을 받은 무리를 가리킵니다. 주님은 제자들이 사도가 되기를 원하셨습니다. 갈릴리를 떠나 이곳 예루살렘에 올 때까지 줄곧 제자 훈련에 집중하셨던 이유입니다. 이제는 그들이 사도로 보내심을 받을 때가 된 것일까요? 십자가의 고난을 받기 전에 나누는 이 마지막 유월절 식탁의 자리에 예수님은 오직 열두 사도를 부르십니다.

이 자리에서 예수님은 이른바 '성만찬'(Holy Communion)을 제정하십니다.

> [19]또 떡을 가져 감사기도 하시고 떼어 그들에게 주시며 이르시되 이것은 너희를 위하여 주는 내 몸이라 너희가 이를 행하여 나를 기념하라 하시고 [20]저녁 먹은 후에 잔도 그와 같이 하여 이르시되 이 잔은 내 피로 세우는 새 언약이니 곧 너희를 위하여 붓는 것이라(눅 22:19-20).

'빵을 떼는 것'은 유대인들이 일상적으로 하는 일이었습니다. 그런데 예수님께서 "이것은 너희를 위하여 주는 내 몸"이라고 말씀하신 후에 실제로 십자가에서 살을 찢기심으로써 빵은 빵 이상의 새로운 의미를 갖게 되었습니다. 이제부터 빵을 뗄 때마다 주님의 고난과 죽음을 생각하게 된 것입니다.

포도주도 마찬가지였습니다. 포도주는 유대인들이 일상적으로 마시는 음료수입니다. 그러나 예수님께서 "이 잔은 내 피로 세우는 새 언약이니 곧 너희를 위하여 붓는 것"이라고 말씀하신 후에 실제로 십자가에서 피를 흘리심으로써 포도주는 포도주 이상의 새로운 의미를 갖게 되었습니다. 이제부터 포도주를 마실 때마다 사람들은 예수님이 유월절의 어린양처럼 십자가에서 피를 흘리시는 장면을 생각하게 된 것입니다.

이러한 일상적인 행위가 '성례'(the Sacrament)가 되려면 이 예식과 구원의 관계를 분명히 자각하고 고백해야 합니다. 즉, 빵을 떼어 먹을 때 나를 구원하기 위해서 주님께서 살을 찢으셨다는 것을 고백해야 합니다. 그리고 포도주를 마실 때 주님의 보혈이 나를 구원하셨다는 것을 믿으면서 마셔야 합니다. 그래야 이 성례를 통하여 구원의 은혜를 체험할 수 있습니다. 물론 제자들은 '성례'의 의미를 깨닫지 못하고 있습니다. 주님의 죽음과 부활을 통한 구원의 역사를 아직 경험하지 못했기 때문입니다.

성만찬의 정신

'세례'는 평생 한 번으로 족하지만, '성만찬'은 자주 하면 할수록 좋습니다. 예수님이 그렇게 하라고 요구하셨습니다. 거기에는 다 이유가 있습니다.

또 떡을 가져 감사기도 하시고 떼어 그들에게 주시며 이르시되 이것은 너희를 위하여 주는 내 몸이라 너희가 이를 행하여 나를 기념하라 하시고…(눅 22:19).

주님은 "이를 행하여 나를 기념하라"고 말씀하셨습니다. NIV성경은 이 부분을 "Do this in remembrance of me"라고 번역합니다. "이것을 행하여 나를 기억하라"는 뜻입니다. 무엇을 기억해야 합니까? '예수님이 돌아가신 슬픈 날'을 기억하는 것이 아니라 '십자가를 통해서 이루신 구원의 역사'를 기억하는 것입니다. 기일(忌日)은 일 년에 한 차례 기억하는 것으로 충분하지만, 십자가를 통한 구원의 역사는 일 년에 한 차례로 충분하지 않습니다.

여기에서 우리가 주목해야 할 것은 유월절 마지막 만찬의 자리에 가룟 유다도 참여하고 있다는 사실입니다. "이것은 너희를 위하여 주는 내 몸이다", "이 잔은 내 피로 세우는 새 언약이다" 하면서 빵과 포도주를 나누어 주실 때 가룟 유다도 능청스럽게 그것을 받아먹었습니다. 그가 성전 당국자들과 거래하고 왔다는 사실을 예수님이 모르고 계셨을까요? 아닙니다. 예수님은 이미 알고 계셨습니다. 그럼에도 가룟 유다를 성찬에 포함하셨던 것입니다.

[21]그러나 보라 나를 파는 자의 손이 나와 함께 상 위에 있도다 [22]인자는 이미 작정한 대로 가거니와 그를 파는 그 사람에게는 화가 있으리로다 하시니

[23]그들이 서로 묻되 우리 중에서 이 일을 행할 자가 누구일까 하더라(눅 22:21-23).

예수님은 가룟 유다의 문제를 알고 계셨지만, 그것을 공개적으로 드러내어 말씀하지 않으셨습니다. 만일 가룟 유다를 지목하면서 그의 배신을 폭로했다면 어떻게 되었을까요? 아마도 다른 제자들이 가만히 있지 않았을 것입니다. 그러나 그렇게 해서 배신자를 걸러내고 나면, 가룟 유다에게는 회개할 기회가 영영 없어지는 겁니다. 그냥 정죄함을 받고 제거될 뿐입니다. 예수님은 그것을 원하지 않으셨습니다.

그렇다고 모른 척하고 지나가지도 않으셨습니다. "나를 파는 자의 손이 나와 함께 상 위에 있도다." 그렇게 넌지시 말씀하면 다른 사람은 몰라도 당사자는 알 것입니다. 그러면 혹시라도 가룟 유다의 마음에 찔림을 받고 회개할 수도 있지 않겠습니까. 예수님의 관심은 '정죄'와 '심판'이 아니라 '회복'과 '구원'에 있었습니다. 예수님은 마지막까지 가룟 유다에 대한 희망을 버리지 않으셨던 것입니다.

그러면서 동시에 배신이 어떤 결과를 가져올 것인지에 대해서 분명하게 말씀하십니다. "인자는 이미 작정한 대로 가거니와 그를 파는 그 사람에게는 화가 있으리로다." 어떤 사람은 가룟 유다의 배신을 하나님의 구원 역사를 이루기 위한 '필요악' 정도로 생각합니다. 어차피 일어날 일이라면 누가 그 일을 하든지 무슨 상관이냐는 식으로 생각하는 것입니다. 그렇지 않습니다. 하나님은 가룟 유다의 잘못된 행동에 반드시 책임을 물으실 것입니다.

이렇게까지 말씀하셨는데도 가룟 유다는 아무런 반응을 보이지 않았습니다. 사탄이 이미 그의 마음을 접수했기 때문입니다. 그는 사탄에게 마음 문을 열어주었습니다. 결국 가룟 유다는 마지막 만찬 이후에 자신의 계획을 실행에 옮깁니다. 그러고 나서 뒤늦게 후회하고는 스스로 목숨을 끊어버립니다. 그렇게 주님의 경고가 이루어집니다. 따라서 회개할 기회가 주어졌을 때 빨리 회개해야 합니다. 후회에 머물러 있으면 결국 망하고 맙니다.

가룟 유다에게 성찬을 받을 기회를 주시는 예수님의 마음을 조금이라도 이해한다면, 우리는 누구나 성찬에 참여할 수 있도록 해야 합니다. 성찬은 세례받고 구원받은 사람들만 참여할 수 있는 특권이 아니라 죄인들을 구원으로 초대하는 은혜의 통로이기 때문입니다.

가장 큰 사람

예수님이 성만찬을 제정하며 대속의 죽음을 예고하는 이 엄숙한 자리에서 정말 실망스럽게도 제자들은 또다시 다툼을 벌입니다.

또 그들 사이에 그중 누가 크냐 하는 다툼이 난지라(눅 22:24).

자리다툼의 문제는 제자 공동체에 항상 있었던 갈등이었습니다. 갈릴리 사역을 마무리하던 장면에서 그 갈등이 처음 수면에 떠올랐습니다. 그때 예수님은 한 어린아이를 세우시고 "너희 모든 사람 중에 가장 작은 그가 큰 자라"(눅 9:48)고 말씀하심으로 그 논쟁을 끝내셨지요. 그 이후에 많은 시간이 흘렀습니다. 지금 그들은 예루살렘에 입성하였고, 예수님은 이제 곧 십자가에 달리실 것입니다. 그러나 제자들 사이에는 여전히 "누가 크냐?"는 논쟁과 다툼이 벌어지고 있었던 것입니다.

안타깝게도 이런 일은 오늘날 믿음의 공동체 안에서 여전히 반복되고 있습니다. 어떻게 하면 이 문제를 해결할 수 있을까요? 예수님의 가르침에 다시 한번 겸손하게 귀를 기울여야 하겠습니다.

> **[25]예수께서 이르시되 이방인의 임금들은 그들을 주관하며 그 집권자들은 은인이라 칭함을 받으나 [26]너희는 그렇지 않을지니 너희 중에 큰 자는 젊은 자와 같고 다스리는 자는 섬기는 자와 같을지니라**(눅 22:25-26).

여기에서 핵심어는 '은인'(恩人), 즉 '은혜를 베푸는 자'(benefactors)입니다. 이 세상에서는 집권자, 즉 군림하여 '다스리는 자'에게 '은혜를 베푸는 자'라는 칭호가 주어집니다. 그러나 하나님이 다스리는 나라에서는 '섬기는 자'에게 그 칭호가 주어진다는 것입니다.

> **앉아서 먹는 자가 크냐 섬기는 자가 크냐 앉아서 먹는 자가 아니냐 그러나 나는 섬기는 자로 너희 중에 있노라**(눅 22:27).

앉아서 대접받으면서 먹는 사람이 '큰 자'입니다. 그렇다면 예수님이 대접받고 섬김을 받아야 합니다. 그러나 예수님은 선언하십니다. "나는 섬기는 자로 너희 중에 있다." 예수님은 '섬기는 종'이 되심으로써 오히려 '주님'이 되는 역설을 우리에게 보여주십니다. 말로만 그렇게 하지 않으시고, 실제로 자신의 삶을 통해서 제자들을 섬기는 모습을 보여주셨습니다.

여기 누가복음에는 기록되지 않았지만, 예수님은 유월절 식사

자리에서 제자들의 발을 씻기시며 이렇게 말씀하셨습니다.

"너희는 나를 '선생'이라 부르고 '주'라고 부르는데, 맞는 말이다. 내가 정말로 그러하다. 주이며 선생인 내가 너희의 발을 씻어 주었으니, 이제 너희도 서로 발을 씻어 주어야 한다. 내가 너희에게 모범을 보였으니, 너희도 내가 한 그대로 하여라"(요 13:13-14, 메시지).

우리 주님이 보여주신 것은 '군림하는 리더십'이 아니라 '섬기는 리더십'이었습니다. 예수님이 먼저 제자들의 발을 씻어 주시는데, 예수님을 따른다고 하는 제자들이 다른 사람에게 자기 발을 씻으라고 요구한다면 얼마나 웃기는 이야기가 되겠습니까? 우리는 기억해야 합니다. 세상에서는 "나를 섬기는 사람들이 얼마나 많은가?"로 사람의 가치를 평가하지만, 하나님 나라에서는 "내가 얼마나 많은 사람을 섬기고 있는가?"로 평가한다는 사실을….

나와 함께 한 자들

자리다툼을 하는 제자들에게 예수님은 크게 실망하셨을 것입니다. 야단을 쳐야 마땅한데, 어찌 된 일인지 예수님은 그렇게 하지 않으십니다. 오히려 이렇게 말씀하십니다.

너희는 나의 모든 시험 중에 항상 나와 함께 한 자들인즉…(눅 22:28).

NIV성경은 이 부분을 "You are those who have stood by me

in my trials"라고 풀이합니다. "너희는 내가 시련을 겪는 동안 내 곁에 서 있어 주었다"라는 뜻입니다. 사실 제자들은 주님의 마음을 깨닫지 못한 때가 훨씬 더 많았습니다. 그런 일들을 생각해 보면 책망해야 마땅합니다.

그러나 예수님은 그들의 부족함에 집중하지 않으시고 그들이 잘한 일에 집중하십니다. 그것이 무엇입니까? 지금 예수님과 함께 있다는 사실입니다. 우리도 마찬가지입니다. 주님은 우리가 지난날 얼마나 자주 불순종했는지 기억하지 않으십니다. 지금 주님과 함께 있다는 사실 하나로 우리를 칭찬하십니다. 그것이 전부가 아닙니다.

[29]내 아버지께서 나라를 내게 맡기신 것같이 나도 너희에게 맡겨 [30]너희로 내 나라에 있어 내 상에서 먹고 마시며 또는 보좌에 앉아 이스라엘 열두 지파를 다스리게 하려 하노라(눅 22:29-30).

여기에서 '나라'는 '하나님 나라'를 말합니다. 예수님은 이 땅에 하나님 나라의 선봉으로 오셨습니다. 예수님과 더불어서 하나님 나라는 이미 시작되었습니다. 그런데 이제는 그 나라를 열두 사도들에게 맡기겠다고 하십니다. 어느 모로 보아도 그들은 아직 준비되지 않았습니다. 예수님의 마음을 헤아리지도 못하고 자기 잇속만 챙기는 그런 사람들입니다. 그런데도 그들에게 하나님 나라 운동을 맡기시겠다고 하십니다. 게다가 주님과 함께 열두 지파를 다스리게 하겠다고 하십니다.

그들에게 그럴만한 자격이 있을까요? 물론 없습니다. 그들은 십자가 앞에서 자리 다툼하는 어리석은 자들입니다. 그러나 그들을 새롭게 빚으시고 채우셔서 장차 그렇게 만들어 주시겠다는 것입니다. 여기에는 주님의 강력한 의지가 담겨 있습니다. 우리의 자격이 아니라 주님의 의지가 우리를 그렇게 빚으셔서 사용하신다는 것을 알아야 합니다.

따라서 스스로 자격 있다고 생각하는 것이나 스스로 자격을 제한하여 하나님의 은혜를 거부하는 것은 모두 어리석은 태도입니다. 우리는 그저 '주와 함께한 자들'로 주님 곁에 서 있기만 하면 됩니다. 그리고 여겨주시는 하나님의 은혜를 감사함으로 받아들이면 됩니다. 나머지는 하나님께서 다 알아서 하십니다. 그럴 때 우리는 교만하지도 비굴하지도 않게 되는 것입니다.

베드로의 시험

바로 이 대목에서 예수님은 베드로를 보시며 권면하십니다.

> **[31]시몬아, 시몬아, 보라 사탄이 너희를 밀 까부르듯 하려고 요구하였으나 [32]그러나 내가 너를 위하여 네 믿음이 떨어지지 않기를 기도하였노니 너는 돌이킨 후에 네 형제를 굳게 하라(눅 22:31-32).**

'밀 까부른다'는 '체를 쳐서 가려낸다'라는 뜻입니다. 농기구가 발달하지 않았던 옛날에는 일일이 체를 쳐서 밀에서 겨를 분리하여 가려내곤 했습니다. 그런데 그것을 "사탄이 요구했다"고 합니다. 베드로의 믿음이 진짜인지, 가짜인지를 시험하기 위하여 체질해 보라고 사탄이 예수님께 요구했다는 것입니다. 이렇게 베드로의 이름을 직접 거명하시는 것은 그 시험이 베드로에게 가장 먼저 임하게 될 것이기 때문입니다(22:54-65).

메시지성경은 다음과 같이 풀이합니다.

> **"시몬아, 방심하지 마라. 사탄이 밀에서 겨를 가려내듯이, 너희 모두를 내게서 떼어 놓으려고 안간힘을 썼다"(눅 22:31, 메시지).**

체를 흔들 때 '겨'가 떨어져 나오듯이 사탄이 시험을 통해서 제자들을 주님에게서 멀리 떨어져 나온 '겨' 또는 '쭉정이'가 되도록 만들 것을 경고하십니다. 그렇습니다. 사탄은 우리가 주님과 함께 지내는 것을 아주 싫어합니다. 그래서 주님과의 사이를 떼 놓으려고 안간힘을 씁니다. 이것이 사탄의 전략입니다. 그러한 시험이 이미 제자들에게 다가오고 있다는 것입니다.

그러나 사탄이 아무리 흔든다고 해도 우리는 절대로 주님에게서 떨어지면 안 됩니다. 문제는 우리 자신의 힘으로는 그 시험을 이겨낼 수 없다는 사실입니다. 그런데 주님은 베드로에게 말씀하십니다. "내가 너를 위하여 네 믿음이 떨어지지 않기를 기도했다." 베드로와 제자들이 시험을 당할 때 예수님은 언제나 그들을 위하여 기도하셨습니다.

주님은 지금 우리를 위해서 기도하고 계십니다. 우리가 시험당하지 않도록 기도하지 않으시고, 시험을 당하더라도 시험에 들지 않고 넉넉히 이겨내도록 기도하고 계십니다. 바로 여기에 우리의 희망이 있습니다. 우리가 시험당할 때 우리를 위하여 기도하고 계시는 주님의 모습을 마음에 새겨야 합니다. 그럴 때 모든 시험을 이길 수 있습니다.

그다음에 하신 말씀이 중요합니다. "너는 돌이킨 후에 네 형제를 굳게 하라." '돌이킨다'라는 말은 '회개'를 의미합니다. 이것은 회개가 필요한 어떤 일을 장차 베드로가 하게 될 것이라는 예고의 말씀입니다. 그와 동시에 그것으로부터 회개하고 돌이킨 다음에 믿음의 형제들을 다시 굳게 세우는 일을 베드로가 해야 한다는 부탁의 말씀이기도 합니다. 메시지성경은 다음과 같이 표현합니다.

"시몬아, 네가 굴복하거나 지쳐 쓰러지지 않도록 내가 특히 너를 위해 기도했다. 네가 시험의 시기를 다 통과하거든, 네 동료들이 새 출발을 할 수 있도록 도와주어라"(눅 22:32, 메시지).

베드로가 통과하여야 할 '시험의 시기'가 무엇을 말하는지 우리는 잘 알고 있습니다. 베드로는 오늘 밤에 예수님을 모른다고 세 번씩이나 부인하게 될 것입니다. 그것으로 인해 주저앉지 않도록 미리 격려하면서 다른 제자들이 새 출발 할 수 있도록 도와주어야 할 책임이 베드로에게 있음을 일깨워 주셨던 것입니다. 그러나 베드로는 주님의 말씀에 선뜻 동의하지 않습니다.

[33]그가 말하되 주여 내가 주와 함께 옥에도, 죽는 데에도 가기를 각오하였나이다 [34]이르시되 베드로야 내가 네게 말하노니 오늘 닭 울기 전에 네가 세 번 나를 모른다고 부인하리라 하시니라(눅 22:33-34).

물론 베드로의 말은 진심이었을 것입니다. 실제로 그럴 각오와 자신이 있었습니다. 그러나 지나친 자신감은 자신을 잘 모르는 데서 나옵니다. 예수님은 베드로를 너무나 잘 알고 있었는데, 정작 베드로는 자기 자신을 잘 몰랐습니다. 그래서 그렇게 큰소리를 친 것입니다.

그래도 예수님은 베드로를 책망하지 않으십니다. 예수님의 관심은 베드로가 주님을 부인하고 난 후에 그 일로 인해 주저앉지 않는데 있었기 때문입니다.

이 말씀에서 우리는 우리를 향한 주님의 마음을 깨닫게 됩니다. 주님은 우리가 한 번도 넘어지지 않고 완벽하게 신앙생활하게 될 것을 기대하지 않으십니다. 우리는 본래 그렇게 할 수 없는 사람입니다. 그러나 주님은 그 어떤 경우에도 우리가 포기하지 않기를 기대하십니다. 때로는 시험에 들어 넘어질 수도 있습니다. 그러나 오뚝이처럼 다시 일어나서 계속 신앙의 경주를 달려 나가기를 기대하십니다.

이 말씀이 우리에게 얼마나 큰 위로로 다가오는지 모릅니다. 한 번도 실패하지 않는 완벽한 인생이 아니라 때로 실수하고 넘어지더라도 포기하지 않고 다시 일어나서 돌이키는 인생이 되기를 원하시는 주님의 말씀에 용기를 얻고 우리에게 주어진 믿음의 경주를 다시 한번 힘차게 달려가야 하겠습니다.

묵상 질문: 주님이 나에게 무엇을 기대하실까?

오늘의 기도: 하나님 아버지, 우리를 향한 주님의 마음을 헤아려 알게 하옵소서. 우리의 부족함을 탓하지 않으시고 오히려 하나님 나라를 세워 가는 사명을 맡겨주시는 주님의 마음을 깨닫게 하옵소서. 때로 넘어지더라도 다시 일어나서 신앙의 경주를 달려 나가기를 간절히 원하시는 주님의 마음이 느껴지게 하옵소서. 그리하여 주님의 기대에 부응하여 살아가는 우리의 나머지 생애가 되게 하옵소서. 예수님의 이름으로 기도합니다. 아멘.

누가복음 묵상 ❷ - 37

배신의 입맞춤 vs. 회개의 눈물

읽을 말씀: 누가복음 22:35-62

새길 말씀: [47]말씀하실 때에 한 무리가 오는데 열둘 중의 하나인 유다라 하는 자가 그들을 앞장서 와서 [48]예수께 입을 맞추려고 가까이 하는지라 예수께서 이르시되 유다야 네가 입맞춤으로 인자를 파느냐 하시니…(눅 2:47-48).

지난 시간에 우리는 마지막 유월절 만찬을 나누던 자리에서 성만찬을 제정해 주시는 이야기를 살펴보았습니다. 그 자리에서 조만간 주님을 배신할 가룟 유다를 성찬에 초대해 주시고, 또한 주님을 부인할 베드로를 오히려 격려하시는 예수님의 모습을 통해서 우리는 이 세상을 구원하기 위해 오신 참 메시아를 발견하게 되었습니다.

그런데 그 자리에 어울리지 않는 대화가 제일 마지막 부분에 등장합니다. 예수님은 뜬금없이 "겉옷을 팔아 칼을 사라"(36절)고 말씀하십니다. 그러자 제자들은 "여기 칼이 두 자루가 있다"(38절)고 대답합니다. 예수님은 그날 밤에 감람산에서 기도하시다가 당국자들에게 체포되어 다음 날 십자가에 처형될 것입니다. 그렇다면 인제 와서 무력으로 저항해 보겠다고 생각하신 것일까요? 그래서 칼을 사라고 그러신 것일까요?

아닙니다. 예수님은 십자가의 죽음을 통해 이 세상을 구원하려는 하나님의 계획을 완성해야 합니다. 그렇다면 '칼'이 왜 필요한가요? 그것은 다가올 고난과 박해의 힘든 시기를 견뎌내는 영적인 싸움을 준비하라는 말씀이었습니다. 사도 바울은 나중에 그것을 '하나님의 전신 갑주'와 '성령의 검'으로 설명했습니다(엡 6:11, 17). 제자들은 아직 그것을 헤아릴 만한 영적인 혜안이 없었습니다. 그래서 예수님은 '족하다'고 하면서 이야기를 마무리하신 것입니다. 그러나 그들도 언젠가 영의 사람이 되어 예수님의 말씀을 이해할 때가 올 것입니다.

기도의 습관

유월절 만찬이 끝나고 예수님은 제자들과 함께 감람산으로 가십니다.

39 예수께서 나가사 습관을 따라 감람 산에 가시매 제자들도 따라갔더니 40 그곳에 이르러 그들에게 이르시되 유혹에 빠지지 않게 기도하라 하시고…(눅 22:39-40).

십자가를 앞둔 절박한 상황에서 기도가 필요했겠지만, 예수님은 급할 때만 하나님을 찾지는 않았습니다. "습관을 따라…"(as usual, NIV). 이것이 바로 예수님의 기도 생활을 이해하는 키워드입니다.

새번역성경은 '늘 하시던 대로'라고 번역합니다. 그러니까 감람산에서 기도하신 것은 예수님의 '습관적인 일'이요 '늘 하시던 일'이었다는 것입니다.

'습관적'이라는 말을 부정적으로 사용하는 사람이 있습니다. 그러나 '습관'은 신앙생활에 결정적인 요소입니다. 기도가 습관이 되지 않으면 제대로 된 신앙생활을 할 수 없습니다. 필요할 때만 기도하는 사람과 늘 깨어서 기도하는 사람은 신앙적인 능력에 있어서 큰 차이를 보일 수밖에 없습니다. 제자들을 보십시오. 그들은 기도하다가 잠이 들었습니다. 왜 그랬을까요? 기도가 아직 습관이 되지 않았기 때문입니다.

기도하는 습관이 필요한 이유가 있습니다. '유혹'(temptation)에 빠지지 않기 위해서입니다. 이는 "겉옷을 팔아 검을 사라"는 말씀과 연결하여 이해해야 합니다. 앞으로 다가올 사탄의 유혹과 박해를 이겨내려면 영적으로 단단히 준비되어 있어야 합니다. '편안함'을 상징하는 '겉옷'을 포기하는 노력이 있어야 '기도'라는 '영적 무기'를 얻을 수 있는 것입니다(36절).

그들을 떠나 돌 던질 만큼 가서 무릎을 꿇고 기도하여 이르시되…(눅 22:41).

예수님의 기도에는 몇 가지 특징이 있습니다. 첫 번째 특징은 혼자 기도하셨다는 사실입니다. 공생애 기간에 예수님은 언제나 혼자서 기도하셨습니다. 또한 기도할 때 "골방에 들어가 문을 닫고 은밀한 중에 계신 아버지께 기도하라"(마 6:6)고 가르치셨습니다. 기도는 사람들에게 보여주기 위해서 하는 종교적 행위가 아니라 하나님과의 개인적인 만남이 되어야 하기 때문입니다.

또 다른 특징은 무릎을 꿇고 기도하셨다는 사실입니다. 유대인들의 전통적인 기도 방식은 서서 하늘을 우러러 손을 들고 기도하는 것입니다. 아말렉 족속과 전투하는 장면에서 기도하던 모세의 모습에서 그 대표적인 예를 찾아볼 수 있습니다(출 17:11-12). 물론 손을 들고 기도하는 자세도 쉽지는 않습니다. 그래서 아론과 훌이 모세의 팔을 잡아주지 않았습니까?

그러나 '무릎을 꿇는 것'은 '손을 드는 것'과 비교할 수 없을 정도로 힘든 자세입니다. 무릎을 꿇는 것은 하나님의 뜻에 전적으로 '굴복한다'라는 의미입니다. 그렇습니다. 기도는 내 소원을 하나님께 아뢰고 어떻게든 내 뜻을 관철해 내는 것이 아닙니다. 기도는 하나님의 뜻 앞에 굴복하는 행위입니다. 그런 의미에서 우리는 기회가 있을 때마다 더욱 자주 무릎을 꿇고 기도해야 합니다.

기도의 내용

기도의 습관이나 태도보다 더 중요한 것은 기도의 내용입니다. 예수님은 제자들에게 '하나님 나라'를 먼저 구해야 한다고 가르치셨습니다(눅 12:31). 그리고 감람산의 기도를 통해서 하나님 나라와 그의 뜻을 구하는 참된 기도의 본을 우리에게 보여주셨습니다.

> **이르시되 아버지여 만일 아버지의 뜻이거든 이 잔을 내게서 옮기시옵소서 그러나 내 원대로 마시옵고 아버지의 원대로 되기를 원하나이다 하시니… (눅 22:42).**

여기에서 '이 잔'(this cup)은 예수님이 마셔야 할 '전율의 잔'(the cup of trembling)입니다. 즉, '십자가의 고난과 죽음'을 의미합니다. 주님은 그 잔이 옮겨질 수만 있다면 그렇게 되기를 원하셨습니다. 지금까지는 한 번도 흐트러짐 없이 십자가의 길을 뚜벅뚜벅 걸어오셨습니다. 그러나 이 마지막 절체절명의 순간에는 가능하다면 십자가를 피할 수 있으면 좋겠다는 마음을 숨기지 않으십니다. 지극히 자연스러운 반응입니다.

그러나 자기 뜻을 고집스럽게 관철하려고 하지 않았다는 사실이 중요합니다. 예수님은 '아버지의 뜻'이라는 전제하에서 잔을 옮겨달라고 기도하셨습니다. 예수님이 진짜 원하는 것은 '당신의 뜻'대로 이루어지는 것이 아니라 '하나님 아버지의 뜻'대로 이루어지는 것이기 때문입니다. 여기에 기독교 신앙의 위대함이 있습니다.

사람들은 자기 뜻을 신에게 확실하게 전달하고, 그 뜻이 이루어질 때까지 계속해서 떼쓰는 것을 기도의 능력이라고 생각합니다. 다른 종교에서는 그것을 '신심'(信心)이라고 평가할지 모르지만, 기독교는 다릅니다. 이방인의 기도는 신의 뜻을 꺾어서라도 자기 뜻을 관철하겠다고 고집합니다. 그러나 그리스도인의 기도는 자기 뜻을 하나님의 뜻 앞에 쳐서 복종하는 것입니다. 그런데 하나님의 뜻에 굴복하기가 쉽지 않습니다. 그래서 간절한 기도가 필요한 것입니다.

[43]천사가 하늘로부터 예수께 나타나 힘을 더하더라 [44]예수께서 힘쓰고 애써 더욱 간절히 기도하시니 땀이 땅에 떨어지는 핏방울같이 되더라(눅 22:43-44).

이때 하늘로부터 천사가 나타나서 예수님께 힘을 더했습니다.

NIV성경은 'strengthened him'으로 번역합니다. 예수님을 응원하기 위하여 천사가 나타났던 것입니다. 그 천사를 누가 보내셨을까요? 하나님 아버지가 보내셨습니다. 그래서 계속해서 더욱 간절하게 기도하실 수 있었고, 마침내 얼굴에서 쏟아지는 땀방울이 마치 핏방울 같이 되기까지 이르렀던 것입니다.

하나님의 뜻에 굴복한다는 것은 그만큼 힘든 일입니다. 하나님의 아들도 천사의 응원을 받으면서 간절히 기도해야만 겨우 받아들일 수 있는 일입니다. 그렇다면 우리는 얼마나 더 어렵겠습니까? 그래서 더욱 간절하게 기도해야 하는 것입니다. 만일 제자들이 이런 내용으로 기도했다면 그렇게 졸고 있지는 않았을 것입니다.

> **[45]기도 후에 일어나 제자들에게 가서 슬픔으로 인하여 잠든 것을 보시고 [46]이르시되 어찌하여 자느냐 시험에 들지 않게 일어나 기도하라 하시니라(눅 22:45-46).**

본문은 제자들이 잠든 이유를 이렇게 설명합니다. "슬픔으로 인하여 잠든 것을 보시고…." NIV성경은 "he found them asleep, exhausted from sorrow"라고 표현합니다. 마치 어린아이가 울다가 지쳐서 잠이 든 모습으로 묘사하고 있는 것입니다. 우리는 그동안 제자들이 의리도 없이 잠만 자고 있다고 생각해 왔는데, 그게 아니었습니다. 그들은 주님이 떠나신다는 걸 알고 슬퍼했습니다. 그렇게 슬픔에 지쳐서 잠이 든 것입니다.

그러나 그 이유가 무엇이든 그들은 예수님이 부탁하신 것처럼 기도하지 못했습니다. 우리도 인생의 여러 가지 염려와 근심과 슬픔으로 기도하지 못할 때가 참 많습니다. 그러나 기도하지 못하는 그럴듯한 이유가 있다는 것보다 실제로 기도하지 않았다는 사실이 더 큰 문제입니다. 그 어떤 경우도 기도할 수 없는 핑곗거리로 삼으면 안 됩니다. 오히려 그것을 기도해야 하는 이유로 삼아야 합니다. 그래야 '시험에 들지 않게' 됩니다.

가룟 유다의 배신

예수님과 제자들이 기도하시던 감람산은 예수님 일행이 자주 기도와 휴식의 장소로 이용하던 곳이었습니다. 가룟 유다도 물론 그 장소를 잘 알고 있었습니다. 유월절 저녁 식사 후 한밤중의 감람산은 유대 당국자들이 군중들의 눈을 피해서 은밀하게 예수님을 체포하기에 더할 나위 없이 좋은 장소였습니다. 드디어 가룟 유다는 당국자들을 이끌고 그곳으로 옵니다.

> [47]**말씀하실 때에 한 무리가 오는데 열둘 중의 하나인 유다라 하는 자가 그들을 앞장서 와서** [48]**예수께 입을 맞추려고 가까이 하는지라 예수께서 이르시되 유다야 네가 입맞춤으로 인자를 파느냐 하시니…(눅 22:47-48).**

가룟 유다는 예수님을 확인하자 곧 '입을 맞추려고' 가까이 접근했습니다. 입을 맞추는 것은 그냥 보통의 인사가 아니라 당국자들과 약속된 '신호'였습니다(막 14:44). 친밀함과 존경을 나타내는 몸짓을 배신의 신호로 바꾸었던 것입니다.

예수님은 가룟 유다의 계획을 다 알고 계셨습니다. 그가 입 맞추는 인사를 하기 전에 예수님께서 먼저 말씀하셨습니다. "유다야, 네가 입맞춤으로 인자를 파느냐?" 마태복음 평행 본문은 가룟 유다가 입맞춘 후에 "네가 무엇을 하려고 왔는지 행하라"(마 26:50)고 말씀하셨다고 합니다. 무엇이 맞을까요? 둘 다 맞습니다.

누가복음에서 예수님은 마지막으로 가룟 유다에게 회개할 기회를 주려고 하셨습니다. 이미 유월절 만찬 자리에서 가룟 유다를 성찬에 초대하심으로 아직도 그를 포기하지 않고 있다는 것을 알려 주셨습니다. 그러나 가룟 유다는 그 길로 예수님을 팔아넘길 계획을 시행하러 나갔지요. 지금도 마찬가지입니다. "지금이라도 늦지 않았어…"라고 주님은 말씀하시지만, 그는 당국자들과 약속한 대로 실행했던 것입니다. 그러자 마태복음 기록처럼 가룟 유다에게 "무엇을 하려고 왔는지 그 계획을 행하라"고 하면서 그의 행동을 허락하신 것입니다.

그렇습니다. 제아무리 가룟 유다와 당국자들이 예수님을 체포하기 위하여 철저하게 준비하고 왔다고 하더라도 만일 주님이 허락하지 않는다면 그 계획은 이루어질 수 없습니다. 주님은 마지막까지 가룟 유다를 포기하지 않고 기회를 주셨지만, 또한 그의 고집스러운 악한 계획을 강제로 멈추게 하지도 않으셨습니다. 결국 가룟 유다는 자신의 잘못된 선택에 대해서 책임져야 할 것입니다. 바로 그때 칼부림 사건이 벌어집니다.

> **49그의 주위 사람들이 그 된 일을 보고 여짜오되 주여 우리가 칼로 치리이까 하고 50그 중의 한 사람이 대제사장의 종을 쳐 그 오른쪽 귀를 떨어뜨린지라 51예수께서 일러 이르시되 이것까지 참으라 하시고 그 귀를 만져 낫게 하시더라(눅 22:49-51).**

'주위 사람들'은 예수님과 함께 있던 제자들을 가리킵니다. 그들은 사태가 심각하다는 사실을 알고는 예수님에게 칼로 저항할지 물었습니다. 앞에서 "겉옷을 팔아 검을 사라"고 하셨을 때 그 말씀을 액면 그대로 받아들여서 이때야말로 칼을 사용해야 할 때라고 판단했던 것입니다. 그들은 예수님의 대답을 기다리지 않고 그냥 칼을 휘두르고 맙니다.

하나님의 대답을 기다리지 않는 성급한 행동이 언제나 비극을 만들어 냅니다. 아니, 하나님께 물을 때 이미 스스로 결정해 놓은 답을 가지고 있다는 것이 더욱 큰 문제입니다. 우리가 기도할 때 조심해야 할 대목입니다. 하나님께 물어보았다면 대답을 기다려야 합니다. 하나님의 대답에 순종하지 않으려면 차라리 묻지도 말아야 합니다.

아무튼 제자 중의 한 사람이 대제사장의 종을 칼로 쳐서 그 오른쪽 귀를 떨어뜨렸습니다. 이 제자는 '시몬 베드로'였고 그 종은 '말고'(Malchus)였습니다(요 18:10). 이렇게 이름을 기록으로 남기는 것은 그가 초대교회 공동체에 잘 알려진 인물이라는 뜻입니다. 즉, '말고'는 후에 예수님을 믿게 되었던 것입니다. 무엇이 그렇게 했습니까? 예수님이 보여주신 따뜻한 사랑의 손길이 그렇게 했습니다.

[52]예수께서 그 잡으러 온 대제사장들과 성전의 경비대장들과 장로들에게 이르시되 너희가 강도를 잡는 것 같이 검과 몽치를 가지고 나왔느냐 [53]내가 날마다 너희와 함께 성전에 있을 때에 내게 손을 대지 아니하였도다 그러나 이제는 너희 때요 어둠의 권세로다 하시더라(눅 22:52-53).

예수님을 붙잡으러 온 당국자들은 '대제사장들과 성전의 경비대장들과 장로들'이었습니다. 예수님은 지금 비무장 상태였습니다. 그런데도 칼과 몽둥이로 제압하려고 덤벼듭니다. 예수님은 "성전에 있을 때 왜 손을 대지 아니하였느냐"는 말씀으로 그들의 비겁한 행동을 지적하십니다. 그러나 그들에게 저항하지 않았습니다. 왜냐면 지금은 어둠의 권세가 판을 치는 때이기 때문입니다.

앞에서 말한 것처럼 주님의 허락 없이는 칼과 몽둥이로도 주님을 잡을 수 없습니다. 때가 이르렀기에 악한 권세의 손에 자신을 내어주신 것입니다. 그렇게 함으로써 십자가의 고난과 죽음과 부활을 통해서 하나님이 계획하신 인류 구원의 역사를 성취하셨습니다. 따라서 이것은 예수님의 패배가 아니라 위대한 승리입니다. 어둠의 권세가 판을 치는 때는 그리 길지 않습니다. 최후의 승리를 믿는 자들은 죽음을 두려워하지 않습니다.

베드로의 눈물

베드로는 그동안 제자 공동체에서 뛰어난 리더십을 보여왔습니다. 때때로 상황 파악을 못 하여 자주 실수를 저지르기도 했지만, 예수님은 언제나 그를 신뢰했습니다. 예수님이 유월절 만찬 자리에서 베드로에게 "돌이킨 후에 형제를 굳게 하라"(눅 22:32)고 부탁하셨을 때, 그는 그럴 일은 절대로 없을 거라면서 큰소리를 쳤지요. 그것은 사실 허풍이 아니었습니다. 베드로는 예수님과 함께 죽을 각오가 되어 있었고 그럴 자신도 있었습니다.

그러나 사람의 결심은 상황에 따라서 얼마든지 달라질 수 있다는 사실을 그는 몰랐습니다. "마음은 원이로되 육신이 약하다"는 사실을 인정하고 겸손하게 주님의 말씀을 받아들여야 했습니다. 지나친 자신감은 교만이 되기 쉽습니다. 드디어 베드로가 굴욕을 당합니다.

[54]예수를 잡아 끌고 대제사장의 집으로 들어갈새 베드로가 멀찍이 따라가니라 [55]사람들이 뜰 가운데 불을 피우고 함께 앉았는지라 베드로도 그 가운데 앉았더라(눅 22:54-55).

누가복음은 예수님이 성전 경비대에 체포될 때 제자들의 동향에 대해서 침묵하고 있지만, 마가복음에는 "제자들이 예수를 버리고 도망하였다"(막 14:50)라고 되어 있습니다. 그에 비하면 베드로는 약속을 지키고 있는 것으로 보입니다. 그는 대제사장 집까지 따라갑니다. 물론 '멀찍이'지만 말입니다. 메시지성경은 '안전한 거리를 두고'(at a safe distance)라고 표현합니다. 무슨 뜻입니까? 여차하면 도망칠 준비를 하고 있었다는 뜻입니다.

베드로는 그의 맹세처럼 예수님과 함께 옥에 갇히고 죽으려고 간 것은 아니었습니다. 단지 상황이 어떻게 진행될 것인가 궁금했을 뿐입니다. 그는 다른 사람들과 함께 앉아서 불을 쬐고 있었습니다. 누군가가 그를 알아보지 않았다면 그는 언제까지나 그렇게 숨어서 자기를 드러내지 않았을 것입니다.

한 여종이 베드로가 예수님과 함께 있었다는 사실을 기억해 냈습니다. 자신의 정체가 발각될 처지에 놓이게 되자 베드로는 "내가 그를 알지 못한다"고 부인합니다(57절). 이때만 해도 아주 침착하게 대응하는 것처럼 보입니다. 이번에는 다른 한 남자가 나서서 "너도 예수와

한패지?"라고 추궁합니다. 베드로는 언성을 높여서 더욱 크게 부인합니다. "이 사람아, 나는 아니로라"(58절).

그러고 한 시간쯤 지났습니다. 의심의 눈초리로 쳐다보는 사람들 틈바구니에서 한 시간을 버티고 앉아 있는 것이 얼마나 힘들었겠습니까? 그러나 그 자리에서 훌쩍 일어나서 나오면 그들의 의심을 확인해 주는 꼴이 되고 맙니다. 베드로는 용기가 없어서 그 틈바구니에 있었습니다. 그런데 다른 한 사람이 '장담하여' 말합니다. "이는 갈릴리 사람이니 참으로 그와 함께 있었느니라"(59절). 베드로는 몹시 당황하여 더욱 큰 소리로 부인합니다. "이 사람아, 나는 네가 하는 말을 알지 못하노라!"(60절)

물론 새빨간 거짓말입니다. 베드로는 예수님을 따라서 갈릴리에서부터 여기까지 왔습니다. 그런데 무슨 말을 하는지 모르겠다니요. 베드로의 부인은 점점 강해집니다. 그러나 이 정도는 약과입니다. 마가복음은 아예 "저주하며 맹세했다"라고 기록합니다(막 14:71). 조금 전만 해도 다른 제자가 다 주님을 버려도 자신은 절대로 그러지 않겠다고 호언장담했습니다. 그런데 이렇게 말을 바꾸게 될 줄 베드로 자신도 몰랐던 것입니다. 바로 이때 닭이 울었습니다.

> [61]**주께서 돌이켜 베드로를 보시니 베드로가 주의 말씀 곧 오늘 닭 울기 전에 네가 세 번 나를 부인하리라 하심이 생각나서** [62]**밖에 나가서 심히 통곡하니라**(눅 22:61-62).

예수님께서 돌이켜 베드로를 보셨습니다! 주님과 베드로의 시선이 서로 마주치게 된 것입니다. 주님의 시선은 베드로를 책망하거나 비난하지 않으셨습니다. 오히려 '괜찮아, 내가 그래서 미리 말하지 않았니? 그러니 내가 한 말을 기억하렴. 여기서 주저앉지 말고 돌이킨 후에 꼭 형제들을 굳게 붙들어주렴. 그게 네가 할 일이야'라고 말씀하는 눈길이었습니다.

그러자 베드로는 밖으로 나가서 '심히 통곡'합니다. 메시지성경은 "하염없이 흐느껴 울고 또 울었다"(He went out and cried and cried and cried)고 표현합니다. 이것이 바로 회개의 눈물입니다. 눈물 한 방울 찔끔 떨어뜨리는 것은 후회의 눈물일 뿐입니다. 주님의 눈길이 베드로에게 하염없는 회개의 눈물을 흘리게 했습니다. 그 눈물을 통해서 베드로는 회복될 수 있었습니다.

그렇습니다. 한 번도 실패하지 않는 것이 그리 중요한 일은 아닙니다. 회개의 눈물로 회복될 수만 있다면 실패하지 않았을 때보다 더욱 크게 쓰임 받을 수 있습니다.

묵상 질문: 나는 하나님의 뜻에 굴복하는 기도를 하는가?

오늘의 기도: 하나님 아버지, 우리를 향한 하나님의 다스림을 받아들이게 하옵소서. 우리의 뜻을 앞세우기보다 하나님의 뜻에 먼저 굴복하게 하옵소서. 때로 넘어지더라도 하나님을 의지하여 다시 일어설 수 있게 하옵소서. 그리하여 우리의 인생 끝까지 하나님 나라를 위해서 쓰임 받는 믿음의 사람이 되게 하옵소서. 예수님의 이름으로 기도합니다. 아멘.

누가복음 묵상 ❷-38

비아 돌로로사

읽을 말씀: 누가복음 22:63-23:49

새길 말씀: 44때가 제육시쯤 되어 해가 빛을 잃고 온 땅에 어둠이 임하여 제구시까지 계속하며 45성소의 휘장이 한가운데가 찢어지더라 46예수께서 큰 소리로 불러 이르시되 아버지 내 영혼을 아버지 손에 부탁하나이다 하고 이 말씀을 하신 후 숨지시니라(눅 23:44-46).

드디어 예수님이 십자가를 지실 때가 되었습니다. 복음서 저자들은 성주간(聖週間)의 행적을 아주 자세하게 기록합니다. 특히 예수님이 체포되어 십자가에서 숨을 거두실 때까지의 상황을 분초 단위로 기록합니다. 그만큼 예수님의 십자가 사건이 그들에게 강렬한 인상을 남겼다는 뜻입니다. 누가복음도 역시 다르지 않습니다.

십자가의 길(Via Cruxis)

예수님이 십자가를 지고 걸으셨던 길을 흔히 '비아 돌로로사'(Via Dolorosa)라고 부릅니다. 라틴어로 '고통의 길'(The Way of Suffering)이라는 뜻입니다. 예수님이 재판을 받으셨던 빌라도의 법정부터 시작하여 아리마대 사람 요셉이 준비한 무덤에 묻히신 곳까지 약 6백 미터 정도의 길을 가리킵니다. 초창기 기독교 순례자들은 예루살렘에 와서 이 길을 직접 걸으면서 주님의 십자가를 묵상했습니다. 그러다가 도중에 멈추어서 기도하는 장소를 14처(stations)로 확정하게 된 것은 18세기의 일이었습니다.

물론 로마 가톨릭교회의 전통에서 만들어진 것이기에 우리가 굳이 따라야 할 필요는 없습니다. 그렇지만 십자가 사건의 현장을 몸으로 느껴본다는 의미에서 한 번쯤 정리해 볼 필요는 있습니다. '비아 돌로로사'의 14처는 '2-3-4-5'의 숫자로 구분할 수 있습니다. '2'는 빌라도의 법정에서 십자가형을 선고받은 제1처와 채찍을 맞고 십자가를 지기 시작한 제2처를 가리킵니다. '3'은 예수님이 세 번 쓰러지신 장소, 즉 제3처와 제7처와 제9처를 가리킵니다.

'4'는 예수님이 사람들을 만난 장소입니다. 제4처에서는 어머니 마리아를, 제5처에서는 구레네 사람 시몬을, 제6처에서는 수건으로 예수님의 얼굴을 닦아주었다는 베로니카(Veronica)를 그리고 제8처에서는 예루살렘의 여인들을 만나셨습니다. 마지막 '5'는 성묘교회(the Church of the Holy Sepulchre) 안에 있는 다섯 장소입니다. 예수님의 옷이 벗겨진 제10처, 십자가에 못이 박힌 제11처, 십자가가 세워진 제12처, 예수님이 죽은 후에 십자가에서 내려진 제13처 그리고 예수님의 시신이 안장된 무덤인 제14처입니다.

예수님이 지신 십자가를 대하는 태도에서 구교와 신교는 큰 차이를 보입니다. 구교가 예수님의 고난과 죽음에 집중하고 있다면, 신교는 예수님의 부활과 생명에 집중합니다. 교회에서 사용하는 십자가의 모양을 보면 그 차이가 금방 드러납니다. 구교의 십자가에는 반드시 예수님이 달려계십니다. 그러나 개신교의 십자가는 비어 있습니다. 십자가의 길을 걸으면서 고난과 죽음을 묵상할 것인지, 아니면 부활과 생명을 묵상할 것인지에 따라서 신앙생활의 색깔과 내용이 완전히 달라집니다.

예수님은 물론 십자가의 길을 걷기 위해서 이 세상에 오셨습니다. 그러나 그 길의 최종 목적지는 무덤이 아닙니다. 이 세상을 구원하는 하나님의 뜻을 완성하기 위해서 예수님은 부활하셔야 합니다. 또한 이 땅에 하나님 나라를 완성하기 위해서 예수님은 승천하셔야 하고 재림하셔야 합니다. 예수님은 처음부터 그 모든 하나님의 계획을 잘 알고 계셨습니다. 그래서 십자가를 지고 죽음을 향해 나아가는 절망적인 상황에서도 당신에게 주어진 구원의 사명에 끝까지 집중할 수 있었던 것입니다. 누가복음은 그것을 잘 드러내어 기록합니다.

재판의 과정

지난 시간에 살펴보았듯이 가룟 유다의 안내를 받은 당국자들이 무력으로 예수님을 체포하여 대제사장의 집으로 끌고 갔습니다(눅 22:54). 그 집은 그 해의 대제사장이었던 가야바(Caiaphas)의 집이 아니라 그의 장인 안나스(Annas)의 집이었습니다(요 18:13). 여기에서 우리는 예수님을 해치려는 음모를 꾸민 집단의 실세가 누구인지 알게 됩니다. 베드로가 예수님을 모른다고 세 번 부인했던 곳이 바로 안나스의 집이었습니다.

그곳에서 1차 심문을 마친 후에 예수님은 가야바에게 보내집니다(요 18:24). 거기에서 2차 심문이 진행됩니다. 그리고 날이 샌 후에 공회에 나가서 정식 재판을 받게 됩니다.

> [66]**날이 새매 백성의 장로들 곧 대제사장들과 서기관들이 모여서 예수를 그 공회로 끌어들여** [67]**이르되 네가 그리스도이거든 우리에게 말하라 대답하시되 내가 말할지라도 너희가 믿지 아니할 것이요** [68]**내가 물어도 너희가 대답하지 아니할 것이니라**(눅 22:66-68).

여기에서 공회(公會)란 제사장들과 서기관들과 장로들 70명으로 구성된 유대인의 최고회의 '산헤드린'(Sanhedrin)을 말합니다. 이들은 로마 당국의 허락을 받아 자치적으로 유대인의 종교 문제를 처리할 수 있었습니다. 그러나 사형을 집행하는 권한은 없었습니다. 공회는 예루살렘 성전 안에 있는 회의 장소에서만 모이는데, 어두워진 후에는 모일 수 없었습니다. 그래서 아침까지 기다린 것입니다.

심문의 내용은 단순했습니다. "네가 그리스도이거든 우리에게 말하라." 메시지성경은 단도직입적으로 "네가 메시아냐?"라고 묻습니다. 물론 예수님은 메시아이십니다. 그러나 공회에서 그 사실을 시인하면 신성 모독죄를 저지르는 것이 됩니다. 신성 모독죄는 최하가 사형입니다. 만일 그 사실을 부인하면 목숨은 건질 수 있겠지만, 지금까지 예수님의 가르침이 거짓이었음을 시인하는 꼴이 됩니다.

예수님은 지금 베드로와 똑같은 시험대에 올라서 있는 것입니다.

그런데 예수님의 대답이 조금 모호합니다. "내가 말할지라도 너희가 믿지 아니할 것이요, 내가 물어도 너희가 대답하지 아니할 것이다." 이게 무슨 뜻일까요? 예수님이 무엇이라고 대답해도 그들은 자기에게 유리한 방식으로 해석할 것이라는 뜻입니다. 그러니 굳이 그들이 듣고 싶은 말을 해줄 필요가 없는 것이지요. 예수님은 당신의 방식으로 대답하십니다.

> 69**그러나 이제부터는 인자가 하나님의 권능의 우편에 앉아 있으리라 하시니** 70**다 이르되 그러면 네가 하나님의 아들이냐 대답하시되 너희들이 내가 그라고 말하고 있느니라** 71**그들이 이르되 어찌 더 증거를 요구하리요 우리가 친히 그 입에서 들었노라 하더라**(눅 22:69-71).

예수님은 지금 십자가를 넘어서 부활과 승천과 재림을 바라보고 계십니다. 그들은 그 말을 알아듣지 못하고 집요하게 묻습니다. "그러면 네가 하나님의 아들이냐?" 이에 대해서 가타부타 속 시원한 대답을 하지 않습니다. "너희들이 내가 그라고 말하고 있느니라." 즉, "내가 하나님의 아들이라고 말하고 있는 사람은 바로 너희들이다!"라는 뜻입니다. 예수님은 그들이 짜놓은 각본에 따라서 대답하고 싶지 않으셨던 것입니다.

그러나 그들은 마치 기다렸다는 듯이 자기들 편한 방식에 따라서 해석하고 유죄 선고를 내립니다. 그리고 빌라도에게 끌고 갑니다. 문제는 예수님이 아무리 메시아라고 주장해도 로마법에는 저촉되지 않는다는 사실입니다. 그것을 잘 알고 있던 당국자들은 거짓 진술로 예수님을 고소합니다.

> [1]무리가 다 일어나 예수를 빌라도에게 끌고 가서 [2]고발하여 이르되 우리가 이 사람을 보매 우리 백성을 미혹하고 가이사에게 세금 바치는 것을 금하며 자칭 왕 그리스도라 하더이다 하니…(눅 23:1-2).

그들이 고발한 죄목은 세 가지였습니다. 첫 번째는 백성을 미혹하는 '민심 교란죄', 두 번째는 가이사에게 세금 바치는 것을 거부하는 '조세 저항 선동죄' 그리고 세 번째는 자칭 왕이요 그리스도라고 부르는 '왕 사칭죄'가 그것이었습니다. 물론 그 세 가지는 모두 다 거짓이었습니다. 그들 자신도 잘 알고 있었습니다.

빌라도는 경험이 많았기에 그들의 거짓을 단번에 간파합니다. 그래서 앞의 두 가지 죄목에 대해서 아무런 반응을 보이지 않았습니다. 단지 세 번째 죄목에 관심을 보입니다.

> [3]빌라도가 예수께 물어 이르되 네가 유대인의 왕이냐 대답하여 이르시되 네 말이 옳도다 [4]빌라도가 대제사장들과 무리에게 이르되 내가 보니 이 사람에게 죄가 없도다 하니 [5]무리가 더욱 강하게 말하되 그가 온 유대에서 가르치고 갈릴리에서부터 시작하여 여기까지 와서 백성을 소동하게 하나이다(눅 23:3-5).

빌라도는 형식적으로 예수님께 묻고 대뜸 무죄를 선언합니다. 그러나 당국자들이 계속 소란을 부리니까 갈릴리 분봉왕 헤롯 안디바에게 예수님을 보냅니다(눅 23:6). 책임지고 싶지 않았던 것입니다.

헤롯도 예수님이 아무런 답변을 하지 않자 그냥 빌라도에게 보냅니다. 결국 공은 다시 빌라도에게 넘어왔습니다. 그는 예수님을 석방하려고 애썼지만, 유대 당국자들이 군중을 동원하여 마치 반란을 일으킬 듯이 협박하자 결국에는 넘겨주고 말았습니다.

[22]빌라도가 세 번째 말하되 이 사람이 무슨 악한 일을 하였느냐 나는 그에게서 죽일 죄를 찾지 못하였나니 때려서 놓으리라 하니 [23]그들이 큰 소리로 재촉하여 십자가에 못 박기를 구하니 그들의 소리가 이긴지라 [24]이에 빌라도가 그들이 구하는 대로 하기를 언도하고 [25]그들이 요구하는 자 곧 민란과 살인으로 말미암아 옥에 갇힌 자를 놓아 주고 예수는 넘겨주어 그들의 뜻대로 하게 하니라(눅 23:22-25).

빌라도도 예수님을 놓아주려고 나름 노력한 것처럼 보입니다. 그것은 양심에 따르는 자연스러운 행동이었습니다. 그러나 결국에는 총독의 자리를 지키기 위해서 공의를 희생합니다. 그래서 아무런 죄가 없으신 예수님을 십자가에 못 박게 허락한 장본인이 되었고, 두고두고 후세 사람들에게 "본디오 빌라도에게 고난을 받으사…"라는 고백을 듣게 되었던 것입니다.

구레네 사람 시몬

이제 재판은 마무리되었고, 유대 당국자들의 각본대로 예수님은 십자가형의 판결을 받았습니다. 마침내 십자가의 길, '비아 돌로로사'가 시작되었던 것입니다. 누가복음은 예수님이 십자가의 길에서 만난 세 종류의 사람에게 주목합니다. 그 첫 번째는 제5처에 등장하는 구레네 사람 시몬입니다.

> **그들이 예수를 끌고 갈 때에 시몬이라는 구레네 사람이 시골에서 오는 것을 붙들어 그에게 십자가를 지워 예수님을 따르게 하니라**(눅 23:26).

로마의 법에 따르면 십자가의 사형 선고를 받은 죄수는 자기가 달려 죽을 십자가의 가로나무를 지고 사형장으로 가게 되어 있었습니다. 이때 예수님은 심하게 채찍을 맞은 상태였습니다. 거기에다가 가시관을 쓰고 무거운 십자가를 지고 해골 언덕을 향해 올라가셨던 것입니다. 그러다가 제3처에서 처음으로 쓰러지십니다. 그리고 제4처에서 어머니 마리아를 만납니다. 얼마 가지 못해서 기진맥진한 상태가 되자, 백부장은 마침 그 자리에 있었던 한 사람을 강제 징용하여 십자가를 대신 지게 했습니다. 그 사람이 바로 구레네 사람 시몬이었습니다.

'구레네'(Cyrene)는 북아프리카의 동북편 지중해 연안의 성읍으로 유대인들이 많이 살고 있었습니다(행 2:10). '시몬'이라는 사람이 유월절 절기를 지키기 위해서 예루살렘에 온 디아스포라 유대인이었다면, 평생을 기다려 유월절을 지키러 올라왔다가 마른하늘에 날벼락 맞은 셈입니다. 난데없이 십자가를 억지로 지고 사형장에 올라가게 되었으니 그야말로 억수로 재수가 없는 사람입니다.

그러나 시몬은 예수님을 만났고 그로 인해서 그의 인생이 달라졌습니다. 감람산에서 베드로가 휘두른 칼에 귀가 잘린 '말고'처럼 여기에서 '구레네 사람 시몬'의 이름이 언급되고 있다는 것은 그가 초대교회에 잘 알려진 인물이 되었다는 뜻입니다. 실제로 마가복음은 그에 대해서 더 자세한 정보를 남깁니다.

마침 알렉산더와 루포의 아버지인 구레네 사람 시몬이 시골로부터 와서 지나가는데…(막 15:21).

바울은 로마에 있는 동역자들에게 편지를 쓰면서 '루포와 그의 어머니'를 언급하면서 '그의 어머니는 내 어머니'라고 말합니다(롬 16:13). 이로 미루어 보아 십자가를 대신 지고 간 시몬은 예수님을 통해서 크게 감동하여 결국 그리스도인이 되었을 뿐만 아니라 그의 가족이 모두 로마 교회의 훌륭한 교인이 되었다는 사실을 알 수 있습니다. 그렇다면 그가 억지로 십자가를 지게 된 것은 억수로 재수 없는 일이 아니라 온 가족이 구원받는 참으로 복된 일이었습니다!

이런 예를 들자면 한이 없습니다. 지금까지 수많은 사람이 그렇게 구원을 받아왔습니다. 가까운 가족의 갑작스러운 죽음과 질병을 통해서, 또는 사업의 실패와 여러 가지 삶의 문제를 통해서 교회를 다니기 시작하고 예수님을 만나서 구원받은 사람들이 얼마나 많이 있습니까? 하나님 안에서는 실패가 그냥 실패가 아닙니다. 억지로 지는 십자가이지만 하나님 안에서 얼마든지 구원과 축복의 통로가 될 수 있는 것입니다.

예루살렘의 여인들

그다음에 누가복음은 비아 돌로로사 제8처에서 만난 여인들의 이야기를 기록합니다.

[27]또 백성과 및 그를 위하여 가슴을 치며 슬피 우는 여자의 큰 무리가 따라오는지라 [28]예수께서 돌이켜 그들을 향하여 이르시되 예루살렘의 딸들아 나를 위하여 울지 말고 너희와 너희 자녀를 위하여 울라(눅 23:27-28).

그런데 예수님을 위하여 가슴을 치며 슬피 우는 여인들은 과연 누구였을까요? 예수님은 이들을 가리켜서 '예루살렘의 딸들'(Daughters of Jerusalem)이라고 말씀하십니다. 이들은 뒷부분에 언급하는 '갈릴리로부터 따라온 여자들'(49절), 즉 '갈릴리 여인들'과는 구별됩니다. 예수님이 그들에게 하신 말씀에서 이 점은 더욱 분명해집니다.

"나를 위하여 울지 말고 너희와 너희 자녀를 위하여 울라." 무슨 이야기입니까? 이것은 조만간 닥쳐올 예루살렘의 파괴를 예언하는 말씀입니다. 예루살렘에 사는 여인들이 지금은 아무 죄 없이 십자가에 처형당하는 예수님의 처지를 불쌍히 생각하며 울고 있지만, 조만간 자신들과 자녀들의 처랑한 처지로 인해서 울게 될 것이라는 말씀입니다.

[29]보라 날이 이르면 사람이 말하기를 잉태하지 못하는 이와 해산하지 못한 배와 먹이지 못한 젖이 복이 있다 하리라 [30]그때에 사람이 산들을 대하여 우리 위에 무너지라 하며 작은 산들을 대하여 우리를 덮으라 하리라 [31]푸른 나무에도 이같이 하거든 마른 나무에는 어떻게 되리요 하시니라(눅 23:29-31).

평상시에는 '임신하지 못하는 여자'와 '아이를 낳아보지 못한 태'와 '젖을 먹이지 못한 가슴'이 복 없는 사람들입니다. 그러나 예루살렘이 멸망할 때는 그런 사람들이 오히려 복 있는 사람들이 될 것이라 하십니다. 전쟁이 벌어지면 자기 한 몸 돌보기도 힘든데 아이들까지 책임져야 하니 말입니다. 그래서 이렇게까지 말하는 사람이 생겨날 것이라고 말씀합니다. "사람이 산들을 대하여 무너지라 하며 작은 산들을 대하여 우리를 덮으라 하리라." 이것은 차라리 죽었으면 좋겠다는 탄식입니다.

그런데 그다음 말씀을 이해하기가 쉽지 않습니다. "푸른 나무에도 이같이 하거든 마른나무에는 어떻게 되리요?" '푸른 나무'는 죄가 없는데도 불구하고 십자가를 지는 예수님을 가리킵니다. 그리고 '마른나무'는 예수님을 십자가에 처형하는 유대인들을 가리킵니다. 즉, '푸른 나무'인 예수님도 이렇게 십자가를 지는데, 그리스도를 배척한 '마른나무'에게 닥칠 심판이 얼마나 크겠느냐는 겁니다. 예수님은 자신이 겪는 극심한 고통보다 장차 예루살렘의 여인들이 겪게 될 고통을 더욱 마음 아파하고 계십니다.

구원받은 행악자

이날 십자가형을 받은 사람은 예수님 혼자가 아니었습니다. '두 행악자'도 함께 끌려왔습니다(눅 23:32-33). '행악자'는 '범죄자'(criminals)란 뜻입니다. 이들은 과연 어떤 죄를 지었을까요? 십자가형은 정치적인 반란이나 폭동과 같은 중한 범죄를 일으킨 사람들에게 집행되었습니다. 따라서 '두 행악자'는 예수님 대신 풀려난 바라바처럼 '민란과 살인죄'(23:19)를 저지른 사람이었을 것입니다.

예수님은 십자가에 달리신 그 극심한 고통 속에서도 자신을 처형하는 사람들을 용서하는 기도를 하셨습니다. “아버지 저들을 사하여 주옵소서 자기들이 하는 것을 알지 못함이니이다…”(눅 23:34). 예수님은 하나님께 ‘정의’를 구하지 않으시고 ‘용서’를 구하셨습니다. 그러자 두 행악자 중의 한 사람이 예수님을 비방합니다. “네가 그리스도가 아니냐. 너와 우리를 구원하라!”(39절) 그러나 다른 사람은 그를 꾸짖으며 이렇게 말합니다.

> **42이르되 예수여 당신의 나라에 임하실 때에 나를 기억하소서 하니 43예수께서 이르시되 내가 진실로 네게 이르노니 오늘 네가 나와 함께 낙원에 있으리라 하시니라(눅 23:42-43).**

이 사형수에게 예수님은 구원을 약속하십니다. 예수님은 십자가에 달려서도 마지막 순간까지 한 사람이라도 더 구원하려고 하셨습니다. 그렇게 이 세상을 구원하는 자신의 사명을 감당하셨던 것입니다. 이때 예루살렘 성전에서 아주 상징적인 사건이 벌어졌습니다. 성소와 지성소를 가로막던 휘장이 찢어진 것입니다(45절).

성막 예배는 본래 이스라엘 백성이 하나님을 만날 수 있는 길이었습니다. 그러나 언제부터인가 하나님과 사람 사이를 가로막는 높은 계단이 되었고 하나님을 감추는 가로막처럼 사용되었습니다. 그런데 예수 그리스도께서 십자가에 죽음으로써 하나님께서 그것을 폐기 처분하셨던 것입니다. 그리하여 이제는 사람들이 하나님께 직접 나아갈 길이 활짝 열린 것입니다(히 10:19-20).

마침내 예수님은 당신의 영혼을 하나님 아버지께 부탁하고 숨을 거두십니다(46절). 메시아로서의 모든 사명을 완수하신 것입니다. 그 모습을 보고 로마 백부장이 고백합니다. "이 사람은 정녕 의인이었도다"(47절). 마가복음에서는 '의인'이 아니라 '하나님의 아들'로 고백합니다(막 15:39). 예수님은 십자가를 지고 가는 길을 통해서도 마지막 순간까지 구원의 역사를 이루어내셨습니다. '고통의 길'(Via Dolorosa)을 '구원의 길'(Via Salvatio)로 만드셨던 것입니다.

구경하던 사람들은 예수님의 죽음을 슬퍼하면서 가슴을 치고 돌아갔습니다. 예수님의 시신은 아리마대 사람 요셉이 준비한 무덤에 안치되었습니다(53절). 사람들은 그것으로 끝이라고 생각했습니다. 그러나 아닙니다. 인간의 끝은 하나님의 시작입니다. 이제부터 하나님이 펼쳐가시는 새로운 구원의 역사가 시작될 것입니다. 물론 그것을 아는 사람은 당시에는 아무도 없었습니다.

묵상 질문: 나는 예수님을 믿음으로써 구원받았는가?

오늘의 기도: 하나님 아버지, 우리가 예수님을 만남으로써 구원받은 사람이 되게 하심을 감사합니다. 이제부터 예수님처럼 생명보다 귀한 사명에 붙들린 인생을 살아가게 하옵소서. 우리가 마땅히 걸어가야 할 길을 끝까지 당당하게 걸어가게 하옵소서. 그리하여 하나님의 뜻을 이루는 일에 귀하게 쓰임 받다가 마침내 하나님 나라에 들어가는 복을 누리게 하옵소서. 예수님의 이름으로 기도합니다. 아멘.

누가복음 묵상 ❷-39

메시아의 부활

읽을 말씀: 누가복음 23:50-24:35

새길 말씀: [33]곧 그때로 일어나 예루살렘에 돌아가 보니 열한 제자 및 그들과 함께 한 자들이 모여 있어 [34]말하기를 주께서 과연 살아나시고 시몬에게 보이셨다 하는지라 [35]두 사람도 길에서 된 일과 예수께서 떡을 떼심으로 자기들에게 알려지신 것을 말하더라(눅 24:33-35).

동서고금을 막론하고 사람이 죽으면 반드시 그 시신을 수습하여 장사하게 되어 있습니다. 우리나라에서는 전통적으로 매장하여 그 위에 봉분을 돋우는 방식으로 무덤을 만들지만, 팔레스타인 지역에서는 주로 동굴에 장사 지내곤 했습니다. 그러나 그것은 평범한 죽음의 이야기이고, 십자가에 달린 죄수의 시체는 그냥 내버려 두어 들개나 새들의 밥이 되게 했습니다. 예수님의 시신도 그렇게 버려지게 될 형편이었습니다.

인자의 무덤

그때 아리마대 사람 요셉이 선뜻 나서서 예수님의 시신을 장사합니다.

[50]공회 의원으로 선하고 의로운 요셉이라 하는 사람이 있으니 [51](그들의 결의와 행사에 찬성하지 아니한 자라) 그는 유대인의 동네 아리마대 사람이요 하나님의 나라를 기다리는 자라(눅 23:50-51).

여기에서 우리는 요셉에 대한 몇 가지 정보를 얻을 수 있습니다. 그는 '공회 의원'(a member of the Council)이었습니다. 공회(公會)란 유대인의 최고 회의, '산헤드린'을 말합니다. 당시의 공회 의원은 유대 사회에서 가장 성공한 사람들이었습니다. 게다가 그들은 이번에 예수님을 처형하는 일에 주도적인 역할을 했습니다. 그런데 요셉은 왜 십자가에 처형된 죄수의 시신을 장사하겠다고 갑자기 나선 것일까요?

누가는 그를 '선하고 의로운 사람'(a good and upright man)이라고 설명합니다. 그러나 그가 정말 '선하고 의로운 사람'이었다면 예수님이 죽기 전에 공회에서 어떤 역할을 했었어야 마땅합니다. 뒤늦게라도 양심의 가책을 받은 것일까요? 누가는 '그들의 결의와 행사에 찬성하지 아니한 자'라는 설명을 삽입합니다. 적극적으로 예수님을 처형하는 일에 나서지는 않았다는 것이지요. 그러나 그가 왜 이 시점에 나섰는지는 설명이 되지 않습니다.

한가지 단서가 있습니다. 그는 '하나님의 나라'를 기다리는 사람이었습니다. 여기에서 우리는 요셉과 예수님 사이의 연결점을 발견할 수 있습니다. 아니나 다를까 요한복음에 따르면, 요셉은 "예수의 제자이나 유대인이 두려워 그것을 숨기고 있었다"라고 합니다(요 19:38). 그러면 이해할 수 있습니다. 공회에서는 조용히 있었지만, 이제는 자신의 정체성을 드러내고 용감하게 나섰던 것입니다.

믿음은 공개적으로 고백하기 전까지 진정한 믿음이 아닙니다. 그리고 누구에게나 자신의 믿음을 드러내야 할 때가 반드시 옵니다. 요셉에게는 예수님의 시신을 장사해야 하는 바로 지금이 그의 믿음을 드러내야 하는 때였던 것입니다.

[52]그가 빌라도에게 가서 예수의 시체를 달라 하여 [53]이를 내려 세마포로 싸고 아직 사람을 장사한 일이 없는 바위에 판 무덤에 넣어 두니 [54]이 날은 준비일이요 안식일이 거의 되었더라(눅 23:52-54).

안식일이 거의 되었다는 말로 미루어서 금요일 오후 6시가 되기 바로 직전이었던 것 같습니다. 로마 사람들은 시체를 밤새도록 내버려 두어도 괜찮지만, 유대인들은 고인이 운명한 당일에 어떻게든 시신을 장사 지내야 했습니다(신 21:23). 예수님은 오후 3시에 십자가에서 운명하셨습니다. 오후 6시가 지나면 안식일이 시작됩니다. 그 시간을 놓치면 안식일이 끝날 때까지 아무 일도 하지 못합니다. 따라서 빨리 서둘러야 했습니다.

그러나 예수님의 가족들이나 제자들은 아무도 감히 나설 엄두를 내지 못했습니다. 누군가 영향력 있는 사람이 나서야만 예수님의 시신을 수습하여 장사 지낼 수 있습니다. 바로 이 대목에서 아리마대 사람 요셉이 등장하게 된 것입니다. 그는 빌라도에게 직접 가서 예수님의 시신을 수습할 수 있도록 허락해달라고 요구했습니다. 그리고

'아직 사람을 장사한 일이 없는' 새 무덤에 안치합니다.

사람들은 이 무덤을 요셉이 자신을 위하여 준비해 놓았으리라 생각합니다. 그러나 이때 급하게 구했다고 보는 게 더 합리적입니다. 한번 생각해 보십시오. 이곳은 공개 처형장이었던 골고다(Golgotha)였습니다. 그곳에 자기 무덤을 만들어 놓을 사람이 어디에 있겠습니까? 만일 급하게 무덤을 사야 했다면 틀림없이 큰 비용이 들었을 것입니다. 요셉은 자기 정체를 드러내면서 동시에 돈을 아낌없이 사용하는 진정한 헌신을 보여주었던 것입니다.

그런데 요셉만 그랬던 것은 아닙니다.

55갈릴리에서 예수와 함께 온 여자들이 뒤를 따라 그 무덤과 그의 시체를 어떻게 두었는지를 보고 56돌아가 향품과 향유를 준비하더라(눅 23:55-56).

예수님이 십자가에 달리실 때나 무덤에 장사 될 때나 그 어디에도 예수님의 제자들은 보이지 않았습니다. 그러나 갈릴리에서 온 여인들은 주님의 무덤까지 따라갔습니다. 그리고 주님의 시신이 안치된 무덤을 확인한 후에 돌아가서 향품과 향유를 준비했습니다. 물론 주님의 시신에 바르기 위한 것이었습니다.

요한복음의 기록에 따르면, 니고데모가 '몰약과 침향 섞은 것 백 리트라'를 가져와서 예수님의 시신을 장사하는 일에 이미 사용했습니다(요 19:39). 여인들은 아마도 니고데모가 한 일을 잘 몰랐던 것 같습니다. 사실 향품과 향유를 사는 데 적지 않은 돈이 필요합니다. 니고데모는 큰 부자여서 아무런 부담이 없었겠지만, 여인들에게는 틀림없이 큰 부담이었을 것입니다. 게다가 어찌 보면 불필요한 일에 이중으로 돈을 낭비한 셈이 됩니다.

사랑의 헌신이란 그런 것입니다. 결코 아깝다고 생각하지 않습니다. 오히려 더 해주지 못해서 안타까워합니다. 그것은 마치 예수님의 발에 향유를 부었던 마리아의 헌신과 같습니다. 가룟 유다는 그녀의 행동을 낭비라고 비난했지만, 예수님은 칭찬해 주셨지요. 만일 우리가 하나님에 대한 어떤 종류의 헌신이라도 아깝다고 생각하거나 낭비라고 생각한다면 그것은 우리의 믿음이 아직 바로 서지 못했다는 증거입니다.

인자의 빈 무덤

이 여인들은 안식일이 끝나기만을 기다렸다가 새벽같이 주님의 무덤을 찾아왔습니다.

> [1]안식 후 첫날 새벽에 이 여자들이 그 준비한 향품을 가지고 무덤에 가서 [2]돌이 무덤에서 굴려 옮겨진 것을 보고 [3]들어가니 주 예수의 시체가 보이지 아니하더라(눅 24:1-3).

안식일이 시작되기 직전에 분명히 시신이 안치되는 것을 보았는데, 이틀 만에 오니까 '빈 무덤'이 되었습니다. 이 세상에 '털린 무덤'은 참 많습니다. 이집트의 피라미드를 보십시오. 그렇게 크고 복잡하게 만들어 놓아도 대부분 다 털리지 않았습니까. 그러나 시신을 훔쳐 가지는 않습니다. 금은보석이 없어졌을 뿐입니다. 생전에 아무리 대단한 위세를 부리던 파라오라고 하더라도 일단 죽으면 그 몸은 아무런 가치가 없습니다.

예수님의 무덤에 보물이 있었을 리가 없습니다. 그냥 달랑 주님의 시신만 안치되었습니다. 상식적으로는 그 무덤을 털 이유가 하나도 없습니다. 그런데 무덤이 텅 비어 있었던 것입니다. 그렇다면 둘 중의 하나입니다. 누군가가 시신을 훔쳐 갔거나 아니면 시신이 제 발로 걸어서 나갔거나…. 여인들은 어찌 된 영문인지 도무지 이해하지 못해서 그곳에서 한동안 방황하고 있었습니다. 그때 천사가 나타납니다.

> **[4]이로 인하여 근심할 때에 문득 찬란한 옷을 입은 두 사람이 곁에 섰는지라 [5]여자들이 두려워 얼굴을 땅에 대니 두 사람이 이르되 어찌하여 살아 있는 자를 죽은 자 가운데서 찾느냐 [6]여기 계시지 않고 살아나셨느니라 갈릴리에 계실 때에 너희에게 어떻게 말씀하셨는지를 기억하라(눅 24:4-6).**

갑자기 그들 곁에 광채가 나는 옷을 입은 두 천사가 나타나서 말합니다. "어찌하여 살아 있는 자를 죽은 자 가운데서 찾느냐?"(Why do you look for the living among the dead? NIV) 이것은 예수님의 부활 사건의 본질적인 의미를 가장 잘 드러내는 질문입니다. 주님은 갈릴리에 계실 때 말씀하신 것처럼 이미 살아나셨습니다. 그런데 왜 시신을 보관하는 무덤에서 그분을 찾고 있느냐는 것입니다. 그제야 여인들은 비로소 예수님의 말씀을 떠올리게 되었습니다.

> **[7]이르시기를 인자가 죄인의 손에 넘겨져 십자가에 못 박히고 제삼일에 다시 살아나야 하리라 하셨느니라 한대 [8]그들이 예수의 말씀을 기억하고 [9]무덤에서 돌아가 이 모든 것을 열한 사도와 다른 모든 이에게 알리니…(눅 24:7-9).**

예수님은 자신의 수난과 부활에 대해서 이미 여러 번 말씀하셨습니다(눅 9:22; 18:32-34). 물론 제자들은 그 의미를 깨닫지 못했습니다. 부활은 실제로 경험해 보기 전까지는 알 수 없습니다. 사두개인과 바리새인들이 아무리 부활 문제를 놓고 치열하게 논쟁을 벌여도 그것은 탁상공론일 뿐입니다. 여인들은 예수님을 직접 뵌 것은 아니었지만, '빈 무덤'이 바로 부활의 증거라는 사실을 깨닫고 곧바로 제자들에게 그 소식을 알립니다.

엠마오로 가는 제자들

'빈 무덤'에 대한 여인들의 증언에도 불구하고 베드로를 비롯한 제자들은 주님의 부활을 믿지 못했습니다(눅 24:11). 부활하신 주님을 직접 만나면 믿을 수 있을까요?

[13]그날에 그들 중 둘이 예루살렘에서 이십오 리 되는 엠마오라 하는 마을로 가면서 [14]이 모든 된 일을 서로 이야기하더라(눅 24:13-14).

'그날'은 주님이 부활하신 당일입니다. 예수님의 제자 중 두 명이 엠마오로 내려가고 있었습니다. 엠마오는 예루살렘에서 서쪽으로 약 10km 정도 떨어진 곳에 있었습니다. 때는 저녁 무렵이었습니다. 따라서 엠마오로 내려가는 길은 석양에 낙조를 향하게 되어 있습니다. 그들의 마음 상태와 아주 잘 어울리는 배경입니다. 그들은 슬픔과 낙망 속에서 예루살렘을 뒤로한 채 낙조를 바라보며 낙향하고 있었던 것입니다.

그들이 나누는 대화는 '이 모든 된 일'(everything that had happened, NIV)에 관한 것이었습니다. 요 며칠 사이에 일어났던 일들을 회상하며 서로 이야기를 나누고 있었던 것입니다. 종려주일에 그들의 가슴이 얼마나 부풀었습니까? 당장에라도 하나님 나라가 이루어질 줄 알았습니다. 그런데 실망스럽게도 예수님은 십자가에 달려 비참하게 죽고 말았습니다. 그들에게 무슨 희망이 남아 있을까요? 그런 이야기에 집중하다 보니까 그들과 동행하고 있는 주님을 알아차리지 못했습니다.

> [15]그들이 서로 이야기하며 문의할 때에 예수께서 가까이 이르러 그들과 동행하시니 [16]그들의 눈이 가리어져서 그인 줄 알아보지 못하거늘 [17]예수께서 이르시되 너희가 길 가면서 서로 주고받고 하는 이야기가 무엇이냐 하시니 두 사람이 슬픈 빛을 띠고 머물러서더라(눅 24:15-17).

그들은 3년 동안이나 예수님을 따라다닌 제자들입니다. 그런데도 왜 예수님을 알아보지 못했을까요? 그들의 눈이 '가리어졌기' 때문입니다. 십자가형의 잔인함이 남겨준 충격과 거대 권력 앞에서 느끼는 절망감으로 눈이 가리어진 것입니다. 이것은 뒷부분에 '그들의 눈이 밝아져'(31절) 주님을 알아보게 된 것과 아주 대조적입니다.

예수님은 억지로 자신을 드러내어 알리지 않으셨습니다. 그들의 대화에 자연스럽게 끼어들어 이야기를 나누면서 그들이 깨달을 때까지 기다려 주셨습니다. 예수님이 "무슨 이야기를 주고받느냐"고 묻자, 두 사람은 침통한 표정으로 머물러서 지난 며칠 동안 일어났던 일을 말하기 시작합니다.

그 한 사람인 글로바라 하는 자가 대답하여 이르되 당신이 예루살렘에 체류하면서도 요즘 거기서 된 일을 혼자만 알지 못하느냐(눅 24:18).

여기에 두 제자 중에 한 사람의 이름이 등장합니다. 그는 바로 '글로바'(Cleopas)였습니다. 그는 열두 사도 중의 한 사람은 아니었습니다. 아마도 예수님이 사마리아 지방에서 70명의 제자를 파송하셨을 때 포함되었던 제자였을 것으로 보입니다. 글로바는 아내와 함께 주님을 따랐습니다. 예수님의 십자가 사형장에 글로바의 아내 마리아가 있었습니다(요 19:25). 그렇다면 안식일 첫날 빈 무덤을 발견한 여인 중에 그의 아내도 포함되었을 것이 분명합니다.

그런데 지금 글로바는 엠마오로 내려가고 있습니다. 그의 아내는 어디에 있고 왜 혼자서 낙향하고 있을까요? 글로바의 아내는 '빈 무덤'을 통해서 예수님의 부활을 믿었지만, 그 이야기를 들은 글로바는 도무지 믿을 수 없었던 것으로 보입니다. 그래서 예루살렘을 떠났던 것입니다. 부활에 대한 믿음의 차이로 부부간에 서로 갈라서고 있었던 것입니다. 그러니 부활하신 예수님을 어떻게 알아볼 수 있었겠습니까?

또 다른 성찬식

글로바는 그동안 예수님에게 걸었던 기대가 좌절된 것에 대한 실망감을 아이러니하게도 부활하신 주님에게 솔직하게 털어놓습니다. 그리고 예수님의 무덤이 비어 있다는 사실을 잘 알고 있지만, 도무지 믿을 수 없다는 이야기도 합니다. 그러자 예수님은 침묵을 깨고 말씀하기 시작하셨습니다.

[25]이르시되 미련하고 선지자들이 말한 모든 것을 마음에 더디 믿는 자들이여 [26]그리스도가 이런 고난을 받고 자기의 영광에 들어가야 할 것이 아니냐 하시고 [27]이에 모세와 모든 선지자의 글로 시작하여 모든 성경에 쓴 바 자기에 관한 것을 자세히 설명하시니라(눅 24:25-27).

메시지성경은 이렇게 풀이합니다.

"…당신들은 머리가 둔하고 마음이 무딘 사람들이군요! 어째서 당신들은 예언자들이 말한 모든 것을 단순히 믿지 못합니까? 당신들은 이런 일이 일어나야 한다는 것과, 메시아가 고난을 겪고서 자기 영광에 들어가야 한다는 것을 알지 못합니까?"(눅 24:25-26, 메시지).

여기에서 우리는 사람들이 부활을 믿지 않는 두 가지 이유를 발견합니다. 첫 번째 이유는 하나님의 말씀을 '단순하게 믿지 못하기 때문'입니다. 상식을 더 신뢰하기 때문에 상식에서 벗어나는 진리를 받아들이지 못하는 것이지요. 지극히 상식적인 테두리 안에서 신앙생활하는 사람들은 아무리 오래 교회를 다녀도 부활을 믿지 못합니다.

두 번째 이유는 '고난받는 메시아'를 이해하지 못하기 때문입니다. 유대인들이 기다리던 메시아는 로마의 압제에서 이스라엘을 구원할 정치적인 메시아였습니다. 사람들은 군림하고 다스리는 메시아의 모습에 익숙해 있어서 고난받고 죽임을 당하는 메시아의 모습을 이해할 수 없었습니다. 예수님은 '모세'와 '선지자'의 글들에 기록된 '고난받는 메시아'에 대한 예언을 설명해 주었지만, 그들은 여전히 주님을 알아보지 못했습니다.

그렇게 이야기를 나누는 동안 드디어 목적지인 엠마오에 도착했고, 때는 저녁 무렵이 되었습니다. 그들은 예수님을 식탁에 초대합니다. 그리고 그 자리에서 비로소 부활하신 주님을 알아보게 됩니다.

[30]그들과 함께 음식 잡수실 때에 떡을 가지사 축사하시고 떼어 그들에게 주시니 [31]그들의 눈이 밝아져 그인 줄 알아보더니 예수는 그들에게 보이지 아니하시는지라(눅 24:30-31).

마지막 유월절 만찬에서 예수님이 성찬식을 제정하시던 바로 그 장면을 연상하게 하는 모습입니다. 아마도 글로바와 다른 한 제자는 최후의 만찬 자리에 직접 참석하지는 않았을 것입니다. 그러나 지금 그들은 부활하신 예수님이 직접 주관하시는 성찬에 초대받고 있는 것입니다. 두 제자가 예수님을 식탁의 자리에 초청했지만, 사실은 그들이 주님의 성찬에 초대되었던 것입니다.

그렇습니다. 우리가 주님을 위해서 무엇을 한다고 시작하지만, 나중에 다 지나고 보면 주님께서 우리를 위해 준비해 놓으신 은혜의 자리였다는 것을 알게 됩니다. 작고 초라한 믿음이라도 주님을 위해서 사용하면 더욱 큰 은혜의 자리에 들어갈 수 있습니다. 그런 은혜를 경험하면 우리는 더욱더 힘을 내어 주님의 일을 하게 되겠지요. 이것을 가리켜서 우리는 '은혜의 선순환'이라고 말합니다.

주님이 주시는 가장 큰 은혜는 주님을 알아보는 것입니다. 주님이 나누어주시는 빵을 받는 순간, 그들의 눈이 밝아졌습니다. 드디어 부활하신 주님을 알아보게 되었던 것입니다. 그러자 그 순간 예수님은 사라지셨습니다. 부활하신 주님을 알아보자마자 마치 기다렸다는 듯이 즉시 사라진 것입니다.

참으로 우리 주님다운 모습입니다. 사람들은 한번 은혜를 베풀면 그것으로 평생 우려먹으려고 합니다. 그러나 예수님은 그러지 않으셨습니다. 부활을 믿게 되었다면 그것으로 충분합니다. 진리의 말씀을 깨닫게 되었으면 또한 그것으로 충분합니다. 거기에다가 자신의 의를 내세우거나 계속해서 어떤 영향력을 행사하려고 하지 않으십니다. 그냥 훌쩍 떠나십니다. 그런다고 제자들이 주님을 잊어버릴까요? 그렇지 않습니다.

> [32]그들이 서로 말하되 길에서 우리에게 말씀하시고 우리에게 성경을 풀어 주실 때에 우리 속에서 마음이 뜨겁지 아니하더냐 하고 [33]곧 그 때로 일어나 예루살렘에 돌아가 보니 열한 제자 및 그들과 함께 한 자들이 모여 있어 [34]말하기를 주께서 과연 살아나시고 시몬에게 보이셨다 하는지라 [35]두 사람도 길에서 된 일과 예수께서 떡을 떼심으로 자기들에게 알려지신 것을 말하더라(눅 24:32-35).

부활하신 주님을 확인하고 나서 그들은 비로소 말씀을 듣던 중에 그들의 마음이 뜨거웠다는 사실을 기억해 냈습니다. 그때 진작 알았어야 했는데 그러지 못한 게 몹시 아쉬웠습니다. 그들은 즉시 예루살렘으로 돌아갑니다. 때는 이미 한밤중이었지만 당장에 일어나서 어둠을 뚫고 예루살렘까지 한걸음에 달려갔습니다. 왜 그랬을까요? 부활하신 주님을 만났다는 기쁜 소식을 전하고 싶었기 때문입니다.

가서 보니까 열한 제자들을 비롯하여 여러 사람이 모여 있었습니다. 부활하신 주님을 만났다는 이야기를 꺼내기도 전에 거기에 모인 사람들은 "주께서 과연 살아나시고 시몬에게 보이셨다"라고 말하고 있었습니다(34절). 시몬 베드로가 언제 어떻게 부활하신 주님을 만났는지 알 길이 없습니다. 어쨌든지 부활을 목격한 사람들이 그 자리로 하나둘씩 모여들고 있었다는 사실입니다. 바로 그때 주님이 나타나십니다. 개인적인 부활의 체험이 단체적인 부활의 체험으로 바뀌게 되는 장면입니다.

교회는 바로 이런 곳이어야 합니다. 각자 삶의 자리에서 부활하신 주님을 목격하고 은혜를 체험한 간증을 가지고 함께 모여서 나눌 때, 그 자리에 주님이 임재하셔서 더욱 큰 은혜를 맛보게 해주시는 곳 말입니다. 비록 완전한 모습은 아니지만 앞으로 성령강림 사건을 통해 탄생하게 될 신약의 하나님 백성 교회의 모습을 여기에서 미리 목격하고 있는 것입니다.

묵상 질문: 나는 예수님의 부활을 확실히 믿는가?

오늘의 기도: 하나님 아버지, 지금은 거울을 보는 것같이 희미하지만, 언젠가 얼굴과 얼굴을 대하여 보는 것 같이 확실히 알게 될 때가 올 것을 확신합니다. 우리가 깨달을 때까지 오래 참고 기다리시는 하나님의 은혜를 붙들게 하시고, 깨달은 은혜를 함께 나눔으로써 이곳에서 하나님 나라를 맛보는 우리의 신앙생활이 되게 하옵소서. 예수님의 이름으로 기도합니다. 아멘.

누가복음 묵상 ❷-40

마지막 메시지

읽을 말씀: 누가복음 24:36-53

재길 말씀: [46]또 이르시되 이같이 그리스도가 고난을 받고 제삼일에 죽은 자 가운데서 살아날 것과 [47]또 그의 이름으로 죄 사함을 받게 하는 회개가 예루살렘에서 시작하여 모든 족속에게 전파될 것이 기록되었으니 [48]너희는 이 모든 일의 증인이라 [49]볼지어다 내가 내 아버지께서 약속하신 것을 너희에게 보내리니 너희는 위로부터 능력으로 입혀질 때까지 이 성에 머물라 하시니라(눅 4:46-49).

'하나님 나라의 길' 묵상 마지막 시간입니다. 지금까지 우리는 누가복음의 후반부 말씀(눅 9:51-24:53)을 크게 세 부분으로 나누어 살펴보았습니다. 갈릴리에서 시작된 하나님 나라 운동이 예루살렘까지 전해지는 동선에 따라서 제1막 '제자가 되는 길'과 제2막 '구원에 이르는 길' 그리고 제3막 '십자가를 지는 길'을 차례대로 묵상했습니다.

예수님은 유월절의 어린양처럼 십자가에서 피를 흘리심으로써 인류를 구원하는 하나님의 계획을 완성했습니다. 그러나 그것이 끝은 아니었습니다. 만일 예수님의 죽음이 끝이었다면 그와 함께 하나님 나라 운동 역시 끝나고 말았을 것입니다. 예수님은 이미 여러 번 예고하신 것처럼 죽은 지 사흘 만에 다시 살아나셔서 잠자는 자들의 첫 열매가 되셨습니다.

몸의 부활

빈 무덤의 논리적인 추론이나 천사들의 간접적인 증언이나 개인적인 체험을 통해서 예수님의 부활이 이미 증명되었지만, 사람들은 그것을 믿으려고 하지 않았습니다. 그 누구도 죽은 사람이 다시 살아나는 것을 경험해 보지 못했기 때문입니다. 그래서 예수님은 제자들이 모여 있는 곳에 직접 나타나셔서 부활하신 몸을 보여주심으로써 충분히 설명되지 못하는 부분을 완전히 해결해 주셨습니다.

> [36]**이 말을 할 때에 예수께서 친히 그들 가운데 서서 이르시되 너희에게 평강이 있을지어다 하시니** [37]**그들이 놀라고 무서워하여 그 보는 것을 영으로 생각하는지라**(눅 24:36-37).

'이 말을 할 때'는 베드로를 비롯하여 글로바와 그 친구가 자기가 체험한 주님의 부활에 대해서 다른 제자들과 함께 이야기하고 있을 때를 말합니다. 부활을 직접 체험하지 못한 다른 제자들은 반신반의했을 것입니다. 믿을 수도 없고 믿지 않을 수도 없는 상황에서 예수님이 직접 나타나셔서 "너희에게 평강이 있을지어다!" 말씀하신 것입니다.

처음에 그들은 주님을 '영(a ghost)으로' 생각했습니다. 다시 말해서 '귀신'이나 '도깨비'나 '유령'으로 생각했던 것입니다. 그러나 주님의 부활은 '영의 부활'이 아니라 '몸의 부활'이었습니다.

[38]예수께서 이르시되 어찌하여 두려워하며 어찌하여 마음에 의심이 일어나느냐 [39]내 손과 발을 보고 나인 줄 알라 또 나를 만져 보라 영은 살과 뼈가 없으되 너희 보는 바와 같이 나는 있느니라(눅 24:38-39).

이에 대한 메시지성경의 풀이가 더욱 실감 납니다.

"당황하지 마라. 그리고 이 모든 의심에 휩쓸리지도 마라. 내 손을 보고 내 발을 보아라. 정말로 나다. 나를 만져보아라. 머리부터 발끝까지 나를 잘 보아라. 유령은 이런 근육과 뼈가 없다"(눅 24:38-39, **메시지**).

"이 모든 의심에 휩쓸리지도 말라"는 부분을 영어 원문으로는 "Don't let all these doubting questions take over"라고 합니다. "이런 모든 의심스러운 질문들에 (네 마음과 생각을) 점령당하지 말라"는 뜻입니다. 사람들은 당황하면 사물이나 사건을 제대로 판단하지 못하게 됩니다. 부활하신 주님을 직접 보면서도 마음에 자꾸 의심이 생겨나는 것은 바로 이 때문입니다.

제자들이 예수님을 유령으로 생각하여 당황하는 것을 아시고 당신의 부활한 몸을 잘 살펴보고, 또한 직접 만져 보라고 권면하셨습니다. 그러면서 주님의 부활은 단순히 '영의 부활'이 아니라 '몸의 부활'이라는 사실을 힘주어 강조하셨습니다. "영은 살과 뼈가 없으되 너희

보는 바와 같이 나는 있다"라는 말씀이 바로 그것입니다. 주님은 살과 뼈와 근육을 가진 부활의 몸으로 제자들에게 나타나셨습니다.

그러나 '부활한 몸'은 '죽기 전의 몸'과는 질적으로 완전히 다릅니다. 죽기 전의 몸은 썩어지는 것이지만 부활한 몸은 영원히 썩지 않는 것이기 때문입니다(고전 15:50). 예수님의 모습은 그대로였지만 썩지 아니하는 몸이요 죽지 아니하는 몸으로 부활하신 것입니다. 따라서 그 몸은 시간과 공간의 제한을 받지 않습니다. 사방의 문이 닫혀 있던 곳에 예수님이 불쑥 나타날 수 있었던 것은 바로 그 때문입니다.

손과 발을 직접 만져 보고 '몸의 부활'을 확인하라고 말씀하셨지만, 제자들은 그래도 믿을 수가 없었습니다.

[40]이 말씀을 하시고 손과 발을 보이시나 [41]그들이 너무 기쁘므로 아직도 믿지 못하고 놀랍게 여길 때에 이르시되 여기 무슨 먹을 것이 있느냐 하시니 [42]이에 구운 생선 한 토막을 드리니 [43]받으사 그 앞에서 잡수시더라(눅 24:40-43).

예수님은 머뭇거리는 제자들에게 친히 손과 발을 보여주셨습니다. 그곳에 무슨 흔적이 남아 있었을까요? 그렇습니다. 못 자국이 있었습니다. 십자가에 못 박히실 때 입은 상처가 그대로 남아 있었던 것입니다. 그 상처가 바로 부활의 증거입니다. 만일 그 상처가 없었다면 예수님을 계속해서 유령으로 생각하는 사람들이 있었을 것입니다. 그렇지만 손과 발에 남아 있는 상처는 주님의 부활을 더 이상 의심할 수 없게 했습니다.

그런데도 제자들은 여전히 믿을 수가 없었습니다. 본문은 그것을

"너무 기쁘므로 아직도 믿지 못하고 놀랍게 여겼다"라고 표현합니다. 너무나 좋아서 믿기지 않았다는 것입니다. 메시지성경은 "It seemed too good to be true"라고 번역합니다. 너무나 좋은 나머지 사실이라고 믿을 수 없었다는 뜻입니다. 물론 제자들의 마음을 충분히 이해할 수 있습니다. 그러나 당황해서 믿지 못하든 너무 좋아서 믿지 못하든, 믿지 못한다는 점에서 다르지 않습니다.

주님은 부활을 더욱 확실하게 증명하기 위해서 제자들이 보는 앞에서 구운 생선 한 토막을 잡수셨습니다. 그렇습니다. 부활한 몸은 먹을 수 있습니다! 우리 조상들은 유교 전통에 따라서 고인의 기일에 제사상을 차려놓고 따뜻한 밥에 숟가락을 꽂아둡니다. 그런다고 귀신이 밥을 먹을 수 있을까요? 귀신은 밥이 필요하지 않습니다. 그러나 부활한 몸은 다릅니다. 마지막 유월절 만찬 자리에서 제자들과 하나님 나라에서 다시 먹게 될 것을 소망하셨던 주님의 말씀이 빈말이 아니었던 것입니다(눅 22:16).

구약성경의 맥

예수님은 자신의 부활이 '몸의 부활'이라는 사실을 확인해 주고 난 후에 구약성경의 맥을 짚어서 부활을 설명하십니다.

> [44] 또 이르시되 내가 너희와 함께 있을 때에 너희에게 말한 바 곧 모세의 율법과 선지자의 글과 시편에 나를 가리켜 기록된 모든 것이 이루어져야 하리라 한 말이 이것이라 하시고 [45] 이에 그들의 마음을 열어 성경을 깨닫게 하시고… (눅 24:44-45).

예수님 당시에 구약성경은 '모세의 율법과 선지자의 글'이었습니다. 그런데 여기에 '시편'까지 덧붙여 언급하고 있는 곳은 여기가 유일합니다. 사실 메시아 사역에 대한 예언이 시편에 참 많이 기록되어 있습니다. 메시아의 수난에 관한 시편 22편이나 메시아의 부활에 관한 시편 2편, 16편, 110편은 예수님이 즐겨 묵상하고 또한 인용했던 말씀입니다.

예수님은 제자들의 마음을 열어 성경을 깨닫게 하려고 하십니다. 메시지성경은 "그들이 하나님의 말씀을 깨닫도록 이해력을 넓혀주시고, 성경을 어떻게 읽어야 하는지 설명해 주셨다"라고 번역합니다. 그렇습니다. 성경을 무작정 '많이 읽는 것'보다 '어떻게 읽어야 하는지' 알고 읽는 것이 더욱 중요합니다. 다시 말해서 성경을 보는 눈이 있어야 합니다. 그 눈은 바로 '예수 그리스도'입니다. 예수 그리스도가 이루신 메시아 사역을 통해서 성경을 읽으면 성경 전체의 맥을 잡을 수 있는 것입니다.

[46]또 이르시되 이같이 그리스도가 고난을 받고 제 삼일에 죽은 자 가운데서 살아날 것과 [47]또 그의 이름으로 죄 사함을 받게 하는 회개가 예루살렘에서 시작하여 모든 족속에게 전파될 것이 기록되었으니 [48]너희는 이 모든 일의 증인이라(눅 24:46-48).

예수님이 짚어주신 구약성경의 맥은 두 가지입니다. 그 첫 번째 맥은 '그리스도의 고난과 죽음과 부활'입니다. 메시아가 고난을 받고 죽임을 당해야 한다는 사실을 그 당시에 아무도 생각하지 못했던 것은 구약성경에 그런 말씀이 없었기 때문이 아닙니다. 그것을 볼 눈이 없었을 뿐입니다. 후에 예수님의 십자가 사건의 눈으로 보니까 그런 말씀이 이미 구약성경 곳곳에 많이 기록되어 있었다는 사실을 새롭게 깨닫게 된 것입니다.

두 번째 맥은 "예수 그리스도의 이름으로 죄 사함을 받게 하는 회개가 예루살렘에서 시작하여 모든 족속에게 전파된다는 것"입니다. 여기에서 '죄 사함을 받게 하는 회개'를 메시지성경은 '죄 용서를 통한 전적인 삶의 변화'(a total life-change through the forgiveness of the sins)라고 표현합니다. 그것이 하나님께서 인류를 구원하기 위하여 품어오셨던 꿈입니다. 그 꿈을 이루기 위하여 하나님의 아들을 사람의 아들로 태어나게 하셨고 그를 대속 제물이 되도록 십자가에 내어주신 것입니다.

그러나 예수님은 죽음 권세를 이기시고 부활하셨습니다. 그리하여 이제부터 그를 믿고 회개하여 돌아오는 자마다 구원받을 수 있는 길을 열어놓으신 것입니다. 그 구원은 예루살렘에서 시작되었고 마침내 땅끝까지 이르도록 모든 족속에게 전파되어 나갈 것입니다. 그 일을 누가 해내야 할까요? 바로 이 모든 일을 목격한 제자들입니다. "너희는 이 모든 일의 증인이라!"

증인은 보고 들은 것을 침묵하지 않고 증언하는 사람들입니다. '증인'에 해당하는 헬라어 '마르투스'(martus)는 '순교자'(martyr)를 의미하기도 합니다. '증인'은 '순교자'가 될 각오가 되어 있어야 합니다. 순교할 각오로 증언하는 자들을 통해서 복음이 땅끝까지 전파될 것을 주님은 말씀하셨던 것입니다.

이 두 가지 맥은 누가가 기록한 두 가지 문서의 주제이기도 합니다. 메시아로서 오신 예수님의 생애와 죽음과 부활 사건의 첫 번째 맥은 누가복음(데오빌로전서)으로 기록되었고, 죄의 용서를 통하여 전적인 삶의 변화가 일어나는 구원의 복음이 예루살렘에서부터 시작하여 땅끝까지 전해지는 두 번째 맥은 사도행전(데오빌로후서)으로 기록되었습니다.

지상 명령(至上命令)

땅끝까지 이르러 증인이 되라는 이른바 '지상 명령'(The Great Commission)에 대한 기록이 복음서마다 서로 다릅니다. 예를 들어서 마태복음은 열한 제자가 갈릴리의 어느 산에 가서 '지상 명령'을 받은 것으로 기록합니다(마 28:16-20). 마가복음은 열한 제자가 음식 먹는 자리에 나타나셔서 '지상 명령'을 하십니다(막 16:14-18). 요한복음에는 '지상 명령'이라고 지칭할 만한 구절이 나오지 않습니다. 굳이 이야기하자면 주님이 부활하신 날 예루살렘에 모여 있던 제자들에게 나타나셔서 "나도 너희를 보내노라"(요 20:21)라고 하신 말씀이 그에 가장 가깝다고 할 수 있습니다.

이처럼 지상 명령을 말씀하신 장소가 들쭉날쭉할 뿐만 아니라 그 시점도 분명하지 않습니다. 마태복음이나 요한복음은 아예 예수님이 승천하는 이야기를 언급하지 않습니다. 그래서 언제 지상 명령을 말씀하셨는지 알 수가 없습니다. 그나마 마가복음이 지상 명령과 예수님의 승천을 나란히 기록하지만, 그 부분은 나중에 첨가된 것으로 밝혀졌습니다(막 16:19). 만일 누가복음이 없었다면 주님의 지상 명령과 승천의 자연스러운 관계에 대해서 알 수 없었을 것입니다. 물론 지상 명령의 직접적인 문구는 사도행전에 기록되어 있지만(행 1:8), 누가는 그것을 이미 염두에 두고 누가복음을 마무리합니다.

이를 종합하여 볼 때, 우리는 예수님이 '지상 명령'을 단 한 번만 말씀하신 것이 아니라는 결론에 다다릅니다. 오히려 부활하신 첫날부터 승천하시기 전까지 40일 동안 제자들과 함께 지내면서 기회가 있을 때마다 여러 장소에서 말씀하신 것으로 보아야 합니다. '지상 명령'에 대한 복음서 사이의 차이는 이와 같은 누가의 전망 속에서 충돌 없이 모두 제자리를 찾을 수 있습니다.

누가복음은 지상 명령을 말씀하기에 앞서서 제자들이 예루살렘에 남아 있어야 하는 이유를 밝히는 것으로 마무리합니다.

> 볼지어다 내가 내 아버지께서 약속하신 것을 너희에게 보내리니 너희는 위로부터 능력으로 입혀질 때까지 이 성에 머물라 하시니라(눅 24:49).

예수님은 제자들을 서둘러서 예루살렘 밖으로 내보내지 않습니다. 오히려 위로부터 오는 능력을 입을 때까지 이 성에 머물러 있으라 하십니다. '위로부터 오는 능력'이 무엇을 말할까요? 또한 "내 아버지께서 약속하신 것을 보내겠다"고 말씀하셨는데, 그 '약속하신 것'은 무엇입니까? 바로 '성령'입니다. 성령이 오심으로 그 능력을 덧입게 될 때까지 섣불리 예루살렘을 떠나려고 하지 말고 기다리라고 말씀하신 것입니다.

이 말씀은 주님이 승천하기 직전에 재확인됩니다.

> 오직 성령이 너희에게 임하시면 너희가 권능을 받고 예루살렘과 온 유대와 사마리아와 땅끝까지 이르러 내 증인이 되리라 하시니라(행 1:8).

그렇습니다. 위로부터 임하는 성령의 권능을 받지 않고 섣불리 사역하러 나가면 반드시 실패하게 되어 있습니다. 주님은 제자들의 한계와 약점을 잘 알고 계셨습니다. 제자들이 제아무리 예수 그리스도의 사역과 십자가의 고난과 부활을 보고 들은 첫 번째 증인들이었다고 하더라도, 그런 경험만 가지고는 땅끝까지 갈 수도 없고 주님의 증인이 될 수도 없습니다. 하나님으로부터 주어지는 능력을 덧입어야 합니다. 그래서 예루살렘에 머물러 있으라고 말씀하신 것입니다.

실제로 주님의 제자들은 오순절 성령강림 사건을 통해서 참 증인으로 완전히 변화되었습니다. 그들은 담대하게 나가서 복음을 전하기 시작했고, 그날 하루에만 3천 명이 구원받게 되었고 교회가 세워지는 놀라운 역사가 나타났습니다. 그리고 그 교회는 지난 2천 년 역사를 통해서 계속해서 땅끝으로 나아가고 있는 것입니다. 부활의 확신을 갖는 것으로 충분하지 않습니다. 위로부터 오는 성령의 능력을 입어야 합니다.

메시아의 승천

'승천'(the Ascension)은 예수님께서 이 세상에 오셔서 하셨던 모든 지상 사역의 정점을 찍는 사건입니다. '승천' 없이 주님의 지상 사역은 완성되지 않습니다.

[50]예수께서 그들을 데리고 베다니 앞까지 나가사 손을 들어 그들에게 축복하시더니 [51]축복하실 때에 그들을 떠나 하늘로 올려지시니…(눅 24:50-51).

누가복음은 주님이 승천하신 곳을 '베다니 앞'이라고 합니다. 그러나 사도행전에는 '감람원이라 하는 산'이었다고 합니다(행 1:12). 실제로 예루살렘 근처의 감람산에 있는 마을은 '벳바게'이고, '베다니'는 예루살렘에서 상당히 떨어진 마을입니다. 앞에서도 이런 경우가 있었는데(눅 19:29), 그 이유를 누가가 복음의 동선에 집중한 탓으로 설명했습니다. 지금 예루살렘의 감람산 정상에 가면 예수님이 승천하실 때 생겼다고 전해지는 바위에 움푹 파인 발자국을 보관하고 있는 이슬람의 모스크(Chapel of the Ascension)가 있습니다.

'승천'은 '부활'과 마찬가지로 사람들에게는 영원한 신비입니다. '승천'은 일반적인 상식이나 말로 설명할 수 없는 일입니다. 이때 제자들이 이해할 수 없는 어떤 일이 일어난 것이 틀림없습니다. 부활하신 예수님이 나타나는 빈도가 점점 줄어서 제자들을 떠나신 게 아닙니다. 예수님은 분명히 감람산에서 제자들이 보는 앞에서 하늘로 오르셨습니다.

그런데 예수님의 '승천'은 '수난과 죽음 그리고 부활'과 마찬가지로 분명히 예고되었습니다. 누가복음은 이렇게 기록하고 있습니다.

예수께서 승천하실 기약이 차가매 예루살렘을 향하여 올라가기로 굳게 결심하시고…(눅 9:51).

갈릴리 사역을 마무리하고 예루살렘으로 올라가는 여정을 시작하는 부분입니다. 거기에서 예수님은 승천하실 때가 가까운 것을 아시고 예루살렘으로 올라가기로 결심하셨다고 합니다. 예루살렘에 올라가면 십자가의 길이 준비되어 있습니다. 십자가의 죽음이 그 끝은 아닙니다. 사흘 만에 예수님은 부활하게 될 것입니다. 부활 또한 끝이 아닙니다. 죽음과 부활은 승천을 위해서 반드시 거쳐야 하는 과정입니다.

또한 승천이 끝은 아닙니다. 예수님은 약속하신 대로 다시 재림하시게 될 것입니다. 예수님은 이처럼 하나님께서 정해 놓으신 일련의 계획이 진행될 것을 잘 알고 계셨습니다. 그래서 그것을 이룰 때가 가까워져 온 것을 아시고 예루살렘으로 올라가셨던 것입니다. 따라서 승천을 목격한 제자들은 주님과의 이별을 슬퍼할 것이 아니라 오히려 주님의 재림을 확신하며 기뻐해야 합니다. 실제로 제자들은 어떻게 했을까요?

> [52]**그들이 그에게 경배하고 큰 기쁨으로 예루살렘에 돌아가** [53]**늘 성전에서 하나님을 찬송하니라**(눅 24:52-53).

예수님이 하늘로 들려 올라가는 것을 보고, 제자들은 무릎을 꿇고 경배하고, 터질 듯한 기쁨을 안고 예루살렘으로 돌아왔습니다. 그리고 성전에서 하나님을 찬양하면서 늘 지냈습니다. 주님의 승천은 분명히 이별인데 왜 제자들은 그렇게 기뻐하는 것일까요? 왜냐면 그들은 이제 주님의 약속을 믿기 시작했기 때문입니다. 주님께서 승천하시는 놀라운 일을 목격하면서 그들은 재림에 대한 약속을 확신하게 되었던 것입니다.

그런데 제자들이 예루살렘으로 되돌아간 이유가 무엇일까요? 그곳에는 여전히 박해의 위험이 남아 있는데 말입니다. 그것은 "위로부터 능력으로 입혀질 때까지 예루살렘성에 머물러 있으라"고 말씀하신 예수님의 명령 때문이었습니다. 예수님의 말씀이 믿어지기 시작하니까 그 명령에 순종할 수 있게 되는 것입니다. 신앙생활의 기쁨은 믿음에서부터 나옵니다. 또한 믿음에서 나오는 기쁨이 있어야 예수님의 말씀에 온전히 순종하게 되는 것입니다.

누가복음은 사가랴와 마리아의 이야기로 시작되었습니다. 사가랴는 그에게 이루어진 사실에 대하여 믿지 못함으로 벙어리로 지내야 했습니다. 그러나 마리아는 그 사실을 믿음으로 받아들이고 하나님을 찬양했습니다. 제자들은 처음에는 예수님의 말씀을 믿지 못하여 두려워하며 숨어 지냈습니다. 그러나 예수님의 부활과 승천을 목격하고 예수님의 말씀을 믿기 시작하면서부터 그들의 입에서 기쁨의 찬송이 터져 나왔습니다. 그리고 위험을 무릅쓰고 성전에 머물면서 주님의 약속이 이루어지기를 기다렸던 것입니다.

지금도 하나님은 우리 중에 당신의 뜻을 이루어 가고 계십니다. 믿음이 있는 사람들은 그 사실 앞에 크게 기뻐합니다. 우리가 마땅히 있어야 할 곳에 있으면서 우리가 마땅히 해야 할 일을 합니다. 그렇게 하나님의 약속이 이루어지기를 기다리는 사람들이 언젠가 이 땅에 하나님께서 완성하실 하나님 나라의 주인공이 되는 것입니다.

묵상 질문: 나는 예수님의 승천과 재림을 확실히 믿는가?

오늘의 기도: 하나님 아버지, 예수님을 통해 하나님 나라의 길을 열어주시고 우리를 그 길로 초대해 주심을 감사합니다. 하나님이 계획하셨고 또한 이루어 가시는 하나님 나라 운동을 우리에게 맡겨주셨사오니, 위로부터 오는 능력을 힘입어 주님이 다시 오실 그때까지 충성스럽게 잘 감당하게 하옵소서. 그리하여 우리 모두 하나님 나라에 들어가는 주인공이 되게 하옵소서. 예수님의 이름으로 기도합니다. 아멘.

구원의 길

주안에서 사랑하는 성도님들에게,

기독교는 구원의 종교입니다. 물론 구원을 이야기하지 않는 종교는 이 세상에 하나도 없습니다. 나름대로 구원의 길을 제시하고 가르칩니다. 그러나 그 대부분은 인간 자신에게서 출발합니다. 예를 들어서 지극 정성으로 백일기도를 한다거나 무슨 선행을 많이 한다거나 하는 식입니다. 지성(至誠)이면 감천(感天)이라고, 그들이 신(神)이라고 생각하는 어떤 존재의 마음을 감동하게 하면 구원을 얻을 수 있다고 생각하는 것이지요.

기독교는 정반대입니다. 인간이 아니라 하나님으로부터 출발합니다. 하나님이 정해 놓은 구원의 길을 믿음으로 받아들여야만 구원에 이를 수 있다고 가르칩니다. 그 길이 무엇입니까? 그것은 예수님을 그리스도로 영접하는 것입니다. 하나님은 당신의 독생자를 세상 죄를 대속하는 유월절 어린양으로 삼으셨습니다. 예수님이 십자가에 달려 죽으심으로 이 세상을 구원하기 위한 길이 활짝 열렸습니다. 그 길을 믿음으로 받아들여 걷기 시작하는 사람은 누구나 구원받을 수 있게 하신 것입니다.

그래서 예수님은 이렇게 말씀하셨습니다. "내가 곧 길이요 진리요 생명이니 나로 말미암지 않고는 아버지께로 올 자가 없느니라"(요

14:6). 이를 NIV성경으로 읽으면 뜻이 더욱 분명해집니다. “I am the way and the truth and the life. No one comes to the Father except through me.” 여러 가지 길들 중에서 어느 ‘한 길’(a way)이 아닙니다. 예수님을 통해 보여주신 바로 ‘그 길’(the way)을 선택해야 구원받은 자가 되어 하나님 아버지께 갈 수 있는 것입니다.

지금 우리는 ‘하나님의 나라’라는 키워드로 누가복음과 사도행전을 묵상하는 중입니다. 예수님이 로마제국의 변두리 팔레스타인에서 펼쳐가셨던 하나님 나라 운동이 어떻게 땅끝까지 확장되어 가는지를 살펴보려는 것입니다. 작년에는 『하나님 나라의 복음』(2023년)이라는 주제로 누가복음 전반부의 말씀을 묵상했고, 올해에는 『하나님 나라의 길』(2024년)이라는 주제로 나머지 후반부의 말씀을 묵상했습니다.

그러면서 예수님이 걸으셨던 ‘십자가의 길’을 통해서 우리를 위한 ‘구원의 길’이 열리게 되었음을 알게 되었습니다. 그리고 구원받은 자로서 우리에게 ‘하나님 나라의 운동’을 이어 나갈 특별한 사명이 주어졌음을 또한 알게 되었습니다. 그와 같은 깨달음은 어느 성도님의 고백처럼 ‘하나님의 말씀이 통째로 내 안에 들어오는 느낌’으로 다가왔습니다.

이번에도 저와 함께 말씀 묵상의 길을 걸어주신 성도님이 참 많이 계십니다. 깨알 같은 글씨에 형광펜으로 강조하여 정리한 설교 노트를 읽으면서 큰 감동과 무한 책임을 느끼게 되었습니다. 이번 사순절 특새를 완주하고 나서 남겨주신 소감 중에 일부 성도님의 글을 여기에 실어봅니다.

이번 사순절 묵상을 마치면서 갑자기 내 머릿속에 떠오르며 흥얼거리게 되는 찬양이 있었습니다. "돈으로도 못가요, 하나님 나라~" 하나님 나라는 오직 믿음으로 들어갈 수 있음을 다시 확인했습니다. 예수님을 통해 하나님 나라의 길을 열어주시고 나를 그 길에 초대해 주시고 또한 그 나라를 나에게 맡겨주시어 주인공으로 세워주시는 사랑의 마음을 느낄 수 있는 감사하고 귀한 시간이었습니다. _ 이OO 권사

하나님의 말씀이 통째로 내 안에 들어오는 느낌이다. 예수님께서 이루어 가시는 구원 사역의 눈으로 성경을 읽으니 더더욱 그렇다. 가슴 벅차도록 재미가 있고 시간 가는 줄도 모르겠다. 일반상식이나 사람의 말로 설명할 수 없어 산산이 흩어져 있던 그 많고 많은 성경 속 일들이, 성경을 수십 번 읽어도 무슨 말인지 몰라 헤맸던 것들이 이제야 믿어지기 시작했다고 감히 고백해 본다. _ 범OO 권사

매일매일 특별히 감동 주시는 문구를 따로 적어 보았다. *날마다 한 방울씩 여분의 기름을 준비하자!! *이해할 수 없다고 순종하지 않는 것은 잘못이다!! *헌금을 인색함이나 억지로 하지 말고 기쁜 마음으로 하자!! *회개할 일이 있을 땐 기회를 놓치지 말고 바로 회개하자!! 이렇게 정리하고 보니 그동안 알고도 순종하지 않았던 것과 제대로 알지 못해서 불순종했던 것들이 참 많았음을 깨닫게 되었다. 이런 말씀이 나의 생활이 되고 습관이 되어, 이제는 나를 책망하시는 무서운 하나님이 아니라 언제나 은혜를 부어주시는 사랑의 하나님 안에서 살게 되기를 간절히 소망한다. _ 임OO 권사

부자와 나사로의 말씀을 들으면서 나의 잘못된 생각을 발견했습니다.

그동안 나 자신을 가난한 사람이라 생각하여 내 집 대문 앞에 있는 어려운 이웃을 외면하였습니다. 하나님께서 주신 물질을 저울질하며 어려운 이웃을 외면했던 내 모습이 너무 부끄러웠습니다. 이제부터는 선한 사마리아인처럼 비용이 더 들면 내가 돌아오는 때에 갚겠다는 마음으로 하나님을 사랑하고 이웃을 나 자신같이 사랑하며 살고 싶습니다. _ 정OO 권사

신앙생활도 습관이라는 말씀에서 큰 깨달음을 얻었습니다. 나는 기도도 찬양도 주일예배도 습관이 잘 되어있구나! 부모님의 믿음 덕분에 훈련이 되었구나! 싶은 생각에 엄마한테 감사한 마음이 들었습니다. 또한 나의 가장 뜨거웠던 청소년 시절의 믿음이 생각났습니다. 그러면서 이제부터 아이들에게 신앙생활의 습관을 잘 물려줘야겠다고 다짐했습니다. 더불어 아직은 답답하지만 내가 조금 더 노력해서 남편과 함께 믿음 생활을 잘해야겠다고 다짐했습니다. _ 박OO 집사

나는 요즘 말처럼 '답정너'였습니다. 먼저 하나님의 뜻을 물어본 적이 한 번도 없었습니다. 언제나 내가 답을 정해 놓고 기도해 왔습니다. 이번에 누가복음 말씀을 묵상하면서 내가 여태 어떻게 기도한 거지 하는 생각이 큰 충격으로 다가왔습니다. 하나님의 뜻이 무엇인지도 모르면서 미리 답을 정해 놓고 무조건 달라고 기도했으니 말입니다. 이제 나의 부족한 모습이 새롭게 바뀌기를 기도합니다. 그 마음 변치 않기를 기도합니다. _ 이OO 집사

세 번씩이나 주님을 모른다고 부인했던 베드로를 바라보시는 주님의 시

선에 강한 전율을 느꼈습니다. 하나님은 지금도 나를 그런 눈으로 바라 보고 계시겠구나. 아니, 언제나 그런 눈으로 나를 보고 계셨구나. 그런데 나는 하나님을 바라보지 않고 사람을 보고 있었구나. 그래서 뭐든 내 힘으로 해보려고 했구나. 그래서 매번 넘어졌구나…. 이제부터 언제나 주님과 시선을 맞추며 살아야겠다고 다짐해 봅니다. _ 김OO 권사

그 외에도 많은 분이 소감을 남겨주셨습니다. 여기에 모두 싣지 못하는 것이 참으로 아쉽습니다. 돌이켜보면 정말 쉽지 않은 40일 말씀 묵상의 길이었습니다. 그렇지만 늘 저와 동행해 주시는 믿음의 동반자들이 있어서 여기까지 올 수 있었습니다. 앞으로 계속 이어질 『하나님 나라의 증인』(2025년)과 『하나님 나라의 사명』(2026년) 묵상의 길에도 함께해 주실 것을 기대합니다.

2024년 3월 28일

『하나님 나라의 길』 묵상을 마치며

그리스도의 종 한강중앙교회 담임목사 유요한